実践から学ぶ

危機管理

自治体職員必携

編著 自治体危機管理研究会

都政新報社

はじめに

　私たちが『自治体職員のための危機管理読本』を上梓したのは2002年10月のことでした。それ以来、わずか3年しか経っていないのですが、その間に自治体行政の現場では多くの事件が発生し、自治体職員は多くの経験を積んできました。

　まず、国の内外で自然災害や大事故が頻発しました。社会の複雑化に伴って自治体行政の対象も広がってきました。人々の意識の変化に伴って自治体行政に対する市民の目もさらに厳しくなっています。国際情勢の変化と、否応なしに進展する地域の国際化によって、危機管理の対象とされる事象の範囲も広がってきています。

　海外では、危機管理の概念や方法について、急激な変化がありました。国内でも、国民保護法制が整備され、従来の自然災害対策とはまったく異なる危機管理の手法も導入されました。

　そこで私たち編集メンバーは『危機管理読本』の改定版をつくるつもりで、どこを補強し、どのようなテーマを加えるかについて議論しました。しかし、検討していくうちに、「実践・危機管理」という観点から、まったく新たな体系、新たなカリキュラムを構築し直すことが必要だということがわかり、前回の版は全部破棄して、新たな本をつくることにしました。私たちを取り巻く状況は、急激に、しかも大きく変わっているからです。

本書は、自治体現場から生まれた、体験に基づく本です。自分たちが今までに遭遇した危機にどう対処したかについて、反省したり、検証したりした結果をまとめた本です。従って制度の説明に多くのページを割くようなことはしていません。

　危機にあたっては、私たち自治体職員の日頃の仕事ぶり、日常に養った自治体職員としての全能力が試されます。付け焼き刃は通用しません。それが危機管理の怖さだ、という気持ちからこの本は出発しています。日常の仕事能力を磨いていくことによって、はじめて危機管理能力の向上がもたらされるのです。そういう趣旨を踏まえてこの本を研修や自己啓発に活用して頂ければ幸いです。

〔自治体危機管理研究会〕
編集委員会代表　青山佾（明治大学大学院教授・元東京都副知事）
編集委員　小峰良介（日本自動車ターミナル株式会社代表取締役社長・元東京都技監）
　　　　　河津英彦（玉川大学教授・元東京都健康局食品医薬品安全部長）
　　　　　金子正一郎（東京都交通局総務部長・前総務局総合防災部長）

目　次

はじめに ……………………………………………………………………………… i

第1章　危機管理の基本 (青山佾・明治大学大学院教授)

1　危機管理の「危機」とは何か (危機管理の対象、緊急事態、不祥事) ………… *2*
2　危機管理とは何か (誰にとっての危機か、危機管理の活動・体制) …………… *6*
3　危機管理の基本 (連絡体制、行政実務知識と高度な専門知識・技術、情報総合力、パブリシティマインド、情報セキュリティ、コンプライアンス活動、適度の緊張態勢) …… *9*

第2章　自然災害と危機管理

第1節　近年の自然災害からの教訓 (中村晶晴・東京都総務局)

1　千葉県北西部地震からの教訓 (問われた自治体の危機管理体制、地震発生情報の強化) ……………………………………………………………………… *16*
2　新潟県中越地震からの教訓 (災害対応能力の強化、初動期の態勢強化、国・自治体・防災機関の連携強化、地域特性を踏まえた対策の実施) ……………… *20*
3　福岡県西方沖地震からの教訓 (ビルからの落下物対策、中高層マンション対策) …… *30*
4　平成16年新潟・福島豪雨からの教訓 (災害時要援護者対策、住民への情報伝達) … *31*
5　平成16年台風23号からの教訓 (災害体験と避難行動、避難所の指定) ……… *34*

第2節　切迫している首都直下地震 (中村晶晴・東京都総務局)

1　大地震が東京を襲う ………………………………………………………… *36*
2　首都直下地震対策専門調査会の想定被害 (被害想定の限界、想定地震、震度分布、津波の想定、想定シーン、想定被害、東京の被害) ………………… *38*
3　東京都の被害想定 …………………………………………………………… *48*
4　震災への備え (ハード、ソフト両面からの備え、危機に強い体制づくり) ……… *49*

第3節 東京の島の災害（宮本明・東京都総務局）

1 自助・共助の働きと支援の必要性 …………………………………… **54**
2 島の災害史 ……………………………………………………………… **55**
3 三宅島噴火災害（噴火災害から全島避難まで・島の復旧、帰島開始）……… **58**
　☆三宅島復興に向けて　東京都三宅村長─平野祐康 …………… **68**
4 災害対応と今後の課題（防災機関との意思疎通、体制の整備と訓練の充実、マニュアルの整備と検証、判断力・決断力を養成する訓練の徹底、広域的な相互支援の必要性、的確な情報提供）………………………………………………… **69**
5 今後に望むこと ………………………………………………………… **74**

第4節 災害と障害者（我妻弘・東京都日の出福祉園）

1 大地震だ！その時…（災害発生時の課題と対応策、安全確保のためのポイント）… **75**
2 どうやら助かった…災害直後の混乱のなかで（避難時の課題と対応策、安全確保のためのポイント）…………………………………………………… **79**
3 避難所生活が始まるとき（避難所生活の課題と対応策、避難所の対応・本人側の備え、情報と支援が命を助ける）………………………………………… **83**

第3章　食品衛生・医療と危機管理

第1節 食品衛生と危機管理（河津英彦・玉川大学教授、奥澤康司・東京都福祉保健局）

1 食品衛生史に残る事件・事故 ………………………………………… **88**
2 平成8年O157事件（事件の経緯と東京都の対応）……………………… **89**
3 平成12年雪印乳業食中毒事件（事件の経緯と東京都の対応）………… **93**
4 平成13年BSE事件（事件の経緯と東京都の対応）…………………… **97**
5 食品安全確保の新手法「リスク分析」（BSE問題に関する調査検討委員会の報告書、リスク分析の考え方）……………………………………………… **104**

6 危機管理に向けた平時からの対応（国・東京都の動き）……………………*107*
7 鋭敏な感覚と使命感が大切 ………………………………………………*111*

第2節 感染症医療と危機管理（梶山純一・東京都福祉保健局）

1 SARS（重症急性呼吸器症候群）への対応 ………………………………*112*
2 中国広東省での新型肺炎の発生（事件の経緯、東京都の対応、不法入国者への対応、広域連携の重要性と患者搬送体制、SARSワクチンの研究・開発）…………*112*
3 高原病性鳥インフルエンザへの対応（インフルエンザ感染と東京都の対応）……*119*
4 季節外れのインフルエンザの不思議な流行（インフルエンザ流行の経緯と対応、東京都の対応、2つの情報ネットワークシステムの特徴）……………………*120*
5 忘れかけている危機「結核撲滅への戦い」（東京都における結核の現状、結核は集団感染を起こす、国の結核対策の後退と東京都の対応）……………………*125*

第3節 災害医療と危機管理（梶山純一・東京都福祉保健局）

1 阪神・淡路大震災への取り組み（経緯と東京都の対応）…………………*131*
2 災害医療派遣チーム（東京DMAT構想）（「東京DMAT」とは、東京都の対応、新潟県中越地震での活躍、「東京DMAT」の今後の計画、国の「DMAT」計画）………*132*

第4節 NBC災害対策（梶山純一・東京都福祉保健局）

1 NBCテロ災害の恐怖（世界各国でNBCテロの恐怖迫る、東京都の対応、東京消防庁・警視庁・自衛隊の体制）………………………………………………*138*

第4章 家庭内暴力・虐待の危機管理

第1節 ドメスティック・バイオレンス(DV)への対応
（高橋幸成・東京都多摩児童相談所）

1 DVとは？「家庭内暴力」………………………………………………*144*
2 DV防止法の制定 ………………………………………………………*144*

3　増加するDV（全国の相談件数、東京都における暴力被害の実態） ……………… *145*
◇事例に学ぶ対応策【夫の暴力への対応】
4　被害者の支援（被害者の自立支援、被害者への適切な対応） ………………………… *149*
5　子どもへのDVの影響（子どもへのDVの影響、DVと児童虐待） ……………… *155*

第2節　子どもへの虐待の対応（藤井常文・東京都杉並児童相談所）

1　法改正と児童相談所改革 ………………………………………………… *157*
2　通報と受理（通報時の情報収集、主訴の判断） ……………………………………… *158*
3　調査と初期対応（調査と家庭訪問、職権による一時保護） ……………………… *161*
4　他機関との連携（連携の原則、子ども家庭支援センターとの協働） …………… *163*
5　親支援をめぐって（背景を探る、毅然とした姿勢で、見守り） ………………… *167*
◇事例に学ぶ対応策【受験勉強に絡む心理的虐待】
6　傷ついた子どもと育て直し（子どもの思い、癒しと育て直し） ………………… *171*
◇事例に学ぶ対応策【ぐ犯行為が背景にある身体的虐待】
7　検討すべき課題（問題事例から学ぶ解決策、矛盾した役割構造） ……………… *174*

第3節　高齢者虐待と危機管理（下川明美・東京都福祉保健局）

1　高齢者虐待とは何か（虐待者の属性から見た課題、高齢者虐待の種類、虐待の深刻度） ………………………………………………………………………………… *178*
2　家庭内での高齢者虐待の対応策（対応の基本的な考え方、相談・通報窓口の明確化と普及啓発、認知症と高齢者虐待） …………………………………………… *183*
◇事例に学ぶ対応策【認知症に悩む親子】
3　施設内の事業者虐待をどう改善するか（施設等における身体拘束、ヘルパー等による虐待、対応策の考え方） ……………………………………………………… *192*
◇事例に学ぶ対応策【身体拘束】
4　今後の取り組みの方向性 ………………………………………………… *196*

第5章 都市施設と危機管理

第1節 道路管理と危機管理 (阿部博・東京都建設局)

1 関東大震災は再来するのか？ そのときの対応は！ ……………… **200**
2 危険と隣り合わせの道路管理 ………………………………………… **201**
　◇**事例に学ぶ対応策**【地下埋設物が原因の路面沈下と陥没事故】
　◇**事例に学ぶ対応策**【斜面崩落事故】
　◇**事例に学ぶ対応策**【幹線道路標識と街路灯の事故】
　◇**事例に学ぶ対応策**【謎の金属片の事故】
3 道路における危機管理のポイント ……………………………………… **209**
4 道路管理と危機管理の各種方策（危機管理の基本、24時間休みなく続く道路管理体制、異常気象・天然現象に対する危機管理体制、予測を超えた事故・テロ等に対する危機管理、情報装置の整備と危機管理意識の徹底） ………………… **209**

第2節 河川と危機管理 (野村孝雄・東京都建設局)

1 東京の水害と河川整備 ………………………………………………… **217**
2 中小河川の整備（東京都の河川整備の概要） ……………………… **219**
　◇**事例に学ぶ対応策**【記録的な集中豪雨】
3 低地河川の整備（高潮防護施設・江東内部河川の整備、河川施設の地震対策） **222**
4 土砂災害対策・海岸保全施設の整備（土砂災害対策、海岸保全施設の整備） …… **225**
5 首都東京を水害から守る（水防活動の態勢、浸水予想区域図・洪水ハザードマップの作成、雨量・水位情報の提供、水害の軽減に向けての課題） ……………… **228**

第3節 公園と危機管理 (内海正彰、伊藤精美・東京都建設局)

1 都市公園の機能と役割 ………………………………………………… **239**
2 防災公園と震災時利用計画（未だ足りないオープンスペース、公園からのアプローチ、都立公園震災時利用計画、課題と今後の展開） ……………………… **240**

3　防犯 ··· *246*

4　安全（遊具、生物由来の問題）······································· *247*
　◇事例に学ぶ対応策【カラス対策プロジェクト】

5　公園の適正な利用（ホームレス対策）································· *251*
　◇事例に学ぶ対応策【時には厳正な対応も】

第4節　防災まちづくりにおける危機管理（石井恒利・東京都都市整備局）

1　防災まちづくりの基本的な考え方（「逃げないですむまちづくり」を推進、「防災都市づくり推進計画」の内容、減災に向けた重点的な取り組み）················· *254*

2　都市計画道路（延焼遮断帯）の整備 ·································· *259*
　◇事例に学ぶ対応策【東池袋地区—道路整備と一体的に進める沿道まちづくりの取り組み】

3　主要生活道路の整備（住宅市街地総合整備事業の取り組み）············· *262*

4　行き止まり道路の解消 ·· *264*
　◇事例に学ぶ対応策【江戸川区篠崎駅周辺の区画整理事業】

5　避難場所確保に向けた取り組み（避難場所の確保・拡大、安全に誘導する方策、防災拠点再開発による避難場所の確保）·································· *267*

6　防災まちづくりの実践に向けて ······································ *270*

第5節　鉄道と危機管理
　　　（成田隆一・東京都都市整備局／道家孝行・東京都建設局）

1　鉄道に見る危機管理の視点 ·· *272*

2　鉄道の安全対策（ハード対策）（震災対策、地下鉄駅の火災対策、地下鉄駅の浸水対策、ホーム柵の設置、脱線防止対策）································· *273*

3　鉄道の安全対策（ソフト対策）（鉄道の速度超過対策、異常時に備えた訓練）······ *278*
　◇事例に学ぶ対応策【東武伊勢崎線竹ノ塚駅付近における緊急踏切対策】
　◇事例に学ぶ対応策【JR中央線連続立体交差事業】

第6節　高速道路と危機管理（村尾公一・首都高速道路株式会社）

1. 長大都市トンネル「将来の危機を掴む」（首都高速道路のトンネル規模、トンネル火災事故の発生件数、首都高速の安全性対策の検討開始、危機管理のリスクマネジメント）……*285*
2. 過去のトンネル事故を調査（ガイドラインの作成と危機管理作成のポイント）…*289*
3. 防災安全対策の基本的な考え方（長大トンネルの特徴と具体的な考え方、火災進行段階での課題、発災初期段階での対応、発災後期段階での対応）……*291*
   ◇**事例に学ぶ対応策【モンブラントンネル火災事故】**
4. 防災安全対策の具体策（ポイント）……*296*
5. 残された課題と検討の方向性……*299*

第7節　東京港と危機管理（新田洋平・東京都港湾局）

1. 東京港における高潮対策（高潮対策の概要、平成16年度の高潮防災活動の内容、今後の高潮対策に向けた課題、「自助」「共助」の実践に向けて）……*301*
   ◇**事例に学ぶ対応策【台風16号の水防活動】**
2. 密輸・密入国及びテロ行為への対応（住民生活を脅かす事件発生と対策、水際危機管理対策の取り組み、改正SOLAS条約への取り組み、住民の安全を脅かす船舶の入港規制）……*310*

第6章　ライフラインと危機管理

第1節　水道と危機管理（滝沢優憲、北澤弘美・東京都水道局）

1. ハード・ソフト両面の対策……*316*
2. 震災や突発事故への事前対策（震災対策事業計画）……*317*
3. 漏水事故対応の経験を震災に活かす（基本的な態勢、復旧活動）……*318*
   ◇**事例に学ぶ対応策【阪神・淡路大震災での応急復旧支援】**
4. 管路事故への対応……*322*

◇事例に学ぶ対応策【突然発生する漏水事故】
　5　水源水質事故への対応（水源水質事故の特徴、東京都水道局の水質事故対応、高濁度発生時の対応） ········· *325*

第2節　下水道施設の危機管理（小川健一・東京都下水道局）

　1　下水道と危機管理 ········· *330*
　2　震災に備える（初動態勢、ハード対策、ソフト対策） ········· *330*
　　◇事例に学ぶ対応策【水再生センターでの事故対応】
　3　震災後の対応 ········· *335*
　4　下水道施設の復旧（復旧対策までの流れ） ········· *336*
　　◇事例に学ぶ対応策【地下53mでの事故対応】
　5　下水道事業の大切さを見直そう ········· *340*

第3節　電力会社の危機管理（大橋裕寿・東京電力株式会社）

　1　災害時の復旧対策を重視 ········· *341*
　2　地震発生時に電力供給はどうなるか ········· *341*
　3　迅速な停電復旧 ········· *343*
　4　地震防災への取り組み ········· *345*
　5　大規模地震発生時の留意事項 ········· *346*
　6　「基盤を成す」強い意識が大切に ········· *348*

第4節　都市ガスの危機管理（藤森高輝・東京ガス株式会社）

　1　都市ガスが利用者に届くまで ········· *349*
　2　予防対策 ········· *350*
　3　緊急対策（家庭での緊急対策、各地区の低圧パイプライン緊急対策、ガス源である中圧パイプラインの緊急対策） ········· *351*
　4　復旧対策 ········· *356*
　5　「明日くるかもしれない」首都圏直下型地震に備えて ········· *357*

第5節 通信システムの危機管理 (東方幸雄・東日本電信電話株式会社)

1. 防災対策と首都直下型地震への備え ……………………………… *360*
   - ◆**事例に学ぶ対応策**【阪神・淡路大震災への対応】
   - ◆**事例に学ぶ対応策**【新潟・福島豪雨災害への対応】
   - ◆**事例に学ぶ対応策**【新潟県中越地震への対応】
2. 過去の災害を教訓とした防災対策 …………………………………… *363*
3. 災害用伝言ダイヤル「171」の導入と認知度(利用状況、安否確認の活用) … *365*
4. 切迫する「首都直下型地震への備え」 ………………………………… *367*

第7章 住民の安全・安心の危機管理

第1節 住民の安全・安心の取り組み (高野之夫・豊島区)

1. 危機管理意識の必要性 …………………………………………… *372*
2. 豊島区の危機対応の基本政策(事態に対応した体制の確立、区民と考える施策を展開、衆知徹底の方策) ……………………………………………… *376*
3. 地域の安全対策 …………………………………………………… *380*
4. 安心して住み訪れてもらえる街を目指して …………………………… *383*

第2節 消防の危機管理「役割と機能」 (田中英夫・東京消防庁)

1. 消防の役割(平常時・発災時の役割、緊急消防援助隊、国際消防救助隊) ……… *385*
2. 救助隊(レスキュー隊)の役割(ハイパーレスキュー隊とは) ……………… *389*
3. 近年の自然災害派遣からの教訓(東京消防庁) ……………………… *391*
   - ◆**事例に学ぶ対応策**【平成16年新潟・福島豪雨災害】
   - ◆**事例に学ぶ対応策**【平成16年新潟県中越地震救助活動】
   - ◆**事例に学ぶ対応策**【スマトラ沖大地震に伴うインド洋津波災害】

第8章 地方自治体と国民保護

第1節　国民保護の取り組み（高橋尚之・東京都総務局）

1　国民保護法とは（背景、主な特徴） ……………………………………… *402*
2　基本指針とモデル計画 ……………………………………………………… *406*
3　東京都の取り組み（国民保護計画策定会議、国民保護協議会） ……… *408*
4　東京都国民保護計画案（基本的考え方、計画の内容、平素からの備え、武力攻撃事態等への対応、大規模テロ、島しょ地域の全島避難） ……… *410*
5　事態認定前の措置 …………………………………………………………… *420*
6　今後の取り組み（東京都の検討課題） …………………………………… *421*

コラム

〔第2章　自然災害と危機管理〕
　コラム 1　新しい被害想定の検討方針 ……………………………………… *48*
　コラム 2　障害者の情報保障 ………………………………………………… *78*
　コラム 3　災害時の要援護者登録（支援）制度 …………………………… *83*
　コラム 4　要援護者避難準備情報 …………………………………………… *86*

〔第3章　食品衛生・医療と危機管理〕
　コラム 1　食中毒予防の3原則 ……………………………………………… *90*
　コラム 2　厚生労働省の動き ………………………………………………… *98*
　コラム 3　BSE検査の東京ルール（5つの原則） ………………………… *103*
　コラム 4　リスク分析の3要素 ……………………………………………… *106*
　コラム 5　インフルエンザウイルスについて ……………………………… *122*
　コラム 6　アジア大都市ネットワーク21 …………………………………… *124*
　コラム 7　「東京DMAT」の出動一覧表 …………………………………… *135*

〔第4章　家庭内暴力・虐待の危機管理〕
　コラム 1　配偶者暴力支援センター……………………………………………147
　コラム 2　被害者支援の取り組み内容…………………………………………150
　コラム 3　二次的被害の例………………………………………………………151
　コラム 4　子どもへの影響例……………………………………………………156
　コラム 5　児童相談所とは………………………………………………………158
　コラム 6　虐待防止法第2条「子ども虐待の種類」…………………………160
　コラム 7　介入拒否の場合の対応例……………………………………………184

〔第5章　都市施設と危機管理〕
　コラム 1　道路の危機管理8つのポイント……………………………………210
　コラム 2　アセットマネジメントとは…………………………………………212
　コラム 3　都道管理連絡室………………………………………………………213
　コラム 4　大雨・大雪・大地震時の態勢………………………………………214
　コラム 5　神田川・環状7号線地下調節池の整備……………………………220
　コラム 6　「塩の道」……………………………………………………………224
　コラム 7　スーパー堤防の整備…………………………………………………226
　コラム 8　「東京都河川管理施設操作規則」…………………………………233
　コラム 9　浸水時の地下室の危険性について―地下室を安全に使うために―…237
　コラム10　都立公園震災時利用計画の検討を通じて…………………………245
　コラム11　道路・公園・自動車駐車場及び自転車駐車場に関する防犯上の指針…247
　コラム12　「あなたのまちの地域危険度」の出版……………………………257
　コラム13　延焼シミュレーションを活用した住民防災意識の向上…………258
　コラム14　小学校と高等学校における出前授業………………………………263
　コラム15　路地閉塞！　あなたならどうする…………………………………266
　コラム16　韓国大邱市の火災事故………………………………………………275
　コラム17　JR山手線新大久保駅の転落事故……………………………………276
　コラム18　地下鉄日比谷線中目黒駅付近の脱線事故…………………………277
　コラム19　首都高速の安全性対策の検討体制…………………………………287
　コラム20　トンネル防災安全についての設計基準の変遷……………………288
　コラム21　首都高速道路トンネルの防災安全についての基準の変遷………290
　コラム22　初期対応10分間の理由………………………………………………293

コラム23	伊勢湾台風の規模等	302
コラム24	東京港の海岸保全施設	303
コラム25	東京湾保安対策協議会の取り組み・広域連携	311
コラム26	リーフレット「海守」の紹介	312
コラム27	SOLAS条約	313

〔第6章 ライフラインと危機管理〕

コラム1	水の相互融通の実施	318
コラム2	震災応急対策計画の再構築	320
コラム3	災害時における広報態勢の強化	322
コラム4	応急給水活動	322
コラム5	漏水事故事例と震災による管種別の被害率	324
コラム6	利根川・荒川水系水道事業者連絡協議会	327
コラム7	水源流域環境図・汚染物流下予測プログラム	328
コラム8	トイレ機能の確保	332
コラム9	管路施設の調査・点検の優先順位	336
コラム10	電力系統の構成の特徴とバックアップ機能	342
コラム11	シュープリームの機能	355
コラム12	地震に備えての準備	358
コラム13	主な危機管理対策	364
コラム14	「171」安否確認システムの機能	367

〔第7章 住民の安全・安心の危機管理〕

| コラム1 | 豊島区長からのメッセージ | 378 |

〔第8章 地方自治体と国民保護〕

| コラム1 | 武力攻撃事態の類型(特徴と留意点) | 406 |
| コラム2 | 国民保護に関わる図上訓練 | 419 |

第1章 危機管理の基本

1 危機管理の「危機」とは何か

1　危機管理の対象

　自治体行政において、危機管理という言葉ほど、いろいろな場面で多様に用いられている言葉はありません。人によって用い方も違います。

　たとえば、突発的に大きな自然災害が発生したとき、首長とすぐに連絡がとれなかった自治体は「危機管理がなっていない」と批判されます。

　あるいは、組織の中で不祥事が露見したとき、直ちに全貌が把握できないで対外的な説明が二転三転すると、やはり「危機管理がなっていない」と批判されることになります。

　これらのことを含め、経験的に、自治体行政における危機管理の「危機」とされる事象を拾い上げて整理すると、次のようになります。

```
＜自治体行政における危機管理の「危機」とされる事象＞
(1) 自然災害（地震、火山噴火、台風、大雨、崖崩れ）
(2) 大事故（火災、飛行機、船舶、電車、自動車、工場）
(3) 都市施設の事故・故障（電気、ガス・水道・電話などライフラインや遊園地等施設）
(4) 食品衛生（食中毒、O157、鳥インフルエンザ、BSE、違法薬品販売）
(5) 犯罪（凶悪事件、頻発事件、少年犯罪、DV）
(6) テロ（NBC、暗殺、爆弾）
(7) 戦争（着上陸侵攻、ミサイル着弾）
(8) 不祥事（汚職、職員の犯罪、情報流出、コンプライアンス違反）
```

2　緊急事態

　これらのうち、最初の3つすなわち（1）自然災害、（2）大事故、（3）都市施設の事故・故障は、「危機」というより「緊急事態」といったほうが、ほかの事象と区別しやすいと思います。

　現に、アメリカでは、これらの事態が発生した場合に被災者の救援・救出活動にあたる機関の名称をFEMA（Federal Emergency Management Agency）といいます。FEMAのEはEmergencyですから、これを日本語では連邦緊急事態管理庁と訳すべきかもしれません。しかし実際には、連邦危機管理庁と訳されています。そして、「アメリカでは、いざというときにFEMAが危機管理に対応する」などと紹介されます。

　実は、日本語の危機管理に対応する英語は、Crisis Managementです。キューバ危機のとき、当時のソ連が核ミサイルをアメリカの喉元であるキューバに持ち込もうとして、それをいかに阻止するか、という難題が当時のケネディ大統領に突きつけられました。

　問題がこじれると、両国が戦争状態に突入するかもしれない、まさにアメリカにとって国家的危機でした。ケネディ大統領は、これを、「ソ連の船を臨検する」という警告によって乗り切りました。相手方のフルシチョフ第一書記が、この警告を聞いて、船を引き返させたのです。本来は、こういう、乗るかそるかの緊迫した事態を「危機」というのです。

　しかし、発生史的な言葉の由来にこだわっていてもあまり意味がありません。日本の自治体行政の現場では、上記（1）（2）（3）とも、緊急事態と表現するよりも「危機」ととらえるのが普通ですから、ここではすべて、危機管理の対象としての「危機」ととらえることにしておきましょう。

3　食品衛生

　さて、（4）食品衛生は、ほかのものとはかなり、性質が違います。自治体行政の対応としても、日常的な「監視」そして「発見」が大切であり、何か

あったときには迅速に対策を講じる、ということになります。

　しかし、近年は、O157、鳥インフルエンザ、BSE、違法薬品販売など、新たな重大事件が頻発し、従来のような、腐敗や細菌による食中毒事件を対象とする食品衛生行政とは、かなり違った対応が要求されるようになりました。しかも、少しでも対応を誤ると、被害が全国に広がるような重大な影響をもつ事例が生じています。ここでは、同じ危機管理といっても、Risk Managementが問題となります。Riskとは、もともと保険という意味です。すなわち、一定の確率で発生し得る危険に対して保険をかけておく、そのために「監視」と「発見」が重要となるのです。

　そのため、「リスク管理と危機管理は違う」という人もいます。それは一つの考え方なのですが、行政実務としては、いったん事件となった場合は、迅速な対応を必要とし、上記の緊急事態と同じ体制が必要とされます。そこで、食品衛生のようなRisk Managementの問題についても、危機管理の対象として扱うことが必要となります。

4　犯罪とテロ

　次に、(5) 犯罪と (6) テロは、本来的には、警察等の対象となるものであり、初めから自治体行政の対象となるものではありません。しかし、実際にこのような事件が発生すると、自治体には、住民に対する避難誘導や救援・救助など様々な活動が求められます。しかも、これらの場合には、日常の組織体制・日常の意思決定システムとは異なった対応が必要となります。

　したがって、犯罪やテロも、自治体行政における危機管理の対象としておいたほうがいいのです。この場合、特に留意しなければならないのは、犯罪やテロの防止に不可欠な情報収集と、その取扱いの問題です。

　日本語では情報と一口でいいますが、英語ではこれをインフォメーション（Information）とインテリジェンス（Intelligence）に使い分けています。Informationは、確定した情報で、パソコン機器等でも扱うことができます。

　これに対してIntelligenceは、不確定な、直観とか閃きなども含まれる情

報で、人間の知性が扱うものです。ちなみに、IT革命というときのIは、InformationのIですが、アメリカのスパイ機関であるCIA（中央情報局）のIは、Intelligenceです。CIAとは、セントラル　インテリジェンス　エージェンシー（Central Intelligence Agency）なのです。

　自然災害の場合もそうですが、犯罪やテロに対応するときは、より高度な情報収集と判断が必要とされます。

　また、9.11テロに対するアメリカ政府の報告書は、CIAやFBIが断片的には情報を得ていたのに、それを総合化する能力がなかったためにテロを許してしまったと指摘しています。犯罪やテロに対する対応では、情報の総合力が重要です。

　そして犯罪やテロの防止を目的として収集する情報は個人情報がほとんどなので、プライバシーとの関連に十分注意しなければなりません。

5　戦争

　さらに、(7)戦争は、(6)テロとも切り離せませんが、現代では、自治体行政といえども、わが国において戦争状態は絶対に生じないとして他人事で済ますことができない時代になってきました。

　平成15年にできた武力攻撃事態対処法（武力攻撃事態等におけるわが国の平和と独立並びに国及び国民の安全の確保に関する法律）は、内閣総理大臣に総合調整権を認めつつ、自治体の対応も定めています。

　平成16年の国民保護法（武力攻撃事態等における国民の保護のための措置に関する法律）は、国が警報を発令し、都道府県知事に避難指示・救援を、市町村長にそれらの伝達・誘導・消防を求めています。具体的には、これらの法律により、政府が定める国民保護基本指針に基づいて、都道府県も市町村もそれぞれ国民保護計画を定めることになっています。

　このように、いわゆる国民保護法制においては、災害対策基本法が住民の避難勧告・指示について、まず市町村長、次いで都道府県知事という順で地域から順に成り立っているのに比べ、まず政府から事が始まる形になってい

る点が特徴です。

6　不祥事

　現代の自治体行政において、危機管理の対象となるのは、物理的な災害や事件だけではありません。医療過誤や収賄その他の不祥事が内部に生じたとき、情報を隠そうとするなど間違った対応をすると、その自治体に対する市民の信頼を致命的に損なって、長期間にわたって事件と関係のない業務まで含めて自治体業務全体の執行に大きな支障を来たすことになります。

　間違って市民の個人情報が流出してしまったりすると、やはり上記と同様の状態が生じてしまいます。これは、企業の場合のコンプライアンス違反があった場合と同じです。

　これら不祥事が生じた場合も、一般的に危機管理という場合と同様の対応が必要となります。また、日常的に、不祥事の発生を防止するための活動は、リスク　マネジメント（Risk Management）と類似しています。

　そこで、汚職、職員の犯罪、コンプライアンス違反（情報流出を含む）などの問題も危機管理の対象として扱うことになるわけです。

2　危機管理とは何か

1　誰にとっての危機か

　以上、自治体行政における危機とされる事象を帰納法（個々の事例から一般原則を導き出す）的に整理しました。これを前提に、危機管理とは何かを考えてみましょう。結論を先に述べれば、自治体行政における危機管理とは、「市民生活に重大な被害を生じさせる事象に対して、研究・予防・対処・修復する活動」のことをいいます。ここで大切なことは、「危機とは、誰にとっての危機であるか」ということなのです。

自治体行政における危機管理の対象として扱うのは、市民にとっての危機だけなのです。議会が役所に対して激しく攻勢に出たとか、役所内の対立抗争が生じたなどの事件は、行政にとっては危機かもしれませんが、市民にとっての危機ではありません。もちろん、行政とはもともと市民のものですから、行政の危機は市民にとっても問題ですが、ここでは市民生活にとっての危機を対象とするのです。

　いわんや、特別手当の削減とか首長の交代などは、場合によっては職員にとって危機的状態であるとしても、市民生活にとっては危機ではありません。何らかの政治的状況によって、首長にとって危機が生じた場合も同様です。

　これに対して、汚職、職員の犯罪、コンプライアンス違反（情報流出を含む）など自治体の「不祥事」は、その地域の社会的不名誉でもあり、また、このような事件が発生すると中長期にわたって自治体行政が停滞し、市民生活にも重大な支障を来たすことが多いので、自治体行政における危機管理の対象とするのです。

　危機の対象を帰納法的に整理したのですが、ここでは演繹法（一般的な原理から個々の命題を導く）的に、市民生活にとっての危機だけを危機管理の対象として限定しています。

2　危機管理の活動

　次に大切なのは、危機管理の内容を「対処」に限定せず、その前後に拡大をして考えることです。

＜危機管理の活動＞
（1）研究　　（2）予防　　（3）対処　　（4）修復

　ここで、（1）研究とは、たとえば自然災害では、活断層の研究とか、火山の観測など、その地域の災害についての研究が重要となります。食品衛生の場合でも、食品科学の発達、あるいは検査分析方法の研究などが多岐にわた

ります。(2) 予防では、防災まちづくりとか耐震診断・耐震工事など減災対策から、防災訓練とか、危機管理演習など、幅広く対象となります。(4) 修復は、自然災害では復旧・復興、不祥事では信用回復のための情報公開などが対象となります。

3　危機管理の体制

危機管理にあたっては、日常の職務の執行体制とは違った組織の体制を構築して活動します。その特徴は次の3点です。

＜危機管理体制の特徴＞
(1) 現地本部と中央本部の設置（オンサイトとオフサイト）
(2) 権限（分散ではなく集中）
(3) 意思決定方式（トップダウンが原則）

通常、現場（オンサイト）に現地本部を設置します。一方、本庁（オフサイト）に中央本部を設置します。危機の性質や規模にもよりますが、第一次的には現地本部が意思決定を行います。中央本部は後見的役割を果たします。

しかし、状況が現地本部の手には負えなくなったときには、中央本部が直接指揮をとることになります。それぞれの本部内では、権限は本部長に集中します。危機管理にあたっては迅速な決定が必要となるからです。情報は下から上にあがりますが、意思決定はトップダウンを原則とします。

このように、危機管理にあたっては、日常とはまったく異なった体制がつくられます。しかし、危機において的確に対応できる組織は、普段からきちんと日常業務を行っている組織なのです。普段の仕事をきちんとこなせない組織が危機に対応できるはずもありません。危機に対して自治体行政がいかに対処するかによって、その自治体組織のレベルがごまかしようもなく世間にわかってしまうのです。

3 危機管理の基本

1　連絡体制

　今日の自治体職員は、24時間365日、いつだって連絡がとれなければだめです。日頃、いかに有能な職員であっても、いざというときに連絡がとれなければ、その職員は存在しないに等しいのです。存在しない職員を幹部は使いようがありません。幹部の側からいえば、そのとき、そこにいる職員を使うほかないのが危機管理なのです。だから、危機管理にあたっては、常時連絡がとれる職員がいい職員だということになります。

　ところで災害はなぜ、勤務時間外にばかり発生するのでしょうか。

　私たちの勤務時間は週40時間と定められています。それに対して1週間は、24時間×7日イコール168時間です。労働時間は4分の1以下なのです。祝日等を入れるともっと低い率になります。すなわち、確率からすれば、災害は、勤務時間外に発生するのがあたりまえなのです。「危機管理は初動態勢」といいますが、さらに一歩進めて、「初動態勢は連絡体制」なのです。

2　行政実務知識と高度な専門知識・技術

　災害時の避難勧告と避難指示はどう違うのでしょうか。災害対策基本法によれば、「災害が発生し、または発生するおそれがある場合」は、「避難勧告」を出すことができますが、さらに「急を要すると認めるとき」は、「避難指示」をすることができます。この「指示」については、必要なときは警察官または海上保安官が強制力を執行することもあります。

　また、自治体は災害時に民間の事業者を動員して救助活動等を行いますが、その法的根拠はどうなっているのでしょうか。災害救助法は、災害時に、救助に必要な物資を収用できるほか、「医療、土木、建築工事または輸送関係者」を「救助に関する業務に従事させること」ができると定めています。

この種の法や制度の基礎知識については、防災担当者でなくとも自治体職員であれば、誰でもあらかじめ知っておきたいものです。非常時に役に立つのは、決して天才的な勘ではありません。法や制度についての堅実な知識こそが、自治体職員の武器になります。

　一方、高度な専門知識・技術については、必ずしも自分自身が持っていなくともいいのです。どこにアクセスすればそれが得られるかを知っていればよいのです。火山や地震だったら、一般的な意味でその道の権威であるということではなく、むしろ、「その地域の火山や地震を研究している」学者や研究者ということになります。自治体は、日頃からそういう研究者を大切にして育成していく努力も必要です。また、地球活動の仕組みについて学問的に深く研究している研究者から「防災の角度からの助言」を得るためには、自治体行政の側の努力も必要です。彼らは、必ずしも防災ということを常に意識して研究しているわけではないからです。

3　情報総合力

　9.11テロについてのアメリカ独立調査委員会の報告書によると、この同時多発テロについて、CIAとFBIは、少なくとも10回、テロの兆候を関知していたということです。しかし、それぞれの部門やそれぞれの担当者は、兆候を断片的に掴んでも、他の部門に対する勧告や確認の提言をすることで、事態を終わりにしてしまいました。組織としてあるいは国家としてこれらの兆候を継続してフォローすることはなく、結果としてテロは防止されることなく実行されてしまったのです。

　自治体行政では、自分の所管だけでなく、その地域で発生するあらゆる出来事に責任を感じる、縦割り意識に支配されない広い視野を持ち、情報を総合化して判断することができる職員像を期待したいものです。

　その前提として、情報をもたらす相手が信頼する相手であるかどうか、あるいは逆にこちらから情報を提供して協力を依頼する価値がある相手かどうかを判断する、人間に対する洞察力を日頃から磨く必要があります。

4 パブリシティ・マインド

災害報道には、

> (1) 災害は、大ニュースである、読者・視聴者の関心も高い
> (2) 情報の整理分析よりも速報性が重視される
> (3) 瞬時に大量の紙面または放映・放送時間が割かれる

という特殊性があります。

　行政の考え方や情報をできる限り説明して、彼らが正しい報道を行うように行政としても協力することです。それを怠ると報道機関が行政に対して疑心暗鬼に陥ったり、誤った報道をすることにもなりかねません。パブリシティの重要性を考えた場合、報道機関対応は行政の災害対策の重要な一環であり、災害対策そのものでもあると考えるべきです。

　新聞のスペースは限られています。速報の場合は余計限られています。テレビだって1つの出来事にあてられる時間は非常に短いのです。しかも、ニュースは時々刻々、増加していきます。新聞の版が進むに連れ、最初に掲載された記事の行数は削られていきます。このとき、記事の後ろの部分から順に削られていきます。重要なことから順に書いてあるからです。そういったことを理解したうえで、私達は報道機関に対応しなければならないのです。

　特に、行政が判断するにあたって、非常に微妙なニュアンスについて正確に理解してもらうためには、時間をかけて共通認識を形成していく忍耐と努力と時間が必要です。これは、自然災害に対する場合も不祥事に対する場合も同様です。

5 情報セキュリティ

　高度情報化社会では、情報は瞬時に大量に流通します。
　自治体行政においても、情報を正しく扱えば市民のためによい仕事ができ

るし、情報の扱いを間違えると市民に多大な損害を与える世の中になりました。多くの自治体で情報管理の実態はかなり危険な状況になっています。なぜかというと、高度情報化社会という社会は、日々新たに怪物として育ちつつあるからです。昨日作成した情報取り扱いマニュアルが今日はもう陳腐化しているのが実態です。だから私たちは、高度情報化が進んでいる限り、情報セキュリティのチェックとコンプライアンス活動に日常的に取り組まなければいけないと覚悟する必要があります。

　平成15年に制定された個人情報保護法は、個人が自分の情報をコントロールする権利までは認めていないので、この点をもって不十分な法律だとする意見もあり、草加市のように「自己の個人情報を管理する権利」を市の条例で定めた例もあります。しかしこの問題を別にすれば、この法律は、事業者の義務も定めており、自治体においても厳しい運用が必要です。自治体は市民の個人情報の宝庫です。そればかりではなく契約関係をはじめ、外部に流出すると社会の公平な取引を破壊する情報を多く保有しています。

　現在、自治体では市民の個人情報は、たいていパソコンに入っています。そのパソコンが、庁内LANのような形でネットワークを形成していると、多くの職員や関係者がアクセスできることになってしまいます。外部とインターネットでつながることが可能なパソコンがネットワークに入っていた場合、そのパソコンにハッカーが侵入すると情報が流出します。だから、普通は、閉鎖的なシステムとしているはずです。

　でも、閉鎖的システムになっているからといって安心できません。警察官が個人所有のパソコンを署内で使用し、それを自宅に持ち帰ってインターネットにつないだところ、情報が流出してしまった事例があります。

　市内の事業所が提出した従業員給与支払い報告書の電算入力を民間に委託したところ、運搬途中で市民データが紛失した事件があります。このケースでは契約違反の再委託をしていたことも判明し、契約で守秘義務を課しても現場でチェックしない限り安心できないことを示しています。

　eガバメントで自治体が市民と双方向で情報をやりとりする時代になりま

した。情報セキュリティの問題には日常的に取り組まなければなりません。もし万が一、情報流出が発覚したときには、迅速にかつ厳しい対応をとらなければ、自治体全体の信用を失うことになりかねません。関係先の情報流出事件に対しても同様です。甘い対応は命とりになります。

6　コンプライアンス活動

　コンプライアンスとは法令遵守・倫理のことです。悪事は必ず露見します。
　自治体の汚職事件が露見する場合、飲食店の小さな脱税からとか、受注企業の不正経理からとか、別の事件から発覚する場合が多いのです。ということは、組織内でコンプライアンス活動を実施するときも、小さな不正を見逃さない姿勢が大切であるということになります。「コンプライアンス活動はモニタリング（監視）から」というのはここからくるのです。
　関連して、内部告発をどう扱うかという問題があります。
　企業はふつう、縦社会で上下の命令系統によって成り立っています。コンプライアンスの立場で善処を主張する社員がいても、その意見は抹殺され、左遷されたり冷遇されたりすることが多いから、内部告発者を保護する一定の社会的なシステムが必要となるのです。
　内部告発を奨励することには抵抗があるかもしれません。内部の不正を外部に告発するのではなく、内部で指摘されて是正されるのが原則です。しかし組織に隠蔽体質がある場合、内部告発によらざるをえない場合があることも否定できません。その場合に内部告発者が組織内で不利な取り扱いをされない保証をしておこうということです。内部告発をした職員を保護する条例を制定する自治体もあります。
　人は、会社や役所に対する忠誠心と社会的な正義感との間で、ときに深刻に悩みます。そのジレンマに耐えられなくて自殺に追い込まれる例さえあります。株式会社の場合は、監査役会や社外取締役会の活用等が近年制度化されていますが、自治体の場合も、第三者機関の設置と活用のほか、常に点検活動を行っていく組織風土をつくっていく姿勢が求められます。

7　適度の緊張態勢

　危機には、1週間あるいはそれ以上の期間を通じて職務に従事しなければならない場合があります。後顧に憂いがあると、危機にあたって仕事に専念できません。また、往々にして、普段は誰も知らなかったのに、危機にあたって、実は身辺が清潔ではなかったことが露見する人がいます。いざというときにギャンブル、ゴルフ、株の売買などに夢中になっていて危機に即応できず大失敗した人もいます。

　危機管理は、短期間ですが、仕事に集中して没頭することが要求されます。いつでも没頭できる心構えをもつと同時に、没頭できる状況をつくっておくことが必要です。自治体職員となった以上、いつでも極度の緊張態勢に移行できるよう、適度の緊張態勢を保っていなければならないのです。利益追求の会社に勤務しているなら、一定の利益をあげたらあとは適当にしていいかもしれません。しかし、自治体職員の仕事は無定限無定量です。24時間、365日、いつでも緊張態勢に移行しなければなりません。そういう心構えをもっていれば、深酒はしないでしょう。飲み始めたとき深酒はしないと決めていても、だんだん抑制がきかなくなってくることは経験的に誰でも知っています。酒で失敗すれば組織に迷惑をかけます。

　だから、自治体行政の危機管理ができるかどうかは、職員一人ひとりが自分の危機管理ができるかどうかということが問われるということでもあります。自分の身辺をいつも身ぎれいにしていて、いざというときに仕事としての危機管理に専念できるということが大切です。いつでも、非日常的な危機管理態勢に移行できるという姿勢を保つことこそ個人の危機管理です。

　そもそも、こういう人は、日頃、どこを見て仕事をしているのか、ということです。市民の幸福を願って仕事をしているのではなく、上司を見て、ということは自分の身のことだけを思って仕事をしているわけです。こういう職員は自治体職員の風上にはおけません。

（明治大学大学院教授　青山佾）

第2章 自然災害と危機管理

第1節 近年の自然災害からの教訓

1 千葉県北西部地震からの教訓

　平成17年7月23日午後4時35分頃、千葉県北西部を震源とするマグニチュード6.0の地震が発生しました。この地震では、東京都足立区伊興で震度5強、千葉県、東京都、埼玉県、神奈川県の各地で震度5弱が観測されました。東京23区内で震度5が観測されたのは、平成4年2月の東京湾南部地震以来13年ぶりです。23区内のほとんどは震度4だったため、幸いにも東京都内での人的被害は軽傷者19人、物的被害も火災2件のほか、立体駐車場の乗用車が落下した程度ですみました。

　しかし、この地震は、地震対策を進めてきた東京都をはじめ首都圏自治体に大きなショックを与えました。

　第1に、多くのエレベータの停止や閉じ込め、鉄道の運行停止などの都市型災害が発生し、その復旧に長時間かかったことです。このような災害は想定していましたが、これほどになるとは考えていませんでした。実際に都市の脆弱性が明らかになりました。第2は、自治体の危機管理体制の弱点が明らかになったことです。これは、さらに大ショックでした。

　以下、この2点について事例を中心に詳しく述べます。

1　現実の課題となった都市型災害

　近年の高層ビルの増加に伴う新たな都市型災害が、この地震で現実の課題となりました。日本エレベータ協会の報告では、地震の揺れにより1都3県で全エレベータの約30％、約6万4,000基が停止し、78件の閉じ込めが発生しました。停電による停止はありませんが、大規模停電が起きていたらこの程度の停止や閉じ込めではすまなかったと考えられます。エレベータに非常電源が設置されていない場合は、自動管制運転装置が設置されていても停電

で停止するからです。

　政府の中央防災会議首都直下地震対策専門調査会は、東京湾北部でマグニチュード7.3の大地震が発生した場合には、首都圏で30万基の停止、1万1,000人の閉じ込めが起き、このうち都内では15万基の停止、6,000人の閉じ込めが起こるとの想定を平成17年2月に公表しています。今回の状況を踏まえると、この想定は現実離れしているとは、あながち言い切れないかもしれません。

　エレベータが止まれば、眺望が売り物の高層マンションの住民は、生活困難となります。エレベータが復旧しなければ、建物が無事でも自宅に戻れず、避難所生活を余儀なくされます。それだけではありません。大地震の際に大量に発生する閉じ込めに、現在の体制でどれだけ対応できるかという重大な問題があります。今回の地震では、都内で43件の閉じ込めが発生しました。エレベータ保守会社のエンジニアによる救出に加え、東京消防庁も22件の閉じ込めに出動しました。救出1件あたり、救急車、ポンプ車各1台、隊員8人が必要です。

　もしも、首都直下地震対策専門調査会が想定するような大規模な閉じ込めが発生したときには、今回のように救出に出動できるでしょうか。大地震では、倒壊家屋からの救出や消火活動が優先されますから、おそらくエレベータの閉じ込めには消防は対応できないと思います。しかも、交通機関が止まり、道路の閉塞があれば、エンジニアもすぐには駆けつけられません。

　このため、今後の対策としては、今回の地震を教訓に、エレベータの自動管制運転装置や非常電源などシステムを確かなものとして普及するとともに、閉じ込めに対する救出体制を整備することが不可欠です。

　また、この地震では、ターミナル駅に多くの人々が電車の運行再開を待って滞留しました。最長8時間かかって、運行はようやく再開されました。しかし、鉄道施設が被害を受けていれば、この人々は帰宅困難者となっていたに違いありません。間一髪で帰宅困難者とならずにすんだといえます。幸い事件や事故、騒動は発生しませんでしたが、正確な情報の伝達や整理誘導、

休息所の確保など多くの課題が残りました。

千葉県北西部地震で明らかになったこれらの課題に対しては、国、自治体、関係機関・業界で対策を十分に検討し、備えをより確かなものにするとともに、発生した場合の対策を十分に立てておく必要があります。

教訓 1 問われた自治体の危機管理体制

明らかになった危機管理体制の弱点の第1点目は、「非常配備職員の参集」が予想以上に悪かったことです。東京都では、災害時に補助要員として情報収集や連絡などにあたる業務要員のうち、当日の待機職員34人に参集指示を出しましたが、参集は13人にとどまりました。また、横浜市でも、震度5弱以上の場合には、全職員が自動参集することになっていたにもかかわらず、参集した職員はわずか25％にすぎませんでした。

東京都の業務要員は、災害対策職員住宅に入居すると同時に、待機日は都庁へ徒歩で30分以内に参集できる場所にいること、支給されているポケットベルを携帯することなどの義務が課せられていますが、残念ながら参集しなかった職員のほとんどはこれらの義務を守っていませんでした。

しかも、都内で震度5強が観測された場合には、指示を待たずに参集することも義務付けられていましたが、震度を十分に確認せず、連絡もとらず、参集しなくてもよいと自己判断していたのです。

横浜市でも参集しなかった職員1万6,290人のうち、40％の6,023人は参集震度を誤認し、20％の3,183人は外出中で震度を確認せず、13％の2,147人は参集不要と自己判断していました。

2つの自治体に共通していることは、職員の職責への認識不足で、確認行動をとらず自分で勝手に判断していたことです。「これまでと同様だ」「今回も大丈夫だろう」という緩みがあったのではないでしょうか。総じて災害への意識が甘く、職員一人ひとりの危機意識を育成することの重要性を改めて認識させられた事例でした。

東京都は、直ちに「危機管理対策会議」を開催し、各局にも危機管理体制の再点検や職員の危機意識の引き締めを求めるとともに、参集しなかった業務要員のうち、公務で参集できなかった1人を除く20人に対して、8月12日に災害対策職員住宅からの退去を命じました。また、業務要員の募集方法の改善や、業務要員に対する抜き打ちでの参集訓練、さらに第一次非常配備職員を対象とする徒歩参集訓練などを実施しています。

　災害が発生した場合に、初動態勢の遅れは被害の拡大につながります。各自治体でも、初動態勢を確保するための取り組みを強化する必要があります。

教訓 2　地震発生情報の強化

　弱点の2点目は、東京都から気象庁への震度情報の送信が遅かったことです。足立区伊興で観測された震度5強の情報が気象庁へ到達したのは、地震発生から22分後でした。このため、23区内で震度5強が観測されたときに設置される官邸対策室は、地震発生から30分後に設置されることとなり、初動態勢の遅れは致命的だという批判がマスコミから出されました。

　遅かった原因は、東京都が9年前に整備した地震計ネットワークシステムの能力不足でした。このため、東京都は、直ちに送信専用サーバーを増設し、9月1日からは9分以内での送信を可能としました。平成17年12月にはシステムを見直し、5分以内にしています。

　ところで、震度情報の送信時間の問題は東京都だけの問題でしょうか。

　平成16年10月23日に発生した新潟県中越地震の際には、震度7を観測した川口町の情報は、非常電源がないために1週間送信されませんでした。また平成17年8月16日に発生した宮城県沖地震では、電話回線の混雑のため、2台の地震計の震度情報が、それぞれ29分または3時間29分送信できませんでした。このように、送信の遅れは各県でもたびたび発生しています。

　気象庁は、「自治体の対策を指示する立場にない」という態度をとっていますが、国にとっても重要な情報である以上、国としても責任をもって対応

策を講じるべきではないかと考えます。

　加えて、53.2平方kmの足立区に4か所ある震度計のうち、わずか1か所が震度5強を観測したことのみをもって、被害の発生もない状況で機械的に官邸対策室を設置するという仕組みでよいのか、また全国的には震度6弱で設置する官邸対策室を23区内のみ震度5強としていることに合理性があるのか、再検討すべきではないかと思います。

2　天の配剤

　様々な課題を提起した千葉県北西部地震について、石原都知事は8月5日の記者会見で次のように述べています。

　「大丈夫だ、まだ大丈夫だ、うちはこない、うちは潰れないという根拠のない自信というもの、そういうものがやっぱり揺さぶられたと思って、あれは実にいいタイミングで、私は天の配剤だと思っていますね」

　気の緩みを認識させた千葉県北西部地震に、「天の配剤」は、まさにふさわしい言葉といえるでしょう。この地震を教訓として受けとめ、今後、各自治体でも、都市型災害への対応と危機管理体制の強化に努める必要があると考えます。

❷ 新潟県中越地震からの教訓

　平成16年10月23日午後5時56分頃、新潟県中越地方でマグニチュード6.8の直下型地震が発生しました。昭和24年に気象庁が震度階級を設定してから、平成7年の兵庫県南部地震（阪神・淡路大震災）以来2度目となる震度7にもかかわらず、この地震による死者は51人、負傷者は4,795人（平成17年10月14日現在）にとどまりました。人的被害が少なかったのは、豪雪地帯であるため家屋が頑丈であったこと、火災がわずか9件ですぐに消火されたこと、地域の結びつきが強く住民同士が助け合ったことなどの結果であると考えられます。しかし、活発な余震により、避難住民は最大で34市町

村10万3,000人にのぼりました。実に住民の4人に1人が避難したことになります。

これに対し、各市町村の対策は十分だったでしょうか。

まさか起きるとは思わなかった。これは、大災害が発生すると必ず耳にする言葉です。新潟県中越地震の際にも耳にしました。「起きるとは思わないから」は、対策が遅れたことの言い訳のようにも聞こえます。

新潟県中越地震の被災市町村のほとんどが、地震を想定していませんでした。食料や水、発電機などの資材を備蓄しておらず、庁舎や避難所となる学校の耐震化も進んでいませんでした。当然、地震に対する職員の訓練も十分ではありませんでした。このため、市町村の初動態勢は混乱しました。通信も途絶し、新潟県庁との連絡もとれず、避難した住民に食事の提供もできませんでした。また、復旧にあたっても、新潟県や市町村の調整が十分に行われず、問題が残りました。

わが国では、震度6程度の地震はどこでも起こりうるといわれています。普段からの備えとして、この地震から学ぶ教訓も数多くあります。

1　新潟県中越地震の概要

新潟県中越地震は、震源の深さ13km、マグニチュード6.8で、その最大震度は川口町で観測された震度7でした。兵庫県南部地震は現地調査で震度7と発表されましたが、震度計による観測では初めてのものです。

新潟県中越地震の震度
○震度7　　　川口町
○震度6強　　小千谷市、山古志村、小国町
○震度6弱　　長岡市、十日町市、栃尾市、越路町、三島町、堀之内町、
　　　　　　 広神村、守門村、入広瀬村、川西町、中里村、刈羽村

また、この地震では、3つあるいは4つの地震断層面を持つ余震グループ

が、長期間にわたり活発な余震活動を引き起こしました。地震発生から2か月経過後の12月28日までに、震度5強以上の余震は18回も発生しています。

加えて、降雨により地盤が緩んでいたため、斜面崩壊、地すべり、土石流等の土砂災害が各地で発生し、大きな被害をもたらしました。7月から新潟・福島豪雨、台風23号と続き、さらに地震直前の10月20日には約100㎜の降雨がありました。もともと土砂災害が起きやすい地盤のうえ、大雨で地盤がさらに緩み、山古志村などの山間部の集落では、地すべりダムができ、集落が冠水し、完全に村は孤立しました。

新潟県中越地震は、地震と降雨による複合的な災害ともいえるでしょう。震度6弱以上を観測した16市町村の被害は特に大きいものでしたが、新潟県内では61市町村に被害が及んでいます。新潟県は、被害総額は3兆円にのぼると推定しています。新潟県が、平成17年10月14日現在でまとめた被害の概要は、次のとおりです。

新潟県中越地震の被害概要
○人的被害　　死者51人　重傷者635人　軽傷者4,160人
○住家被害　　全壊3,185棟　大規模半壊2,158棟
　　　　　　　半壊11,557棟　一部損壊103,497棟
○非住家被害　40,379棟
○その他被害　道路6,064か所　河川229か所　がけ崩れ等442か所
○孤立集落　　61集落

このほか、鉄道では上越新幹線の列車が脱線したほか、7か所が運転中止区間となりましたが、12月28日までに全線で運転再開しています。新幹線の脱線は、昭和39年に東海道新幹線が開業して以降、初めてのことでした。大地震の際には脱線もあり得ることを考える必要があります。

教訓 1 災害対応能力の強化

　危機管理で重要なことは、「もしかして起きるかもしれない」という認識です。災害を想定し、事前から備え、発災後の対応を定めておく必要があります。しかし、新潟県ではその備えは不十分でした。耐震性不足から庁舎を使用できない、地域防災計画に地震を想定した対応を定めていない、停電に備えた発電機や避難住民に対する食料を備蓄していない自治体がありました。また、職員の訓練やマニュアルの整備が不十分で、「防災行政無線の非常電源を操作できず県庁との連絡がとれない」「避難所運営ができない」「ボランティアを受け入れられない」などの自治体もありました。新潟県中越地震を例に、自治体の災害対応能力について、考えてみたいと思います。

(1) 公共施設等の耐震化

　新潟県中越地震では、震度6弱以上を観測した16市町村のうち、川口町、小千谷市、川西町、中里村の4市町村の役場が大破しています。これらはすべて、昭和56年以前の旧耐震基準で建てられたもので、耐震補強は行われていませんでした。

　大破した川口町役場は、長期間立入禁止・使用不能となり、災害対策本部も役場駐車場に設置したテント内に設けざるを得なくなりました。このため、通信手段の確保や災害対策本部の開催日程などに、大きな支障が生じました。結果的に第1回の災害対策本部会議が開かれたのは、地震発生から5日後のことでした。

　また、壁に亀裂が入った小千谷市役所も、地震発生直後から当日の午後9時30分まで一時立入禁止となり、災害対策本部は消防本部庁舎前のテントに設置されています。その間は電話もパソコンも使用できない状態でした。

　避難所に指定されていた学校などの公共施設も、耐震性に問題がありました。このため、余震が続くなかで、建物内に避難住民を入れられない避難所もありました。自動車内で泊まる住民が多く、エコノミー症候群が問題とな

った一因には、避難所の耐震性不足があると考えられます。

文部科学省の調査では、平成17年4月1日現在、全国の公立小中学校の校舎や体育館など約13万棟のうち、耐震性が確認されているのは約52％にとどまっています。また旧耐震基準で建築された建物のうち、約44％にあたる3万6,000棟は耐震診断も行われていません。

災害対策本部が設置される庁舎や避難所となる学校などの施設の耐震化は、災害対応力を高めるうえで欠くことができないと考えます。

危険の貼紙が見られ使用できなくなった小国中学校

(2) 実践的な地域防災計画の策定を

地域防災計画は、災害対策基本法に基づき、都道府県及び区市町村が、災害に対する予防、応急、復旧・復興のそれぞれの段階で、実施すべき措置・施策を定めるもので、具体的かつ実践的な内容であることが求められます。

しかし、現実には机上の計画となっており、実際の場面では有効でない場合も見受けられます。新潟県中越地震でも、そのような例は数多く見られました。

避難住民に対する食料など物資の供給も、その1例です。多くの被災市町村は、備蓄物資を準備していませんでした。計画に定めなかった理由として、農業地帯であるため各戸に米などの保存があり、農地から野菜も調達できることがあげられていました。確かにそのようにできた避難住民もいましたが、「食料や水などの物資が不足している」という住民の声が、地震発生当日夜から報道を通じて全国に伝えられました。農業に無縁な住民もいます。備蓄

しておくことが、農業地帯であっても必要であったと考えます。

（3）地域防災計画の見直しが必要に

　新潟県の地域防災計画では、どうなっていたのでしょうか。

　計画では、①農林水産部が食料の調達にあたる、②災害対策本部の事務局である連絡司令室の対策班が被災市町村の需要把握や配送、他自治体や民間企業などからの支援物資の受け入れを行う、③出納局が個人からの義援物資の受け入れにあたる、ことになっていました。

　しかし、計画どおりでは、効率が悪く、膨大な支援物資の受入業務に対応できませんでした。このため、新たに連絡司令室に救援物資・物流班を設置し、そこで一元的に行うことにしました。品名コードを新たに設定して、受け入れのための配送管理を実施しました。また、不足した積み下ろし要員や保管場所についても、新たな要員の確保や大規模なストックヤードの整備などを行っています。

　ボランティアの受け入れも、地域防災計画に定めてありましたが、被災市町村では混乱が生じました。新潟県地域防災計画では、各市町村ごとにボランティアの事前登録や研修等の実施、さらに災害時の対応として、被災者のニーズの把握やボランティアへの活動内容の指示などを定めていました。

　しかし、各市町村とも事前の取り組みは不十分で、「指示者が明確でない」「ボランティアに提供する資器材もない」などのため、ボランティアが右往左往する混乱が生じました。こうした状況に対し、新潟県も、事前にボランティアセンターを設置して運営・管理する体制、ボランティアとの調整を柱としたノウハウ「市町村向けマニュアル」を整備しておけば、より円滑にボランティアを受け入れられたと考えています。

　新潟県中越地震を踏まえると、地域防災計画をより具体的かつ実践的な内容にしていくことはもちろんのこと、計画に基づく運用マニュアルを整備し、日頃から訓練を積み重ねることが重要だと考えます。

教訓 2　初動期の態勢強化

　新潟県、被災市町村のいずれも、事前に初動対応を定めており、職員参集はそのとおり行われました。しかし、事前に定めたマニュアルどおりでは、対応できないことがあることも判明しました。

(1) 長期戦への準備

　新潟県は災害対策本部連絡指令室をマニュアルどおり設置しましたが、事前に応援職員が指定されておらず、当初は毎日交代で応援職員が派遣されていました。このため、役割分担や指揮命令系統が明確でなく、円滑に業務が遂行できず、地震発生から1週間後の11月には、応援職員を特定し、その職員が継続的に任務にあたる応援体制に変更しています。

　大地震の際には、災害対策本部の業務が長期間に及ぶため、業務に支障のないよう、防災担当職員の役割に加え応援体制も事前に明確にし、訓練も十分行っておく必要があります。

(2) 情報収集・伝達手段の確保

　新潟県の防災行政無線は平成7年度に県庁と市町村間を結ぶ衛星系ネットワーク、平成8年度に県庁と県の事業所間を結ぶ地上系ネットワークが完成しています。しかし、衛星系ネットワーク構築時に作成された仕様書には、商用電源に接続することが記載されていただけで、非常用電源への接続は行っていませんでした。このため停電が発生した29市町村のうち、19市町村は非常用電源未接続で、停電により無線も使用できなくなってしまいました。

　また新潟県では、地震や気象情報の市町村への配信、市町村から新潟県への被災情報の収集はNTT回線を使用していました。しかし、災害時優先電話ではなく、NTTの通信設備も被害を受けて不通となったため、被害の大きかった市町村からは、NTT回線を通しても県庁に情報が入らない状況でした。NTT回線は二重ルート化していましたが、その二重ルートが両方と

も地すべりや、がけ崩れ危険箇所に該当し断線したことも被害の拡大につながりました。

一方、被災市町村での被害情報把握も、携帯電話がつながらないために、職員からは消防無線を使用した報告や口頭報告が中心となりました。情報収集・伝達には通信手段が欠かせませんが、新潟県中越地震では、このように通信手段に不備があることが明らかになりました。

新潟県災害対策本部

今後の課題としては、防災行政無線の非常用電源の整備、災害時優先電話の確保です。また被災市町村のなかには、報道機関や住民からの問い合わせで電話がふさがってしまったという報告もあります。こうしたことへの対応も、日頃から検討しておく必要があると考えます。

教訓 3　国、自治体、防災機関の連携強化

新潟県中越地震では、国、新潟県及び市町村、防災機関相互の連携が不十分でした。例えば、新潟県庁内には政府の現地支援対策室が設置されましたが、省庁間の調整が主で、県との調整は十分に行われなかったとの評価があります。

また、新潟県とは別に、国土交通省など各省庁は、直接都道府県へ応援要請しています。しかも、要請にあたり、経費は派遣元が負担するとの条件の提示までしています。全国知事会の協定では、「広域応援を行った都道府県が広域応援に要した経費は、原則として広域応援を受けた被災県の負担とする」とされていますが、この協定を初めから無視しているといえます。

今回の地震では、応援合戦ともいえる状況が生まれました。応援協定の有

無にかかわらず、各自治体に「バスに乗り遅れるな」という意識が強く働いたと感じます。このため、「被災市町村で何が本当に必要なのか」把握せずに、応援に出ていくという状況すら生まれました。各省庁の姿勢も、これと同様であったと思えます。

一方、孤立した山古志村の住民の救出・救助にあたっても、自衛隊や警察など各機関はそれぞれ独自に活動しています。山古志村との通信手段がなく、各機関とも状況把握が困難でした。情報の共有化が図られなかったという事情がありますが、連携は十分ではなかったといえます。

復旧活動でも派遣された東京都の職員からは、新潟県の指示体制が整っていなかったことや、指示内容に適切さを欠いていたことから作業にかかれず無駄な時間を経過した等の報告も出されています。また、「市町村ごとに作業着手時間や道路障害物除去路線の優先順位が異なり、ネットワークとしての道路復旧が遅れた」との報告もあります。さらに、通信会社からも、「行政と関係機関が、立ち入り規制や道路・ライフラインの復旧情報などを共有していれば、作業時間を短縮することができた」という指摘もありました。

大規模災害時には、救出・救助など応急対策を迅速に進めるためにも、また復旧を早期に行うためにも、都道府県が中心になり、国、自治体、防災機関相互の連携を図ることが重要であり、平素から情報の共有化、合同訓練などを実施し、それぞれの垣根を低くしておくべきだと考えます。

教訓 4　地域特性を踏まえた対策の実施

新潟県中越地震では、山間部地域の孤立が大きな問題となりました。もともと崩れやすい地質であることに加え、地震発生の直近までの降雨により、地盤がもろくなっていたことが、山間部集落の孤立を招いた要因だと考えられます。しかし、新潟県でも、全村の孤立は予想外でした。山古志村では、「道路がすべて寸断され通行できない」「二重ルート化された中継伝送路すべてが断線し固定電話が不通となった」「携帯電話の基地局がすべて被害を受

け停電した」「停電により役場の防災行政無線も使用できなくなった」など、情報連絡に関わるすべての手段が使用できなくなりました。

　運が悪いことに、小千谷地域消防本部の消防救急無線のうち、小千谷市消防本部に設置されていた市単独波の無線装置が棚に固定されていなかったため、地震の振動により落下して使用不能となり、山古志出張所と消防本部との連絡もとれなくなりました。このため、山古志村から村外への最初の連絡は、村長が携帯電話が通じるところを探し、近隣の村長に対する県への連絡の依頼でした。これは、地震発生から4時間余り後の午後10時頃でした。また、出張所が県内共通波で消防本部と連絡がとれることを認識したのは、翌朝の午前6時頃でした。このように長時間にわたり連絡がとれなかったため、救助の開始は、地震発生の翌日の夜明け以降でした。

　東京都においても、孤立という事態の発生は、これまで想定してきませんでした。しかし、山間部の奥多摩でも、集落の孤立は発生する可能性があります。このため、平成17年9月1日の総合防災訓練では、奥多摩湖周辺の集落が孤立したとの設定で、陸上自衛隊などの舟艇と警視庁、東京消防庁のヘリコプターによる救出、救助訓練を実施しました。この結果も踏まえ、現在、山間部集落の孤立対策を検討しています。

　千葉県北西部地震では、都市型災害への対策が迫られました。東京は、オフィス街や地下街、さらに高層ビルなどを抱えた大都市であり、津波に幾度となく襲われた伊豆諸島や小笠原諸島などの島しょ地域もあります。新島、神津島、三宅島は「東海地震」で、八丈島、小笠原諸島は「南海・東南海地震」で津波の危険性がある地域として指定されています。

　地域防災計画は、地域特性を踏まえた対策を盛り込むことになっていますが、それが十分であるか、新潟県中越地震や千葉県北西部地震など実際の災害から改めて見直すことが必要だと実感しています。東京都のみならず、いずれの自治体でも同様ではないかと考えます。

③ 福岡県西方沖地震からの教訓

1 地震発生と被害状況

　平成17年3月20日午前10時53分頃、福岡県西方沖でマグニチュード7.0の地震が発生しました。福岡県福岡市、前原市、佐賀県みやぎ町で震度6弱が観測され、博多湾の玄海島では全島避難となりました。

　玄海島の状況は、新潟県中越地震のときと同様に、がけ崩れなどによる被害でした。一方、福岡市内では、家具の転倒・落下などでの負傷者や、マンションの破損で生活できなくなった被災者が300人余り生じています。

　福岡市内での建物の被害は、旧耐震基準ビルと新耐震基準ビルの被害に分けられます。旧耐震基準ビルの被害としては、繁華街に建つ福岡ビル（地下3階、地上10階建て）の窓枠が固定されていたため、窓ガラス440枚が割れ、地上に降り注いだことがあげられます。この工法は国が昭和53年に規制しましたが、改修義務がないため長年放置され、ガラスの破片により歩行者4人が負傷する結果になってしまいました。

　新耐震基準ビルの被害としては、とりわけマンション共用部分の廊下の外壁や玄関ドアの変形などがあげられます。新耐震基準は、非構造壁で、ある程度以上の地震の衝撃を吸収し、壊れるようになっており、そのために起こった現象です。警固断層付近の地盤が弱い地域で、特に顕著に現れています。

教訓 1　ビルからの落下物対策

　福岡県西方沖地震による教訓としては、まず、旧耐震基準ビルの改修の促進や落下防止策の実施が指摘できます。中央防災会議首都直下地震対策専門調査会は、東京湾北部でマグニチュード7.3の地震が発生した場合に、首都圏で落下物の恐れがある建物は2万1,000棟あると指摘しています。そして、建物からの落下物のほか、ブロック塀・自動販売機の転倒によるものも合わ

せ、屋外落下物などによる死者は約800人と想定しています。

　前述したように、旧耐震基準の建物の改修は義務づけられていません。しかし、阪神・淡路大震災の被害は、平成7年当時、すでに築14年以上たった旧耐震基準の建物に集中したことも考慮しますと、旧耐震基準のビルの耐震補強とビルからの落下防止策強化の基準見直しは急務といえます。

教訓 2　中高層マンション対策

　第2の教訓は、新耐震基準のビルは柱や梁などの躯体に影響がなくても、使用できなくなることがあるということです。とりわけマンションの場合は、エレベータや水道・電気などのライフラインが停止することで、住民の一時的な避難だけでなく、損傷により大規模修繕を終えるまで長期間居住できない事態も起こりうることが判明しました。このことは、自治体の避難計画にも影響します。被害の実態を把握し、今後の地震対策に生かす必要があると考えます。

4　平成16年新潟・福島豪雨からの教訓

1　新潟・福島豪雨の概要

　平成16年7月12日夜から13日昼頃にかけて、活発な梅雨前線の活動により、新潟県中越地方から福島県会津地方で非常に激しい雨が降りました。1日の降水量は、新潟県栃尾市で421㎜、福島県只見町で325㎜に達し、この大雨により、新潟県三条市や見附市、中之島町を流れる五十嵐川や刈谷田川で相次いで堤防が決壊し、多数の浸水被害が発生しました。

新潟・福島豪雨の被害状況
○人的被害　死者16人　負傷者4人

○家屋被害　全壊70棟　半壊5,354棟　一部損壊94棟
○浸水家屋　床上浸水2,149棟　床下浸水6,208棟

　この豪雨では、災害時要援護者の避難誘導のあり方と住民への情報伝達が問題となりました。

教訓 1　災害時要援護者対策

　7月15日の毎日新聞朝刊は、「新潟豪雨：寝たきり78歳の死、通じぬ119番、通り過ぎるボート」の見出しで、惨状を伝えています。

　記事は、三条市で、78歳の寝たきりの夫を助けようとした77歳の妻が、近所に助けを求めたが、水かさが増し近所の人も近づけず、119番も通じない状況で、4時間近く経って消防がボートに救い上げたときには、夫の脈はすでになかったという内容でした。この事例も含め、三条市では9人の犠牲者のうち、6人が70歳以上の高齢者でした。

　なぜ、救出が遅れたのでしょうか。三条市では、地域防災計画のなかで、災害要援護者の救出を主眼とする安全対策マニュアルを用意していました。マニュアルでは、要援護者の居住場所を把握し、災害時には、自治会長や民生委員などが協力し、情報伝達や避難誘導を行うことになっていました。

　しかし、このマニュアルは、大雪で家屋が倒壊したり、室内に閉じ込められたりする雪害を想定したもので、水害には対応できないものでした。急に水かさが増したときに、マニュアルどおり自治会長や民生委員が1軒1軒回って、危険を知らせることは不可能でした。

　一方、市の対応にも問題がありました。要援護者の避難誘導の指示を出さず、またマニュアルで定められていた「災害弱者対策班」も設置していなかったのです。ここでも、「まさかこんなに早く堤防が決壊するとは思わなかった」というのが理由でした。

　実際に行動できるマニュアルでなければ、マニュアルではありません。三

条市でも、ケアマネジャーやヘルパーの活躍により、避難勧告が出た直後に避難した高齢者がいます。在宅介護を受けている高齢者は、災害時の要援護者です。ヘルパーたちは高齢者と毎日接触しているからこそ、機敏な対応ができたと考えます。

どこでも、災害時には要援護者の避難誘導が遅れ、犠牲者が生じる恐れがあります。地域での要援護者の避難誘導について、民生委員やケアマネジャー、ヘルパーなどを交えて検討する必要があります。

教訓 2 住民への情報伝達

三条市では、13日午前10時10分から同11時40分にかけて、順次避難勧告を発令しました。しかし、防災行政無線が整備されていないため、市民に一斉・同時に伝えることはできず、市が放送するFM放送や、広報車を巡回させて知らせるしか方法はありませんでした。

17日午後5時頃、五十嵐川の水位が再び上昇しました。自宅に戻りはじめた住民もいたため、市は再び避難勧告の徹底を図りました。ところが、その際「再度、避難勧告を発令した」との表現で呼びかけたため、市民からは「避難勧告は出たままではないのか」「避難指示ではないのか」といった問い合わせが殺到するなどの混乱が生じています。

この豪雨の5日後の18日の福井豪雨で、死者1人、行方不明1人、床上・床下浸水389棟の被害にあった福井県美山町では、午前6時に災害対策本部を設置し、その5分後に山間地域の一部に避難勧告を発令しています。さらに午後8時40分には、町内全域に避難勧告を発令しますが、いずれも防災行政無線を通じて一斉に住民に伝えられています。堤防の決壊は、午後10時頃で、その前に速やかな避難誘導ができたことが、人的被害を最小限にとどめたと町では評価しています。

住民に早く正確に災害情報を提供することは、被害の軽減につながります。防災行政無線などの整備は当然必要ですが、そのうえで、住民が理解し、誤

解を招かない内容を伝達することも重要です。伝達内容をマニュアル化して日頃から備え、訓練によりさらにわかりやすくする努力が必要です。

5 平成16年台風23号からの教訓

1 台風23号の被害状況

　平成16年10月13日、マリアナ諸島近海で発生した台風23号は、18日午前には中心から半径800km以内が風速15m/秒以上の強風域となり、超大型で強い台風に発達しました。19日には、強い勢力を保ったまま沖縄本島、奄美諸島付近を通過、九州南部に接近し、20日午後1時頃、高知県土佐清水市付近に上陸しました。四国を縦断し、夕方には大阪府泉佐野市付近に再上陸。その後、近畿、中部、関東地方と日本列島を縦断、千葉県を通過し、太平洋に抜け、21日午前9時頃温帯低気圧になりました。

　この台風は、41都府県に被害をもたらしていますが、とりわけ兵庫県、京都府、香川県で大きな被害が出ています。

台風23号の被害状況
○人的被害　死者95人　行方不明3人　負傷552人
○家屋被害　全壊893棟　半壊7,762棟　一部損壊10,834棟
○浸水家屋　床上浸水14,289棟　床下浸水41,120棟

　この台風の教訓について、市内を流れる円山川の堤防決壊により被害の大きかった兵庫県豊岡市の対応を例に考えてみます。

教訓 1 　災害体験と避難行動

　豊岡市は20日午後6時5分に避難勧告、同7時13分に1万5,119世帯、4万2,794人に避難指示を発令しました。避難指示の対象は、全町民の90％にの

ぼります。しかし、実際に避難したのは2,152世帯、3,753人にとどまりました。この避難者数は、避難指示対象のわずか8.8％にすぎません。

この理由としては、豊岡市が被った過去2回（昭和34年伊勢湾台風及び平成2年台風19号）の水害との比較で、住民が自己判断した点が指摘できます。「あのときと比べ、まだ大丈夫だ」という意識が強く働き、避難しなかったことが思わぬ被害をもたらします。災害を経験していない世代にとって、過去の災害の教訓から学ぶことは被害の軽減のうえで重要ですが、過去の災害がマイナスに働くこともあることを理解しておく必要があります。

住民からは、防災行政無線で避難勧告・指示の発令を伝達する際には、緊張を持ち、具体的な浸水状況などを放送することが必要だと指摘されています。避難勧告や避難指示を出せばそれでよいというのではなく、住民を本当に避難させるための工夫が自治体には求められています。

一方、防災行政無線を通じて、河川の水位の見込みや、内水ポンプの停止状況の説明を放送したことに対しては、住民から高い評価を受けています。災害時に、住民が情報として何を求めているのか十分検討し、必要な情報を提供すべきだと考えます。

教訓 2　避難所の指定

避難に際して、指定された避難所にも問題がありました。

住民からは、「指定された避難所が遠く移動に危険が伴った」、あるいは「冠水のため指定された避難所への移動が困難だった」などの指摘が市へ寄せられるとともに、避難所の再検討を求める意見が多く出されました。

多くの自治体では、豊岡市と同様に、地震も水害も同じ避難所を指定していると考えられますが、水害による危険性が予想される場合には、水害と地震の避難所を分けるべきです。浸水予測図、いわゆるハザードマップを作成するなかで、避難路や避難所を指定することが必要だと考えます。

（東京都総務局総合防災部長　中村晶晴）

第2節 切迫している首都直下地震

1 大地震が東京を襲う

　大きな地震が発生すると、週刊誌などには「地震雲が現れた」あるいは「何月に東京を巨大地震が襲う」というような記事が必ず現れます。発生時期の予測はことごとく外れていますが、このような記事が頻繁に出ることは、読者の地震への関心が極めて強いことを反映している結果だと思います。

　地震は、季節、曜日、時刻を選ばず発生します。規模も不明です。たとえ想定したとおりの大きさの地震であったとしても、被害も想定どおりになるとは考えられません。いつ発生するか、何が起こるかわからないのが地震であり、首都圏も地震には無縁ではありません。

　中央防災会議地震防災対策強化地域指定専門委員会は、平成4年8月に、次の検討結果を報告しています。

○この地域では今後100年から200年先に発生する可能性が高いと考えられる相模トラフ沿いの規模の大きな地震に先立って、プレート境界の潜り込みによって蓄積された歪みのエネルギーの一部がマグニチュード7程度の地震として放出される可能性が高いと推定される。

○関東大地震の発生後、すでに70年が経過していることを考慮すると、今後その切迫性が高まってくることは疑いなく、次の相模トラフ沿いの規模の大きな地震が発生するまでの間に、マグニチュード7程度の規模のこの地震が数回発生することが予想される。

　すなわち、10万5,000人以上の死者を出した大正12年9月1日の関東大震災（M7.9）クラスのマグニチュード8程度の大地震は、首都圏では今後100年以内には発生しないが、それより規模の小さいマグニチュード7程度の地

震は近いうちに発生する可能性が高いという見解です。

　平成11年度からは、文部科学省の地震調査研究推進本部が、阪神・淡路大震災を教訓に、地域ごとに発生が予想される地震の揺れの大きさを示した地震動予測地図の作成に着手し、活断層やプレート境界で発生する地震についての評価を行っています。平成16年8月には、南関東の相模トラフ沿いの地震について、「平均間隔200〜400年の関東地震クラスの今後30年以内における発生確率は最大で0.8％であるが、マグニチュード7程度（M6.7〜7.2程度）の地震の発生確率は70％ある」との見解を発表しました。

　また、平成17年5月には、産業技術総合研究所から、「関東地方の地下に第4のプレートがある」という研究成果も発表されています。相模トラフで陸側のプレートの北方向に沈み込み、関東地方の地下で太平洋東側から沈み込む太平洋プレートの上に乗り上げ、群馬県の赤城山付近まで伸びていると考えられているフィリピン海プレートは、実際には東京湾直下付近までしかなく、その先は独立のブロックで、地下のプレートは部分的に四層になっていることがわかったということです。そして、このブロックは、太平洋プレートの破片とみられ、約100km四方、厚さは約25kmと推定されています。

　こうした研究で関東地方のプレート構造が解明されれば、今後、首都直下地震の震源の位置や発生メカニズムが、より詳しくわかるようになると期待されます。

　最近では、関東地方におけるマグニチュード6クラスの地震の周期性も確認されています。平成17年8月10日に、地震調査委員会は、同年7月23日に発生した千葉県北西部地震に関する気象庁の分析結果を踏まえ、ほぼ同じ場所で約25年ごとにマグニチュード6クラスの地震が繰り返されてきた可能性があるとの見解を示しました。

　近年の観測網の整備や地震に関する知見の増大に伴い、地震の発生場所、規模などの分析精度は今後より一層高まり、予測も今以上に可能になると考えられます。しかし、これまでの地震をみても、発生時期や発生場所の特定は難しいと思います。阪神・淡路大震災や新潟県中越地震、福岡県西方沖地

震は想定されていませんでした。また、平成17年8月16日に発生した宮城県沖地震も、想定されている宮城県沖地震とは異なると判断されています。日本列島が地震列島である限り、私たちは、地震がいつ発生してもよいように覚悟し、備えておく必要があります。

2 首都直下地震対策専門調査会の被害想定

1 被害想定の限界

　被害想定は、対策を立てるうえでの基礎になるものです。一般的には、概ね次のような方法で行われます。

　まず、①対象地域に発生する可能性の高い地震を想定します。次に、②その地震の地震動の特性（強さ、周波数特性、継続時間など）を求めます。そして、③その地域に存する建物などの強度特性と想定地震動を比較し、物理的な被害量を評価します。評価にあたっては、過去の地震の揺れと建物などの被害の関係をもとに算出した被害率で計算します。最後に、④必要な補正を加えて計算し、出火・延焼件数や人的被害数などを算出します。

　中央防災会議首都直下地震対策専門調査会が行った被害想定では、建物については、阪神・淡路大震災や鳥取県西部地震、芸予地震での揺れと木造・非木造別、建築年度別から全壊・半壊などの被害率を算出し、これをもとに、人的被害であれば建物内滞留人口や震度別の家具類転倒による死傷率などで補正して、死者数や負傷者数を出しています。また火災についても、500mメッシュ地区ごとの不燃領域率（全面積に対する道路、公園などの空地面積と中高層非木造建物の敷地面積を足した面積の割合）と、過去の地震から定めた焼失率及び延焼可能性などにより算出しています。

　以上からわかるように、被害想定は、地震発生により起きうると想定されるすべての事象を反映してはいません。

　首都直下地震対策専門調査会の被害想定でも、過去の事例から被害率を算

出することができない木造住宅密集地域の路地の建物倒壊による通行支障による死傷者数や、また、事例がなく想定が難しい対向列車同士の衝突や、球場・ホールなどでのパニックによる死傷者数、最近の研究で明らかになってきた高架橋の落下による新幹線の被害などは、触れられていません。

このように、被害想定は、既存の地震による被害をもとに仮定に仮定を重ねて計算しているため、想定結果が最大でそれ以上の被害がないとはいいきれない、さらに実際には起きうると考えられる事象すべてを網羅しきれないなどの限界があります。したがって、被害想定には限界があることを十分理解したうえで、地震対策に活用する必要があります。

2 想定地震

首都直下地震対策専門調査会は、平成15年9月に設置されて以来、1年半の検討を経て、平成17年2月に被害想定を公表しました。

被害想定を行った目的は、インターネットによる情報通信技術や物流、金融等の高度化・国際化が進展し、経済・社会情勢が著しく変化しつつあることから、「首都中枢機能維持」や「企業防災対策」といった新たな観点から首都直下地震対策の強化を図るためであるとしています。

想定地震は、3タイプ18種類をあげています。首都圏は、海側のフィリピン海プレートと太平洋プレートが陸側の北米プレートに沈み込んで、地震発生の様相は極めて多様であるため、これだけの数の検討が必要であるとしています。また、これらは、発生の蓋然性が比較的高く（「ある程度の切迫性が高いと考えられる」または「近い将来発生の可能性が否定できない」）、都心部または都心部周辺で発生しうる地震動であるとしています。

タイプ別に説明しますと、次のとおりです。

(1) タイプ1 〈地殻内の浅い地震－活断層で発生する地震〉

マグニチュード7以上の地震を発生する可能性のある活断層のうちから、今後100年程度以内に地震が発生する可能性がないものを除いた活断層の地震

⇒関東平野北西縁断層帯地震（M7.2）、立川断層帯地震（M7.3）、伊勢原断層帯地震（M7.0）、神縄・国府津－松田断層帯地震（M7.5）、三浦半島断層帯地震（M7.2）

(2) タイプ2　〈地殻内の浅い地震－活断層と無関係に発生する地震〉

地震に対応する活断層が地表で認められていない地域で、いつ発生するかわからない地震

⇒このタイプの地震は、これまでの例からは、ほとんどがマグニチュード6.5以下ですが、想定地震では、昭和59年長野県西部地震がマグニチュード6.8であったことを踏まえ、防災上の観点から、マグニチュード6台の最大である6.9としています。

○首都中枢機能が直接的にダメージを受ける地震‥‥都心東部直下地震、都心西部直下地震
○周辺の中核都市が直接的にダメージを受ける地震‥‥さいたま市、千葉市、川崎市、横浜市、立川市の直下地震
○首都中枢機能を支える交通網やライフライン及び臨海部の工業地帯の被災により、首都中枢機能が低下あるいは機能保全に陥る地震‥‥羽田(空港)、成田(空港)、市原市の直下地震

(3) タイプ3　〈フィリピン海プレートと北米プレートの境界の地震〉

今後100年程度以内に発生する可能性はほとんどない、発生間隔が約200～300年の関東大地震規模（マグニチュード8クラス）の地震に先立って発生するマグニチュード7程度の地震。

⇒想定地震は、平成4年に中央防災会議で決定した「南関東地域直下の地震対策に関する大綱」をもとに、近い将来発生の可能性が高い3地震としています。地震の規模は、過去の発生事例から、その最大値であるマグニチュード7.3としています。

東京湾北部地震、茨城県南部地震、多摩地域地震

3　震度分布

(1) 活断層で発生する地震

　岩盤に歪みが蓄積し破壊されて地震が発生するため、直上と破壊が進む方向に向かって震度6強の強い揺れが広がり、一部には震度7が現れます。三浦半島断層帯については、断層直上の三浦半島から浦賀水道を挟んで、千葉県木更津にかけて強い揺れとなります。

　しかし、5つの地震のいずれも、震度6弱以上の広がりはフィリピン海プレートと北米プレートの境界の地震と比べるとコンパクトであり、ダメージは比較的局所的となると想定しています。

(2) 活断層と無関係に発生する地震

　10の地震いずれも、最大震度は6強となっています。

　都心東部（震源は霞ヶ関直下）、都心西部（震源は新宿直下）直下地震では、震源直上の震度が大きくなるとともに、破壊が進む方向に向かって強い揺れが現れると想定しています。都心西部直下地震では、やや深い地盤構造の影響があると考えられ、北西方向に震度6強の範囲が広がります。

　さいたま市、千葉市、川崎市、横浜市、立川市、羽田(空港)、成田(空港)、市原市の直下地震は、いずれも断層直上と地盤の弱いところが強い揺れとなるとしています。これらの地震は、規模が小さく、浅い地盤の地震でもあることから、強い揺れの範囲はフィリピン海プレートと北米プレートの境界の地震と比べてかなり小さいと想定しています。

(3) フィリピン海プレートと北米プレートの境界の地震

　いずれも震度7はみられませんが、東京湾北部地震では、地盤の弱い東京都東部及び千葉県の東京湾北部沿いに震度6強の地域が広がります。また、8都県市（埼玉県、千葉県、東京都、神奈川県と政令指定都市の川崎市、横浜市、千葉市、さいたま市）の広い範囲に震度6弱が分布します。

茨城県南部直下の地震及び多摩地域直下の地震では、震源域の深さから特に強い揺れとはなりませんが、震度6弱の地域の広がりは、浅い地殻内の地震と比べて大きいと想定しています。

以上が想定地震の震度分布ですが、東京湾北部地震が震度6弱以上の揺れの範囲が最も広範囲に及ぶ地震であるとされています。

4　津波の想定

関東大震災は、相模湾の海底下での岩盤の破壊により起きた地震であるため、当然のことながら大津波が発生しました。その範囲は、伊豆半島東岸から相模湾沿岸、さらには房総半島の南端に及んでいます。熱海では地震発生5分後に湾奥で波高12m、伊東で9m、伊豆大島岡田港で12m、房総半島の南端の相浜で9mという大きなものでした。

想定した地震でも、起きる場所によっては、津波が発生し、陸地に襲ってくる恐れがあります。首都直下地震対策専門調査会は、想定地震18種類のうち津波の発生の恐れがある地震として、東京湾北部地震、都心東部直下地震、神縄・国府津—松田断層帯、三浦半島断層帯をあげ、これらに地殻内の浅い地震として東京湾直下（M6.9）を新たに加えて、津波の波高や浸水範囲を検討しています。

最も波高が高くなるのは、神縄・国府津—松田断層帯で、相模湾で最大2mと推定しています。また、東京湾内での最大の津波は東京湾直下地震で発生するとしています。最大50cm未満と推定していますが、たとえ50cm未満であっても、波に引き込まれる恐れがあり、津波に対する警戒も必要です。

5　想定シーン

時間帯によって人々の滞留場所も変わり、また季節によって火気器具等の使用状況も異なることから、被害想定（表1）にあたっては、次の4種類の特徴的なシーンを設定しています。

表1　想定される被害状況（首都直下地震対策専門調査会資料から抜粋）

シーン設定	想定される被害の特徴
シーン1　冬　朝　5時	○阪神・淡路大震災と同じ発生時間帯。 ○多くが自宅で就寝中に被災するため、家屋倒壊による圧死者が発生する危険性が高い。 ○オフィスや繁華街の屋内滞留者、列車、道路利用者は少ない。
シーン2　秋　朝　8時	○通勤・通学ラッシュ時で、移動中の被災者が最も多くなる時間帯。 ○1年のなかで、比較的交通流動が落ち着く季節とされている。
シーン3　夏　昼　12時	○関東大震災と同じ発生時間帯。 ○オフィス、繁華街、映画館、テーマパーク等に多数の滞留者が集中。店舗等の倒壊、落下物等により被害拡大の危険性が高い。 ○住宅内滞留者数は1日のなかで最も少なく、老朽木造家屋の倒壊による死者数はシーン1と比較して少ない。
シーン4　冬　夕方　18時	○住宅、飲食店などで火気器具利用が最も多い時間帯で、これらを原因とする出火数が最も多くなるケース。 ○オフィスや繁華街周辺、ターミナル駅では、帰宅、飲食のため多数の人が滞留。ビル倒壊や落下物等により被災する危険性が高い。 ○鉄道、道路もほぼラッシュ時に近い状況で人的被害や交通機能支障による影響拡大の危険性が高い。

さらに、風速により火災延焼状況が大きく異なることから、風速については次の2種類を設定しています。
　　○阪神・淡路大震災時並みの風速　　3m/秒
　　○関東大震災時並みの風速　　　　 15m/秒

6　想定被害

　冬の午後6時、風速15m/秒の場合に、被害が最大になると想定しています。なかでも、震度6強の範囲が他の地震に比べ広い東京湾北部地震、都心

東部直下地震、都心西部直下地震では、甚大な被害が生じるとしています（表2）。

東京湾北部地震の建物被害は約85万棟、死者は約1万1,000人、都心東部直下地震の建物被害は約68万棟、死者は約1万1,000人、都心西部直下地震の建物被害は約79万棟、死者は約1万3,000人と推計しています。

建物被害が最大の東京湾北部地震では、揺れや液状化、急傾斜地崩壊による全壊棟数は約19万5,000棟、火災による焼失棟数は風速15m/秒の場合で約65万棟にのぼります。

一方、最大の死者を生じる都心西部直下地震では、揺れ、液状化、急傾斜地崩壊、ブロック塀・屋外落下物等を原因とする死者が約5,000人に対し、火災による死者は8,000人にのぼるとされています。これは、豊島区や新宿区、中野区など東京23区の西部に広がる木造住宅密集地域における火災が、他の地震より多く発生することが大きな要因と考えられます。

東京湾北部地震及び都心東部直下地震でも、火災による死者は6,000人を超えるとされており、首都圏での大地震では、火災が大きな被害をもたらすことになると想定しています。

各地震の被害の概要は、表のとおりです。

首都直下地震対策専門調査会の被害想定は、首都圏全域を対象とした初めてのものであることに意義があるといえます。また、都市部で増加している中高層ビルの被害について、すべてではありませんがエレベータの停止や閉じ込めを想定したこと、さらに、首都中枢機能（国会、中央省庁、金融決済機能）に障害が生じた結果としての経済被害について初めて取りあげたことも、特筆すべきです。最も広範囲に影響が及ぶ東京湾北部地震による経済被害額は、冬の午後6時に、風速15m/秒の場合で約112兆円、風速3m/秒の場合で約94兆円と予測しています。

7　東京の被害

平成9年8月に東京都が公表した被害想定（表3）と比較しながら、東京

表2 各地域の地震の被害想定（首都直下地震対策専門調査会資料から抜粋）

地震	被害	揺れ	液状化	急傾斜地崩壊	火災	ブロック塀・屋外落下物等	合計
東京湾北部 M7.3	建物	約150,000	約33,000	約12,000	約650,000	—	約850,000
	死者数	約3,100	—	約900	約6,200	約1,000	約11,000
都心東部直下 M6.9	建物	約140,000	約18,000	約5,400	約510,000	—	約680,000
	死者数	約3,200	—	約500	約6,300	約1,000	約11,000
都心西部直下 M6.9	建物	約160,000	約17,000	約6,200	約610,000	—	約790,000
	死者数	約3,300	—	約600	約8,000	約1,000	約13,000
さいたま市直下 M6.9	建物	約52,000	約13,000	約1,500	約190,000	—	約260,000
	死者数	約1,100	—	約100	約1,900	約300	約3,400
千葉市直下 M6.9	建物	約23,000	約14,000	約700	約61,000	—	約88,000
	死者数	約300	—	約50	約400	約90	約800
川崎市直下 M6.9	建物	約23,000	約15,000	約4,000	約130,000	—	約180,000
	死者数	約400	—	約300	約900	約300	約1,900
横浜市直下 M6.9	建物	約6,600	約14,000	約5,500	約43,000	—	約69,000
	死者数	約100	—	約400	約50	約100	約700
立川市直下 M6.9	建物	約9,100	約11,000	約1,600	約53,000	—	約75,000
	死者数	約200	—	約100	約200	約80	約500
羽田直下 M6.9	建物	約40,000	約17,000	約4,000	約190,000	—	約250,000
	死者数	約800	—	約400	約1,800	約400	約3,400
市原市直下 M6.9	建物	約3,700	約12,000	約500	約29,000	—	約45,000
	死者数	約80	—	約40	約60	約50	約200
成田直下 M6.9	建物	約3,800	約4,700	約600	約9,200	—	約18,000
	死者数	約100	—	約40	約30	—	約200
関東平野北西縁断層 M7.2	建物	約39,000	約14,000	約1,200	約170,000	—	約220,000
	死者数	約1,000	—	約100	約500	約85	約1,700
立川断層 M7.3	建物	約120,000	約20,000	約5,700	約340,000	—	約480,000
	死者数	約2,100	—	約400	約3,400	約500	約6,400
伊勢原断層 M7.0	建物	約41,000	約10,000	約2,500	約110,000	—	約160,000
	死者数	約900	—	約200	約1,500	約70	約2,600
神縄・国府津－松田断層 M7.5	建物	約77,000	約13,000	約5,200	約130,000	—	約220,000
	死者数	約1,700	—	約300	約3,600	約40	約5,600
三浦断層群 M7.2	建物	約110,000	約19,000	約11,000	約180,000	—	約330,000
	死者数	約2,400	—	約700	約4,600	約200	約7,900
茨城県南部 M7.3	建物	約8,600	約19,000	約1,100	約33,000	—	約62,000
	死者数	約200	—	約80	約30	約60	約400
多摩地域 M7.3	建物	約15,000	約22,000	約4,800	約170,000	—	約220,000
	死者数	約300	—	約400	約200	約500	約1,400

第2章 第2節 切迫している首都直下地震

の被害をみたいと思います。比較にあたっては、いずれも同じプレート境界の地震である、東京都の想定地震である区部直下地震と首都直下地震対策専門調査会の想定地震である東京湾北部地震とで行います。

東京都の想定地震のマグニチュード7.2は、阪神・淡路大震災の当初発表された地震の規模で、風速6m/秒は、東京の冬の平均風速の約2倍です。

一方、首都直下地震対策専門調査会の想定地震のマグニチュード7.3は、阪神・淡路大震災の確定規模と同じですが、風速15m/秒は関東大震災時の風速です。関東大震災発生当日は、能登半島付近に台風があった影響でこのように強い風が吹いていましたが、実際には、冬にこのような強い風が吹くということは、ほとんどありません。

以上を考慮すると、両者の東京都内における被害想定は、総体として大きな相違はないと評価することができると思います。

両想定の共通点は、次のとおりです。

① いずれも、阪神・淡路大震災を上回る7,000人以上の死者が発生すると想定しています。
② 東京23区内には、都市化の急激な進展のなかで、道路や公園など都市基盤が整備されずに、無秩序に木造住宅が建て込んだ木造住宅密集地域が広範囲に広がっているため、両想定とも、死者の60％以上、全壊建物の80％以上をこの地域の火災が原因であるとしています。
③ 東京の東部地区や海岸沿いの地盤の悪い地域は、液状化により、多くの建物が全壊すると想定しています。
④ 多くの通勤・通学者や買い物客などが帰宅困難になると想定しています。その人数は、首都直下地震対策調査会では約390万人、東京都では約371万人と推計しています。
⑤ いずれもライフライン、交通などが大きな被害を受けるとしています。上水道は、想定が人数と件数と異なっているため、比較することは難しいですが、その他については、概ねほぼ同じような被害となっています。

表3 首都直下型地震の被害想定

		首都直下対策専門調査会 平成17年2月		東京都 平成9年8月
条件	発生時期	冬の夕方、午後6時		
	震源	東京湾北部		区部直下
	震源の深さ	20～30km		20～30km
	地震の規模	M7.3		M7.2
	風速	15m/秒		6m/秒
	対象地域	首都圏	東京都	東京都
人的被害	死者数(人)	約11,000	約7,800	7,159
	原因別 建物倒壊	約3,100	約2,200	2,080
	急傾斜地崩壊	約900	約400	37
	地震火災	約6,200	約4,700	4,802
	ブロック塀転倒	約900	約500	227
	帰宅困難者数(人)	約6,500,000	約3,900,000	3,714,134
	避難者数(人)	約7,000,000	約3,100,000	2,330,328
物的被害	建物全壊(棟)	約850,000	約530,000	422,078
	原因別 揺れ	約150,000	約110,000	28.078
	液状化	約33,000	約7,800	14,854
	急傾斜地崩壊	約12,000	約4,200	745
	地震火災	約650.000	約410,000	378,401
	ライフライン 電力(停電)	約160万軒	約110万軒	1,145,015軒
	通信(不通)	約110万回線	約74万回線	2,240,134回線
	ガス(障害)	約120万軒	約110万軒	1,316,572軒
	上水道(断水)	約1,100万人	約390万人	1,508,580件
	下水道(障害)	約45万人	約13万人	195,505人
	交通 道路(高速道)	0箇所	0箇所	3箇所
	鉄道(不通)	約20箇所	約20箇所	3箇所
	港湾(岸壁)	約480箇所	約90箇所	—
その他	中高層ビル			
	停止エレベータ	約30万基	約15万基	—
	エレベータ閉込め(人)	約11,000	約6,000	—
経済被害	施設・資産の損傷	約67兆円	—	—
	住宅・事務所	35～62兆円	—	—
	ライフライン	0.6～1.1兆円	—	—
	交通施設	約3.1兆円	—	—
	人流・物流寸断の影響	5～6.2兆円	—	—
	経済被害の波及	37～39兆円	—	—
	経済被害合計	約112兆円	—	—

3　東京都の被害想定

　東京都は、平成3年9月に関東大震災を想定した被害想定を公表しました。その後、阪神・淡路大震災の発生を受け、区部直下地震など4つの直下地震を想定して被害想定を行い、平成9年8月に「東京における直下地震の被害想定に関する調査報告書」を公表しました。

　しかし、近年、東京においては、汐留や六本木ヒルズなど大規模再開発が各地で進むとともに高層ビルが増加し、市街地は大きな変貌を遂げています。一方、国においては、中央防災会議首都直下地震対策専門調査会が首都圏における直下地震の被害想定を初めて行い、平成17年2月に想定結果を公表しています。

コラム1　新しい被害想定の検討方針

① 想定地震は、プレート境界の地震とし、東京に影響を与える東京湾北部地震及び多摩地域地震とする。
② 地震の規模は、首都直下地震対策専門調査会が想定したマグニチュード7.3に加え、より発生の可能性が高く、発生した場合には被害の大きいところと小さいところが明瞭になり、地域の弱点が明らかになる、規模の少し小さいマグニチュード6.9も想定する。
③ 地震の発生は、首都直下地震対策専門調査会と同じとするが、風速は6 m/秒も想定し、前回の想定と整合を図る。
④ 被害想定は、東京都及び区市町村が地震対策をたてるために必要な地域別で行う。
⑤ 火災の延焼については、建物の配置や不燃化の状況などを踏まえて、より実態に合った想定を行う。
⑦ 建物被害は、全壊のほか、半壊を想定する。
⑧ 中高層ビルについては、エレベータの停止や閉じ込めのほか、電気や水道などのライフラインの障害も検討する。
⑨ 帰宅困難者については、ターミナル別人数等も想定する。
⑩ 最新データや追加データを活用し、より実態に近い被害想定とする。

こうした状況を踏まえ、東京都防災会議は、平成17年5月25日に、溝上　恵・東京大学名誉教授を会長とする地震部会を設置し、平成17年度中に新たな被害想定を作成することを決定しました。

　検討は、首都直下地震対策専門調査会の成果を最大限活用しながら、東京都の地震対策に反映するために、コラム1のような方針で進めています。

　さらに平成18年度には、この新しい被害想定、中央防災会議が9月に公表した「首都直下地震対策大綱」、平成18年3月に公表予定の「首都直下地震防災戦略」なども踏まえて、「東京都地域防災計画」を見直すことにしています。

4　震災への備え

1　ハード、ソフト両面からの備え

　震災に備えるには、ハードの対策としての震災に強い都市づくりと、ソフトの対策としての震災に強い社会づくりの両面が必要です。

(1) 震災に強い都市づくり

1) 建物の耐震化、不燃化の促進

　震災に強い都市づくりでは、まず建物の耐震化・不燃化の促進があります。

　政府も住宅等の耐震化を重視しており、平成17年3月30日に定めた東海地震、東南海・南海地震の防災戦略では、今後10年間に死者半減を達成するため、住宅等の耐震化率を75％から90％に向上させるとしています。

　しかし、耐震化は、建物所有者の資金負担がなければ進まないという問題があります。耐震補強に対する補助を行っても、自己負担が困難なために建て替えや補強が行えず、倒壊の危険性がある老朽木造住宅は残ることになります。最終的な目標は、すべての建物の耐震化を図ることですが、都市の安全性を高めるために、何を優先して進めていくか検討する必要があります。

不燃化も促進しなければなりません。

とりわけ東京では、火災による死者が全死者の60％を超すと想定されており、火災に強い都市づくりが急がれています。このため、東京都は、木造住宅密集地域のうちから特に危険度が高い地域を整備地域（27地域、約6,500ha）及び重点整備地域（11地域、約2,700ha）に指定し、整備目標や整備計画を定めて公共空間の確保、狭隘道路の解消、不燃化の促進などの事業を進めています。

しかし、こうした事業も、地権者である住民の理解と協力が得られなければ進めることは困難であり、加えて多額の事業費と長期の事業期間が必要です。整備地域及び重点整備地域においても、延焼の危険がないとされる不燃領域率75％を達成するには、平成35年までかかると見込んでいます。

耐震化・不燃化の促進のためには、規制の強化も必要です。

東京都は、平成15年3月に東京都建築安全条例を改正し、震災時に火災の危険性が高い地域における建築物の耐火性能を強化するため、新たな防火規制を創設しました。指定地域では、すべての建物を準耐火建築物以上の性能とし、建ぺい率などの緩和により建て替えを促進しています。現在、木造住宅密集地域の多い墨田区や荒川区、中野区、杉並区、板橋区の約1,900haが指定されています。建物の耐震化・不燃化は、長期間を要しすぐに効果が生じませんが、継続して進める必要があります。

2）家具類の転倒防止対策の推進

阪神・淡路大震災では、家具類の転倒による死者や負傷者の発生がクローズアップされました。東京消防庁の調査でも、宮城県北部地震や十勝沖地震、さらに新潟県中越地震における負傷者のなかで、家具類の転倒を原因とする者が4割〜5割を占めることが明らかになっています。家具類の転倒防止対策は、簡単にでき、効果もすぐに現れますが、政府の防災戦略でも、実施率の目標を東海地震強化地域では54％に、東南海・南海地震推進地域では51％としているように、対策を実施している世帯はいまだ少ない状況です。

家具類の固定は、住民自らが行います。このため、啓発や固定方法の普及、また、安心かつ安価で取り付けを頼める業者等の紹介が必要です。シルバー人材センターの活用も一つの方策です。さらに、自ら金具等の取り付けが困難な高齢者や障害者世帯に対する支援も重要です。すでに、東京都内の34区市町村では、高齢者や障害者世帯に対する取り付け支援などを実施しています。

3）道路・橋梁等の整備・耐震性の向上

　阪神・淡路大震災では、高速道路や鉄道の高架橋が崩壊するなどの被害が生じました。また、新潟県中越地震では各地で道路が寸断され、鉄道も路盤が崩壊するなど大きな被害が生じました。

　道路は、震災時において避難や救援・救護活動に重要な役割を果たします。そのために、道路網を整備し、橋梁等の耐震性を向上させることが重要です。

　鉄道も、通勤・通学の大動脈としての機能を有し、経済活動を支えています。鉄道施設の耐震化はもちろん、地震発生後は、早期復旧ないしは運転可能な区間での運転再開が早期にできるようにする必要があります。

　震災時には、海上輸送も重要です。阪神・淡路大震災では神戸港の岸壁が崩れ、液状化が発生し、港の機能が麻痺しました。岸壁の耐震強化と液状化対策を進め、地震に強い港湾施設にする必要があります。

4）ライフラインの安全化

　上下水道、電気、ガス、電話などのライフラインは、住民の生活や経済活動に欠かすことができません。もしも、大地震でこれらが寸断されると、復旧に日数を要し、社会活動に多大な支障を生じることになります。

　このため、それぞれの施設の耐震性を向上させるとともに、通電火災など2次災害も防止しなければなりません。また、各ライフライン事業者が連携し、早期に復旧できる体制を整えることも必要です。

　東京都では、平成3年に「東京都ライフライン対策連絡協議会」を設置し、各事業者と安全対策や災害時の活動について平素から情報交換等を行い、対

策に生かしています。

(2) 震災に強い社会づくり

1) 住民による防災活動への支援

　地震発生後、初期の救出・救助には、隣近所が大きな力を発揮します。阪神・淡路大震災後に神戸市消防局が行った調査でも、家族・近所による救出が79％、家族・近所による消火活動が59％にのぼっています。また、新潟県中越地震では、地域の人的つながりで避難生活を支え合う状況が生まれています。このほか、避難所運営や救援活動においては、ボランティアが大きな役割を果たしました。

　災害時においては、まず「自らの生命は自らが守る」という自己責任原則による自助と、「自分たちのまちは自分たちで守る」という地域の助け合いによる共助の2つの理念に立つ住民と、公助の役割を果たす行政とが、それぞれの責務と役割を明らかにしたうえで連携を図っていくことが重要です。

　このためには、住民による防災活動を支援し、震災に強い社会づくりを進める必要があります。

　東京都は、区市町村と連携し、住民などへの啓発を行うとともに、消防団や防災市民組織の育成・活性化、ボランティアの育成に取り組んでいます。また、東京都震災対策条例に基づき、全事業所に事業所防災計画の作成を義務づけています。そして、日頃から、防災訓練を通じ、防災意識の高揚を図るとともに震災への対応能力の向上に努めています。

2) 帰宅困難者対策の推進

　帰宅困難者対策についても、組織は組織で対応するという基本原則のもとに、個人や事業者がまず自己の責務として取り組むことが重要です。

　東京都は、従業員や顧客、周辺住民が2次災害に巻き込まれないよう、事業者に事業所防災計画を作成し、安全確保に努めることを求めています。この原則のうえに、都立学校に加え、ガソリンスタンドやコンビニエンススト

アなどの民間事業者と協定を結び、徒歩帰宅者の沿道支援として水やトイレ、情報を提供することにしています。また、バス協会などとも協定を結び代替交通機関の確保を図っています。

2　危機に強い体制づくり

　災害発生後には、一刻も早い救出・救助が必要です。このためには、初動態勢を早期に立ち上げることが求められます。阪神・淡路大震災では、初動態勢の遅れが問題とされました。また、初動態勢を確立するには速やかな情報収集が重要ですが、新潟県中越地震では防災行政無線が途絶し、初動態勢がとれないという問題も起きています。初動態勢及び情報収集手段が確保され、住民に正確な災害情報を伝達する仕組みがあって、初めて危機に強い体制となります。

　このためには、様々な災害から教訓を学び、常に体制を見直し、より確かなものとすることが求められます。東京都も、最近では平成17年7月23日に発生した千葉県北西部地震での対応を踏まえ、初動態勢や震度情報の送信方法などの見直しを行っています。

　東京23区においても、平成17年9月4日の集中豪雨を教訓に、初動態勢の見直しが進んでいます。時間雨量100㎜以上の集中豪雨で、善福寺川や妙生寺川などが溢水し、杉並区や中野区などで5,000棟以上が床上・床下浸水しましたが、予想外の豪雨であったため、各区で初動態勢が遅れ、避難勧告の発令は中野区のみでした。加えて、杉並区ではハザードマップの不備も判明しています。各区では水害時の初動態勢の見直し、情報収集手段の強化、災害情報提供の充実などに取り組んでいます。しかし、日頃から職員が自覚し、初動態勢を見直していれば、より迅速に対応でき、これらの問題はほとんどが防げたと思います。自治体の危機管理に携わる者は、他所の災害でも他人事とはせずに、そこから学ぶことが大事ではないでしょうか。災害が起きる前に予防し対応策を整備してこそ、住民を守る体制を整えられるのです。

（東京都総務局総合防災部長　中村晶晴）

第3節 東京の島の災害

1 自助・共助の働きと支援の必要性

　東京は、世界的な大都市として高度に都市機能が集中しており、災害といえば阪神・淡路大震災を例とする都市型災害が考えられます。もちろん、東京にとって都市型の大規模な地震を想定し、都市中枢機能の確保や混乱を回避するための災害対応は大きな課題です。

　しかし、東京は、西部地域に山間部を抱え、南部には広大な海域に点々と存在する島しょを抱えています。東京における災害対応は、都市機能の維持回復を図るための対策だけでなく、都民の生命財産を守るため、山間部対策のみならず、広い海域の島に住む人たちの安全を確保するための対策も構築しておかなくてはなりません。

　東京都の島は、東京の海域の西の端であり、日本の最南端である沖ノ鳥島、日本の東端にあたる南鳥島など、都心から1,600km以上離れた地域にも存在します。また、一般の住民が居住している島としては、小笠原村の母島が最南端になりますが、ここも都心からほぼ1,000km離れています。

　こうした島での災害対応は、何よりも「自分の身は自分で守る」自助の働きと、「みんなの町はみんなで守る」共助の働きが重要になってきます。地震や大雨、津波や火山の噴火といった災害にどう対応していくのか、個人だけでなく地域ぐるみで日頃から備えておく必要があります。行政は、この自助と共助の働きに対して必要な支援を行うとともに、避難場所の確保や生活物資の備蓄など、行政に求められる災害対策を構築していかなくてはなりません。

2 島の災害史

　東京の島は、地震や津波、火山の噴火など大きな被害を出した災害を経験しています。なかでも、世界に約800余りある火山のうち108火山が存在する火山国日本の約2割にあたる21火山が、東京の島しょ部に存在しています。過去の主な地震・津波の被災状況は表1、噴火活動の記録は表2のとおりです。

　島の災害のなかで被害が最も大きかった三宅島噴火災害について、平成12年6月の噴火から、平成17年2月の避難指示解除までの取り組みや、帰島の進め方を中心に、実践と経験をもとに東京都の対応を紹介します（表2）。

表1　伊豆諸島における地震津波の被災状況

西暦（和暦）	地域（名称）	M	津波の高さ	主な被害（人的被害・物的被害）
1433年11月7日（永享5）	伊豆大島近海	7.1		鎌倉で社寺、築地の被害多い。利根川の水逆流する。（当時利根川は東京湾に注いでいた）
1498年9月20日（明応7）	遠州灘（明応地震）	8.6	八丈島4m	八丈島の港で荷役中の1人水死。
1605年2月3日（慶長9）	（慶長地震）	7.9	八丈島10〜20m	津波により八丈島谷ヶ里で全家屋流出し、死者57人。
1677年11月4日（延宝5）	房総半島南東沖（延宝房総沖地震）	8.0	八丈島3〜4　青ヶ島3	茨城海岸から房総半島勝浦まで地震による被害多し。八丈島では、谷ヶ里まで波上がる。青ヶ島で漁船10隻余流出、死者1人。
1703年12月31日（元禄16）	伊豆大島近海（元禄地震）	8.2	伊豆大島10m　八丈島3m	伊豆大島で津波池決壊し、海と重なり、岡田では津波のため家58戸、船18隻流出し、死者56人。八丈島でも津波に襲われ死者1人。新島で津波のため死者1人。
1707年10月28日（宝永4）	紀伊半島沖（宝永地震）	8.4	八丈島4m	八丈島津波上がる。末吉とくに強し。（八丈暦によると青ヶ島では船ならびに水主壱人波に払う。八丈島では漁船10隻余り波に払はるとある）
1747年月日（延享4）	―			八丈島大津郷に波打ち上げ漁船流出する。
1854年12月23日（安政1）	遠州灘（安政東海地震）	8.4	大島3m	伊豆大島で船破損。
1854年12月24日（安政1）	紀伊半島沖（安政南海地震）	8.4		

■第2章■　自然災害と危機管理

西暦（和暦）	地域（名称）	M	津波の高さ	主な被害（人的被害・物的被害）
1896年6月15日（明治29）	三陸沖(明治三陸地震津波)	6.8	父島1m	地震後35分で津波が三陸沖沿岸に来襲。小笠原の父島で波の高さ約1m。
1900年11月5日（明治33）	御蔵島・三宅島付近	6.6		御蔵島では木造家屋の破損はなく落石・石垣・断崖の破壊、地烈があり、また墓石の2/3が倒れた。三宅島では、家屋の損害、墓石の転倒はなく、石垣、断崖の崩壊、地割れ、落石などがあった。神津島では、同様な被害のほか、家全壊2、半壊3。
1923年9月1日（大正12）	関東地震	7.9	伊豆大島岡田12m　父島0.6m	地震動及び地震後の火災により寛大な被害。死者・行方不明者107,519人、負傷者は42,135人、家屋全壊20,179戸、同消失377,907戸。津波は伊豆大島岡田で12m。
1936年12月27日（昭和11）	新島近海	6.3		新島で死者2人、負傷者70人、家屋全壊38戸、式根島で死者1人、家屋全壊1戸。
1953年11月26日（昭和28）	房総半島南東沖(房総沖地震)	7.8	八丈島1.5m　大島34cm	富崎（現館山市）と三宅島で震度5を観測。伊豆諸島では道路破損。八丈島で発電所の水圧鉄管に亀裂が入った。
1957年11月11日（昭和32）	新島近海	6.0		式根島で石造家屋全壊2、半壊2、亀裂6、石垣崩壊20。新島で石造家屋の亀裂6、崖崩れ2。
1960年5月22日（昭和35）	チリ地震（チリ津波地震）	8.5	岡田　1.0m　八丈島0.6m　父島　2.3~3.5m	
1967年4月6日（昭和42）	神津島近海	5.3		式根島で住宅全壊7、半壊9、一部破損61、道路一部破損11島。神津島で負傷者3、崖崩れ26。新島で電柱倒壊1。
1968年2月25日（昭和43）	新島近海	5.0		式根島で住宅全壊7、半壊4、道路破損4。式根島で住宅一部破損1、山（崖）崩れ6。
1972年12月4日（昭和47）	八丈島東方沖	7.2	大島　　7cm、神津島27cm、三宅島19cm、八丈島42cm	八丈島で水道管破裂による断水世帯3,169、道路破裂4、地割れ4、落石9。青ヶ島で落石4、土砂崩壊3。
1978年1月14日（昭和53）	伊豆大島近海(伊豆大島近海地震)	7.0	岡田　70cm、泉津　10cm、波浮沖18cm、三宅島16cm、八丈島12cm	被害は伊豆半島東岸に多く、死者25人、負傷者139、家屋全壊94。
1980年6月29日（昭和55）	伊豆半島東方沖	6.7	岡田　57cm　神津島15cm　三宅島8cm	伊豆大島で震度5。

資料：新編日本被害津波総覧、新編被害地震総覧、東京都島しょ地域における災害に関する総合調査報告書（昭和58年）

表2　過去の主な噴火活動の記録

伊豆大島	684年	
	856年	噴火
	1112年	
	1338年	三原山東山腹に噴石丘、北西麓に火口生成、溶岩流
	1421年	大島南部に火口生成、溶岩流。一部の溶岩はカルデラ北東側に越流
	1552年	カルデラを越流した溶岩は北東に流れ、海岸に達す
	1684年	カルデラを越流した溶岩は東部海外にまで流出
	1777～79年	伊豆大島史上最大の噴火。多量の溶岩を流出。スコリア（気泡を含む軽い火山岩）全島に降下。噴出物総量6億5,000万t
	1912～14年	噴石活動、溶岩流出、噴出物総量7460万t
	1950～51年	噴石丘形成、溶岩流がカルデラ床に流下、噴出物総量5880万t
	1986年	夏頃から微小地震。11月15日噴火、溶岩流がカルデラ床に流下。21日カルデラ床で割れ目噴火、溶岩噴泉、溶岩流。外輪山外側で割れ目噴火、溶岩流下。島民1万人島外に避難
新島	886年	房総半島で黒煙、鳴響、雷鳴を認めた。地震頻発、降灰砂多く牛馬倒死多数
神津島	832年	溶岩が海に流入、農作物被害
	838年	天上山生成。降灰、溶岩海に流入
三宅島	1643年	溶岩は海中へ約1km流出。阿古村（現在位置と異なる）は全村焼失。旧坪田村は風下のため火山灰、焼石が多数降り、人家、畑を埋めた
	1712年	山麓（？）で噴火、溶岩が海中にまで流出。阿古村では泥水の噴出で多くの家屋が埋没。牛馬死亡
	1763年	雄山山頂噴火、阿古村薄木でも噴火
	1811年	北側山腹噴火
	1835年	西山腹の笠地付近で噴火、噴石、溶岩流
	1874年	神着村南方の山中で噴火。溶岩は北方に流れ海に、5,000㎡の新しい陸地をつくる。人家45戸が溶岩に埋没。死者1人
	1940年	7月12日北東山腹より噴火、溶岩流出。14日から山頂噴火。多量の火山灰、火山弾放出。死者11人、負傷20人、牛の被害35頭、全壊、焼失家屋24戸、その他被害大
	1962年	8月24日北東山腹の海抜200～400m付近から噴火。多数の火孔から溶岩を海中にまで流出。噴火は30時間で終了したが、終了後から有感地震頻発。焼失家屋5棟、山林耕地に被害（前6,625人→後5,629人（▲996））
	1983年	10月3日南西山腹に生じた割れ目から噴火。溶岩噴泉、溶岩流。島の南部でマグマ水蒸気爆発が発生し、多量の岩塊が周辺に落下。溶岩流で阿古地区の住宅の埋没・焼失約400棟。山林耕地等にも被害。総噴出量2,000万t。（前4,228人→後4,167人（▲61））
	2000年	7月8日山頂からの噴火を皮切りに、数度の噴火。現在噴煙を上げ、活動中。（避難前3,829人）

八丈島	1487〜1606年	1487年、1518年、1522年、1605年、1606年の5回の噴火記録がある。1606年の噴火では、八丈島付近で海底噴火、火山島生成。位置及びその後の状況は不明であるが、大規模ではなかったらしい
青ヶ島	1783年	3月26日砂を噴出、4月10日地震のあと火口原に火孔生成、赤熱噴石を噴き上げ最大約2m、噴石島中に降り61戸焼失、死者7人、翌11日砂や泥土を噴出、15日火炎、黒煙、噴石は火口原を埋め、さらに高さ100m余りの二つの噴石丘を形成
	1785年	4月18日から噴火を始め噴煙、赤熱噴石、泥土噴出。5月頃まで続く。当時327人居住者のうち130〜140人が死亡と推定され、残りは八丈島に避難し、以後50余年無人島となる
伊豆鳥島	1902年	中央火山丘爆砕消失、全島民125人死亡
	1939年	噴煙・鳴動・噴石丘生成、溶岩流出
	2002年	8月11日・12日硫黄山山頂火口から噴煙が連続的に噴出

3 三宅島噴火災害

　三宅島は、東京から南へ約180㎞に位置し、面積約56平方㎞、中央に雄山を頂く円形の島です。全島避難前の平成7年国勢調査によれば、総人口3,831人、世帯数1,722世帯と東京の島々のなかでは中規模程度の人口、世帯を有する島です。年齢階層は15歳未満の比率が約16％、15〜64歳の比率が約60％、65歳以上の比率が約24％となっています。高齢者の比率が比較的高いため、災害対応については、避難行動、避難生活等、いろいろな影響が出てくることが考えられます。とくに災害要援護者の対策は、事前に十分検討しておくべき課題です。

　三宅島噴火災害は、島外への避難指示が出されてから解除されるまで4年以上に及ぶという、かつて経験のない災害となりました。

1 三宅島噴火から全島避難まで

(1) 緊急火山情報の発表

　平成12年6月26日午後7時半ごろ、「三宅島で噴火の恐れ、厳重に警戒」との緊急火山情報の発表がありました。三宅村は午後8時45分に災害対策本部を設置して、阿古と坪田地区に避難勧告を出しました。

　東京都は翌日の午前0時15分に、災害対策本部と現地災害対策本部を設置し、島内避難者に対する緊急物資輸送、避難用艦船の沖合待機、遠隔カメラによる山体観測、気象庁との連絡調整など、数日にわたる慌ただしい対応が始まりました。

　三宅島噴火災害が、同様の噴火災害である有珠山や雲仙普賢岳の場合と大きく異なる点は、都の災害対策本部から180km離れた洋上の島で発生した災害だったことです。そのため、現地で対応できない物資や人員の搬送については、船舶と航空機を活用したものにならざるを得ず、迅速に対応すべき災害対応に「陸路が使えない」という大きな制限が伴いました。東京都や三宅島では、昭和58年噴火のような島南部の噴火を予測して対応しました。

　東京都の派遣要請を受けた自衛隊の艦船は、東京消防庁の消防車や警視庁の輸送車両を島北部の大久保浜に着岸しました。三宅支庁や村役場の職員が時間と労力をかけて、周回道路に到達するまでの砂浜に大量の鉄板を敷き、車両を上陸させるための作業を行いました。

　また、島の北部に避難した阿古地区村民のため、都庁職員が調達した米、野菜、食肉等の食料搬送として、立川基地所属の大型ヘリコプターに出動してもらうこともありました。救援活動としては、自衛隊や海上保安庁だけでなく、急患対応、生活用品搬送、人員輸送のために警視庁と東京消防庁に対しても、ヘリコプターの運用を依頼することになりました。

　27日になって、南西方向の海上に変色域が発見されたことを契機に、マグマの移動が推測されるようになり、気象庁も島内での噴火より三宅島周辺部のマグマ水蒸気爆発の危険性を強く指摘するようになりました。

ところが、火山噴火予知連絡会は最新情報として、28日に「島の東部および山頂付近での噴火の可能性はないと考えている」と発表。29日にも「火山活動は低下しつつあり、今後、陸域及び海面に影響を及ぼす噴火の可能性はほとんどなくなったと考えられる」と発表しました。この情報を受けて三宅村は、避難勧告を全面解除し、都も現地対策本部を廃止、翌30日には都も村も災害対策本部を廃止しました。

噴煙の様子

(2) 再び噴火、全島に降灰

　月が改まった7月8日、山頂付近から噴気を伴う噴火活動が再び始まりました。とくに、14日の噴火では灰色から黒色の有色噴煙が1,500m以上に達し、火口周辺に噴石が放出されて、風下の北東方向に降灰がありました。8月18日、三宅島ではこれまでのうち最大規模の噴火が始まり、稲光とともに火山灰交じりの黒色噴煙は8,000mまで達し、全島に灰が降り注ぎました。

　今回の噴火はこれまでの山麓割れ目からの噴火ではなく、三宅島には珍しい山頂噴火であることが確認されました。大量に噴出した火山灰は、その後の降雨により泥流となり、道路、家屋、林地などを、恐ろしいエネルギーで破壊し続けました。島を周回している都道にも、数多くの噴石があり、屋外で生活することの危険性も感じられるようになりました。

　29日午前4時、再び8,000m以上の噴煙が上がりました。東京都は再度災害対策本部と現地対策本部を設置し、国も政府非常災害対策本部を設置しま

火山灰

泥流が民家を襲う

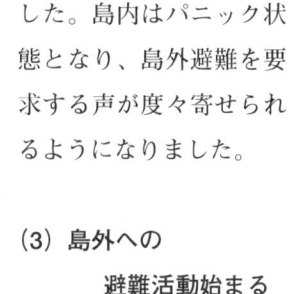

した。島内はパニック状態となり、島外避難を要求する声が度々寄せられるようになりました。

(3) 島外への避難活動始まる

島外への避難については、6月以来自主的に行われてきましたが、噴火活動が活発になって被害拡大が予測されたため、小中高生、特養施設の入居者は8月30日までに、一般島民は9月2日から4日までの3日間で島外避難することが決定しました。

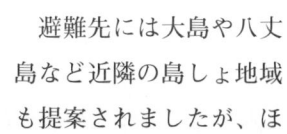

避難先には大島や八丈島など近隣の島しょ地域も提案されましたが、ほぼ全員が内地への避難を希望。改装工事のため偶然空いていた代々木の国立オリンピック青少年センターを借り上げ、5日間程度の一時避難所とした後、都内を中心とする公営住宅等に転居してもらうことにしました。避難先の居住場所をこれまでのような学校の体育館等ではなく、恒久住宅施設としたのは、島内避難や阪神・淡路大震災の経験から、プライバシーの保持や避難先の居住環境が重要であると判断したからです。

大規模な噴火から全島避難に至るまでの間は、火山灰や泥流の発生が度々

あり、村民はその都度、島内避難を繰り返し行っていました。

　それまでも噴火活動が長期化することは予想されなかったため、8月中旬以降の噴火までは、避難するために島を離れる島民は一部でしたが、8月29日の比較的大規模な噴火以降は避難要求が急激に高まりました。

　そして、9月2日、三宅村村長は全島民に対して、島外への避難指示を決定するに至ったのです。

2　島の復旧（東京都の取り組み）

(1) ライフラインの復旧工事を開始

　島民の全島避難後、無人となった三宅島では、島民が戻ってきたときに、従来の生活が営めるように道路、ライフライン等の復旧作業が進められました。復旧作業を継続していくためには、数百人の作業者が寝泊りする場所の確保や食事の提供が必要となります。このため、当初は、伊豆大島の噴火災害の際、実施した「チャーター船」を桟橋に接岸し、ホテル施設（ホテルシップ）として使用しながら作業にあたる方法を採用しました。

　ところが、この頃から大量に噴出する火山ガスの毒性が問題視されるようになり、火山ガスに対して防御設備を持たないチャーター船は、桟橋に接岸しておくことができず、沖合に停泊する方法に変更せざるを得なくなりました。ホテルシップ方式は、就寝中も揺籃している環境から精神的なストレスが増大し、併せて船が火山ガスに無防備であること、桟橋に常時着岸できなくなったことなどから、開始から約1か月後の10月4日には中止することとなりました。

　火山ガスを避けながら復旧作業を効率的に行うため、三宅島に最も近い神津島の村営ロッジを借り上げ、ここを三宅島現地対策本部としました。

　神津島は三宅島から西へ38km離れており、火山ガスの影響はありませんでしたが、三宅島が無人化したことにより、船舶が着岸するときの「もやい綱」を取ることができず、従来のように大中型客船による大量輸送は不可能でした。このため、漁船や遊漁船など10トン級の小型船による通勤方式で

復旧作業にあたることになりました。船に3時間余りも揺られ、船酔いと恐怖感に身をさらしながら、復旧作業に従事する状況となりました。

多いときで1日7万トンも噴出していた火山ガスは、12年11月をピークに、徐々に低下する傾向をみせてきました。しかし、強い西風に伴う荒天が続き、神津島からの海上輸送も滞りがちになり、砂防事業や道路補修などの復旧作業がなかなか進みませんでした。

(2)「クリーンハウス」を新設

この頃、火山ガスの対策として、気象庁から「火山ガスの退避用には半導体製造工場に使用しているクリーンハウスが有効である」との提案があり、これを設置する方向で様々に検討しました。その結果、火山ガスの毒性を除去する湿式空調システムを採用し、建物の隙間からガスが侵入しないよう、東京ドームのように建物内部を陽圧したクリーンハウスを設置することになりました。

平成13年5月、三宅支庁に30人定員のクリーンハウスを設置したのをはじめとして、平成13年度中に12か所のクリーンハウスを設置し、約450人の夜間滞在施設を確保しました。これを契機に、島内作業基準について、内閣府、気象庁、厚生労働省、防衛施設庁等の職員と検討し、立ち入り禁止区域等の設定や、二酸化硫黄濃度が20ppmを超えた場合は、直ちにクリーンハウス内に避難するなどの基準を策定し、島の復興作業を開始しました。

脱硫装置付き作業員宿舎

(3) 「現地対策本部」を神津島から三宅島に移設

　平成13年9月、神津島にあった現地対策本部を三宅支庁内に移設するとともに、滞在者の規模を拡大させながら効率的な災害復旧作業を進めていくことになりました。この結果、平成15年末には島の基幹施設である道路やライフライン、砂防、治山機能が概ね確保され、「火山ガスの放出」という異常事態を除けば、日常の生活ができる状況にまで回復しました。しかし、火山ガスが依然として放出しており、島外避難は、平成12年9月から平成17年2月の避難指示解除までの4年5か月の長期間続きました。

　この間、居住場所として公営住宅の無償提供、被災者生活再建支援法の早期適用、噴火災害生活支援資金貸付、商品券の配付、義援金の配分、保健衛生・健康相談、地方税・国民健康保険税の納期延長、上下水道料金の納期限延長及び減免措置、旧都立秋川高校への児童生徒受け入れなど様々な生活支援を行ってきました。また、民間団体等からもコタツの支給や地域の募金活動、催事招待など様々な支援もありましたが、避難が長期化するにつれて、経済的にも精神的にも厳しい状況にあったといえます。

3　帰島開始

(1) 帰島に向けた「検討会」を設置

　帰島の開始は、避難指示が解除された平成17年2月1日から始まりました。7月31日までには帰島を希望した島民は、すべて帰島しました。ただ帰島に向けた動きは実際の帰島開始よりもかなり以前から進んでいます。

　平成14年9月、「火山ガスがどのような状況になれば帰島が可能になるのか」、安全確保対策の面から科学的に検討するため、東京都と内閣府が共同して「三宅島火山ガスに関する検討会」を設置しました。火山噴火予知連絡会が「火山活動は全体としてゆっくり低下し、火山ガスの放出量が減少してきている」との見解を示したことから、クリーンハウスを活用しての島の復旧作業を着々と進めている状況でした。

　「三宅島火山ガスに関する検討会」のメンバーは、3人の医療関係の専門

家と2人の火山関係の専門家に、国と都の行政関係者。計6回の検討会を開いて結論をまとめ、平成15年3月に最終報告が出されました。

検討会の最終報告は、帰島の判断材料となる長期的影響についての二酸化硫黄の目安と、日常生活での安全基準となる短期的影響についての二酸化硫黄の目安を示したうえで、「現時点では直ちに帰島しても、通常の生活ができる状況にはないと考えられるが、今後、本報告書で提言した住民のリスクコミュニケーションや安全確保対策を着実に推進しながら、いつどのように帰島するかについて、透明性の高い意思決定過程により合意形成が図られることを期待したい」と提言しました。

火山ガス検討会の報告書を踏まえ、平成15年10月には「三宅島帰島プログラム準備検討会」が設置されました。プログラム準備検討会では、「本格的な帰島が可能な状況になった場合に、速やかに帰島が実現し、島民の生活再建が行えるよう、今から具体的な準備や検討が必要」との認識をもとに、帰島に際して必要となる各種対策や課題を幅広く捉え、スケジュールや役割分担等について、国と都と村の職員で精力的な話し合いを行いました。

一方、こうした行政側の動きとは別に、平成13年度には被災状況を確認するため、島民の一時帰宅を実施しました。平成14年からは一時帰宅事業を定期的に実施しました。着の身着のまま同然に島を離れた島民は、この事業を利用して、被害状況の確認をはじめ、家財道具の整理、部屋や寝具の乾燥、家の補修といった帰島後の生活の準備を始めました。この事業も、最初は船中泊による日帰りで実施しましたが、平成15年3月に島民向けのクリーンハウスが完成したため島で滞在できるようになり、島民の帰島への期待も高まってきました。

(2) 三宅村村長、本格的な帰島を決断

平成16年7月、火山ガスの放出量は「今後ほぼ横ばいで推移する」という噴火予知連の見解、「高濃度の火山ガスが観測される一部の地域を除き、帰島を検討することも可能」という東京都三宅島火山活動検討委員会の報告を

踏まえて、三宅村村長は平成17年2月の島民の帰島を決断し、知事に支援を要請しました。

東京都の石原知事は、「道路、ライフラインなどハード面の整備はほぼすんだが、火山ガスの放出は続いており、その影響は専門家も100％保証できない。帰島については、状況を十分踏まえて自己責任で村民自身が選択すべき」というコメントを発表しました。また、知事は、「村長の判断を尊重し、国と連携しながら帰島への取り組みを全力で支援する」とも述べています。

こうして、島民が待ち焦がれた三宅島への帰島は、平成17年2月1日に決まりました。

(3) 島の安全対策を重視

このときから、三宅島噴火災害に携わっている関係者の動きが変わります。これまで、安全面や生活面などいろいろな対策を検討してきましたが、具体的に「いつ」というものがないため、どの事項も決め手がなく、中途半端な状況でした。具体的な日程が示されたことで、この間に済ませておかなくてはならないことが多く、今度は逆に時間が足りないという状況になりました。

帰島に際しては、何よりもまず初めに、島民の安全確保対策が必要でした。火山ガスの放出という目に見えないものを相手に対策を講じていかなくてはなりません。三宅島では、5つの地域に分かれて集落が形成されていますが、その地域をカバーする10か所の火山ガスの観測点があり、リアルタイムで二酸化硫黄濃度を測定していました。

三宅村では火山ガス検討会の提言やこの観測データをもとに、「専門家会議」を立ち上げ、立ち入り禁止区域や居住禁止区域の設定、二酸化硫黄濃度に対する行動基準を策定し、その結果を条例にまとめ島民の安全確保を図りました。また、島民が帰島したその日から、通常の生活を送れるようにするため、島民が帰島するまでに、個々の家屋に対する電気やガスの確保、住家の補修、生活関連の商店の再開などの準備が必要でした。こうした準備から実際の帰島までは、基本的には行政側のリードで実施されましたが、島民や

規制区域図

■：立入禁止区域
■：危険区域
□：高濃度地区

ボランティアの協力は欠かせないものでした。

（4）三宅島の復興再生が今後の課題に

平成17年2月1日、避難指示が解除され、「帰島第1便」が三宅島に着きました。それは、4年を超える災害に終止符が打たれるとともに、災害関係者のこれまでの労苦が報われるときでもありました。しかし、三宅島は、島民の帰島が終わった現在も、火山ガスの放出を続けており、5年に及ぶ島の荒廃は完全に回復されていません。

島民も避難前に居住していた人たちがすべて帰ったわけではなく、避難前のコミュニティが従前どおりに機能しているとは考えにくい状況です。

こうしたなかで、島の安全確保対策は、自助と共助を基本に講じられていますが、共助の仕組みが予定していたように機能しない状況では、その不足分を三宅村役場の職員を中心とした行政が補っていかなくてはなりません。

三宅島について、災害復旧は概ね終了したと考えますが、

三宅島帰島出発式典

三宅島復興にむけて

　「天災は忘れたころにやってくる」という諺があります。三宅島の噴火災害の場合は、過去の例から約20年周期といわれており、その災害の形態や対応については昭和58年噴火の経験を踏まえて、行政も住民も経験済みとの思い込みがあったことは否めない事実です。今回の噴火災害は、そんな思い込みを根底から覆す形態や規模の災害になってしまいました。

　災害の多くは、いつ、どこで、どのようなことが起こるのか、わからないことが普通です。今回の噴火災害を通じて、どれ一つとして同じ災害のパターンはないとの感を強くしたのは私一人ではないと思います。

　災害対策にあたっては、とかく道路、電気、水道、通信などのハードの対応ばかりに目が奪われがちになります。もちろんそれはそれで大変重要なことですが、三宅島の噴火災害では、住民が4年5か月にもわたり長期の島外避難生活を余儀なくされたことから、就労対策や心のケアなど対住民に向けた、ソフト面での対策の重要性を改めて痛感させられた災害でもあったと感じています。

　地震や火山噴火などの自然災害は、現在の知識や技術をもってしても、その発生を防ぐことはできません。今、求められていることは、災害が発生した際に人的・物的被害をいかに最小限に食い止めることができるか、その対策ができているかということだと思います。

　現在、首都圏においては、直下型や東海地震の発生が懸念されています。当然のことながら、各自治体では対応マニュアルの作成や訓練が行われていることと思います。また、関係機関との連携や自治体間の広域的な連携体制も整いつつあるものと思います。これからは、それら不断の備えを十分に発揮し、被害を最小限に食い止めることに主眼を置いた対策を進めていくことが肝要であると思います。今回の三宅島の噴火災害を通じた経験が、少しでも皆様の参考になれば幸いに存じます。

東京都三宅村長　平野祐康

今後は、島民を中心とした島の復興と再生が大きな課題として残されています。

④ 災害対応と今後の課題

　台風や大雨、火山の噴火、津波などは危険が及ぶまで何時間かかるかという問題はありますが、事前予測が可能です。それに比べて、大規模な地震や事故はあらかじめ予測することは現段階では不可能です。災害発生時にどのように行動すべきなのか、三宅島噴火災害を中心に、体験と反省を交えながら課題をまとめてみたいと思います。

1　防災機関との意思疎通

　自治体は、地域防災計画において、行政機関、ライフライン、輸送機関、医療機関などの災害時における役割を定めています。計画が機能するかどうかは、災害が実際に発生して初めての検証が行われることが多いと考えられますが、計画の実効性を確保するため、日頃から防災機関との連携が必要です。とくに、警察、消防、自衛隊、海上保安庁との連携は、それぞれが独自の指揮命令系統を持った組織であることもあって、災害発生で混乱した状況のなかでは難しくなることが予想されます。しかし、いわゆる現場に一番近いところで活動するのは、これらの実働機関です。災害対応に万全かつ適切を期すためには、各防災機関との連携が不可欠ですが、とくに実働機関との連携が重要です。

　都は過去に地震や噴火災害を繰り返してきた伊豆諸島において、定期的に災害を想定した防災訓練を行ってきました。三宅島についても、平成12年11月に火山噴火を想定した防災訓練の実施を予定、前年から各防災機関と調整を行ってきました。今回の三宅島噴火災害では、噴火直前の5月に都及び各防災機関の担当職員が三宅島の踏査を実施し、緊急ヘリの離発着可能場所、避難誘導方法や経路、応援態勢、物資の搬送計画などを、都や村・各防

災機関が綿密に調整してきました。この結果、各防災機関、とりわけ実働機関との意思疎通が図られ、現実の災害対応に生かされました。

また、延べ4回の自衛隊に対する災害派遣要請についても、総合防災訓練や図上訓練等を通じて、都の防災担当職員と自衛隊の担当職員とが意思疎通を図っていたこともあり、災害発生に際して様々な判断材料の提供や自衛隊の待機態勢など肉声で連絡することができました。総合調整を担う防災担当職員と防災機関は、平常時から、防災訓練だけでなく計画やマニュアルの策定、検証を通じて、意思の疎通を図っていくべきと考えます。

2　体制の整備と訓練の充実

災害対応の職員は、どの自治体でも災害が発生し終息するまで対応しなくてはなりません。その結果、職員は不眠不休の対応を迫られることもあります。事件や事故、火災等にあたる警察、消防等では、職員の交代制を採用し、24時間いつでも対応できる体制が日頃からとられています。常に新鮮な戦力が投入できるような体制強化が求められますが、行政機関では一般的に交代制勤務を採用していません。

最初に述べましたが、職員が職場にいないときほど災害発生の確率は高いといえます。三宅島噴火災害の場合がそうであったように、勤務時間外に発生した災害は短期間で終息するという保証もなく、しかも同一担当者が不眠不休で対応するという例もみられました。

災害は常に予想外の状況で進みます。しかし、災害対応は、その時々で的確な対応が求められますし、的確な対応を可能にするためには、心身ともに新鮮な担当者の補充が必要です。非常時には一般の行政事務を担当している職員をいつでも投入できる体制を整備しておく必要があります。そのためには、災害の長期化に備えた交代要員の確保と養成が必要です。

また、交代制を整備するだけでは、実際の災害時に直ちに役立つとはいえないでしょう。交代制で災害に対応する場合の大きなポイントは、業務の引継ぎです。災害時の混乱のなかで業務の引継ぎを行うことは、かなり難しい

ことです。機器の操作方法や業務の流れを習熟することも重要ですが、現在の被害の状況とその対応を正確に引き継ぐことはもっと重要です。

　さらに、災害に対応する体制の構築とともに、災害対策組織が機能的に働くことを確保しておかなくてはなりません。平常時に、マニュアルに基づいて、担当以外の業務対応や業務の引継ぎを主眼とした訓練など、様々な事態を想定した訓練を実施することが、担当者の能力を高め、実際の災害に備えることにつながります。

3　マニュアルの整備と検証

　多くの自治体では災害等の発生に備えて、災害時の行動マニュアルを作成し運用しています。しかし、実際に災害が発生すると突発的なことや想定していない対応に追われ、マニュアルどおりにいかないことは容易に想像できます。防災担当者は、とかくきめ細かなマニュアルを作成することに全精力を傾け、作ってしまえばそれで安心してしまう傾向に陥りがちです。災害時の行動マニュアルは、決して災害対応の万能書ではなく、手がかりにしかすぎません。マニュアルを偏重することは、臨機応変な対応や判断を阻害し、かえって的確な対応ができなくなることも考えられます。

　このため、事前に用意する行動マニュアルは、災害対応に際して必要な最低限の要点、例えばどういう事態のときに参集するのか、担当業務内容、災害用機器の操作方法など、できるだけ簡潔なものが使いやすいと考えます。

　災害が起きれば、マニュアルの内容を十分に頭に入れて行動することになるわけですが、災害に従事する担当職員がみな同じように対応できるようにしておかなくてはなりません。そのためにも、マニュアルを簡潔にして、次々に参集してくる担当職員が、いち早く対応状況を認識できるよう、訓練等で常に検証しておくことが重要です。

4　判断力、決断力を養成する訓練の徹底

　災害発生時に担当者がパニックにならないよう、定期的に防災訓練を実施

するとともに、他の災害事例などを参考として、判断力や決断力の向上を養っておくことも必要と考えます。東京都参与の志方俊之教授が述べているとおり、災害対応などの危機管理は、理論的というより実践的なものであり、緊急事態への対応は、知識、理論の習得のみでは難しいものがあります。

そこで、実践対応型の訓練を繰り返すことが必要になりますが、重要なことは訓練の実施だけでなく、訓練を反省することです。都が実施しているロールプレイング方式の図上訓練では、時間の経過に伴って次々に新たな災害状況が付与されます。刻々と変化するなかで、きちんとした対応ができているか、正しい判断が行われているか、トップに正確な情報が的確に伝えられているか、など訓練を反省し、次に備えることが重要です。

災害発生時に迅速に行動するためには、日常の訓練が極めて重要であることはいうまでもありませんが、現実に災害が発生したときに最も必要なことは対策を指示するトップと、トップを補佐する幹部職員の判断力と決断力です。

5　広域的な相互支援の必要性

三宅島噴火災害で島民は、当初北海道から沖縄県までの19の都道県にわたって避難し、都からの協力要請に基づき、避難先の自治体が自主的に、避難者に対して様々な生活援助を行っています。

三宅島の例だけでなく、大規模な災害では、隣接する自治体だけでなく、全国から有形無形の援助が行われます。災害の影響は、災害の規模が大きくなればなるほど、単に被災した地域だけでなく、広い範囲に及びます。発生の切迫性が指摘されている首都圏内で大規模地震が発生した場合を想定すると、救出救助をはじめ医療、避難生活、安否確認など、あらゆる面で災害時の広域的な協力関係が必要になるものと考えられます。

一自治体で対応できない災害が発生した場合、相互支援の体制を構築しておくことは、災害対応において重要ですが、これも受け入れる体制がしっかりしていてはじめて機能するものだと考えます。物資の受け入れをどこで行

い、どこにストックし、どうやって配送するか、また人員の受け入れをどうするのか、どういった業務に振り当てるのか、指揮命令はどの機関の誰が行うのか、あらかじめ調整しておく必要があります。相互の協力体制を構築したうえで、それをどのように機能的に活用することができるかといった視点が重要です。

6　的確な情報提供

　災害が発生した当初、情報は不足しがちになります。情報は正確に、そして迅速に伝達することが原則ですが、災害発生の直後には混乱も多く、平常時に可能なことも災害時には難しくなることがあります。加えて、当初は、人員の確保や体制が整うまでに時間を要し、正確な情報はなかなか伝えられません。また、最近はインターネットが人々の間にいきわたり、情報が手軽に入手できる状況にあり、憶測や無責任な情報が氾濫する恐れもあります。

　情報と一言でいっても、内容はいろいろなものがあります。家屋や人的被害の状況を伝える被災情報、交通機関の運転状況を知らせる交通情報、地震情報、気象情報など、災害が発生したとき、誰がどういった情報を求めているのか、それに的確に応えていくのは難しいものがあります。

　三宅島噴火災害においても、島民は島が、自分の住んでいたところがどうなっているのか、そんな情報がほしかったのだと思います。テレビから流れる映像は、噴火の規模や泥流、火山ガスの状況であって、被害のひどいところは映し出されますが、それ以外の情報はなかなか伝えてくれません。結局、一時帰宅事業を使って、自分の家、農地、作業場の状況を知ったという例が多かったのです。

　三宅島の災害は、従来の災害とずいぶん違うので、直ちに参考になるとはいえませんが、最近の災害を参考にして情報提供のあり方を事前に検討しておく必要があります。

5 今後に望むこと

　今回の三宅島噴火災害は、発生からほぼ5年が経過した今も二酸化硫黄が毎日放出されており、完全に終息したわけではありません。安全宣言が出されたわけでもなく、住んでいた島民全員が帰島したものでもありません。

　災害発生から避難するまでの間の死者は、幸いなことに1人もいませんでしたが、避難中の死者は200人を超えています。行政や民間団体等が、どんなに手厚く避難生活を支援したとしても、これだけ避難生活が長期化すると、とくに高齢者にはつらく厳しいものがあったのだと思われます。

　災害は規模が大きくなればなるほど、いろいろな爪跡を長く残していきます。1つの災害を、単なる災害対応に終わらせることなく、後世への教訓として調査・研究し、より一層の対応策の充実を図っていくことが重要です。

　　　　　　（東京都総務局人権部副参事・前総務局総合防災部副参事　宮本明）

第4節 災害と障害者

1 大地震だ！その時…

事例1　200X年12月○○日午後6時、東京でM7の直下型地震発生！

◇◇神田さん（身体障害）の事例

　神田さんは交通事故の後遺障害で歩けなくなり、現在は車いす生活である。その日の夕方、奥さんは買い物に出ていた。自宅の部屋で留守番をしていた神田さんは、地震の初期の揺れを感じると、素早く車いすをベランダに近づけてサッシ戸を開いた。いざとなればここから庭に出られるからだ。

　「ゴゴゴ…」と不気味な地鳴りとともに、急激な立て揺れがきた。周囲からは「ガシャン」「バリバリ」と物の壊れる音がする。

　「うちの家は耐震補強して家具も固定しているけど、買い物に行った陽子は大丈夫だろうか」自分の身の安全以上に神田さんは奥さんを心配していた。

◇◇大崎（賢治）さん（知的障害）の事例

　大崎さんは、地震がきたとき、自宅の部屋でテレビを見ていた。

　「あ、あ！　地震だ！　大変だ！　ああ、心臓がバクンバクンする、どうしよう」。彼は軽度の知的障害だが、ストレスを感じると動悸や目眩がして、自分でどうしていいかわからなくなってしまう。お医者さんからは「パニック障害」といわれたことがある。

　「お母さん！　お母さん！」。大崎さんは台所にいるはずのお母さんを呼んでいた。「賢治！　××××！…」。お母さんも何か叫んでいるようだが、

大崎さんは部屋の床に頭を抱えて、うずくまってしまった。

◇◇秋葉さん（聴覚障害）の事例
　ビルの中にあるレストランで食事していた秋葉さんは、足元の激しい揺れに驚いた。テーブルの食器がすべって床に落ちて割れ、天井から吊り下げられたペンダント照明が外れて落ちる。静かな嵐の風景。秋葉さんは強度の聴覚障害で、ほとんど音が聞き取れないのだ。
　必死であたりを見回すと、居合わせた何人かの客は席にしゃがみこんで立ち上がれない。柱につかまった店長が口を大きく開けている。何か叫んでいるようだが、何だろう。避難のことだろうか。口話が読み取れない私にはわからない。秋葉さんは必死で周囲の人の動きを見て、ここにとどまるべきか、逃げるべきか、何とか察知しようと焦っていた。

◇◇上野さん（視覚障害）の事例
　上野さんは、駅のコンコースを歩いている途中で地震の揺れに足をとられた。
　「…いかん！」とっさに壁際に寄って、しゃがみこんで白杖を脇に抱え、皮のカバンを頭に乗せた。周囲から大勢の人の悲鳴や、ガラスの割れる音、何かがぶつかり合うような激しい衝撃音が響く、轟音の嵐である。
　「地震だ、大きいな、駅前広場は大丈夫か、自動車が衝突しているか」。
　若いときに視力を完全に失った上野さんは、聴覚が非常に鋭敏であり、たいていの音を聞き分けることができる。しかし、あまりに激しい様々な物音が四方八方から同時に響いてくると、何がどうなっているのか情報の整理のしようがない。上野さんは必死で身体をかばいながら、激しい地震の揺れと物音が治まるのを待っていた。

1　災害発生時の課題と対応策

　障害者や高齢者は、「災害弱者」と呼ばれることもありますが、必ずし

も一律の「弱者」ではありません。それぞれが抱える障害によって、災害時に配慮すべき支援の内容は様々に異なります。むしろ「それぞれ違っていて、決して一律ではない」ことに注目して対応を考える姿勢が重要です。

こういう認識のもとで、消防庁や東京都などは、「災害要援護者」あるいは「災害時要援護者」と定義して、防災対策を検討しています（東京都は平成12年に「災害要援護者防災行動マニュアルの指針」を作成）。

同時に、障害者や高齢者が抱える問題は、健常者と無関係な問題ではないことを理解しておくことが大切です。災害時には、健常者であっても怪我や精神的なショックで、予想もしなかった困難を抱えることになりやすいものです。「災害要援護者」は、私たち自身の明日の姿なのです。

本章はこうした視点から、特に大震災への対応に焦点をあてて、場面ごとに様々な障害に伴う課題を分析しました。対応策は、本人や家族、地域や行政があらかじめ準備すべきポイントを指摘しています。

2　災害発生時の安全確保のためのポイント

身体・内部障害で考慮すべき問題は、虚弱あるいは慢性疾患のある高齢者にも共通します。住まいの耐震補強や家具の転倒防止などの対策については、安全点検や工事費用の助成などに取り組む区市町村が多く見られます。公共施設のバリアフリー化、交通施設の環境改善、落下の恐れのある屋外看板の規制等も、自治体の積極的な取り組みが期待されます。

知的・精神障害で考慮すべき問題は、認知症の高齢者にも共通します。災害時の対応については、家族はもちろんですが、普段、通所・通院している施設やサービス事業者などとも相談しておくことが有効です。

聴覚障害・視覚障害など、情報の伝達や災害時の移動に困難を抱える人を含め、災害時要援護者の支援については、地域住民との連携が重要です。町会などの地域団体やボランティアによる取り組みに対しては、行政による活動支援が欠かせません。

なお、行政による災害情報の伝達では、音声情報の聞きにくさ・間違いや

表1　災害発生時のポイント

身体障害・内部障害	○行動の制約で安全確保・緊急避難が困難→住居の耐震補強・家具の転倒防止など、環境面での安全確保対策が重要 ○家庭や職場など、建物・敷地内の脱出ルート確保への配慮も必要
知的障害・精神障害	○不安・混乱のために行動が不安定になりがち→災害時の対応・避難場所を決めておく（連絡先のメモ・地図の携帯も効果あり） ○通所・通院している施設との連携も重要
聴覚障害	○近所の人と災害情報を伝えてもらえる付き合いをしておく
視覚障害	○避難場所への避難経路を実際に歩いておく。避難先での家族との待ち合わせ場所を具体的に決めておく

コラム2　障害者の情報保障

テレビ番組の字幕送信については、もともと「著作権の侵害にあたらないか」という問題がある。もし厳密に著作権者の許諾が前提とされたら、手続きに要する手間と時間のために事実上字幕送信ができず、聴覚障害者が番組を鑑賞することはできなくなる。災害情報など、生命・財産に関わる報道番組の例を考えると、これは障害者の情報アクセス権との調整という重要な問題を含んでいることがわかる。

そこで平成13年の著作権法改正（平成14年1月施行）により、政令で指定された事業者が聴覚障害者向けに限定して行う場合という条件で、著作者に許諾をとらなくとも、リアルタイムの字幕放送が可能になった。

最近では、障害者専用のCS衛星を活用した緊急時の情報伝達システムが構築され、技術的には実用段階に達しつつある。しかし、受信機の普及や情報入力体制の整備など、本格的普及にあたっては行政による制度化や財政支援がどこまで可能かという問題がネックとなっている。

すさなどの問題がしばしば指摘されます。聴覚障害者や高齢者への配慮を含めて、文字情報や掲示による情報の併用や、文字情報を伝達できる携帯メールの活用など、多様な伝達手段が実際に使えるよう、事前に準備しておく必要があります。

② どうやら助かった…災害直後の混乱の中で

事例2　200X年12月○○日午後6時半頃、大地震はようやくおさまった。

□□神田さん（身体障害）の事例

　神田さんは、停電で暗くなった部屋の中で、ほっと一息ついていた。激しい揺れだった。固定していないものは床に落ちたのだろう。相当激しい音がした。しかし家は壊れなかったようだ。

「あなた！　大丈夫？」

「神田さん！　神田さん！　大丈夫かい！」

　玄関から声が聞こえる。陽子の声だ！　無事だったか！　良かった！　隣一軒隔てたところに住んでいる目黒さんも一緒だ。町会役員で民生委員でもある、頼りになる隣人だ。

「おーい！　陽子！　大丈夫だぞー！　目黒さん！　私は大丈夫ですよー！」「あ！　良かった！　入るよ！」

　懐中電灯を持った目黒さんと陽子さんが玄関から入ってきた。

「神田さん、逃げよう！　火事がくるかもしれないんだ！」

　玄関から外に出ると、真っ暗な屋根が連なる向こうに、黄色い光が見えた。確かに駅の方向で何かが燃えているようだ。

「神田さん、とりあえず一緒に避難しよう！　奥さん、お薬とか貴重品を持ってきて！」　陽子さんと目黒さんに付き添われて、神田さんは地域の避難所である近所の小学校を目指した。

□□大崎さん（知的障害）の事例

「賢治！　賢治！　しっかりして！」

　大崎さんのお母さんが、しゃがんでいる賢治君の背中をさすりながら声をかけていた。住んでいたアパートは、地震で半分以上壊れてしまった。

第2章 自然災害と危機管理

お母さんは、必死で身の回りのものをまとめ、パニック障害を起こした賢治君を引きずって、やっと外へ逃げ出したのだ。
「怪我もなくてよかったけど、どうしよう、ここにいてもどうにもならないし、避難所は小学校だけど…」
お母さんは、しゃがみこんでいる賢治君を眺めた。
「賢治は、体育館に他の人と一緒に詰め込まれたら、落ち着いていられない。発作がひどくなってしまう」お母さんは首をうなだれた。
「そうだ！　作業所に行こう！　災害の時は直接来てもいいって言われていたんだ。あそこなら賢治も安心していられる、賢治！　今から作業所、行くよ！」
「え、今日は仕事は終わり！」
「いいのよ！　とにかく行こう！」
大崎さん母子は、いつも賢治君の通っている作業所を目指した。

□□秋葉さん（聴覚障害）の事例

秋葉さんが意識を取り戻したとき、彼女は真っ暗な中でうつぶせに倒れていた。
「胸が痛い、左の足首も、なぜ？　そうだ、私はレストランで大きな地震に遭ったんだ、他の人について逃げようとした、慌てて階段を下りようとして、停電で暗いから、そうだ、転んで倒れて気を失ったのね。左足は捻挫したみたい、痛い、どうしよう」
秋葉さんは立ち上がろうとした。しかし、身体のあちらこちらが痛くて、とても動けそうにない。ふと、視界の隅で光が揺れるのを感じて顔を上げると、窓に懐中電灯らしい丸い明かりが揺れている。
「あ、救助の人！　助けを呼ばなくちゃ、でも私はうまく声が出せない、何か代わりに音が出るもの、そうだ！」
秋葉さんは、抱えていたショルダーバッグから、防犯用ブザーを取り出し、ピンを外した。ブルブル震えている。丸い光が窓で忙しく揺れ始めた。

□□上野さん（視覚障害）の事例

　駅のコンコースにしゃがみこんでいた上野さんは、耳をふさいでいた手をおそるおそる外した。地震の揺れはようやくおさまった。近くでざわざわと人の話し声が聞こえて、遠くから「…ドン…」と鈍い爆発音が聞こえる。何か爆発したのか？　駅前の広場はいつも車が多いし、はたしてどんな様子になっているのだろう。

　「誰か！　どなたか、様子を知らせていただけませんか！　私は目が見えないのです！」

　上野さんが声をあげると、近くから若い女性の声が聞こえた。

　「おじさん、大丈夫？　どこに行きますか？」

　どうやら中学生か高校生らしく、幼さの残る話し方だ。

　「ああ、大丈夫ですよ。東口を出て、中央公園のほうに行きたいのだけど、この先は通れるかしら？」

　「あ…、はい、今は何とか。あたしも東口に行くから一緒に、おじさん、歩けますか？」上野さんは白杖とカバンを持ち直して、立ち上がった。

　「大丈夫、歩けるよ。お嬢さん、すまないけど私の前に立ってください。ちょっと肩につかまってもいいですか」

　「はい、これでいいですか？」

　「どうぞ、そのまま歩いて、そう、いいですよ」可愛らしい臨時のガイドヘルパーを得て、上野さんはしっかり歩き始めた。

1　避難時の課題と対応策

　地震の場合、安否の確認や避難活動の支援など、具体的な災害対策が動き出すのは、本震がおさまった後からです。しかし、安否確認のために必要な情報の把握は、個人のプライバシーに関わる難しい問題があって、本人の同意が必要です。そのため、災害要援護者を把握している区市町村は、全国3,085の自治体のうち630（平成16年9月、総務省消防庁調査による）、約20％。東京都内でも62のうち27（平成15年4月）団体の約43％にとどまっ

ています。しかし、災害時の避難支援制度については、民生・児童委員が個別訪問して趣旨を直接説明することで、8割以上の同意を得ている例（愛知県豊田市、対象は独り暮らし高齢者）があります。当事者の要望に応じて情報共有の範囲を限定することで、プライバシーに配慮している例（山梨県）もあり、同意を得やすくする工夫が求められます。

2　避難時の安全確保のためのポイント

　要援護者が1人で外出しているときに災害に遭った場合などは、避難すること自体が非常に困難です。虚弱高齢者や内部障害者が外で被災した場合も同様であり、ちょっとした支援の有無で生死が分かれてしまいます。こうした問題を考慮しますと、小・中学生や高校生を対象として災害時に高齢者や障害者を支援する方法を教えるボランティア教育は、非常に大きな意義を持っています。学校教育関係者の積極的な取り組みを期待したいところです。

表2　避難時の安全確認のポイント

身体障害・内部障害	○生活に必要な介護用品・装具・薬品・機材などの確保 ○必要な配慮を知っている近所の人の応援が有効→防災訓練などで災害時ボランティアとの合同参加が実用的（静岡県御殿場市の例）
知的障害・精神障害	○心理的な不安定などのため一般の避難所での生活に困難あり→協定を結んだ社会福祉施設が「2次避難所」として受け入れることが有効。東京都内では62のうち29、約47％の区市町村が、557か所を指定（平成15年4月）
聴覚障害	○所在を知らせる通報用品（笛、防犯ブザー）の活用、聴覚障害を知らせて支援を求める
視覚障害	○視覚障害を知らせて支援を求める

コラム3 災害時の要援護者登録（支援）制度

愛知県豊田市や安城市などで取り組みが始められた事業。平成16年初めに開始した豊田市の例では、自治区長、民生委員らが65歳以上の独居者や、在宅の重度心身障害者らを訪問し、「災害時の安否確認をしてほしい」と答えた人を登録する。同時に、実際に安否確認にあたる地域支援者を周辺住民の間から選ぶ。地域支援者らは、登録していない人を訪れて登録を促すほか、実際の災害時には、未登録者の支援にも関わることが期待されている。

個人情報の取り扱いは難問であり、災害時に命を守る体制づくりについて住民の納得が得られるかどうか、自治体の姿勢が問われている。

3 避難所生活が始まるとき

事例3 地震発生の翌日朝、あちこちの学校や施設が動き出した。

○○神田さん（身体障害）の事例

「車いす対応のトイレがあってよかった」

神田さんは、体育館の入り口のスロープで車いすをこぎながら、安堵のため息をついた。避難所として指定された近所の小学校に着くまで、そのことが一番気になっていたのだ。

この小学校はトイレの他に、校舎や体育館の出入り口もバリアフリータイプに切り換えられている。トイレを無事に済ませた神田さんは、「さて、陽子と相談して、一度うちの様子を見に行くか！」とつぶやいた。

○○大崎さん（知的障害）の事例

「うーん、あれ？」　目覚めた賢治君は、周囲の様子にとまどっていた。いつも通っている作業所の天井が見える、でもボクは毛布の中だ。隣は、お母さんが寝ている、あれ？　高橋君も、佐藤君もいる！　みんなで、お

泊まり？
「賢治君、目が覚めた？」声をかけてくれたのは、作業所の所長さんだ。
「所長さん、おはようございます！」
「おはよう！　賢治君、無事で、元気そうで、よかったね！」　いつもと変わらない所長さんの笑顔を見て、賢治君はゆうべ何が起きたのか、ほとんど忘れていた。

○○秋葉さん（聴覚障害）の事例
「ここは？　病院？」　ベッドで目覚めた秋葉さんの目に真っ白い天井が見えた。まだ意識がはっきりしない。左右を見ようと首を振ると、白衣を着た人が近づいてきて、何か話しかけているようだ。
　わからない、私は聞こえないのです。秋葉さんは両手を耳に当てて首を振った。すると看護士らしい人が、はっきりした手話の動作で、
「あなた、手話、わかる？」　良かった！　手話のわかる人がいた！秋葉さんは、強く頷きながら嬉しくて涙ぐんだ。

○○上野さん（視覚障害）の事例
　上野さんは、中央公園の近くに体育館があったことを知らなかった。ふだんは縁がないから。でも夕べはここに避難して、泊まることになった。
　今何時だろう？（腕時計のカバーを開いて針に触る）7時半か、そう言えば、ガイドしてくれた、あの中学生、大塚恵美さんって言っていたけど、お母さんと会えてよかった。どうしたかな。とりあえず起きてみるか。
　するとしばらくして軽い足音が近づいてきた。
「上野さん、おはようございます！」
「あ、おはよう。大塚さん？」
「はい！　そうです！　洗面、まだですよね？　ご案内しましょうか？」
「おお、それはありがたいね、お願いしてもいいのかな？」
「はい、母がお手伝いするように、って」

「ありがとう、じゃあ、道が覚えられるまでは、よろしくね」

上野さんは白杖を持って立ち上がった。恵美さんについて歩きながら、上野さんの頭の中に、体育館の地図が少しずつ書き込まれていく。

1　避難所生活の課題と対応策

前に述べたとおり、災害時には誰もが、怪我や精神的なショックで、ふだん予想もしなかった困難を抱えやすいものです。しかも生活上の困難は、もともとそれぞれの生活が違うだけに、人によって様々です。一方的な「世話」でなく、本人の意思や状態に即した「配慮」や的確な「情報提供」が、それぞれの人の生活の再建を支えるカギとなるでしょう。

2　避難所の対応・本人側の備え

何よりも、避難所のなかで被災者がそれぞれ孤立しないように配慮していくことが重要なポイントです。

阪神・淡路大震災の経験から、新潟県中越地震においては、避難所でも仮設住宅でも、集落単位に住民をまとめて、可能な限りコミュニティーを維持する配慮が行われました。

住民同士の結びつきの弱い大都市地域では、こうした居住地単位の対応が有効かどうか、一般的に判断することは難しい課題です。同じデイサービスを利用する高齢者同士や障害者同士など、居住地に限らない「日頃の付き合い」によるつながりにも配慮する必要があるでしょう。

3　情報と支援が命を助ける

災害に遭った障害者や高齢者といえば、「最も気の毒な方」「とにかくお世話するしかない」と考えられがちです。

しかし、一方的に世話されるだけの生活を喜ぶ人はいないはずです。災害に遭った人みずからの立ち直りを支えるために必要な情報の提供や、それぞれの不足を補う支援を目指すことが何よりも大切です。

第2章　自然災害と危機管理

表3　災害発生時のポイント

身体障害・内部障害	○トイレなどに配慮が必要→対応可能な避難所への移送。本来は避難所となる公的施設全般のバリアフリー化が望ましい
知的障害・精神障害	○「2次避難所」への移送。同じ施設の利用者同士など、顔見知りと同エリアとすることも心理的安定に効果的
聴覚障害	○手話、文字情報、要約筆記者など、個別ニーズの確認が重要
視覚障害	○トイレなどに行きやすい居場所設定、案内の工夫など

　なお、本章は大震災を中心に述べましたが、台風、津波、水害など比較的確実に危険の予測が可能な災害では、行動の準備に手間がかかる災害要援護者のために、早めのタイミングで出す「避難準備情報」が重要です。

　聴覚障害者向けの携帯電話メールやテレビ放送、視覚障害者向けの受信メールを読み上げる携帯電話など、最近開発されている多様な情報手段を積極的に活用したいものです。

コラム4　要援護者避難準備情報

　災害発生の危険性が高まったときに地方自治体が発する避難勧告等の一つとして、平成17年から新たに加えられた情報。

　この情報は、従来の「避難勧告」より前の段階で「人的被害の発生の可能性がある」と判断された時点に発令され、避難に時間を要する高齢者や障害者等に対して避難開始を求めるものである。その他の人々にとっては、避難準備を開始する目安となる。平成17年6月末、新潟県内で大雨による水害の際、三条市や長岡市などが、この情報を発令したことで話題となった。

　災害時の危険が不確実な段階で、人命確保を優先して情報発信を行うものだが、住民の側がどのように準備情報を受けとめ、避難行動にどのように反映するのか、今後の実際の運用が注目される。

（東京都日の出福祉園園長　我妻弘）

第3章 食品衛生・医療と危機管理

第1節 食品衛生と危機管理

1 食品衛生史に残る事件・事故

　食品の安全を語るときに、忘れることのできないいくつかの大きな事件・事故があります。そして、これらの事件・事故は決して過去のものにとどまらず、現在もその後遺症に苦しんでいる人がいるという痛ましい事件・事故もあります。

　昭和30年、乳児用ミルクに混入したヒ素により、1万数千人の患者と130人の死者を出すという前代未聞の食品による中毒事件が発生しました。原因は乳児用ミルクの製造過程で使用された工業用薬品に、不純物としてヒ素が混入していたためでした。

　翌年の昭和31年には、熊本県水俣市で原因不明の病気（後の水俣病）が発生しました。発見された当時は原因がわからなかったため、地元では「奇病」と呼ばれ、伝染病として恐れられていました。その後、地元の化学工場から排出されたメチル水銀に汚染された魚介類が原因であることが判明しますが、原因の究明までに12年という長い時間がかかりました。その間、被害は拡大し、他の地方でも、同じ原因による健康被害が発生しています。水俣市では、これに先立つ昭和20年代前半から、魚が海面に浮いたり、貝が死んだり、海草が育たなくなる、猫に神経症状が見られるなど、様々な前兆があったことが、後の調査でわかっています。その他にも、イタイイタイ病やカネミ油症のような深刻で悲惨な食品事故が発生したことはよく知られています。

　こうした事件や事故を教訓として、その都度、法改正や監視体制の見直しなど食品の安全対策の強化が図られてきました。しかし、何といっても、その後の腸管出血性大腸菌O157事件、雪印乳業食中毒事件、そして決定的ともいえるBSE事件を経験することによって、改めて食品の安全確保と危機

管理の重要性が広く認識されることになりました。また、その結果、食品の安全確保の体制が根本的な変革を遂げることになりました。

そこで最初に、その3つの事件について、そのときの東京都の対応にも触れながら検証してみたいと思います。

2 平成8年O157事件

1 事件の経緯

平成8年5月、岡山県内の小学校で、学校給食を原因食とする集団食中毒が発生し、死者2人を含む有症者468人を出しました。また、7月には、大阪府堺市の小学校で、死者3人を含む5,727人の発症など全国的に猛威を奮い、その年の感染者累計は、死者12人を含む1万9,532人にのぼりました。

都内でも6月に、6か所で散発的集団発生（一見、小さな食中毒が別々に発生しているように見えるが、実際には共通の原因による1つの集団発生食中毒：ディフューズアウトブレイク）が起こり、パズルを解くように共通食を辿った結果、1社の仕出し弁当にいきつきました。さらに配達先1万人を調査し、191人の有症者と7人からの菌の検出をみています。

それまで報告例も少なく、あまり注目されていなかったO157（平成9年3月に、「病原性大腸菌O-157」から「腸管出血性大腸菌O157」に表記変更）が、この年、なぜ全国的に大流行となったのか、その原因は不明のままです。

O157は、少量の菌で感染を起こすため、一般的な食中毒に必要とされる食品中での増殖（適当な温度と時間が必要）という条件を必要としません。

また、人から人への2次感染をもたらし、まれに菌が産生するベロ毒素により、HUS（溶血性尿毒症症候群）という重い症状を引き起こすことがあります。さらに、潜伏期間が4〜9日と長く、患者が発生したときには、すでに検食（給食施設等で保存する検査用サンプルで、当時の保存期間は3日）が廃棄されていて、原因食の特定ができないという難しさがありました。

わが国で、O157が注目を浴びたのは、それにさかのぼる平成2年、埼玉県浦和市の幼稚園で、井戸水により園児268人が発症、うち2人が死亡した事件からです。また、この間、アメリカでは、加熱不十分のビーフハンバーガーを原因とする集団発生も幾例か起こっています。

にもかかわらず、わが国のリスクアセスメントは十分に行われていませんでした。O157の危険性はわかっていたものの、この時点では、少ない暴露量での発症や、国内的広がりへの予見はなかったといってよいでしょう。

また、抗生物質の使用時期とHUS発生との関係など治療方法が確立しておらず、実際には関西の医師たちのインターネットを通じた情報交換が先行

コラム1

食中毒予防の3原則 (消費者向け)

細菌やウイルスなど、微生物による食中毒を防ぐために、特に次の3つのことに注意しましょう。

＜つけない＞

食中毒を起こす微生物は、魚や肉、野菜などの素材についていることがあります。この微生物が手や調理器具などを介して他の食品を汚染し、食中毒の原因となることが非常に多いのです。手や器具を洗う必要があるのはこのためです。

＜ふやさない＞

食中毒を起こす微生物がついてしまった食品も、食品のなかで微生物が増えなければ、たとえば刺身にして生で食べたとしても食中毒になりません。細菌は通常、冷蔵庫ぐらいの低温（4℃～10℃）になると増えにくくなるので、食品を扱うときは室内に放置せず、冷蔵庫に保存することが大切です。ただし、O157などのように、ごく少量で発病する細菌やウイルスもあり、増えないからといって安心はできません。

＜やっつける＞

食中毒を起こす微生物のほとんどが熱に弱く、食品についていても加熱すれば死んでしまいます。しかし、加熱が不十分で発生する食中毒が多いので注意が必要です。また、食器やキッチン用品は、洗浄したあと熱湯や塩素系漂白剤などで消毒する必要があります。

し、国の治療マニュアルは後追いとなりました。さらに、疫学的解析では、貝割れ大根やおかかサラダが浮かびあがったのですが、本来、牛の腸管に棲息しているO157が、肉とは無縁の飲食物を汚染していることの認識や、人から人への感染などを踏まえた予防対策も十分ではありませんでした。

　国は5月に対策本部、関係閣僚会議を設置し、6月以降、厚生省(現在の厚生労働省)をはじめ関係各省から多数の通知が全国の自治体に流されました。食品衛生面では、7月に検食の保存期間を2週間に延長。食肉処理場での牛の解体時に消化管内容物で肉を汚染しないよう、食道と直腸の端をそれぞれ結紮。医療面では、2次感染の防止策に続いて、8月にO157を伝染病予防法に基づく指定伝染病とするなど、次々に対策が打ち出されました。

　O157の特徴を踏まえ、手洗いや食材に応じた包丁・まな板の使い分けなど基礎的な食中毒予防対策が、改めて強調されました。

　このような様々なこの年の教訓は、その後の予防対策の拡充につながり、感染症対策と食中毒対策との連携も強化され、今日に生かされています。明治30年以来の伝染病予防法も、平成11年4月、「感染症の予防及び感染症の患者に対する医療に関する法律」として生まれ変わりました。

2　東京都の対応

　都としても、大流行の予兆をつかんでいたわけではありませんが、平成2年以降、都民向けの情報誌やパンフレットでO157についても触れ、食品関係事業者の講習会でも注意を喚起してきました。

　また、都立衛生研究所（現在の健康安全研究センター）では、菌の性状や検査法について研究を行っており、その後、世界的に活用されている簡易な検査法を開発していました。

　東京都の対応は、この年、6月から8月にかけて食中毒と感染症の両部門をはじめ、全庁をあげての取り組みとなったのですが、予防と普及活動、迅速な対応のための関係機関の連絡体制など、リスクコミュニケーション戦略が大きな比重を占めました。

都民・事業者向けのパンフレット『病原性大腸菌O-157ってなに？Q＆A』の作成には、衛生研究所のそれまでの蓄積が役にたちました。また、7月末に、関係する行政機関、業界、医師会など18団体で構成する「東京都食中毒発生防止関係団体連絡会」を設置し、連携強化を図るとともに、感染予防のための5か条（表1）を制定し、都民にわかりやすく実行可能な予防策を基本とした普及啓発を実施しました。

> **表1　腸管出血性大腸菌O157感染予防のための5か条**
> (1) 生野菜などはよく洗い、食肉は十分加熱してから食べましょう。
> (2) 冷蔵庫の食品もよく点検し、早めに食べましょう。
> (3) 包丁、まな板、皿、ボールなどのキッチン用品は、必ずよく洗いましょう。できれば熱湯または塩素系消毒剤で消毒しましょう。
> (4) 調理や食事の前には必ず石けんで手をよく洗いましょう。
> (5) おなかが痛くて、下痢が続いたら、すぐかかりつけの医師の診察を受けましょう。

乳幼児を抱えた母親等に不安が広がるなか、全戸配布の「広報東京都」のほか、6大紙への広告掲載、また、保健所での休日の電話相談、営業者等への無料検便の実施など、考えられる方法、使える手段はすべて具体化していきました。

都内では多様な関係事業者が活動しているにもかかわらず、比較的短期間のうちに、大規模調理施設への監視指導の強化、社会福祉施設への説明会、プールなど環境衛生対策の徹底などを実施したことは、危機管理として評価できるものと考えています。

3 平成12年雪印乳業食中毒事件

1 事件の経緯

　雪印乳業大阪工場で製造した加工乳による食中毒事件は、平成12年6月に発生。初期対応に問題があり、被害は拡大、最終的な有症者は1万4,780人に及びました。

　大阪市保健所が食中毒として最初の届け出を受理したのは、6月27日でした。同保健所は翌28日午後、緊急立ち入り調査に入り、工場側とのやりとりの後、厚生省に第一報のFAXを入れたのは、日付が変わった29日未明でした。大阪市の報道発表は29日午後4時。テレビ等はその夜から、新聞に大きく報道されたのは金曜日の30日の朝刊からです。

　各紙の見出しは「低脂肪乳発症ー1,200人に　大阪府警が任意聴取」「苦情、不安の声殺到　雪印、非認める段階ではない」「原因究明まであと1日かかる　大阪市」といったものでした。

　しかし、事態は拡大の一途を辿り、7月1日の土曜日午後3時、雪印乳業社長記者会見。7月2日の日曜日、大阪市は患者の飲み残しから黄色ブドウ球菌が産生する毒素エンテロトキシンA型を検出、大阪工場を営業禁止処分にし、大阪府警は業務上過失の疑いで捜査に入りました。

　7月10日、大阪市は中間報告を公表。問題点は以下の4点でした。
　①逆流防止弁の分解洗浄の未実施
　②臨時のホースによる配管の使用
　③屋外における調合作業
　④製品の再利用
　誰もが、大阪工場のずさんで不衛生な作業工程に原因があると思い込んでいました。

　しかし、事態は意外な展開をみました。8月18日、大阪府警は、「加工乳の原料である北海道大樹工場製の脱脂粉乳からエンテロトキシンA型が検出

された」と大阪市に連絡。北海道庁が翌19日から調査に入り、23日に結果を公表。3月末日の停電事故により、原料乳が加熱状態のまま放置されていたことなどの全貌が明らかになりました。

2　東京都の対応

　事件は関西で起きたのですが、このとき、都の衛生局生活環境部食品保健課と獣医衛生課は、素早い危機管理を行いました（平成14年4月の改組で、現在は福祉保健局健康安全室食品監視課に統合）。

　東京都が行った対応を述べる前に、このときの都の行動について評した佐々淳行氏の『人の上に立つ人の仕事の「危機管理」術』（三笠書房）の1節を紹介します。

　「たとえば東京都は、日野市にある雪印乳業の工場の生産をいったん停止させたが、検査して問題がないとわかると、すぐに安全宣言を出して解除している。このように、何か危機が発生したときには、ただちに被害を拡大させないための措置をとり、疑惑が晴れたとなれば、『問題なし』のお墨付きを与えるなどして信用を回復してやるのが、行政の本来あるべき姿なのである」

　東京都は、29日、厚生省が各自治体に流した概要で事件を知りました。雪印大阪工場の事件を耳にしたとき、原料の脱脂粉乳に疑いを抱いた人物がいました。ハサップ（HACCP＝危害分析重要管理点方式、食品衛生上最も進んだ管理手法）の研究者として名を成している都立衛生研究所の微生物部長（当時）K氏です。

　金曜日の6月30日朝、K氏から電話を受けた獣医衛生課は、早速、調査に入りました。雪印の乳処理工場は都内にも2か所ありますが、いずれも使用原料は大阪工場とは別との回答を得ました。K氏は、翌年3月で定年退職となるのですが、ニュースを耳にしたのは、恩師と呼ぶ、かつての上司H氏の追悼文を書いているところでした。

　常々、「原料を疑え」といっていたH氏は、昭和30年3月、東京で起こっ

た雪印乳業八雲事件を担当していました。今回と同様、停電事故のあった北海道八雲工場製の脱脂粉乳により、都内の小学校9校で1,900人の食中毒が起きたのです。このとき、都立衛生研究所で溶血性黄色ブドウ球菌（現在は黄色ブドウ球菌）を検出したのがH氏達でした。佐々氏は、前掲書で八雲事件のときの、社長が陣頭に立った真摯で迅速な対応とそのときの社訓が、雪印乳業に引き継がれていないことを指摘しています。

　東京都では、かろうじて過去の経験が引き継がれたことになります。K氏のところには、その日から雪印以外の牛乳メーカー数社から、原因について意見を求める電話が入りました。メーカー側は「今の粉乳は衛生的な工場でつくられており、考えられない」との反応であったといいます。

　乳処理工場は、金属製のパイプとタンクが連なり、見学者にとっては面白味の少ないところです。機械的な制御のもとに置かれており、ハサップ（HACCP）の承認工場も多く、通常起こり得ないことがヒューマンエラーにより起こったことになります。

　また、この件は人の陥りやすい思い込みについても考えさせられます。冷静に判断すれば、大阪工場の製造工程のなかで菌が繁殖したのであれば、汚染は製造段階の早いほうに偏り、後のほうは希釈されたり、洗い流されたりするはずです。あれだけの地域的広がりと量は考えられません。実はこのことも、都の内部では囁かれていました。リスク管理を怠ったのは、両工場ともにです。しかし、この時点のハサップ（HACCP）プランのガイドラインには、原料の細菌検査はありますが、毒素の項目はなかったのです。この事件以降、厚生省は通知を出し、改善を図っています。

　さて、佐々氏の評してくれた東京都の行動に移ります。原料確認とともに、都は都内の乳処理施設8工場に緊急監視を行うことにしました。都は、食品環境指導センター（現在の健康安全研究センターの広域監視部及び多摩支所広域監視課）のなかに、全国で唯一ハサップ（HACCP）指導班をもっていました。

　6月30日には、班を2手に分け、所轄の保健所とともに、7月4日から7日

に立ち入ることにしました。厚生省が全国の自治体に一斉点検の通知を出したのは7月3日付ですが、そのFAXが東京都に届くのはこの後4日午前1時になります。

雪印日野工場で、ハサップ（HACCP）承認外の貯乳タンク1基が、必要の都度、ホースでつないで使用されていることを掴んだのは、緊急監視の初日、7月4日の午後のことです。承認外の行為であり、マニュアルも存在せず、洗浄の記録もありません。そして、これは、大阪工場で行われていたことと同じ行為でした。そのため、操業後の目視では清潔な状態でしたが、使用中止を指導（この後、工場は自主休業とした）、加工乳10検体を衛生研究所に送付しました。翌5日、マニュアルとの照合を再度行ったうえ、プレス発表の時期を検討しました。関西での騒ぎのなか、都の発表が与える意味と影響は、十分予想できることだったからです。

都は日頃の状態は掴んでいますが、細菌検査には通常5日かかります。都内8工場すべての監視が終わってから、全体の実施結果と併せて発表することが穏当な方法でした。しかし、問題のない検査結果が得られるという保証はありません。マスコミも一斉点検の取り組みを知り、なかでも雪印工場には関心が高い。当然、個別の取材が予想される。最終的に、5日夜、発表と決まりました。それでもプレス発表では、ハサップ（HACCP）承認外という点には触れず、貯乳タンク3基のうち1基に作業手順書と洗浄記録がない、目視では不衛生な状態は認められないが、使用中止を指導したという表現にとどめました。

また、衛生研究所も、部の依頼に応え、検査機器を集め、検査員を投入し、2日にわたる徹夜のもとエンテロトキシンなど主な検査結果を出し、7月7日午後プレス発表、事実上の安全宣言を行いました。

さらに、週明けの月曜、10日から保健所の立ち合いのもと再開の準備に入っていたのですが、11日深夜、雪印乳業本社は突如、日野工場も含めた全国21工場すべての生産を中止し自社点検に入ると発表しました。

4　平成13年「BSE事件」

1　事件の経緯

　平成13年9月10日夜、農林水産省は千葉県内の食肉処理場でと畜された乳牛に、牛海綿状脳症（以後、BSEと表す）の疑いがあると発表しました。

　この乳牛は、起立不能のため8月6日食肉処理場に運ばれ、動物衛生研究所の2度目の確定診断で陽性となりました。しかし、国内初のことでもあり、農林水産省は英国獣医研究所へ検体を送付。同所からも陽性との結果を得たことを発表したのは、3連休の初日9月22日でした。

　研究者のなかには、国内の確定診断を信用せず、約10日のブランクを生じたことを問題視する意見もあります。この間も、行政施策は次々と打ち出されていたのですが、どこかに淡い期待も残っていました。世上に本当の不安が広がり出したのも、この頃からであったように思います。

　そもそもBSEは、英国で昭和61年に牛の感染症として確認されたのですが、平成8年に至り、「人の変異型クロイツフェルト・ヤコブ病を引き起こす可能性がある」との英国政府の発表により、全世界が衝撃を受けていました。その後、EU諸国に感染は広がっていたのですが、わが国への侵入はほとんどの人が予想していませんでした。

　EUへの輸出に関心の高い国として、わが国は進んでEUのアセスメントを受け、「国産牛がBSEに感染している可能性が高いが、確認されていないカテゴリーⅢ」との報告書案が届いたのは、平成12年11月のことです。

　このことは報道されなかったのですが、以来、農林水産省はEUに対し反論を行うかたわら、同年12月には技術検討会を設置し、平成13年1月からは牛肉も肉骨粉もEU諸国からの輸入禁止措置をとりました。

　また、4月から農林水産省は24か月齢以上の神経症状等を示す牛へのアクティブサーベイランスの開始を指導。厚生労働省も5月から食肉処理場の牛に対し同様の検査要請を行いました。

しかし、本当のねらいは「わが国が清浄国であることを明らかにし、いたずらに風評被害を生じないように」ネガティブデータを集積することでした。皮肉にも、国内のBSE第1号はこのように始まった検査のなかから発見されたのです。さて、9月末から国の対策は世論に押されながら急速に強化されていきました。

厚生労働省の指示（コラム2）を受けて、平成13年10月12日に、国のBSE技術研修のなかで、擬陽性が生じたことに対する東京都の記者会見で社会が騒然となる一幕はあったものの、10月18日、全頭検査は開始され、食肉検査におけるBSE体制が整いました。しかしながら、食の安全体制と消費者の安心との間には埋め切れぬ落差が生じ、学校給食をはじめとする牛肉離れは、関係業界に大きな打撃を与えました。

さらに、全頭検査前の牛肉、1万3,000トンの政府買い取りをめぐり、平成14年1月の雪印食品をはじめとする偽装事件が相次いで発覚するなどの余波を生じました。牛肉は筋肉であり、WHOによる臓器分類においても感染性リスクの極めて低い安全な部位です。全頭検査の前後で変るものではありません。政府買い取りもまた、消費者の理解を混乱させるものでした。

コラム2　厚生労働省の動き

　厚生労働省では平成13年9月27日、全国関係課長会を開催し、①食肉衛生検査所のスクリーニング検査は、バイオラド社のエライザ法に、②リスクの高い30か月齢以上の牛を対象とする全国一斉の検査体制が整うまで、その月齢以上の牛の食肉処理場搬入の制限要請、③12か月齢以上の牛の特定危険部位（脳、脊髄、眼、回腸遠部位）の除去、焼却指導について指示した。

　10月3日にはスクリーニング検査開始日を、それまでの10月末頃から10月18日に前倒しすることを決定し、10月9日にはスクリーニング検査は月齢にかかわらず、全頭検査にすると発表した。

2　東京都の対応

　この事件は、通常の食中毒対策の枠を超えるものでした。BSEそのものは牛の感染症で、牛に異常プリオン（の入った肉骨粉）を食べさせなければよく、炭疽や口蹄疫のように接触や空気により感染することはありません。

　東京都では産業労働局が中心です。人々の不安は、動物由来感染症としての変異型クロイツフェルト・ヤコブ病であり、衛生局では感染症対策が前面に出ます。食品としては、海外生活で食べた食品や過去に食べた脊髄、脳・脊髄が原料として含まれる可能性があるラーメンのスープ、カレーのルー、化粧品などがありますが、牛と人との種の壁があり、英国の発生例からみても、わが国での発症は極めて少ないであろうといわれています。

(1) 庁内連携体制確保と直面する課題

　食の安全管理は生活環境部の所管です。食肉は食品衛生法と、と畜場法があり、従来から他の食品以上に厳格な検査をしてきました。すべての個体について生体検査や内臓検査等を経て、安全なものだけが食肉として市場に出まわる仕組みになっています。

　BSEにより新たな検査が加わりましたが、これを行うのは食肉衛生検査所の獣医師であり、生活環境部の所管です。しかし、食肉市場の設置・管理は中央卸売市場であり、さらに消費者行政は生活文化局、肉骨粉等の焼却は環境局となります。

　このように東京都の内部では、関係5局が所管です。衛生局生活環境部（現在は福祉保健局）が食の安全を考えるとき、第1の課題は、特定危険部位の排除です。

　第2は、BSE感染牛を見つけ排除する検査体制の確立です。これには人員、研修、施設、設備、予算が必要であり、限られた時間のなかでの体制づくりは必死の思いでした（図1）。

　第3は、リスクコミュニケーションです。マス・メディアによる衝撃的な

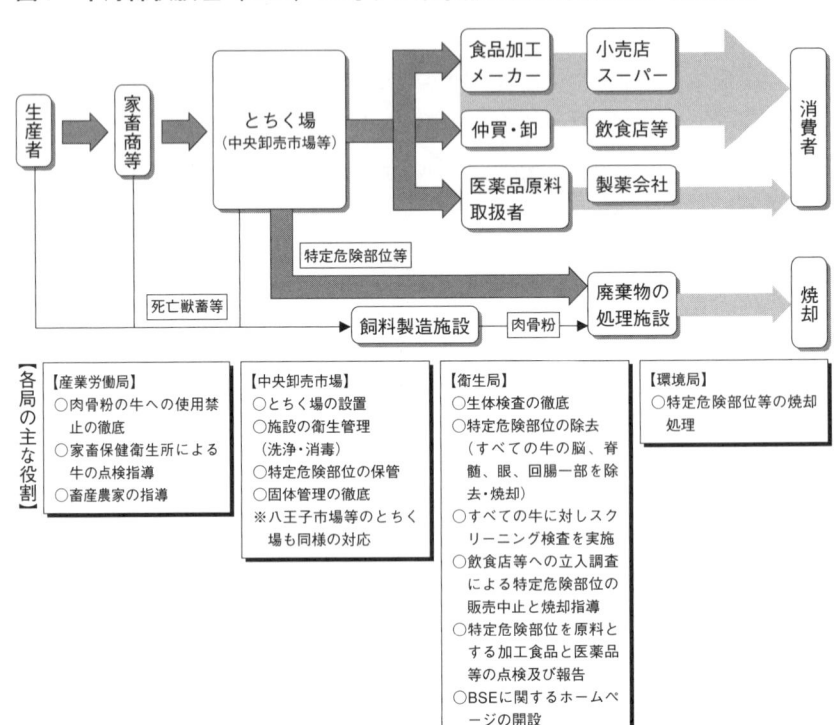

図1　牛海綿状脳症（BSE）に対する東京都の安全確保対策（概要図）

```
生産者 → 家畜商等 → とちく場（中央卸売市場等） → 食品加工メーカー → 小売店スーパー → 消費者
                                              → 仲買・卸 → 飲食店等
                                              → 医薬品原料取扱者 → 製薬会社
                特定危険部位等 → 廃棄物の処理施設 → 焼却
                死亡獣畜等 → 飼料製造施設 ← 肉骨粉
```

【各局の主な役割】

【産業労働局】
○肉骨粉の牛への使用禁止の徹底
○家畜保健衛生所による牛の点検指導
○畜産農家の指導

【中央卸売市場】
○とちく場の設置
○施設の衛生管理（洗浄・消毒）
○特定危険部位の保管
○固体管理の徹底
※八王子市場等のとちく場も同様の対応

【衛生局】
○生体検査の徹底
○特定危険部位の除去（すべての牛の脳、脊髄、眼、回腸一部を除去・焼却）
○すべての牛に対しスクリーニング検査を実施
○飲食店等への立入調査による特定危険部位の販売中止と焼却指導
○特定危険部位を原料とする加工食品と医薬品等の点検及び報告
○BSEに関するホームページの開設

【環境局】
○特定危険部位等の焼却処理

映像や不正確な記事もありました。専門家もまた、確率の世界に絶対という表現は使いにくかったのが実状です。とにかく今わかっていることを、わかりやすく正確に伝えることです。マスコミの取材攻勢、関係局との調整、職員の負担。これもまた、おろそかにできません。

　さて、この事件も、東京都は早めに情報を捉みながら動きました。9月10日以前の蓄積も、その後の迅速な対応に生かされました。また、渦中に入った後も、国の決定に先駆けて東京都が先鞭をつけたこともありました。

（2）BSE発生以前の準備

　事件の前年にさかのぼります。EUによるカテゴリーⅢ評価を耳にしたの

は、国が受理した平成12年11月。仄聞した理由は、わが国の肉骨粉の輸入とBSE検査体制の不存在の2点でした。国内でBSEが発生する確率は、狂犬病より少ないというのが、当時の担当者の認識でした。また、狂犬病には発生対応のマニュアルがあり、ワクチンも実用レベルの検査法もありますが、BSEには何の備えもありませんでした。

　平成13年2月、帯広畜産大学で開かれる2週間にわたるBSE精密検査研修に、急きょ、芝浦食肉衛生検査所の獣医師を1人派遣したのは、起こり得る数％の可能性が気にかかりはじめたからです。帰庁後、検査所の獣医師全員に伝達研修を実施。さらに6月には、BSEの権威である大学教授を招き、都区の食品衛生監視員、獣医師等を対象の講習会を開催。内容は職員向け情報誌『食品衛生情報』10月号に掲載。また、同誌の8月号には、BSEについて獣医衛生課等による解説記事を載せました。

(3) 国に先駆けた対応

　さて、問題の平成13年9月10日です。その日の午後、国内での「BSE発見のプレス発表が夜に設定される」という情報を入手した生活環境部は、早速、翌朝の衛生局首脳部への説明資料と当面の対策案作成にかかりました。

　打つべき第1手として、危険性の高い部位の脳、脊髄の販売自粛を、食肉衛生検査所を通じて関係団体に申し入れ、その日の夜中までに了解の回答を得ました。翌11日、産業労働局、中央卸売市場との3局防疫推進会議（昭和61年、芝浦食肉衛生検査所内で炭疽が疑われる牛が発生したのを契機に設置）を呼びかけ、第1回を開催。会議の内容をプレス発表しました。

　その後、9月25日には、中央卸売市場と関係団体が主体となり、眼、回腸遠位部を含む特定危険部位すべての焼却と、30か月齢以上の牛の搬入自粛要請を行いました。国の全国課長会における同じ内容の指導は、この2日後になります。

　次に打った東京都の独自策は、都内に流通する国産牛の特定危険部位を焼却指導する緊急監視です。9月28日から開始し、10月末日まで飲食店や食肉

処理業など4万5,019軒に入り、自主的に販売を中止し保管していた施設8軒（脊髄1軒、回腸7軒）を発見、焼却させました。

（4）検査体制の確立

　次に、検査体制の確立です。芝浦は成牛を1日350頭検査する全国でも格段に規模の大きい食肉衛生検査所です。東京都は、国の決定前から全頭検査の方針を決めていたものの、10月末の開始でも厳しい状況にありました。

　9月27日、全国課長会で具体的な検査法（エライザ法）が示されると、獣医衛生課長はその場から直ちに職場に電話を入れ、手配を指示しました。実は、いくつか想定される検査法について、どれに決まっても直ちに手配できるよう情報を収集していたのでした。検査に必要な機器は全国の自治体間で奪い合いになる恐れがあり、遅れをとるわけにはいかなかったのです。

　職員研修は10月1日から延髄摘出練習を開始。手動式の機器搬入は15日、自動分析装置は20日となりました。当面の検査要員として、他職場からの応援体制も組みました。

　さらに、エライザ法は5～6時間を要し、時間差を設けながら最適の組み合わせを考えても、最終結果の判明は午後7時。エライザ法は最初の検査で陽性と出る確率も高い。再検査の結果が確定するのは深夜に及び、その結果が陽性の場合は国の確定診断に回さなければなりません。

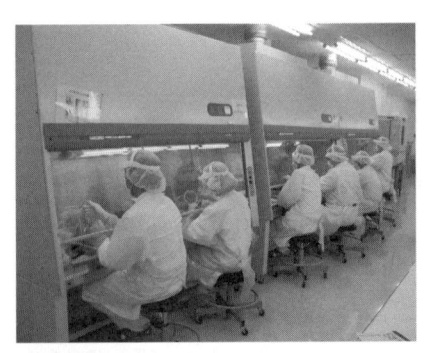

BSE検査前処理

BSE検査測定機器

検査結果判明までの冷蔵保管設備や内臓の販売時間の変更など、中央卸売市場や関係団体の協力も不可欠でした。

コラム3 BSE検査の東京ルール（5つの原則）

東京都は、10月18日より、とちく検査の一環として、BSEスクリーニング検査を実施するが、検査にあたっては、以下の5つの原則により実施する。

(1) 迅速性の原則

芝浦食肉衛生検査所におけるBSEスクリーニング検査は、入荷した全ての牛を対象に、とちく解体を行った当日に実施し、原則として当日中に結果を出す。

(2) 厳重管理の原則

スクリーニング検査で陽性と判断された牛の枝肉・内臓等は、国の確認検査で陽性と判断され、その後の「牛海綿状脳症に関する研究班会議」（現在の「牛海綿状脳症の検査に係る専門家会議」）での確定診断が出るまで出荷を停止させ、他への影響が出ないよう、とちく場内に厳重に分離保管・管理するようとちく場管理者に対し指導する。

(3) 対象範囲の原則

保管の対象とするのは、スクリーニング検査で陽性とされた当該牛の枝肉・内臓等すべての部分とする。このため、とちく場管理者等に対し、とちく解体に使用される器具等は、1頭ごとに洗浄を徹底させるとともに、枝肉については特定危険部位が枝肉に付着しないよう、十分な洗浄を行わせる。

(4) 公表の原則

検査結果の公表は、国の確定診断で陽性と判断されたのち、すみやかに衛生局（現在の福祉保健局）が行う。

(5) 連携の原則

衛生局は産業労働局、環境局、中央卸売市場と緊密に連携・協力し、各種の防止対策を実施、原因究明等を徹底して行い、食肉の安全確保を図る。

(5) 検査開始に向けて

　大方の準備ができた全頭検査の前日、10月17日に東京都は、BSE検査の東京ルール（5つの原則）を発表。当日中に結果を出す「迅速性の原則」、国の確定診断に出す場合、結果判明までの分離保管を定めた「厳重管理の原則」とともに、「公表の原則」として、国の確定診断で陽性と判定されたもののみを発表することを宣言しました。

　1次検査からの公表を迫る嵐のような取材攻勢にさらされていましたが、結果の判明まで肉等は確実に保管されており、都民への実害はないこと、1次検査の発表は都民にとって何のメリットもなく、いたずらに憶測を呼ぶだけであることを説明し続けました。BSEについては解明できていない部分はあるものの、食肉検査における対策の基本は揺るぎないのです。

　リスクコミニュケーションについても、3局防疫推進会議は、最新情報を報道機関に流し、11月17日までに15報を数えました。ホームページも局広報のBSEに関するQ＆Aを10月11日に立ち上げ、「食品衛生の窓」（食品保健課）、「獣医衛生の扉」（獣医衛生課）を合わせて、10月中のアクセスは約14万件に及びました。

5 食品安全確保の新手法「リスク分析」

　わが国における「食の安全と安心」を確立するための基本的な枠組みは、BSEの国内発生とその後の相継ぐ違反事件（食品の偽装表示、中国産冷凍ほうれん草の農薬残留、ダイエット食品による健康障害、違反香料など）を契機に大きく変更されました。

　例えば、平成15年5月に食品安全基本法が公布され、同年7月にはリスク評価機関として、食品安全委員会が設置されました。また、「農場から食卓まで」という発想から、牛の個体識別制度としていわゆるトレーサビリィティーシステムが法律に基づく制度として平成15年12月から段階的に導入され、翌年12月に本格実施されました。

さらに、食品衛生法も何回かに分けて大幅な改正が行われ、第1条（目的）に「国民の保護を図る」という文言が加えられたほか、実際に法違反事例が相当程度あり、「危害発生の防止が特に必要と認められる特定の国もしくは地域で製造された特定の食品等に対し検査等を要せずに、販売、輸入等を禁止できる仕組み」（第8条）や、「違反者の名称等の公表規定」（第63条）などが新たに設けられました。

1　BSE問題に関する調査検討委員会の報告書

これら、革命的ともいえる大きな変化のもとになったのが、平成14年4月に農林水産大臣、厚生労働大臣の私的諮問機関である「BSE問題に関する調査検討委員会」から提出された報告書です。この委員会は、獣医学者3人、ジャーナリスト3人、消費者団体役員2人、その他2人です。10人のメンバーは産業界、農業者、政府関係者を含まない第三者的な立場の委員で構成され、会議の内容や討議資料はすべて公開されました。なかでも特徴的なのは、報告書の作成はすべて委員主導で、3人の起草委員によって行われ、成案作成にあたっては、委員間の事前調整は避けすべて公開の席で意見を調整していくという、前例のない方法がとられたことです。

報告書は、「第Ⅰ部　BSE問題にかかわるこれまでの行政対応の検証」「第Ⅱ部　BSE問題にかかわる行政対応の問題点・改善すべき点」「第Ⅲ部　今後の食品安全行政のあり方」の3部で構成され、特に、第Ⅰ部と第Ⅱ部では、「危機意識の欠如と危機管理体制の欠落」「生産者優先・消費者保護軽視の行政」「政策決定過程の不透明な行政機構」など、それまでの行政対応の欠陥を厳しく指摘しています。この指摘を踏まえて、第Ⅲ部で打ち出された考え方が「リスク分析手法の導入」です。

2　リスク分析の考え方

ここでいうリスクについて、報告書では「科学技術の進展により様々な科学的知見が明らかになってくるに従い、食品の安全性は、『シロ』か『クロ』

で論ずることが不可能となってきている。食品の安全には『絶対』はなく、リスクは、『食品中のハザードが存在する結果として生ずる健康への悪影響の確率とその程度の関数である』とされるに至っている」と述べられています。

　ここで注意していただきたいのは、リスク分析の考え方で、「リスク」とは「確率とその程度の関数」というように、定量的な概念としてとらえられるということです。そして、事故の後始末ではなく、可能な範囲で事故を未然に防ぎリスクを最小限にするためのシステムとして、すでにEU及び加盟諸国において導入されている、「リスク評価」「リスク管理」「リスクコミュニケーション」の3つの要素からなる「リスク分析」という手法導入の必要性を提起しています。

　リスク分析の3つの要素について、食品安全委員会の示した資料（食品の安全性に関する用語集／平成17年3月改訂版）に沿って簡単に述べるとコラム4のようになります。リスク分析の3つの要素のどれが欠けても、リスク

コラム4　リスク分析の3要素

　「リスク評価」は、食品中に含まれるハザードを摂取することによって、どのくらいの確率でどの程度の健康への悪影響が起きるかを科学的に評価することをいい、先にあげた食品安全委員会の主要な役割になる。

　「リスク管理」は、リスク評価の結果を踏まえて、すべての関係者と協議しながら、リスク低減のための政策・措置について技術的な可能性、費用対効果などを検討し、適切な政策・措置を決定、実施することをいい、国（厚生労働省や農林水産省など）や自治体の役割になる。

　「リスクコミュニケーション」は、リスク分析の全過程において、リスク評価者、事業者、研究者、その他の関係者の間で、情報および意見を相互に交換することをいい、リスク評価の結果やリスク管理の決定事項の説明を含むとされている。

分析という手法は成り立ちません。なかでも、リスクコミュニケーションの取り組みはまだ緒についたばかりで、これからの大きな課題です。

⑥ 危機管理に向けた平時からの対応

1　国の動き

　本稿では3つの事例を題材として取り上げました。なかでもBSEを発端とする一連の事件は、その後のわが国における「食の安全と安心」を確立するための基本的な枠組みに直接的な影響を与えることとなりました。

　その1つとして、国においては平成15年5月に食品安全基本法が公布され、リスク評価機関として食品安全委員会が設置されました。また、食品衛生法も何回かに分けて大幅な改正が行われました。例えば、前述したように第1条（目的）に「国民の健康の保護を図る」という文言が加えられました。

　従来、国民一人ひとりの健康の保護は、反射的利益として司法の場において門前払いされる傾向にありました。この改正により、食品衛生におけるリスク管理の重さが一層増したといえるでしょう。

　また、食品の成分を抽出・濃縮して錠剤やカプセル状等の形状とするなど通常の方法と著しく異なる方法により飲食に供されるもので、「人の健康を損なうおそれのある食品の販売禁止」（第7条）、「実際に法違反事例が相当程度あり危害発生の防止が特に必要と認められる特定の国もしくは、地域等で製造された特定の食品等に対し検査等を要せずに販売、輸入等を禁止できる仕組み」（第8条）や、「違反者の名称等の公表規定」（第63条）などが新たに設けられました。

2　東京都の動き

　一方、いくつかの自治体でも、食品安全条例を制定する動きがありました。東京都においても、平成16年3月末に東京都食品安全条例が公布されました。この条例には、「‥‥国がどういう形の法律をつくってくるかわかりません

が、場合によってはその枠をはみ出してでも、都民の負託にこたえられるような、ある意味で厳しい、しかも迅速な対応のできる内容のものにしていきたいなと思っております」という、東京都議会平成14年第4回定例会での知事発言のとおり、単なる理念規定にとどまることなく、健康への悪影響の未然防止策として「自主回収報告制度」や「食品安全情報評価委員会（以下「評価委員会」という）」など、東京都独自の制度が盛り込まれました。

(1) 自主回収報告制度

　自主回収報告制度は、有事の際の早期発見・早期対応を確実に行うために、平時において行われるリスク管理システムとして位置づけることができます。食品に関する様々な事件が続出し、食品の安全に対する社会の関心が高まるなかで、不適正表示や異物混入などを理由とする食品の自主回収についての社告が、毎日のように新聞に掲載されていました。

　しかし、それらは氷山の一角で、実際には自主回収していても公表には二の足を踏む営業者も存在します。また、公表される事例も、社告によって提供される情報には回収理由や健康影響の有無といった核心となる情報が含まれているとは限りません。行政の側においても、社告によって初めて自主回収が行われている事実を知るということも例外ではありませんでした。

　一方、先にあげた食品衛生法の改正により違反者の名称等の公表規定が設けられていますが、この規定は、行政が違反を把握して販売禁止等の行政処分や、回収等の行政指導を行ったものについて公表するというものです。いってみれば、営業者自らが自主回収する事例を行政が積極的に把握して公表するといったことまでも網羅した制度にはなっていないのです。

　しかし、実際には、提供する食品に対する情報を一番把握しているのは営業者自身です。そこで、営業者が、健康への悪影響の発生または拡大を防止するために自主回収を行う際に、東京都への報告を義務づけて処理状況を把握し、情報を都民に提供する仕組みを条例に規定することとしました。

　この制度は、平成16年11月から施行されましたが、平成17年6月までの

8か月に57件の報告を受けました。幸い、この間大きな健康被害に結びつくような重大な事件は起きていませんが、この制度が定着することにより、万一、大きな健康被害が想定されるような事例が発生しても、早期発見・早期対応という危機管理に速やかに移行することが可能になると思われます。同じような制度は、大分県が平成17年3月に公布した大分県食の安全・安心推進条例の中にも設けられています（当該制度は平成18年4月から施行）。

(2) 食品安全情報評価委員会

　食品安全情報評価委員会は、食品安全に関係する内外の情報を収集し、その情報のうち、将来危害の発生や拡大が予測される課題について分析・検討し、その結果を知事に報告するために設けられた知事の附属機関です。

　それまで東京都は、保健所の所管区域を超えて広域に活動するために、昭和45年に食品機動監視班を設置しました。監視班の主要事業の1つとして将来的に行政対応が求められそうな課題をテーマに、先取りした先行調査を実施してきました。その結果、都のみならず国の施策に反映された事例もあり、危害の未然防止、早期発見、早期対応に生かされていました。

　しかし、今日のように様々なリスク情報が溢れるなかで、食品衛生の情報を的確に収集・評価するとともに、この評価結果をわかりやすい内容で発信してリスクコミュニケーションに活用するためには、専門家の助けを借りる必要があります。そこで、条例に基づく附属機関を設置し、食品による健康危害の未然防止と早期発見、早期対応を図るとともに、あわせてリスクコミュニケーションの充実を図ろうということになりました。

　評価委員会が最初に取り組んだテーマの1つが、増加傾向にあるカンピロバクター食中毒の発生を低減させるために、鶏肉調理に際しての適切な加熱方法をわかりやすく発信するための検討でした。この背景には、カンピロバクター食中毒の原因として加熱不十分な鶏肉が無視できないということがありました。そこで、調理実験の結果をもとに、加熱による肉色の変化と菌の死滅状況をわかりやすく示すこととしました。

■第3章■　食品衛生・医療と危機管理

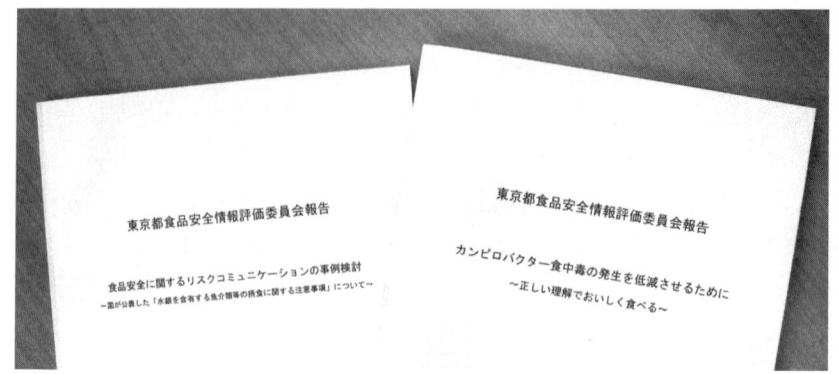

食品安全情報評価委員会報告書

啓発用リーフレット「肉食の変化」

　もう1つのテーマが、リスクコミュニケーションの事例検討です。これは、平成15年6月に、国が「水銀を含有する魚介類等の摂食に関する注意事項」を公表した際、一部に魚の買い控えという影響や内容がわかりにくいといった反応があったことが背景にあります。評価委員会が取りあげる課題について、都民とのより良いリスクコミュニケーションを実施するために、貴重な検討素材だと考えられたわけです。

　これらの検討結果はいずれも平成16年7月に知事に報告されました。その後も、別のテーマの検討が行われています。

7 鋭敏な感覚と使命感が大切

　本稿で取り上げた3つの事例、とりわけBSE以後、国や自治体など行政の取り組み、営業者の危機意識、消費者やメディアの関心などすべてにわたって、食品の安全確保を取り巻く状況は変化しつつあります。いうまでもなく、食品による健康被害の未然防止を図り、危機管理を適切に行っていくためには、すべての関係者の理解と協力とそれを支える制度が不可欠ですが、とりわけ、行政の第一線に従事する自治体職員一人ひとりの鋭敏な感覚（危機意識）と使命感に基づく地道な活動が大切です。

　　　（玉川大学教育学部教授・元東京都健康局食品医薬品安全部長　河津英彦）
　　　　　（東京都福祉保健局健康安全研究センター広域監視部長　奥澤康司）

■第3章　食品衛生・医療と危機管理

第2節 感染症医療と危機管理

1　SARS（重症急性呼吸器症候群）への対応

　平成15年3月、世界中を震撼させたSARS（重症急性呼吸器症候群：Severe Acute Respiratory Syndrome）の影響が首都東京にも及びました。これまで人類が遭遇したことのなかった新種の病原体の出現による「新型肺炎」には、世界中が英知と情報とを結集して戦いを挑み、4か月後には封じ込めに成功しましたが、「抗生物質によって、感染症は制圧されつつある」という一般の人々の間にあった認識を完全に覆した事件であり、感染症の恐ろしさ、社会的影響の大きさを思い知らされた事件でした。

2　中国広東省での新型肺炎の発生

1　事件の経緯

　平成14年11月、中国・広東省では「新型肺炎」による多くの患者が発生しましたが、詳しい情報は明らかにされず、その後平成15年3月になって、少なくとも300人が原因不明の肺炎に感染し、すでに5人が死亡していたことが判明しました。平成15年2月末にはベトナム・ハノイの病院で、原因不明の急性肺炎が医療従事者の間で流行したことからWHO（世界保健機関）等が問題視し、その後世界中を巻き込んだ事件へと発展しましたが、発端となったのは1人の中国系アメリカ人男性でした。
　この男性は上海、香港に滞在した後にハノイに到着し、その直後の2月26日に筋肉痛・咽頭痛で入院しました。やがて重篤な呼吸器障害に陥り、集中治療のために設備の整った香港の病院に3月6日に搬送された後、3月12日に死亡しています。この男性は中国・広東省で「新型肺炎」患者の治療に携

わった大学教授と香港のホテルで同じ階に宿泊しており、ここでSARSに感染したものと考えられていますが、その後、このホテルで同様に感染した宿泊者が移動した先のカナダ、ベトナム、シンガポールなどにも感染が拡大しています。

　平成15年3月上旬、この中国系アメリカ人男性の治療に係わったハノイの医療従事者約30人がこの男性と同様の症状を発現し、同時期にこの男性が搬送された香港の病院でも多数の医療従事者に同様な症状が認められました。同年3月12日、WHO（世界保健機関）がこの感染拡大の事態を世界に発信し、15日には、WHOがこの疾患を「SARS（重症急性呼吸器症候群）」と定義し、全世界に警告を発しています。31日には香港政府が、高層マンション1棟全体を閉鎖・隔離する事態も発生しています。

　4月16日にはWHOがSARSの原因を新種のコロナウイルスと断定し、このウイルスを「SARSコロナウイルス」と命名しました。SARSの感染経路は唾等による飛沫感染や手指等を介した接触感染で、感染後2～10日の潜伏期間を経て38度以上の急な発熱、呼吸困難等の呼吸器症状や肺炎等の臨床症状が見られます。WHOにはこれまでに世界32か国から8,422人の患者が報告されており、そのうちの916人が死亡しています。日本における「可能性例」の報告は52例（そのうち、都内からは24例）でしたが、幸いなことにSARSと確定された症例はありませんでした。

2　東京都の対応

　平成15年4月4日、健康局（現福祉保健局）は都立病院を所管している病院経営本部と合同で「健康危機管理対策本部（SARS対策本部）」を設置し、この重大事態への対応を開始しました。4月6日には、「第1回SARS対策専門家会議」を開催し、SARSの症状および診断基準、SARSに係る搬送方法、医療機関の確保対策など6つの課題について検討し、翌4月7日には「基本指針」として以下の2点を決定しました。

　すなわち、「①都民への積極的な情報提供と、②『可能性例』であっても

■第3章■　食品衛生・医療と危機管理

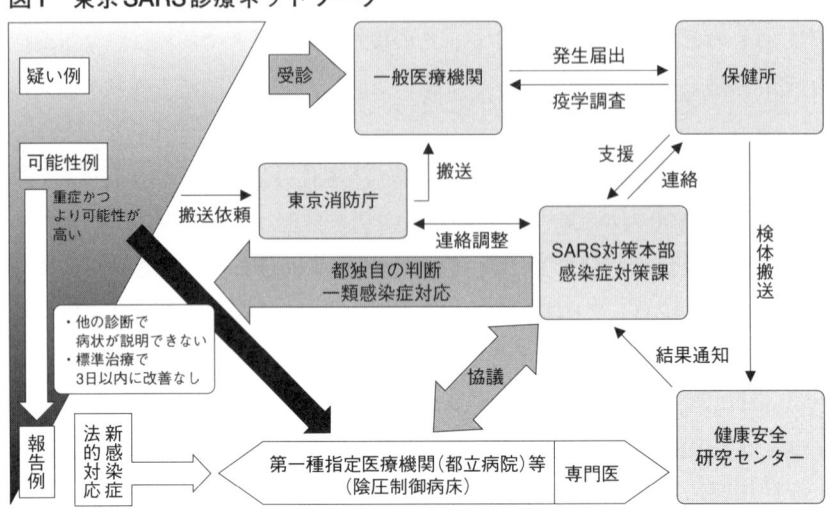

図1　東京SARS診療ネットワーク

専門的な医学的判断のもと、重篤な臨床症状を有する者に対しては人権に十分配慮したうえで都独自の判断で早期に『新感染症患者』と同等の医療的な取り扱いを行う」というものです。

また「基本的対策」として、①「可能性例」等を的確にトリアージ（選別）するため、医療機関からの問い合わせに24時間体制で感染症対策課が対応する「SARS診療ネットワーク」の構築（図1）、②「医療機関における感染防御のガイドライン（第1版）」の作成（4月8日）、③保健指導用の「SARS感染予防指導ガイドライン」の作成（4月8日）の3点を実施するとともに、東京都医師会との共催により、SARSに関する医療機関向け講習会を開催（4月11日）するなど、東京都は矢継ぎ早やに対策を実行しました。都民やマスコミからの問い合わせの電話の応対には多くの職員を必要とし、当初の約1か月間は毎晩深夜までの勤務が続きました。

その後5月22日には「第2回SARS対策専門家会議」を開催し、流行状況についての専門的見解、医療体制の充実強化、疫学調査の実施などの4つの課題について検討し、併せて「SARS診療協力医療機関」22病院（都立病院

8、国公立病院6、民間病院8)を指定しました。

　これはSARS疑い例患者の初期診療については、施設や設備等の制約から十分対応できない一般の医療機関を支援するため、優先的な診察や他の患者と接触しない患者導線の確保、標準的感染予防対策が可能な医療機関が対象です。この「協力医療機関」への紹介は、保健所（土曜、日曜、祝日及び夜間は東京都保健医療情報センター「ひまわり」が担当）が、都民または一般医療機関から相談を受け、「東京SARS診療ネットワーク」を介して協力医療機関への紹介を行うこととしました。

　この「東京SARS診療ネットワーク」には多くの医療機関から疑わしい症例への対応方針のアドバイスの要請があり、このシステムは有効に機能したものと考えています。

　7月16日までに都内で報告のあった「SARS疑い例」は19件、「SARS可能性例」は5件あり、これら合計24件は国の「SARS対策専門委員会」に報告しましたが、全部の例がSARSを否定されています。

　SARS患者の特徴の1つとして、患者のなかには多数の人々に感染させてしまう「スーパースプレッダー」と呼ばれる者がいることが判明していますが、どの患者が極めて強い感染力を持っているかを見極めることは困難であり、香港で多数の患者が発生した原因の1つにもなったとされています。

　このためSARS患者の入院治療を行うには、病室内を外部に対して陰圧に保っておける「陰圧制御病床」（表1）で行うことが感染拡大の防止の点から重要ですが、当時（平成15年5月現在）、都内には66床しか確保されておらず、その早急な整備が大きな課題として残されました。

表1　陰圧制御病床

特定病床	4床（1国立病院）	
第一種病床	4床（2都立病院）	合計66床
第二種病床	58床（3都立病院、1公立病院、1大学病院）	

　感染症法では、患者の治療を行う際には、その感染力・症状に応じて特定

病床、第1種病床、第2種病床等に入院させることとなっていますが、こうした病床の整備は全国的に大きく立ち遅れているのが現状であり、東京都は国に対して、その整備の充実を強く働きかけています。その後、同年7月にはSARSの流行は一応終息しましたが、冬場になって再流行

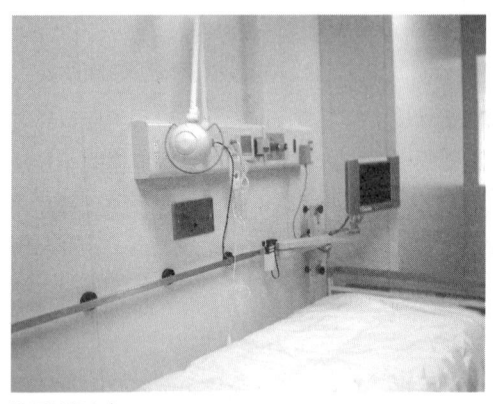

陰圧制御症床

する可能性や、感染症法の改正によりSARSが1類感染症に位置づけられたことなども踏まえ、対策の充実強化を図りました。

　具体的にはSARSの非流行時でも、過去の感染地域からの帰国者や診療に従事する医療関係者がSARSに類似した症状を発症した場合は、一早くウイルス検査を実施することにより、都内での患者発生を迅速かつ的確に把握する「SARSアラートシステム」を構築しました。

　アラートとは警報という意味で、このシステムは東京都医師会の協力のもとに都内の全有床医療機関を対象にしており、一定の報告基準に合致する症例を診察した場合には医療機関から管轄保健所に報告を求め、必要なウイルス検査や疫学調査を実施するものです。

3　不法入国者への対応

　SARSは東南アジアなどからの不法入国者によって持ち込まれる可能性もあることから、不法入国者対策に関係する入国管理局、東京検疫所、警視庁等とも協議を重ねるとともに、こうした不測の事態に対処するための図上訓練も実施しました。その結果、現行の感染症法や検疫制度では適切に対応できない問題点があることが明らかになりました。

　具体的にはSARSの潜伏期間である約10日間は、急な発熱や咳が出現する

か否かを経過観察する必要がありますが、一般の都民を対象とした通常の方法での経過観察に、不法入国者が素直に応じてくれる保障は全ありません。不法入国者を10日間身柄拘束して経過観察する必要がありますが、現行の感染症法には「逃亡の恐れ」のある不法入国者に対して、身柄を拘束して経過観察をすることができる法的な根拠がありません。不法入国者に対して第一義的に対応すべき入国管理局や警視庁には、感染を受けた恐れのある者を留置するための設備を整えた施設はありません。また、「感染を受けた恐れがあれば、たとえ不法入国者であってもまず医療機関で必要な経過観察や医療を行うべきである」という考えが、入国管理局等の主張でした。

医療機関が、不法入国者という犯罪者を10日間身柄拘束することには大きな困難が伴います。このため都民への感染拡大を防止するためには、「感染の疑いがある不法入国者を10日間身柄拘束する」という、超法規的な対応をとらなければならない場合があることも想定されました。東京都ではこうした不測の事態に際しての収容施設の確保等についても具体的な検討を行い、一定の目途をつけることができました。

4　広域連携の重要性と患者搬送体制

平成15年5月8日～13日にかけて観光目的で来日していた台湾人医師（男性、26歳）が、大阪府、京都府、香川県などの関西地方を旅行中に発熱し、帰国後にSARSに感染していたことが明らかとなる事件が発生しました。関係した府県がこの台湾人医師の行動記録を調べ、同じホテルやレストラン、フェリーなどを同じ時刻に利用していた関係者の健康診断を実施しましたが、情報が混乱し広域的な対応に課題を残しました。

この事例のように広域的な対応には情報伝達などの面で混乱が生じやすいことから、東京都では国や千葉県、新宿区との合同訓練を実施し、適切な情報連絡網の再確認を行いました。重大な感染症事例に適切に対応するために、関係者が協議をして予測される事態を共有し、事前に訓練を実施しておくことは極めて重要であると再認識することができました。

第3章 ■ 食品衛生・医療と危機管理

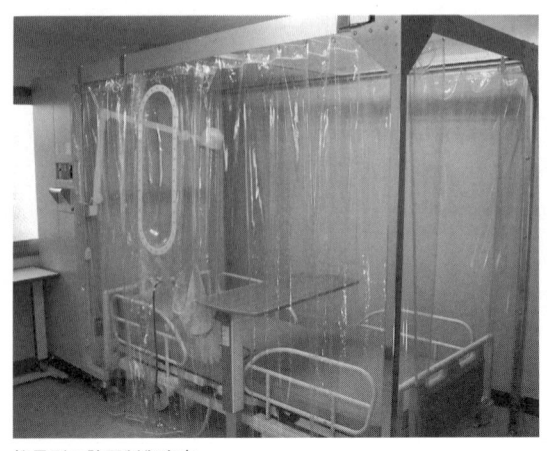

簡易型の陰圧制御病床

またSARSが疑われる急な発熱や咳がある患者を搬送する際には、陰圧制御の可能なカプセル型の患者移送用装置(アイソレーター)を備えた患者搬送車が必要ですが、患者搬送車は都内に1台しかなかったため、今回の一連の事件を踏まえ、同規格の患者搬送車5台を追加配備することとしました。

この患者搬送車の日常的な運用に際しては、アイソレーターを取り除いたうえで、東京消防庁に運行委託して通常の救急車として活用していますが、SARSなどの重篤な患者の発生時には直ちにアイソレーターを装着し、福祉保健局の指示のもとで運行されることになっています。

5　SARSワクチンの研究・開発

これまでの数多くの研究からは、SARSのような急性の感染症には「ワクチン」が有効であることが知られています。東京都の外郭団体である財団法人東京都臨床医学総合研究所では、近年の遺伝子工学的手法を用いての「組み換え生ワクチン」の完成を目指した基礎的研究を精力的に行っています。

SARSコロナウイルスの外殻蛋白質領域の遺伝子を複製し、遺伝子導入剤を用いて、安全性や有効性の確立している他のウイルス株に導入して実験を行ったところ、『ワクチン』としての有望性を示す結果が得られています。

③ 高病原性鳥インフルエンザへの対応

1　高病原性鳥インフルエンザの感染

　平成16年1月12日、山口県内の養鶏場で、大正14年以来79年ぶりという高病原性鳥インフルエンザ（H5N1型）の発生が確認されました。このH5N1型は高い致死率を示す強毒性ウイルスであるため、短期間の間に約6,000羽もの養鶏が死亡するという事件となり、その後2月17日には大分県内でチャボへの感染が発覚し、さらに2月28日には京都府内の養鶏場でも感染が確認されました。前年の暮れには韓国内での発生が報告されていたことから、渡り鳥を介しての日本国内への感染伝播の可能性も考えられています。

2　東京都の対応

　東京都では山口県内での発生後、直ちにカラスなど野鳥の不審な死亡の有無を調査するとともに、都内にも少数存在する養鶏業者への適切な助言・指導を開始しました。また3月2日には、関係15局で構成する「東京都鳥インフルエンザ対策会議」を設置しました。家禽類の防疫体制は産業労働局、人への感染対策は福祉保健局、野鳥対策には環境局、消費者への対策は生活文化局がそれぞれ対応することとしました。

　都内または近県で、高病原性鳥インフルエンザの発生が確認された場合には体制を強化し、さらに都内で人への感染が確認された場合には、知事を本部長とした「東京都災害対策本部」を中心に対応することとしました。また都民の不安に適切に対応するために、「鳥インフルエンザ110番」を平成16年3月11日～4月14日まで開設しました。

　具体的には従来の方式（家禽類に関する相談や養鶏業者からの相談には産業労働局、カラスなどの野鳥類に関することは環境局、そして愛玩動物などに関することは福祉保健局が対応する）を改め、それぞれの関係局の相談窓口を一本化して「専用ダイヤル」を設け、24時間体制で対応しました。

この「鳥インフルエンザ110番」の設置については、マスコミ等を通じて積極的にPRを行い、都民に利用を呼びかけたところ、約1,700件の相談が寄せられました。開設当初は1日150件以上もの電話相談が寄せられ、事件の初期段階に情報を的確に発信するとともに、相談窓口を早期に開設することが不安の軽減に何よりも重要であることが改めて確認されました。

　その後、平成17年6月になって、今度は千葉県内の養鶏場のニワトリから症状の軽い弱毒性のH5N2型ウイルスが国内で初めて発見され、新たな不安が広がりました。幸いこれまでのところ、このH5N2型ウイルスの人への感染例は世界的にも報告がありませんが、7月には中国・青海省で強毒性ウイルスであるH5N1型の流行が渡り鳥の間で確認されています。

　中国・青海省で夏を過ごした渡り鳥は、越冬のためにタイやベトナムなどのインドシナ半島方面や、さらにはヨーロッパ方面にも飛来するため、感染が拡大する可能性が大きいとされています。またロシア・シベリア地方でも死亡した鳥類からはH5N1型ウイルスが確認され、やはり中国からの渡り鳥を介して鳥インフルエンザが発生したものと考えられており、今後とも十分な警戒が必要です。

④ 季節外れのインフルエンザの不思議な流行

1　インフルエンザ流行の経緯

　わが国でのインフルエンザの流行は、通常12月頃に始まり、翌年の3月頃には収束するパターンを示していますが、平成17年7月には沖縄県で季節外れのA香港型インフルエンザの流行が見られるという異変が起こっています。沖縄県によると、平成17年3月中旬に患者数のピークを迎えた後、例年通りであれば収束に向かうはずが、6月中旬頃から再び患者数の増加が見られ、沖縄北部から南部に向かって感染が拡大していく傾向が見られたとのことです。この時期になぜ流行が起きたかの原因は今のところ不明ですが、中

国南部やタイ・ベトナムの熱帯〜亜熱帯地方でのA香港型インフルエンザの流行時期は日本とは異なり、例年5月〜7月にかけて大流行します。今回の沖縄県での流行は、こうした東南アジア地域での流行パターンに類似しています。従来から、地球温暖化により感染症の種類や流行パターンが大きく変化する可能性が指摘されていますが、健康危機管理の観点から、今回の沖縄県での季節外れのインフルエンザ流行の推移を注意深く見守る必要があります。

2 新型インフルエンザへの対応

インフルエンザウイルスはもともと変異を起こしやすいウイルスで、鳥から鳥、鳥から人へと感染が繰り返されるうちに、人から人への伝播力の強いウイルスが現れ、大流行する可能性が指摘されています。そのため、高病原性鳥インフルエンザウイルスが突然変異を起こして、人間にも感染する能力を獲得した「新型インフルエンザウイルス」が出現すると、ほぼすべての人間が抵抗力となる抗体を持っていないために大流行となり、大きな被害が出ることが予想されています。

これまでにA型インフルエンザウイルスは、約10〜40年おきに突然変異を繰り返していることが知られており、20世紀中には3回のインフルエンザ大流行が起きています（図2）。すなわち、大正7（1918）年のスペイン風邪（H1N1型）、昭和32（1957）年のアジア風邪（H2N2型）、昭和43（1968）年の香港風邪（H3N2型）であり、最近30〜40年間は大きな変異が起きて

図2 過去のインフルエンザ大流行の時期

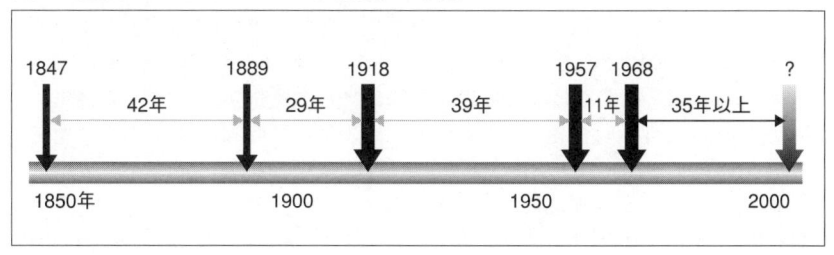

おらず、次の変異がいつ起きてもおかしくない時期に入っていると考えられています。

現在、WHO（世界保健機関）が最も警戒しているのが「H5N1型」の大流行です。平成9年には香港で初めて人に感染して6人の死者が出ており、平成16年になって韓国やベトナム、日本で発生したのもこの「H5N1型」です。ある試算によれば、新型インフルエンザが流行した場合には世界で約30億人が感染し、死亡者数は6,000万人、最悪の場合には5億人と予想されています。国は平成16年8月に「新型インフルエンザ対策報告書」（新型インフルエンザ対策に関する検討小委員会）を発表し基本的な考え方をまとめ、平成17年11月には「新型インフルエンザ対策行動計画」を発表しました。

3　東京都の対応

東京都では、平成16年12月6日に庁内の関係16局と東京消防庁から構成

> **コラム5　インフルエンザウイルスについて**
>
> インフルエンザウイルスにはA型、B型、C型の3種類があり、流行を起こすのはA型とB型である。この2種類のウイルス表面には、赤血球凝集素（HA）とノイラミニダーゼ（NA）という糖蛋白があり、これらが抗原となる性質を持っている。特にA型ではHAは15種類、NAは9種類に分類される。この分類を亜型と呼び、抗原性の異なるこれらの亜型の様々な組み合わせ（例えばH3N2型など）を持つウイルスが存在している。
>
> A型インフルエンザでは数年から数十年ごとに世界的な大流行を起こしているが、これは従来のウイルスとは亜型の異なるウイルスが突然に出現することが原因である。大正7年にスペイン風邪（H1N1型）が出現し、約40年間続いた。その後、昭和32年にはアジア風邪（H2N2型）が発生し、昭和43年には香港型（H3N2型）が、そして昭和52年にはソ連型（H1N1型）が加わり、現在はA型であるH3N2型とH1N1型、そしてB型の3種類のウイルスが流行中である。

される「東京都新興感染症対策会議」を設置し、都内で「新型インフルエンザ」などの新興感染症が発生した場合の感染防止対策の検討に着手しました。

都内や国内で発生が想定される新興感染症はいくつかありますが、当面の具体的目標は、ひとたび発生した場合には、極めて甚大な被害と社会的影響を及ぼす恐れがあり、緊急に対策を確立する必要性のある「新型インフルエンザ」を対象として行動計画を策定することとし、法制度等の見直しが必要な場合には、国に対して緊急に提案要求を行うこととしました。

この全庁的な対策会議のもとには2つの部会を設けています。医療対策を検討する「予防・医療対策部会」は福祉保健局健康安全室、社会的対策を検討する「大規模発生時対策部会」は総務局総合防災部が事務局となりました。被害が極めて甚大で、社会の機能が停止してしまうような「最悪のシナリオ」も視野に入れながら、検討を開始することとしました。「予防・医療対策部会」では、東京都医師会の理事や区市町村保健衛生所管部の代表も加えて、まず首都東京での被害想定の算出から検討を開始しています。

国においては、新型インフルエンザの罹患率を国民の25％と想定していますが、東京都は人口が集中し濃密な感染が起こりうることから、東京都独自に罹患率を30％に設定し、この数値を対策立案のベースにして検討をスタートしました。WHOが想定している感染モデルにより患者数を推定したところ、入院を必要とする患者数は最大で1日あたり約1万2,600人となり、こうした多数の患者を収容する医療機関の確保が最大の課題となりました。

また感染が拡大するにつれて、医療従事者のなかにも患者となる者が現れてくるため、医療機関の機能を縮小せざるを得ない事態も想定され、対応が一層困難になることも予想されます。このため新興感染症に対する医療体制の更なる充実や、予防のための関係機関との連携強化は、平成17年度の東京都重点事業の1つとなりました。

具体的な対策として医療体制の充実に関しては、現在SARSを対象としている29病院の初期外来診療協力医療機関を、他の新興感染症患者に対しても対応するよう要請するとともに、36病院を目標として簡易陰圧装置等を

設置することにより、患者の受け入れが常時可能な医療機関の体制を拡充することとしました。

さらに医療従事者向けの新興感染症に関する専門知識についての研修を支援し、患者発生を想定した訓練を実施することとしました。関係機関等との連携の強化策としては電子情報ネットワークの構築を掲げ、東京都独自に国内システムと海外システムの2つのシステム構築を目指しています。

4　2つの情報ネットワークシステムの特徴

第1の「国内情報システム」については、感染症指定医療機関等から患者やその診療に関する情報を迅速に収集する「患者・診療情報迅速把握システム」と、この情報に基づいて感染症医療機関等同士が情報交換する「ネットワーク会議システム」の構築を予定しています。同時に原因不明の疾患の情報から、未知の感染症の発生を早期に把握するための「症候群別サーベイランスシステム」の構築も予定しています。

第2の「海外情報システム」については、アジア感染症対策プロジェクトとして、アジア大都市ネットワーク21に参加している11都市の保健医療現場をダイレクトに結ぶ、インターネットを介した情報ネットワークの構築を目指しています。海外の都市が属している国のなかには、過去の例から見て

コラム6　アジア大都市ネットワーク21

アジア地域の首都および大都市が、産業振興、環境対策などの共通の課題に取り組むために協同して各種事業を推進し、その成果をアジア地域の発展につなげていこうという新たな国際的ネットワーク。

平成12年8月に東京都、ソウル、デリー、クアラルンプールが呼びかけて実現した。現在までに、東京都・ソウル・デリー・クアラルンプール・バンコク・ハノイ・ジャカルタ・マニラ・シンガポール・台北・ヤンゴンの11都市が参加している。

感染症に関する情報の発信に必ずしも積極的でない国もあります。国同士の情報交換では、情報の内容や迅速性について多くの制約があるものと考えられます。

　また保健医療現場が必要とする感染症の治療法に関するきめ細かな情報を得るためには、11都市の保健医療現場をダイレクトに結ぶ情報ネットワークの構築は極めて有効であると考えられます。平成17年9月1日～3日には関係する都市の代表が参加した「アジア大都市感染症対策プロジェクト会議」を東京で開催し、このシステム構想案を提案したところ、全会一致で了承されました。もちろんこの国内、海外の2つの情報システムは互いに連携しあうことによって、感染症の特性に応じた予防・治療体制を早期に確立することを目的としており、平成18年1月からの稼働を目指しています。

5　忘れかけている危機「結核撲滅への戦い」

1　東京都における結核の現状

　「結核は、もう過去の病気じゃないの？」という声を耳にすることがありますが、結核による年間の死亡者数は全国で2,000人を超えています。今なお多くの課題を抱えたわが国最大規模の感染症であり、こうした課題は特に大都市を中心に様々な形で先鋭的に現れてきています。

　かつて結核は「国民病」とか「亡国病」と呼ばれ、半世紀にわたり国をあげての取り組みが行われてきました。その結果、その恐ろしさが国民や医療関係者等の間で忘れかけられつつあることが、最も

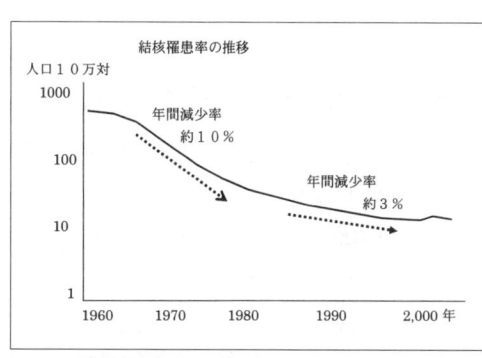

図3　結核罹患率の推移

大きな課題となっています。発見される患者の多くは過去に結核菌の感染を受け、その当時は発病することなく経過したものの、高齢期になって免疫力が低下することに伴い発病した人ですが、発見が遅れた場合や不完全な治療では、現代の医療技術をもってしても根治することが困難な病気です（図3）。

人口10万人当たりの罹患率は、1980年代までは年率約10％の割合で減少してきましたが、その後は年率約3％に低下して減少のスピードが鈍くなり、平成9～12年にかけては逆に上昇するという事態となりました。

このため平成11年には、厚生労働省が「結核非常事態宣言」を出し、「長引く咳は、要注意!」と、国民や医療関係者等に注意を喚起しています。平成15年の人口10万人当たりの罹患率は全国平均で24.8ですが、罹患率1位の大阪府は44.0、2位の東京都は32.6、3位の兵庫県は31.4と、いずれも大都市を抱える都府県が悪い値を示しています。

東京都は悪い値の都道府県から順に数えて、昭和58年には全国38位、平成5年には25位であったことを考えると、年々、他の道府県の状況が改善していくなかで、取り残されつつあることがわかります。また東京都のなかでも地域的な偏在が見られており、ホームレスや飯場労働者が集中している台東区では119.8、東南アジア等からの外国人が集中している新宿区では61.4と高い値を示しています。ホームレス問題など大都市が抱える課題と結核とが結びつくことにより、課題の解決がより複雑化・困難化しています。

2　結核は集団感染を起こす

結核は高齢者に多い病気であることは確かですが、一方、若い世代の人にとっても決して関係のない病気ではありません。若い世代は結核に罹患しやすいわけではありませんが、咳や微熱が長引いていても、「風邪だろう」とか「そのうち治るだろう」と考えて、医療機関を受診することが遅れがちになります。また医療機関の側でも若い患者の咳が長引いている場合でも結核を疑うことが少なく、結果として診断や治療の開始が遅れてしまいます。

「まさか自分が結核に罹るなんて」「まさかこの若い患者が結核のはずがな

い」という両者の思い込みが大きな落とし穴につながっており、患者の受診が遅れることは「Patient's Delay」、医師の診断や治療が遅れてしまうことは「Doctor's Delay」、両者をあわせて「Total Delay」と呼ばれ、医療関係者の注意を促す言葉になっています。

若い世代の人がひとたび感染源になった場合には、活動範囲が広いことも重なって、多くの人に感染する「集団感染」を引き起こしやすく、マスコミ等でも大きく取りあげられる事態となります。結核の集団感染の定義は、「同一の感染源が、2家族以上にまたがり、20人以上に感染させた場合（ただし、発病者1人は6人が感染したものとする）」と定められています。

平成13年以降、都内で発生した集団感染の件数と患者数は以下の表1のとおりです。

表1 結核の集団感染事例

- 平成13年　7件
  - 特別区　　3件　発病者19人　感染者 28人
  - 多摩地区　4件　発病者14人　感染者255人（疑い例を含む）
- 平成14年　8件
  - 特別区　　6件　発病者20人　感染者109人
  - 多摩地区　2件　発病者 6人　感染者 53人
- 平成15年　4件
  - 特別区　　3件　発病者11人　感染者 21人
  - 多摩地区　1件　発病者 8人　感染者 3人（疑い例を含む）
- 平成16年　4件
  - 特別区　　4件　発病者10人　感染者 48人
  - 多摩地区　0件　発病者 0人　感染者 0人

次に、国が統計を取り始めた平成4年以降、国内最大規模となった最近の具体的な事例を示してみましょう。

結核の集団感染事例

「大学受験学習塾Aの男性講師B（C区在住 32歳）が結核に感染したが、発病に気づかずに、都内4区の系列教室で勤務を続け、生徒等に集団感染させた事例」

17年1月　咳や発熱が見られ、C区内のK病院にて「肺炎の疑い」と診断され治療を開始したが、胸部エックス線検査は未実施。

3月下旬　近くの診療所を受診し「インフルエンザ」と診断される。

4月上旬　発熱が見られたため近くの診療所を再受診したところ「肺結核」を疑われる。

4月7日　S区内のK医療センターに入院して、治療を開始。

4月14日　K医療センターが患者発生届をS区保健所に提出。

6月16日　S区保健所から東京都に「集団感染の疑い」の第1報があり、接触のあった者の検診を実施したところ、すでに8人（生徒5人、講師3人）の発病が確認されているとの報告。

6月21日　東京都、S区を含む4区の保健所、教育庁とで第1回合同対策会議を開催し、今後の方針を協議。

7月7日　第2回合同対策会議を開催し、各区の検診状況を集計したところ、7月5日現在で43人の感染者を確認。

7月14日　感染者数57人に達し、なお増加する傾向。

この事例では、機密性の高い建物内でマンツーマン方式での学習指導が行われていたこともあり、接触者調査に基づき366人に対して健康診断を行った結果、最終的には発病者63人、感染者116人の合計179人の集団感染事例となってしまいました。また、症状が発現してから結核と診断されるまでに

約3か月間を要しており、2日以内に行われるべき医療機関からの患者発生届も遅れたことなどから、複数の区にまたがる大きな事件となりました。

特に乳幼児等に接する保育士、学童や生徒等と接する教職員や今回の感染源となった学習塾等の講師、高齢者等と接する福祉施設職員、患者等と接する医師や看護師等の医療従事者が感染源となった場合の影響は、大きくなりやすいことが知られています。

そのため、これらの人々は「Danger Group（危険な人々）」と呼ばれており、結核対策を進める際には十分に考慮する必要があります。

3　国の結核対策の後退と東京都の対応

結核予防法は、結核が広く国民の間に蔓延していた昭和26年に制定された法律です。近年の結核患者の減少に伴い、より効率的な患者発見方法やBCG予防接種の時期などが検討された結果、平成17年4月1日に改正結核予防法が施行されることになりました。国はこの結核予防法の改正に伴い、これまで出されていた数多くの通知を改廃しました。これらの通知のなかには、法の不備を補完し結核対策の根幹に関わる事柄も含まれていたことから、突然の方針変更がなされたことになりました。

特に問題となったのが「命令入所の対象となる者の変更」と「医療費公負担の見直し」の2点です。

第1の「命令入所の対象となる者の変更」は、命令入所の対象者から、ホームレス等の「単身者」を除外するというものです。しかしホームレス等の結核対策は世界の大都市に共通する課題であり、ホームレス等のみを隔離の対象から除外する施策は、他の諸外国には見当たりません。

第2の「医療費公費負担の見直し」では、保健所において医療費公費負担の適否を審査し決定した際に、従来は入所した日にさかのぼって公費負担が適用されていましたが、今後はこれを一切認めないというものです。入院したその日から医療費負担の心配をすることなく治療に専念できたこれまでとは異なり、入院日から保健所での審査が終了するまでの間の医療費には自己

負担が生ずることになるため、経済力の低い患者の場合、早期に入院医療を開始することの障害にもなりかねません。このように、これまでの結核対策に逆行する大きな問題を含んでいるにもかかわらず、国は都道府県等の担当部署に何か月も説明を行わず、現場では混乱が生じようとしていました。

　こうした状況に対して東京都は、健康危機管理の考え方に逆行するような今回の国の方針に対して、いち早く具体的な行動を起こしました。まず5月23日には、東京都福祉保健局長名で国に緊急提案書を提出するとともに、厚生労働省健康局長に面会を申し入れ、これを実現しました。

　また東京都は、首都圏の8都県市（東京都、神奈川県、千葉県、埼玉県、横浜市、川崎市、千葉市、さいたま市）で構成する各自治体や、政令指定都市で構成する13大都市衛生主管局長会、さらに東京23区で構成する特別区長会にも積極的に働きかけ、いずれも国に対して同様の提案書を提出することになりました。

　この後、国は生物テロ対策のための感染症法改正を契機に結核予防法を感染症法に統合する方針を示し厚生科学審議会で検討がなされました。この方針は、生物テロ対策という目的、提案時期の唐突さ、法統合をめぐる従来の議論との整合性などの観点から、日本結核病学会、日本呼吸器学会、全国保健所長会や患者団体から反対されていますが、その内容には上記の2つの問題を解決する道筋が含まれていました。東京都は、国が法統合を行うのであれば、それを実施することとなる地方自治体や医療現場を声を良く聞いて行うように、引き続き働きかけていきます。

（東京都福祉保健局技監　梶山純一）

第3節 災害医療と危機管理

1 阪神・淡路大震災への取り組み

1 阪神・淡路大震災の経緯

　平成7年1月17日午前5時46分に発生した阪神・淡路大震災は、わが国の高度に発達した現代都市が初めて経験した直下型地震です。死亡者数6,434人、負傷者数4万3,792人を数え、被災家屋は51万棟余りにも達し、都市づくりや災害医療体制に多くの教訓を残した事件でした。

　東京都は、「13大都市災害時相互応援に関する協定」に基づく神戸市からの要請を受け、直ちに支援活動を開始しました。支援内容は医療救護班等の派遣や、医薬品・医療資器材等の提供と多岐にわたりますが、特に保健師班は20次にわたり延べ84人を派遣し、支援活動のなかでも最も長期間にわたりました。

2 東京都の対応

　この大震災を契機に東京都では、平成9年8月に東京直下地震の被害想定を公表し、この被害想定に対応すべく、災害医療体制の整備に取り組んでいます。具体的には関係機関で構成する「東京都災害医療運営連絡会」を中心に課題の整理を行うとともに、医療救護活動を行う際の緊急度の指標となるトリアージタッグの統一に向けての検討を行い、これを実現しました。

　また医療救護班や後方医療施設の活動指針となる「災害医療救護活動に関するマニュアル」「避難所の衛生管理に関するマニュアル」の他、検視・検案活動等16種類のマニュアルを整備しています。

　さらに空路による広域的な救急搬送体制の確保を図ることを目的として、財団法人日本救急医療財団と民間ヘリコプターを活用するための協定を締結

しました。この財団は民間航空会社7社と協定を結んでいるので、南関東エリアでは、地震発生後2時間以内に約40機のヘリコプターの調達が可能となりました。医療救護活動の拠点となる「災害拠点病院」に関しては現在63病院を指定し、さらに二次保健医療圏ごとにネットワーク化して災害発生時に備えています。

　また災害時に区市町村が実施する災害応急活動を支援するために192班の直轄医療救護班のほか、歯科医療救護班や薬剤師班を編成し派遣する体制も整えており、災害時に必要な医薬品や医療資器材の備蓄に関してはランニングストック方式を導入して、効率的な運用に努めています。そして毎年実施される東京都総合防災訓練においては、大規模な医療救護活動訓練を実施して災害医療体制の有効性を検証するとともに、関係機関の連携の強化に努めています。

❷ 災害医療派遣チーム（東京DMAT構想）

1　東京DMATとは

　災害医療に関する東京都の体制は、東京都地域防災計画に定められています。東京都医師会等の関係機関との緊密な連携や協力のもとに構築され、これまでに数多くの実績を上げてきましたが、いくつかの課題も残されていました。

　これまでの救急医療や災害医療体制では、患者や傷病者をより安全な後方の医療機関に運んでから医療処置を行っていました。しかし、東京都内ではひとたび事故や災害が起きると、大きな被害を受けやすい点が指摘されています。一度に極めて多数の傷病者が発生した際に、患者が運ばれる医療機関より前の段階、すなわち、災害現場における医療体制の確立は多くの関係者から求められていました。

　そこで東京都は、医療チームを災害現場等に直接送り込むことにより、究極の状況下にあっても、より適切な医療を迅速に開始することを目的とする

「東京DMAT構想」に取り組むこととし、平成16、17年度の重点事業として位置づけました。DMATとは「Disaster Medical Assistance Team」の略で、災害医療派遣チームと呼ばれるものです。平成13年度厚生科学特別研究「日本におけるDMATの標準化に関する研究」（主任研究員国立病院機構災害医療センター院長逸見弘医師）において、米国でのモデルをもとにして構想が示されていたものです。この研究のなかではDMATを「災害の急性期（48時間以内）に活動できる機動性を持った、トレーニングを受けた医療チーム」と定義し、普及するために必要な様々な課題が示されています。

2　東京都の対応

東京都ではこうした課題を一つひとつ解決して、「東京DMAT」を実現するための検討会を平成16年2月に発足させました。

検討会は福祉保健局医療政策部救急災害医療課を事務局として、病院経営本部、災害拠点病院の代表や東京都医師会、東京消防庁などの関係者で構成され、①東京DMATの編成に関すること、②出動体制・出動基準に関すること、③研修および訓練に関すること、などが検討されました。

DMATの編成は救命救急センターを設置している医療機関の職員を中心とすることを基本とし、1チームの構成を医師1人、看護師2人、事務職1人としましたが、災害の規模が大きな場合には、医師を2人に増員することとしました。チームの出動基準としては、重症患者2人以上、または症状のやや重い中等症患者10人以上とし、東京消防庁総合指令室からの出動要請に基づいて現場に派遣することになりました。

想定される事例としては、大規模都市型災害としては、交通災害（航空機、鉄道、高速道路等）、高層ビル火災、群集災害（コンサート、花火大会、スポーツイベント等）、NBC災害（Nuclear～核物質、Biological～生物剤、Chemical～化学物質等によるテロ等）とし、台風や集中豪雨などによる自然災害も対象事例としました。また隊員となる者に対しては、研修プログラムに基づいた基礎的及び実践的な研修を実施しました。

■第3章■　食品衛生・医療と危機管理

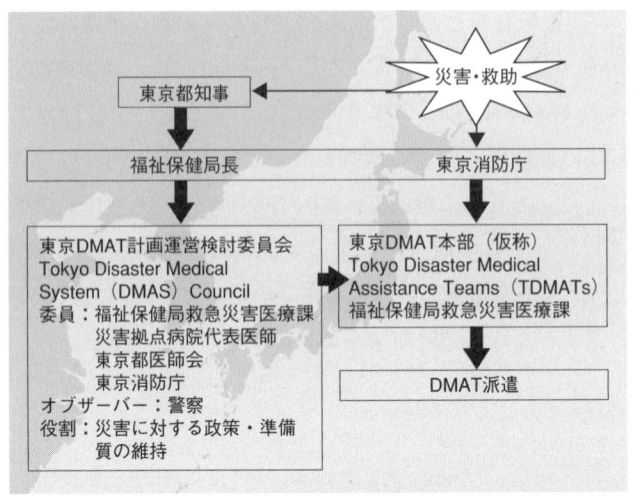

図1「東京DMAT」の派遣体制

東京都総合防災訓練における「東京DMAT」の出動訓練（平成16年9月）

　平成16年8月には7病院（都立広尾・都立墨東・都立府中・国立病院機構災害医療センター・日本医科大学・杏林大学・帝京大学、隊員数は89人）を「東京DMAT」編成病院として指定し、都庁で発足式を行いました。これにより全国に先駆けて「東京DMAT」が誕生し、平成16年度の出動実績は救急現場への出動が9回（各回1チームを派遣）、新潟県中越地震では4チ

コラム7 「東京DMAT」出動一覧表

〔16年度〕
(1) 8月20日（金）午後4時15分　都立広尾病院
工事現場の壁が崩落し、2人が脱出不能
(2) 8月25日（水）午後4時30分　国立病院機構災害医療センター
国道トンネル内で乗用車が正面衝突・炎上し、7人が負傷（2人は重症）
(3) 8月29日（日）午後2時05分　日本医科大学付属病院
豆腐製造機に従業員2人が挟まれる
(4) 9月16日（木）午前8時52分　帝京大学医学部付属病院
自動車4台の衝突事故により2人が負傷（1人は脱出不能）
(5) 9月18日（土）午後2時27分　日本医科大学付属病院
ビル地階で爆発があり、作業員3人が死亡し近隣住民ら6人が重軽傷
(6) 10月24日（日）〜10月25日（月）午後2時00分
都立府中病院　帝京大学医学部付属病院（2チーム）
国立病院機構災害医療センター
新潟県中越地震の発生に伴い、刈羽郡小国町の避難所に出動
(7) 2月25日（金）午後4時57分　国立病院機構災害医療センター
産業廃棄物処理施設で作業員が破砕装置内に転落し、脱出不能
(8) 3月16日（水）午後2時50分　国立病院機構災害医療センター
住宅地の造成現場でマンホールの外枠が落下し、作業員が心肺停止状態
(9) 3月16日（水）午後2時50分　国立病院機構災害医療センター
掘削工事現場での土砂崩れにより作業員2人が胸部まで埋没
(10) 3月27日（日）午後6時02分　都立府中病院
自動車2台の衝突事故により1人が脱出不能

〔17年度〕
(1) 5月17日（火）午後6時03分　杏林大学医学部付属病院
JR駅構内で女性が電車の下敷きになり、脱出不能
(2) 6月24日（金）午後5時25分　国立病院機構災害医療センター
焼肉店で7人のガス中毒患者が発生
(3) 7月2日（土）午前10時40分　杏林大学医学部付属病院
工事現場でクレーン車が横転し、作業員が頭部を挟まれる

第3章　第3節　災害医療と危機管理

ームを派遣し、平成17年度は7月までに3回出動しています。

3　新潟県中越地震での活躍

　平成16年10月23日午後5時56分に発生した新潟県中越地震の際には、新潟県からの派遣要請を受け、自衛隊のヘリコプターを利用して、東京DMATが刈羽郡小国町に入りました。10月24日から翌25日まで医療救護活動を行いましたが、幸いなことに重症の患者を診療することもなく、多くの村民に安心感を与えることができました。その後、東京都や東京都医師会に対して、新潟県医師会から感謝状が贈られています。

　この新潟県中越地震の際に、多くの国民の関心が釘付けになった出来事が「皆川雄太ちゃん救出作戦」です。信濃川沿いの国道を走っていたワゴン車が、崖の崩落に巻き込まれ一家3人が行方不明になりましたが、その後ワゴン車が発見され、行方不明者の捜索が始まりました。その結果、生存者のいることが判明し、足場の悪い現場での救出作業は難航を極めましたが、東京消防庁のハイパーレスキュー隊（消防救助機動部隊）の活躍により、2歳の皆川雄太ちゃんが地震発生から4日ぶりに無事救出され、多くの国民に感動を与えました。

　奇跡的なことに雄太ちゃんはかすり傷を負った程度で無事に救出されましたが、万が一、容態が重篤であった場合には、現場での速やかな医療救護活動が不可欠であったと考えられます。この「皆川雄太ちゃん救出作戦」の際の経験を踏まえ、「東京DMAT」とハイパーレスキュー隊との緊密な連携や広域派遣について現在検討を重ねています。

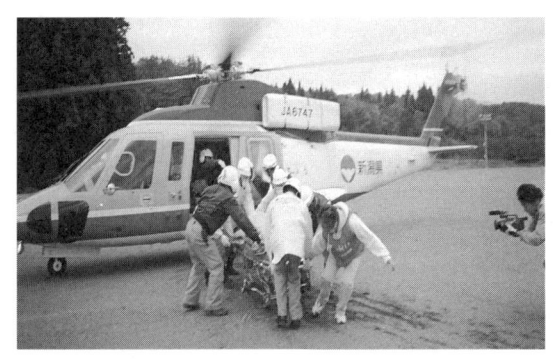

新潟県中越地震に際しての「東京DMAT」の活躍

4 「東京DMAT」の今後の計画

　平成17年度には、「東京DMAT」の指定病院を、現行の7病院から13病院に拡充し、平成18年度までには都内のすべての二次保健医療圏域単位で整備することを目標にしています。今後は円滑な出動を確保するために1病院当たりの隊員数を拡充し、現在の89人から約360人にする計画です。
　また広域的な大規模災害やNBCテロ災害等にも対応できるよう、「8都県市災害時相互応援協定」を踏まえ、具体的な活動要領や必要な装備品等を検討することとしています。

5　国の「DMAT」計画

　国は大規模災害時の広域的な応援体制を構築する一環として、やはりこの「DMAT」の配備を計画しており、全国で200チームを整備することを目標として、隊員養成研修を実施しています。これまでに約100チームが編成されましたが、全国に先駆けて「東京DMAT」を編成した東京都は、国の隊員養成研修に指導的立場で参画し、いつ発生するかわからない災害に備えるための災害医療体制の充実に積極的に取り組んでいます。

（東京都福祉保健局技監　梶山純一）

■第3章■ 食品衛生・医療と危機管理

第4節 NBC災害対策

1 「NBCテロ災害の恐怖」

1 世界各国でNBCテロの恐怖迫る

　平成13年9月11日、米国内で発生した同時多発テロ攻撃は、全世界を震撼させる大事件となりました。わが国においてもテロが発生する懸念が一気に高まるとともに、国民の生命や健康を脅かすテロ等をはじめとした様々な事態に適切に対応する体制整備の必要性が改めて認識されました。

　平成7年3月には東京都内で「地下鉄サリン事件」が発生しており、この未曾有の大事件を踏まえ、国は平成9年に「健康危機管理基本指針」を定めるとともに、4分野（医薬品、食中毒、感染症、飲料水）に関する「健康危機管理実施要領」を策定していました。

　しかし、その後も平成10年7月には和歌山県で「毒入りカレー事件」、平成11年10月には茨城県で「東海村ウラン加工工場臨界事故」の重大事件が発生しています。このため国は平成13年3月に、こうした重大事件に際して保健所が共通して果たすべき事項等を「地域健康危機管理ガイドライン」として発表しました。

　そして、この同時多発テロ攻撃や、その後の米国内での炭疽菌によるバイオテロ事件の発生を踏まえ、平成13年11月には政府関係機関からなる「NBC（核・生物・化学）テロ対策会議」が開催されました。この会議では、化学テロ発生を想定した関係機関の連携による救急医療の体制や、原因物質の特定やその除去等についての基本的な現地対応モデルが取りまとめられています。

　特に生物剤（Bの略語）によるテロ事件では、細菌やウイルス、あるいは微生物が産生する毒素等が用いられますが、生物剤には、①製造が比較的容

易で安価である、②使用されたことを発見することが困難である、③通常、発症するまでに潜伏期間がある、④実際に使用しなくても心理的効果を与えることができる、などの特徴があります。

　生物剤は人に知られることなく散布することが可能であり、また発症するまでの潜伏期間に感染者が移動することにより生物剤が散布されたと判明したときには、すでに被害が拡大している可能性があります。その散布方法としては、取り扱いやすさや効果の面から、大気中にエアロゾルの形で噴霧されることが多いと考えられていますが、飲食物に混入される場合も大きな被害を生じる可能性があります。

　こうした特性から生物剤は、国家による武力攻撃に用いられるだけでなく、個人や特定の集団等がテロ事件を起こす際に用いる可能性が最も大きく、その対応には困難な課題が残されています。

2　東京都の対応

　東京都では、健康局（現福祉保健局）が平成11年5月に「東京都健康局危機管理対策基本指針」を策定し、感染症や食中毒、あるいは飲料水、医薬品、毒劇物、その他何らかの原因によって都民の健康や生命が脅かされる事態が発生した場合、または発生する恐れがある場合に備えています。このなかでは、健康局が実施する健康被害の発生防止やその拡大防止策、医療等の対策についてあらかじめ必要な手順を定め、都民の健康や生命の安全確保に万全を期すこととしています。

　さらに健康局は、平成12年4月に「健康危機管理対策マニュアル」を作成しました。健康危機に対応する個別分野（感染症や食中毒、あるいは飲料水、医薬品、毒劇物等）ごとのマニュアルを策定するとともに、情報連絡体制や初動態勢について東京都と区市町村との役割分担を定めています。また、これらの個別マニュアルでは対応できない原因不明の健康危機等に関する体制整備も図っています。

　平成13年12月には、東京都多摩立川保健所でも炭疽菌による生物剤テロ

事件を想定し、地元の市町村や警察署、消防署との共同訓練を実施して関係機関との連携体制を再確認しています。

　平成14年6月には、日本と韓国を会場にしてワールドカップサッカー大会が開催されましたが、この大会期間中においても、NBCテロ事件の発生が懸念されていました。東京都は会場となる都市を持つ埼玉県、茨城県、横浜市との間で相互の患者搬送・受け入れ体制を確保するとともに、この3県市と千葉県、神奈川県、千葉市、川崎市との間でも情報連絡網を構築し、不測の事態に備えました。

　こうした取り組みとともにNBC災害対策としては、毎年9月に実施される「東京都総合防災訓練」で、地元の区市町村や東京消防庁等と連携した実践的な訓練を平成14年度（会場：練馬区）、15年度（会場：日野市）、16年度（会場：台東区）、17年度（会場：町田市）と毎年実施しています。

　平成15年12月には、天然痘テロについての図上訓練も実施し、課題を整理しました。さらに平成16年3月には、総務局総合防災部が中心となって「東京都NBC対処マニュアル」を取りまとめ、このなかで関係機関等の具体的な行動要領等を示しています。

3　東京消防庁の体制

　東京消防庁では、平成2年4月から毒劇物等による災害に適切に対応するための専門部隊として「化学機動中隊」を創設し、現在9中隊が都内に配備されています。この「化学機動中隊」は専門的研修を受けた10人程度の隊員から構成されており、ガス分析装置をはじめとする各種装備を積載した特殊化学車を保有し、毒劇物をはじめ高圧ガス、放射性物質、各種の病原体を取り扱う施設や輸送車両で災害が発生したときに出動することになっています。

　また平成14年4月には「化学機動中隊」を、さらに高度化・専門化した部隊である「消防救助機動部隊」を第3消防方面本部に発足させています。この部隊は総括部隊長以下46人の隊員で構成され、放射能事故や化学薬品工

場での大規模災害にも対応できるよう、必要な各種の測定機材や特殊防護服が配備されており、NBCテロが発生した際には、その機動性を生かして現場に急行することになっています。

4　警視庁の体制

警視庁には、昭和52年9月の日本赤軍によるダッカでの日航機ハイジャック事件を契機として、強力な武器を用いたテロ事件等の緊急事態に対処する専門部隊として「特殊部隊（SAT：Special Assault Team）」が編成され、平成8年5月に「特殊急襲部隊」という名称で正式に発足しました。現在、この部隊は、8都道府県警に11部隊が配備されています。

また警視庁では、平成7年3月の「地下鉄サリン事件」以後、科学捜査研究所による専門技術面でのバックアップのもと、NBCテロの脅威に対し、あらゆる情報を収集・分析し、未然防止に努めています。そしてNBCを使用したテロ等が万一発生した場合に迅速に対処するため、平成12年4月に「NBCテロ捜査隊」を編成しました。

この捜査隊はNBCテロ現場での人命救護や安全回復等をはじめ、証拠の収集、犯人の検挙、組織壊滅のための捜査活動等を専従で行うことになっています。このため、あらゆる状況に対応できるよう、化学防護服や化学防護車等の最新装備が備えられています。

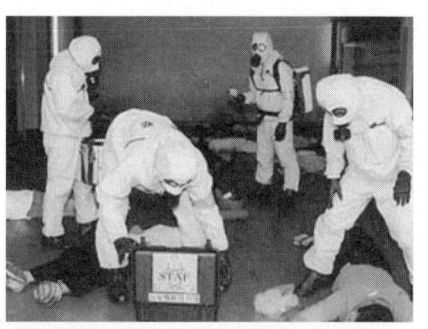

警察庁NBCテロ捜査隊の訓練風景（警視庁ホームページより）

5　自衛隊の体制

自衛隊ではNBCを使用したテロ攻撃が行われた場合には、災害派遣の規定に従い、速やかに出動し、必要な支援を行うことになっています。特に化学物質が用いられた事件に対しては、空気浄化装置を装備した化学防護車や

除染車等を装備した「化学防護隊」が8隊配備されており、概ね1時間で出動可能な体制を整えています。

　「地下鉄サリン事件」では原因が即座に判明しないなか、東京都知事からの災害派遣要請を受けて第101化学防護部隊が初出動し、原因物質の特定やサリン被害者の救出、地下鉄駅構内の除染作業等を行いました。また東海村臨界事故の教訓から、化学防護車には新たに中性子防護板が取りつけ可能となり、原子力災害等にも対応が可能となっています。

（東京都福祉保健局技監　梶山純一）

第4章 家庭内暴力・虐待の危機管理

第1節 ドメスティック・バイオレンス(DV)への対応

1 DVとは？「家庭内暴力」

　ドメスティック・バイオレンス（DV）は、直訳すると「家庭内の暴力」となり、子どもへの虐待や高齢者虐待、また子から親への暴力も含まれます。一般的には、配偶者等と親密な関係にある、またはあった者から振るわれる身体的・精神的・性的暴力という意味で使われます。

　「配偶者からの暴力の防止及び被害者の保護に関する法律」（DV防止法）では、被害者は女性であるか男性であるかを区別していませんが、実態としては男性が加害者であり、女性が被害者となるケースがほとんどです。

　夫から妻への暴力は「家庭内の内輪もめ」「夫婦げんかは犬も食わない」などとされ、比較的最近まで、こうした夫からの暴力に対する社会の関心はあまり強いものではありませんでした。

　DVは、家庭内で起き、夫婦という密室の閉鎖的関係のなかで行われる暴力であるため、潜在化しやすく、しかも加害者に罪の意識が薄いという傾向があります。このため、周囲も気づかないうちに暴力がエスカレートし、長期にわたって繰り返されるなど、被害が深刻化しやすいという特性があります。また、暴力によって相手を支配し、従属させるという関係性があり、被害者に対して身体的、精神的に大きな被害を与える特徴があります。

2 DV防止法の制定

　女性に対する暴力の問題については、国際的にも重要な課題となっていますが、国内でも平成12年に策定された「男女共同参画基本計画」では、女性に対する暴力のうち、夫・パートナーからの暴力について、新たな法制度や方策などを含め幅広く検討するという施策の基本方向が示されました。し

かしわが国は、DVをはじめとする女性に対する暴力の実態は潜在化しており、諸外国に比べ、社会的にも法制的にもこの問題に対する取り組みは十分とはいえない状況でした。こうした状況を背景としてDV防止法が成立し、平成13年10月13日に施行されました。

　DV防止法は施行後3年を目途とした見直し規定により改正が行われ、平成16年12月2日に改正DV防止法が施行されました。改正DV防止法では、「配偶者からの暴力」の定義の拡大、保護命令制度の拡充、市町村による配偶者暴力相談支援センターの業務実施のほか、被害者の自立支援の明確化などが盛り込まれ、「国及び地方公共団体は被害者の自立支援を含め適切な保護を図る責務がある」こと、「配偶者からの暴力の防止及び被害者の保護のための施策に関し国は基本方針を、都道府県は基本計画を定めなければならない」ことなどが規定されました。

　基本方針及び基本計画の策定については、都道府県によって、DVの対応にばらつきがあり、各都道府県がこの問題に、より一層意欲的に取り組むための仕組みが必要です。全国あまねく適切に施策が実施されるようにするという観点から、改正法に盛り込まれたものです。

③ 増加するDV

1　全国の相談件数

　全国の配偶者暴力相談支援センター（以下「支援センター」という）で受け付けた相談件数は、平成14年度が3万5,943件、平成15年度が4万3,225件、平成16年度が4万9,329件と増加の一途をたどっています。年間の相談件数が東京都のように7,000件を大きく超えるところがある一方、200件に満たない県があるなど、都道府県によって大きな地域差が見られます。

　相談は、支援センターのほか、福祉事務所に設置されている婦人相談員、警察などでも受け付けているので、実際の相談件数は相当の数になります。

相談者のほとんどは女性ですが、男性からの相談も0.5％程度あります。
　被害者の一時保護は婦人相談所が自ら行うか、または婦人保護施設、母子生活支援施設、民間シェルター等に委託して行っています。一時保護の委託契約をしている施設は、平成17年3月1日現在、全国で198施設となっています。

婦人相談所における一時保護された女性の人数

	要保護女子 （同伴家族）	うち夫等の暴力を 理由とする者
平成12年度	3,907人（2,318人）	1,873人（48.0％）
平成13年度	4,823人（3,085人）	2,680人（55.5％）
平成14年度	6,261人（4,642人）	3,974人（63.5％）
平成15年度	6,447人（5,029人）	4,296人（66.6％）
平成16年度	6,541人（5,518人）	4,535人（69.3％）

※厚生労働省の調査による。一時保護委託分を含む。

2　東京都における暴力被害の実態

　東京都では、平成16年3月に「配偶者暴力被害の実態と関係機関の現状に関する調査報告書」（以下「調査報告書」という）を発表しましたが、それによると、暴力に至ったきっかけは、「意に沿わないことを言った」「口げんかから発展し、食事など家事が気に入らない」など、被害者の些細な言動であることが多いという結果でした。
　受けた暴力の内容をみると、身体的な暴力では「殴る、蹴る、物を投げつける」、精神的暴力では「暴言・罵倒、脅す、行動を監視・制限する」などが多いのが特徴です。このうち、身体的暴力を受けている人が精神的暴力も受けるなど、暴力が複合している場合がほとんどです。そのほかにも、生活費を渡さないなどの経済的暴力、性行為の強要など性的暴力被害もあります。

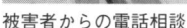

被害者からの電話相談 　　　　　　　　　　　配偶者暴力支援センター看板

コラム1　配偶者暴力相談支援センター

　配偶者暴力相談支援センターは、平成13年10月に施行されたDV防止法に基づき設置されている施設であり、被害者の保護を行ううえで中心的な役割を果たしている。平成16年12月1日現在121の施設がある。

　配偶者暴力相談支援センターは、都道府県が設置する婦人相談所その他の適切な施設でその機能を果たすこととなっており、また、市町村も自らが設置する適切な施設において、配偶者暴力相談支援センターの機能を果たすことができるようになった。婦人相談所のほか、女性センター、福祉事務所、児童相談所等がその機能を果たしている。

　東京都では、東京ウィメンズプラザ及び東京都女性相談センターが配偶者暴力相談支援センターとなっている。

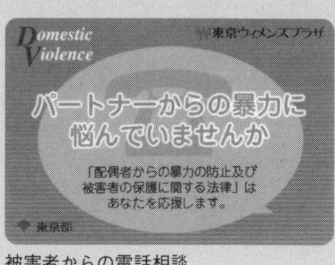

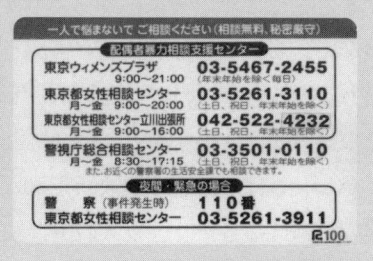

被害者からの電話相談

第4章　第1節　ドメスティック・バイオレンス（DV）への対応

加害者に対する周りからの評価は、温厚で暴力を振るうはずがないと思われている場合が最も多いという結果でした。また、加害者の生育歴について、「親から暴力を受けて育った」「家庭に暴力はなかったが家族との関係がうまくとれていない」「加害者自身は暴力を受けていないが、親の間の配偶者暴力を見て育った」など、加害者の育った家庭の環境に何らかの問題があったと認識している被害者は少なくありません。

事例に学ぶ対応策
夫の暴力への対応

　Aさんは31歳。夫と結婚して6年になる。夫は33歳。夫とは再婚で、前夫は遊びのための借金や女性関係でほとんど家庭を顧みず、協議離婚した。その後付き合っていた今の夫と入籍し、長女が産まれた。長女は5歳である。Aさんは前夫との間に産まれた長男（7歳）を引き取り、夫と長男は養子縁組をした。

　結婚してまもなく、夫の暴力が始まった。

　「こんなものが食えるか」と食卓をひっくり返す。些細なトラブルでも、「誰が食わせてやっているんだ」と怒鳴る。嫉妬深く、外出や友人への電話も「どこに行くんだ、誰に電話をしたんだ」と問い詰める。酒を飲むと手が出た。そんな日々が続き、Aさんは実家に逃げ帰った。

　すると夫はすぐに実家にやってきて、「自分が悪かった」と涙ながらに懇願した。この様子を見てAさんは、「この人ともう一度やり直そう。もう暴力は振るわないのではないか」と思い、家に帰った。

　その後、夫は人が変わったように優しく接するようになった。

　しかし、しばらくするとまた些細なことで暴言や暴力が始まり、Aさんは実家に逃げ帰ったり、友人の家に泊めてもらっていた。そのたびに夫はAさんの後を追い、「自分が悪かった、二度としない」と訴え、Aさんは

「夫が暴力を振るうのは、自分にも悪いところがあるからだ」「子どものためにも今度こそ自分が頑張らなければ」と思い続けた。

しかし暴力はやまず、げんこつを顔の前で止める「寸止め」を繰り返したり、包丁を突きつけることもあった。抗議すれば何をされるかわからない。長女はかわいがったが、前夫との子どもである長男には「しつけがなっていない、自分に反抗的だ」といい、暴言や殴るなどの暴力が頻発するようになった。Aさんは体調を崩し、精神的にも限界となっていた。

夫がゴルフに出かけたある土曜日の午後、意を決して子ども2人を連れ、家を出た。とりあえず身の回りのものを抱えて飛び出すのがやっとだった。

Aさんは、その日のうちに婦人相談所に一時保護された。しかし身も心も傷つき、回復にはしばらく時間が必要だった。子どもたちにも心理的ケアが必要であり、長男の学校の問題もある。このため児童相談所が関わり、児童養護施設に一時保護委託することとなった。

Aさんは、この後、母子生活支援施設への入所を考えている。しかし、所持金はなく、今後の就労もどうしていいかわからない。夫はAさんの行方を突き止めようと、今も実家や相談機関に電話をかけ続けている。

❹ 被害者の支援

1　被害者の自立支援

Aさんの事例に見られるように、被害者に対する適切な保護と、自立に向けた支援が重要な課題となっています。

このことを明確にするため、改正DV防止法では、「国及び地方公共団体は、被害者の自立を支援することを含め、その適切な保護を図る責務を有する」ことが規定されました。

被害者は、単独であるいは子どもを連れ、着のみ着のままの状態で加害者から逃れなければならないことも多く、加害者からの追及の恐怖、将来への

不安により精神的に不安定な状態にあります。

　被害者はこうした心身のストレスに加え、住居の確保、生活費、就労、子どもの養育・教育の問題など、様々な問題に直面しています。被害者自身が心身の健康を取り戻すために、医療機関に通院しなければならないこともあります。困難な生活を余儀なくされた被害者の自立と生活の再建を支援するために、国及び地方公共団体による一層の取り組みが求められています。

　東京都の調査報告書でも、被害者のうち62.8％が相手に見切りをつけ、離れて自活の道を歩みたいと考えていますが、今後については57.2％が経済的なことに不安があり、37.2％が加害者の追跡を恐れ、さらに約30％の被害者が仕事や住宅、子どものことに不安を訴えています。

　住民基本台帳閲覧の制限、公営住宅の優先入居、健康保険の被扶養者から

コラム2　被害者支援の取り組み内容

【外国人女性の緊急一時保護に関して、経費を補助】
　東京都では、ＤＶ被害者を含め、外国人女性の緊急保護を実施する社会福祉法人等に対して、事業に要する経費の一部を補助。

【ＤＶ被害者の自立に資金を貸付】
　栃木県と栃木県社会福祉協議会の協働事業として、平成15年度から「ＤＶ被害者自立支援金貸付事業」を開始。ＤＶ被害者は着の身着のままで家を飛び出すことが多く、所持金もなく生活費や住居を確保することが困難。こうした被害者に対し、自立のための資金を貸し付けるというもの。貸付額は20万円を限度とし、6か月据えおいた後に3年間で返済。無利子。

【女性に対する暴力防止に向けた各種の取り組み】
　鳥取県では、被害者が一時保護を終了後、就職、アパート入居の際に保証人になった施設長に対し、不測の事態があった場合に一定の損失を補助する保証人支援事業を実施。また、被害者を支援する民間シェルター等に対して、被害者の一時保護施設への移送費や入退所支援に係る交通費、一時保護や自立を支援するために借り上げた借間等の賃借料その他を助成する、女性に対する暴力被害者支援事業等、県独自に各種の事業を実施。

外すなど、被害者の安全の確保や具体的な支援のための方策が整備されつつありますが、今後一層の取り組みが望まれるところです。

（1）被害者支援のための取り組み
　被害者支援の取り組みは、コラム2に示した内容など、各種の取り組みが行われています。

（2）二次的被害の防止
　被害者と直接接する機関などでは、被害者が配偶者からの暴力により心身ともに傷ついていることに十分留意することが必要です。被害者の自尊感情は著しく落ち込んでおり、こうしたことに対する理解が不十分なため、被害者に対して不適切な対応をすることで、被害者に一層の被害（二次的被害）を与えてしまうことにもなりかねません。

　とちぎ女性センター「パルティ」が行った「平成14年度　夫・パートナーからの暴力に関する二次被害の実態調査」によると、被害者が訴えた二次的被害の内容として、「DVを理解していない」「軽蔑した態度・不愉快な態度」「夫の側に立つ」「配慮がない」などの回答がありました。

　また、そうした二次的被害が与えた影響として、「相談するのをあきらめた」「自分を責めた」「落ち込んだ」、さらに、「死のうと思った」等の回答が

コラム3　二次的被害の例

○夫が私の行動を監視すると相談したとき、「それだけあなたのことが好きなんだよ」といわれた。
○相談した相手に「あなたの努力が足りないからだ」といわれて、私がもっと努力すれば夫が暴力をやめると思い、自分が悪いのだと思いこむようになった。
○夫婦ならどこでもあることで、私のところだってある。夫婦なら我慢が必要といわれた。

ありました。その一方で、「助けを求めた行政機関の援助で立ち直ることができ、仕事も見つかり一歩を踏み出すことができた」という回答も寄せられています。コラム3を参照してください。

2 被害者への適切な対応

改正DV防止法では、「配偶者暴力相談支援センターは、被害者が自立して生活することを促進するため、就業の促進、住宅の確保、援護等に関する制度の利用等について、情報の提供、助言、関係機関との連絡調整その他の援助を行うこと」とされています。

こうした被害者の具体的な支援に関わる機関は、公共職業安定所、福祉事務所、公営住宅の相談受付機関等のほか、国民健康保険、社会保険の相談受付機関、児童相談所、病院等の医療機関など、様々な分野、領域に及んでいます。

(1) 被害者の理解

被害者は、繰り返される暴力によって、大きな精神的被害を受けています。恐怖感、無力感、不安感などによって、心身ともに疲労した状態にあり、話にまとまりがなく、内容に一貫性がなかったり、どうすればよいか判断、決定ができない場合もあります。また、ようやく新しい生活をはじめても、孤独感や重圧感から「自分さえ我慢すれば」と、自宅に戻ってしまうこともあります。

このような場合に相談を受けた職員が、「もっと要領よく話してください」「なぜ、もっと早く相談にこなかったんですか」「子どもが大きくなるまで、何とかうまくやっていくことはできませんか」等の対応をすることによって、被害者は無力感や絶望感を感じ、その機関に対する不信感を招くことにもなりかねません。

被害者の支援に関わる機関の職員は、被害者の話をしっかり受け止め、「よくお話してくださいました」「大変でしたね」「困ったときはいつでもご

連絡ください」など、受容的、共感的な態度で接すること。また、相談を受けた職員が問題を抱え込まず、組織として相談の内容を共有することが必要です。こうした被害者に対する適切な支援を行うために、これらの機関の職員は、被害者の心理状態など、DVの特性について十分理解しておくことが重要です。

(2) 安心と安全が感じられる支援

　相談に訪れた被害者は、これからの生活に対する不安感や、相談に対する緊張感を抱いています。被害者の相談にあたっては、プライバシーを確保できる部屋で相談を受けること、「ご相談の内容が外に漏れることは絶対にありませんから、安心してお話しください」と伝え、相談の内容についての秘密は必ず守るなど、被害者が安心して相談できる場や信頼関係をつくることが大切です。また、被害者は、夫からの暴力により、男性に対する恐怖心を抱き、男性であるだけで加害者を思い起こすことがあります。このような場合は、女性の職員に交代する、女性の職員と複数で対応するなどの配慮が必要となります。

　被害者の支援は、施設あるいはアパート等、生活の場の確保、生活保護、医療機関への受診、求職、子どもがいる場合は学校、保育園等、様々な機関が関わります。さらに、警察、裁判所等が関係することもあります。

　被害者に対する適切な支援のためには、これら関係機関相互の連携が不可欠であり、被害者の意向を踏まえ、プライバシーに配慮しつつ、必要な情報を共有することが重要です。

　被害者の多くは、加害者からの追及を恐れ、一方、加害者は執拗に被害者の居所を突き止めようとします。このため、関係する機関に頻繁に問い合わせをしたり、直接訪ねたりすることがあります。こうした状態がさらにエスカレートすると、危険が伴うことも想定され、被害者の安心と安全を図るために組織的な対応と関係機関の連携が求められます。

支援の流れ

暴力を受けた

相談したい

加害者がいないところに逃れたい

加害者を引き離してほしい （身体的な暴力に限る）

↓

申立書の作成
配偶者からの暴力を受けた状況等のほか、配偶者暴力相談支援センターや警察の職員に相談した事実等があれば、その事実等を記載。
（配偶者暴力相談支援センターや警察に相談していない場合は、公証人役場で認証を受けた書類を添付）

↓

- 警察
- 配偶者暴力相談支援センター → 婦人相談所
- 地方裁判所

↓

一時保護（民間シェルター等に委託する場合あり）

保護命令発令 → **加害者**

命令に違反すれば、1年以下の懲役又は100万円以下の罰金

5 子どもへのDVの実態

1 子どもへのDVの影響

　DVは子どもにも深刻な影響を与えます。東京都の調査報告書によると、子どもに対する加害者からの暴力は、51.0%が「ある」としており、「なぐる」「ける」「暴言・罵倒」「脅す」などの暴力が、子どもにも及んでいる実態が明らかになっています。また、子どもに対する直接の暴力がない場合でも、「加害者への憎悪・恐れ」や「性格・情緒のゆがみ」などの影響が回答されています。

　このように子ども自身が、直接、暴力の被害を受けたり、母親への暴力を目撃するなどして深く傷つき、その結果として発達の遅れ、情緒不安定、感情の抑制等、身体的・精神的な症状が出ることがあります。また、家庭内にこうした暴力が存在すると、子どもが暴力を手段として学習したり、攻撃的な行動を示すなどの影響も指摘されています。

2 DVと児童虐待

　DVと児童虐待は密接な関係がある場合が多く、夫の暴力の対象が妻だけでなく子どもに及んだり、DVの被害者が極度のストレスの結果として、子どもに虐待を加えてしまうこともあります。また、子どもが将来、自分が見てきた両親の暴力を恋人や配偶者との間で再現してしまったり、逆に相手の暴力を受け入れてしまうこともあります。

　「児童虐待の防止等に関する法律」（児童虐待防止法）が平成16年に改正・施行され、子どもの目の前でDVが行われるなど、子どもが直接的な危害を受けていない場合でも、心理的虐待に含まれることが新たに規定されました。また、これまでの児童虐待の通告義務に加えて、児童がこうした虐待を受けていると思われる場合、支援センターは福祉事務所または児童相談所に通告しなければならないことが付加されました。

コラム4 子どもへの影響の例（東京都の調査報告書より）

〈直接の暴力あり〉
○5～6歳の頃登園拒否。小学校の時、椅子で頭を何度もたたく。自分が嫌いで手にアザができるまでたたき続ける。
○萎縮している。他人と口をきかない。中学校の先生に「関わりを持てない子」といわれた（14歳）。

〈直接の暴力なし〉
○凍りついたような表情。無表情（5～6歳の頃）。
○「死ね」という言葉づかいをしたり、不必要にたたいてきたりする。「生きていたって仕方がない」などの発言（7歳）。

さらに改正DV防止法では、一定の要件のもとで、子どもに対しても接近禁止命令を発することができるようになりました。

接近禁止命令は、退去命令とともに法に規定された保護命令のひとつで、6か月間、被害者の身辺につきまとうこと及び、被害者の住居や勤務先など、被害者が通常所在している場所の付近をはいかいすることを禁止する命令です。

退去命令は、同居生活を送っていた住居から2か月間、加害者を退去させ、その付近をはいかいすることを禁止する命令です。

暴力は人権を侵害する行為であり、いかなる場合でも許されないことです。関係機関は、DVの特性等を十分理解して被害者の相談・支援を行うとともに、適正な連携を図ることが重要です。

（東京都多摩児童相談所児童福祉係長・前厚生労働省雇用均等・児童家庭局女性保護専門官　高橋幸成）

第2節 子どもへの虐待の対応

1 法改正と児童相談所改革

　児童相談所（以下、児相）はメディアの注視の的になっています。虐待親に不適切な対応をしたため、最悪の事態を招いた事例が後を絶たないことに厳しい目が向けられているからです。その一方で、児相が"強権"を発動して子どもを保護したことに親が立腹し、"子どもを返せ"と、執拗な抗議もあります。暴言、罵倒、恫喝、上部への苦情訴えなど、まさに「何でもあり」の状況にさらされ、ソーシャル・ケースワークの原則どころではないのが実態です。

　児相はこの数年来、児童福祉法や児童虐待防止法の改正を踏まえた改革の荒波にもまれながら、社会状況の変動に立ち向かうべく再生の努力を続けています。相談業務は質量ともに様変わりしています。従来からの福祉的な家族支援に加え、職権による強制介入の方法をととらざるを得なくなっているのが現状です。このため、児童福祉司などの実務担当者は、発想の転換と意識の改革が強く求められています。かつての児相は相談機関として敷居が高く、閉鎖的な雰囲気が色濃く、危機管理の感覚も希薄でした。しかし、いまや危機意識を持ち、張り詰めた気持ちで日々の業務をこなさなければならない状況にあります。

　児相の虐待対応の相手は子どもと、親権という強力な"武器"を懐にしている親やその親族（ときには周辺の人も）です。家庭に介入することは難しいですが、児童福祉司は工夫を凝らしてそこに分け入り、子どもの保護に関し、迅速かつ的確な判断を下さなければなりません。本来、児相の業務には、判断上の気迷いと後悔は許されるものではないのですが、それらが常について回っていることを告白しなければなりません。

　児相における「危機管理とは何か」「そのあるべき姿とはいかなることな

のか」。それは「子どもの生命と心身の安全を確保する」ことであり、そのために児相が備えるべき管理上の原則や課題を明らかにすることが問われます。

> **コラム5　児童相談所とは**
>
> 　児童福祉法に基づき、子どもと家庭に関する全般的な相談に応ずるため、都道府県と政令指定都市に設置義務が課せられている行政機関の1つ。
> 　基本的な業務は、相談、調査、判定、指導、措置、一時保護などがあり、所長をはじめ、児童福祉司、児童心理司、医師などの専門スタッフが配置されている。
> 　全国に208か所の児童相談所があり、その名称は、「子どもセンター」「子ども相談センター」「子ども家庭センター」「子ども家庭相談センター」など多様になりつつある。なお、都内には11か所の児童相談所がある。
> 　この度の児童福祉法の改正により、児童相談所は今後、専門的機能を発揮しながら、区市町村の子ども家庭相談の業務に対する後方支援にあたることになっており、より一層の連携が必要となる。

2　通報と受理

1　通報時の情報収集

　児相の対応は、外部からの電話、手紙、公文書などによる通報によって開始されます。主な通報者は、近隣・知人、家族・親族、学校、子ども家庭支援センター、保健センター、医療機関、警察などです。最近の特徴は警察（生活安全課）からの通報や相談が増えていることで、それだけ警察が虐待対応に敏感になり、強い姿勢で臨んでいることを示しています。

　通報の姿勢に違いを見せているのは学校です。積極的な通報をし、保護者指導に乗り出す学校がある半面、危機意識に乏しい学校もあります。保護者

との対立を避け、通報に後ろ向きになるからです。そうした学校に対しては、児童福祉司が出向いて通報の意義を強調し、意識改革と連携を求めています。

近隣からの通告では、匿名の場合が少なくありません。また、なかにはいわゆる"泣き声通報"や"怒鳴り声通報"もあります。通報の受理機関としては、早期発見を鉄則としていますので、いかなる内容の通報であっても、第1発見者として通報してくれたことに感謝の言葉を伝えることにしています。通報の内容は断片的になりがちですので、しっかり情報を聞き取り、通報者が直接見聞きした部分と推測の部分とを整理することが必要です。したがって、児童福祉司の情報収集と分析の技量が問われてきます。

また、連絡先を告げてくれた通報者には、児相の対応結果を伝えるべきか否かを確認します。求められた場合には、当該家庭のプライバシーに配慮しながら、最低限度の結果だけは伝えるようにします。これは、聞き漏らしや、その後の状況調査のため、児童福祉司から問い合わせがあることや、再度の通報の可能性を想定しての対応となります。

2　主訴の判断

通報を受けた後は受付票に通報内容を記載し、直ちに「緊急受理会議」にかけます。ここで大切なことは、通報内容から、至急に対応すべき事例か否かを即断することであり、組織としての迅速かつ的確な判断力が問われます。

現に子どもの泣き声や親の怒鳴り声が聞こえるなど緊急を要すると判断した場合には、すぐに複数の児童福祉司で安否確認に向かいます。また、緊急を要しないと判断した場合や、周辺調査をしたうえで動いたほうが妥当と思われる場合には、当面の対応方針を決め、区市町村の子ども家庭支援センターをはじめ、主任児童委員や学校などへの調査協力や見守りを依頼します。

受付時の問題として、虐待事例として扱うべきか否か、主訴の判断に迷う場合が少なくありません。通報時に受け取った情報量が少なく、判断材料が揃わない場合にはなおさらです。

具体的には、①養育困難なのか養育放棄（ネグレクト）なのか、②不登校

コラム6 「子ども虐待」の種類

　児童虐待防止法第2条によると、子ども虐待とは、保護者又は保護者に代わる養育者による、子どもの心身を傷つけ、健やかな成長や発達を損なう子どもへの行為であり、次の4つの種類がある。
　① 身体的虐待—子どもの身体に外傷が生じ、または生じるおそれのある暴行を加えること。
　② 性的虐待—子どもに対して性的ないたずらをする、性的行為を強要するなど、性的関係により子どもを脅かす行為。子どもにわいせつな行為をする、あるいはさせること。
　③ 養育の放棄・怠慢（ネグレクト）—健康状態を損なうほど不適切な養育や、衣食住の世話をしないで放置したり、病気なのに医者に見せないなどの行為。保護者以外の同居人による虐待を放置・黙認している行為。
　④ 心理的虐待—ひどい言葉で心を傷つけたり、拒否的な態度や極端な無視をするなど心理的に傷を負わせる行為。父母の間での身体的、精神的、性的暴力を子どもが目にしていたり聞いていること。

（怠学）なのか養育放棄なのか、③非行（ぐ犯）なのか身体的虐待や心理的虐待なのか、の区分けが難しいのが実態です。

　①は、精神疾患の母親がヘルパーの支援を受けながら家事と養育をこなしているが、外食と弁当で済ませることが多い小学生の事例、②は不登校状態が長期の間続き教師が家庭訪問しても子どもに会えず、姿を目にすることができない小学校高学年の子どもの事例、③は深夜徘徊や家出を繰り返す中学生の子どもの行為を抑えるために、親がやむを得ず外出を禁止し体罰を加えた事例です。

　このような場合には、緊急受理会議後の定例の受理会議の場で、調査の結果把握した事実を踏まえて再度協議し、主訴を変更することもあります。判断の基準は子どもの生命と身体の安全の観点ですので、実態が定かではなく、少しでも疑いがあると思われる場合には、虐待で受理するようにしています。

　しかし、そうした厳密なチェックをしても、初回に養育困難で受理して何

らかの支援を行い助言（児福法第12条2項）で終結したのに、その後、再び虐待通報があり再調査した結果、まぎれもなく虐待であったという事例もあります。この場合は初回の判断のあり方が厳しく問われることになります。

3 調査と初期対応

1 調査と家庭訪問

調査にあたっては、児相に付与された調査権（児福法第12条2項）をフルに活用しなければなりません。調査には、児童福祉司が自ら行う場合と、関係機関に協力依頼をする場合があります。法的権限とはいえ、調査に限界があることは否めず、子どもと家庭の細部に踏み込むことは難しいのが実情です。

また、通報で聞き取った住所地が曖昧な場合には、手を尽くして調査しても、該当の家庭と子どもを特定できないこともあります。

周辺調査によっても家庭の実情が把握できないときには、複数の児童福祉司で家庭訪問を実施します。複数対応の原則は、調査の主観性を排除し、客観性を保つためです。このとき、子ども家庭支援センターの職員をはじめ、保健センターの保健師や生活保護のケースワーカー、主任児童委員に同行を依頼することも必要ですが、大人数での訪問は適切ではありません。また、訪問先がオートロック式マンションの場合には、直接の家庭訪問は差し控え、まず手紙を出し、連絡を待ったうえで訪問する方法をとっています。

予期しない訪問であるため、初対面の親は訪問の理由を聞いて、真っ先に不信感をあらわにし、怒りをぶつけてくることも少なくありません。

何よりも大切なことは、子どもを"現認"することです。このため、親や親族に立ち向かう児童福祉司としての気迫や、説明と聞き取りの技量が問われます。ひとまず、子どもの安全が確認できた場合には、「児相と地域の機関で子育てを支援したい」と働きかけ、当分の間、見守り体制をとります。

2　職権による一時保護

　子どもの生命と身体の安全を最優先し、緊急度、危険度、重症度などの観点から勘案して、職権保護を要すると判断した場合には、学校や保育所、児童館、病院などに出向いて保護します。当然、当該機関との事前の打ち合わせや事後の連携が必要ですが、親との関係が崩れるのを恐れ、土壇場で矢面に立つことを回避しようとする機関があります。この場合には、児相の指導力や対応力のいかんが問われてきます。

　親への連絡は保護が完了した後になります。一時保護は、子どもの福祉を守るために児相に付与された法的権限（児福法第33条）ですが、民法上の親権と真っ向からぶつかります。そのため、保護の事実とその理由を伝えた途端（電話連絡か直接訪問の方法をとり、速やかに「一時保護決定通知書」を保護者宛てに通知する）、親（親族も）からは、「すぐに返せ」と激しい抗議を受け、以後、児相はしばらく緊迫した事態が続くことになります。

　このようなときには、児相の組織をあげて"応戦"しますが、児童福祉司が疲労困ぱいし、根負けしそうになる場面も少なくありません。職権保護について、外部からは強大な権限であると認識され、児童福祉司もそのように心得ていますが、いかに法に規定されてはいても、よほどの覚悟と強い専門的姿勢をもって臨まなければ押しつぶされてしまいます。法を生かすか殺すかは、実践の積み重ねに裏付けられた現場担当者の専門性と踏ん張りが大切となります。

　一時保護の措置に納得せず、執拗に抗議を繰り返す親には保護先を教えません。また、親が子どもを保護先から連れ出す危険が想定される場合には、一時保護所以外の施設に一時保護委託し、やはり保護先は教えません。

　親に保護先を開示しない措置について、当然、親からはさらに攻め立てられますが、決して違法ではありません。地裁判決でも、「（保護先）を告知しないことも許容されるべきであり、それが適正手続きないし児童福祉法の精神に反するということはできない」との判例が出ています。

家庭を訪問しても親の強い拒否にあって家庭内の実態が把握できず、子どもの安否が確認できないときには、児相の法的権限である立入り調査（児福法第29条及び虐防法第9条）を実施します。調査の手順や事後の対応などを綿密に検討したうえで実行するのですが、ここで大切なことは、プロセスでのいくつかの方法や結果を想定しながら、知恵を出し合うことです。また、事前に協力弁護士の助言をはじめ、警察の協力を得ておくことが必要です。

4 他機関との連携

1 連携の原則

　福祉の現場では"連携"という言葉を盛んに使います。それだけ、実務のうえでの連携が重要視されていることを意味します。児相は自己完結型の相談業務からは最も遠い位置にあり、他機関との連携なくしてはとうてい成り立ちません。危機介入が予想される虐待事例ではなおさらのことです。

　児相の高度で専門的な介入型の対応への側面的な補完の役割として、区市町村の子ども家庭支援センター、保健センター、学校、民生・児童委員などの機関との連携は不可欠です。

　これに、さらに医療や司法の専門家が加わりますと、児相が抱えるリスクや負担の分散化も可能になり、柔軟に機能を発揮することができます。例えば職権介入した児相と親が対立している場合、地域の機関が親の言い分に耳を傾け、寄り添う支援をすれば、親の安定化が図られ、児相の親支援も容易になり、より深められます。

　連携は個別事例に対し、要になる機関をはさんで、複数の機関がそれぞれの機能と守備範囲を了解し合い、方針と着地点を同一にして家族支援をすることですが、決してたやすい作業ではありません。暗黙の了解事項となっているはずの原則が、いつの間にか抜け落ちてしまうことがあります。

　連携を構築するために、個別事例ごとに関係機関による関係者会議を持ち

ますが、機関の間に上下の関係があっては機能しません。また、参加職員は所属する機関の看板を背負い、自他の機関の守備範囲内を認識したうえで発言しなければなりません。客観的な情報の共有化と集中管理も大切な原則です。

　視点や立場にいくつかの違いがあることを認め合うことが大切ですが、実際の場面では理解し合えないことが少なくありません。児相と他機関の間で激論となり、不信感をむき出しにしあうことがあります。危機介入が迫っている虐待事例であれば、児相は他機関から"決断"を要請され、攻め立てられる立場になることが多いのですが、強大な法的権限と高度の専門性を持つ児相にとっては、それが待ったなしの"重圧"となります。

　機関の間に無力感が残り、支援にブレーキがかかるような関係者会議では意味がありません。どのような激論になっても、肝心なことは危機介入の場面を想定しながら、当面の家族支援の実践的な計画を組み立てる工夫が必要です。とりわけ児相が「いかに主体的に事例に対応してきたか」という"関わりの蓄積"と、機関調整の力量が厳しく問われてきます。

2　子ども家庭支援センターとの協働

　平成16年11月の児童福祉法の改正により、区市町村の業務として、子どもと家庭の相談に応ずることが法律上明確にされました。都では、法改正の動きに先駆けて、区市町村における子どもと家庭への相談体制の整備を図るため、平成7年より子ども家庭支援センター事業を開始しました。

　また、平成15年度からは、相談機能の充実を図るため、「虐待の予防と早期発見、見守り機能」を組み込んだ、先駆型子ども家庭支援センター事業を開設しています。平成17年12月末日現在、子ども家庭支援センターは22区25市5町で59か所、そのうち、先駆型子ども家庭支援センターは12区9市で21か所あります。

　このように、制度上、虐待対応についても第一義的な窓口が区市町村になりましたので、児相は区市町村（その中核機関は子ども家庭支援センター）

子ども家庭支援センターと児童相談所の関係

相談・問題発生

【区市町村】　相談・通告　　　　　相談・通告　【東京都】

要保護児童対策地域協議会①

指定

子ども家庭支援センター

〈要保護児童対策調整機関②〉

（緊急性あり）
送致

（地域での支援が適当）
見守りサポート

児童相談所

＊専門性の高い困難事例への対応
区市町村の後方支援に役割を重点化

・保健所・保健センター
・福祉事務所
・保育所・幼稚園
・児童館
・民生児童委員
・主任児童委員
・学校・教育委員会
・医療機関
・NPO・民間団体　等

連絡調整

情報提供

先駆型

（技術的支援・助言）

連携

（情報提供）

一時保護所

施設

家庭復帰

調査　支援　相談

虐待防止支援訪問事業

見守りサポート事業

育児支援ヘルパーの派遣

児童との面会等による安全の確保と実情の把握

子ども・家庭

第4章　第2節　子どもへの虐待の対応

■第4章■　家庭内暴力・虐待の危機管理

> ### 『子ども家庭支援センターガイドライン』
> （東京都福祉保健局少子社会対策部　平成17年3月）
>
> ① 法改正により児福法第25条の2に規定された。要保護児童及びその保護者に関する情報その他要保護児童の適切な保護を図るために必要な情報の交換を行うとともに、要保護児童等に対する支援の内容に関する協議を行う組織で、支援の中核になる区市町村に設置される。都内ではすでに中野区、杉並区などに設置されている。
> ② 上記協議会を構成する関係機関相互の円滑な連携・協力を図り、具体的な支援に結びつけるため、総括的な役割を担う調整機関で、都では子ども家庭支援センターがその役割を担うべきものとされている。

との連携を重視することが必要となりました。とくに重視すべきことは、2つの機関の役割分担と守備範囲、そして連携のあり方です。

軽微な虐待事例は区市町村が、それ以外の法的な対応を必要とする重い虐待事例や専門的な知識・技術を必要とする事例は児相が担うという実務上の線引きが行われ、児相は区市町村の後方支援を行うことになりました。しかし、その仕切りは実務の担当者レベルでは、必ずしも明確ではありません。

また、区市町村での虐待相談の受理から、児相への連絡や通報、送致の判断基準とそれらの手続き方法、さらには調査訪問や見守りサポートから実際の家庭支援に至るまで、危機管理に絡めて、区市町村と児相との実務上の分担と相互の連絡体制に関しては、検討すべき事項は、山ほどあります。

虐待の危機管理は、初期対応がすべての鍵になりますので、第一義的な相談窓口である区市町村の虐待対応の力量向上を図らなければなりません。

この点に関して、区市町村には実務上の蓄積がありませんので、児相は中核となる子ども家庭支援センターに対し、都の作成した『子ども家庭支援センターガイドライン』（福祉保健局少子社会対策部計画課　平成17年3月）に沿いながら、専門的な指導・助言と実務的な情報交換を重ね、実績を積みあげていかなければなりません。

しかし、これは短期間にできるものではなく、区市町村の体制整備が整うまでの移行期は、児相が中心的な役割を担い、具体的な支援について専門的な指導・助言を続けなければなりません。

5 親支援をめぐって

1 背景を探る

　虐待親の半数弱は自らの行為が虐待であることを認めず、「しつけである」とか、「子どもが悪さをするから」と主張するばかりか、「親が子どもにやっていることに対して、外部が口出しするとは何事か」といってねじ込んできます。児相の介入を予想もせず、ましてや望んでもいない親が多いのが実情です。

　これに対して児相は、「虐待されている（可能性の濃厚な）可哀想な子どもの味方」と判断し、"虐待する酷い親"という視点で一方的に介入します。そこにはソーシャル・ケースワークの原則である対等性も受容や共感の関係も成立せず、法的権限を背景とした行政処分の性格が厳然と存在しています。

過去10年間の虐待相談受理件数の推移（東京都）

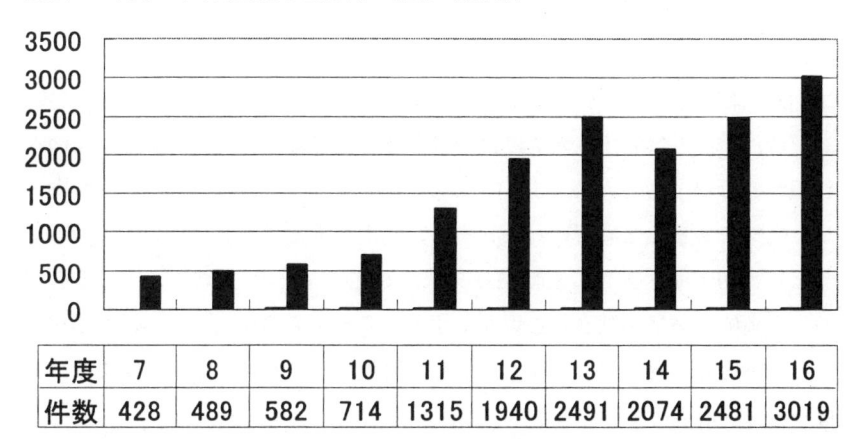

年度	7	8	9	10	11	12	13	14	15	16
件数	428	489	582	714	1315	1940	2491	2074	2481	3019

したがって、親との直接対決を支援の出発点とせざるを得ないため、以後の関係調整や親子の関係修復が困難な場面に突きあたります。

　虐待親のなかには、子どもに対する執着心が強く、尋常とはいえない言動を繰り返す者が少なくありません。これは、旺盛な親心の発露とはいいがたく、支配の対象である"私物"を奪ったことに対する怒りであり、あるいは家族内の恥部を暴露されたことに対する"防衛反応"と思われます。

　また、親の生育歴を丹念に調査するのですが、「自分も幼い頃から虐待を受けて育てられた」と告白する親が少なくありません。児童福祉司はこの"虐待の世代間連鎖"の説にだけにとらわれてはなりません。虐待に至る背景には、経済的な問題、地域や親族からの孤立の問題、両親の不和や葛藤、偏った性格、精神不安や精神疾患、さらには子どもの特性など多様な要因があり、それらが複合的、連鎖的に作用し合い、家族の構造的背景を伴っているからです。

2　毅然とした姿勢で

　虐待親に対する児相の基本的な姿勢は、家族事情に応じた個別の支援を心がけることに尽きるのですが、最も大切な要点は、いかにわが子に虐待を加えた親であろうとも、「養育の支援を必要とする親」として受け入れる姿勢を示すことです。しかし、虐待行為を認めない親や、改めようとしない親に"対決"を挑み、ときに"叱責"を加え、"説諭"をし、"指導"をすることは、法の条文を持ち出すまでもなく、児童福祉司の業務として是認されます。

　虐待は子どもに対する人権侵害の最たるものであり、社会の誰もが認めない犯罪的行為であるため、児相として、"妥協"も"取引"もせず、断固とした姿勢であることを言いわたします。児相が不動であることを印象づけることが大切です。まさに硬軟織り交ぜた対応のなかで、「硬」に関わる戦略的・戦術的な技量が試される場面ですが、これまでの児相では、最も不得手とし、忌避してきた部分です。しかし、児相は総力をあげて取り組まなければならない課題です。

虐待親の変容の出発点としては、自らの行為を振り返り、見つめ直し、自覚する姿勢が大切です。こうした直面化には、関係機関の協力や専門家の助言が不可欠であり、この支援のプロセスの到達点として、適切な親子関係を基本とする家族の再統合が課題となります。

　しかし、ほとんど変容の望めない親もいます。関係機関や専門家の協力を得ながら、働きかけをしても変化が見えないのです。働きかけがかえって引き取り要求に転化するなど、マイナスの刺激になる場合もあります。

　地域の福祉サービスを担う民生・児童委員から、「子どもは施設に入ってよかったが、肝心の親がほったらかしになっている」との指摘を受けることがありますが、決して放置しているわけではなく、"打つ手"が見いだせないことが多いのです。その場合には、家族再統合ではなく、子ども自身の自立を待ち、親を乗り越えてもらうように対応することが大切です。

3　見守り

　虐待親に対する在宅支援の方法の1つに「見守り」があり、地域の民生・児童委員に依頼することがあります。緊急度や危険度、重症度の面ではさほど高くないものの、虐待が疑われるため当面、関係機関による目配りの必要な家庭に対して、見守りはリスクの予防と回避のために重要な方法です。

　「見守り」は児相にとって実にありがたい業界用語ですが、危険な一面もあります。誰にもわかりやすい日常的な言葉でもって他機関任せにでき、児相の業務の大半が果たせたような錯覚に陥ってしまうからです。児相の要請に、民生・児童委員は気楽に引き受けてくれます。ところが、誰もがわかっているようでいて、実はその意味するところがよくわからない言葉なのです。後日、引き受けてくれた民生・児童委員から、「いったい何をするのか」と問いただされ、言葉に窮することが少なくありません。

　それゆえ、児童福祉司は個々の家族事情を踏まえつつ、何をどう見守ってもらうのか、家庭訪問による食生活の様子や整理・整頓の点検なのか、洗濯物の干し具合なのか、親子の外出姿なのか、子どもの登校時の服装なのか、

近隣での母親の言動なのか、具体的に伝える必要があります。
　また、こうした在宅支援では、民生・児童委員のみならず、他機関にも「見守り」を依頼する必要があります。その場合、子どもや親の"危険"を、誰がどのようにキャッチし、児相に連絡するかなど、それぞれの機関の役割分担をあらかじめ取り決めておかなければなりません。さらに関係機関会議による定期的な情報交換を行い、事実確認と分析・評価もしなければなりません。

事例に学ぶ対応策
受験勉強に絡む心理的虐待

　近隣住人から、「小学校高学年の男児がしばしば、この寒中に、玄関前や裏庭で座ったり立ったりして読書している。一度、声をかけたら、『勉強している』とのことだったが、いかにも不自然。親に強制されて戸外に出されているようだ。これって虐待じゃないのか」との通報がありました。
　早速、学校など周辺調査を開始しました。こうした事実を、級友からの指摘で、学校ではすでに把握しており、親に事情を聴き、注意していたことがわかりました。
　学校の注意に対し、親は「家庭の問題であり、学校から口出しされたくない」といって、全く取り合ってくれなかった、とのことでした。
　数日後、児相は複数職員で家庭訪問。児童福祉司が問いただすと、母親は事実をあっさり認めました。そこで児童福祉司は、「やっていることは明らかに行き過ぎで、虐待行為であり改めるべき」と強く伝えました。
　それに対して母親は、「学習塾に頑張って通っており、試験まで続けるつもり」と強調し、「（受験勉強は）子ども自身が望んでいるので、虐待なんて言われたくない」といいました。
　翌日、父親からも児相に同様の主張の電話が入りました。
　その直後、児童福祉司は児童心理司とともに学校を訪問し、本児童に面

談。本児童は、「外での勉強は気合を入れるため。どうしても○○中学に受かりたい。今は追い込みなので、嫌な気もするけど、仕方ない」といい、児童福祉司からの一時保護の話に、「塾にも学校にも行けなくなることのほうが困る」と拒否しました。

　その後も児童福祉司が家庭訪問を繰り返し、注意を促したことにより、親の姿勢に若干の改善が見られました。本児童が志望校に合格した後は、親による不適切な行為がなくなったため、虐待行為が改善されたとして、助言終結にしました。

6　傷ついた子どもと育て直し

1　子どもの思い

　親から虐待された子どもは深く傷ついています。愛されるべき親から虐待されて傷ついているうえに、児相によって親から引き離され、見知らぬ児童養護施設（乳児の場合には乳児院）や、養育家庭（里親）に措置（何れも児福法第27条1項3号）されるという予想もしなかった辛い体験をし、一層傷ついています。

　また、引き離されたことについて、「このまま親から見捨てられるのではないか」との不安な思いや、「こんなことになったのは自分が悪いからではないか」との自責の念を抱き続けたりもします。

　都の「児童福祉施設における被虐待児に関する調査（児童相談センター平成13年）」（平成15年1月発表）によりますと、施設に措置されたことについて、被虐待児で「良かった」と思っている者は少数であり、多くの子どもが「仕方がない」や、「無理やり入れられた」など、不本意な気持ちを抱いています。さらに注視すべきは、親から酷いことをされたと実感している者が、中学生以上でも半数弱にすぎず、多くの子どもが虐待されたとは思っていません。とりわけ、養育放棄（ネグレクト）では実感が希薄となってい

ます。
　しかも、こうした子どもの切ない心情を逆手にとって、虐待親は、「子どもと話をさせろ」などの要求をぶつけてきます。親の執拗な訴えを脳裏に焼きつけたまま、子どもとの面接に入りますと、児童福祉司はしらずしらず、苦悩や躊躇が顔に表れることがあります。こうした児童福祉司の心中を子どもが敏感に察知し、気持ちを不安定にさせてしまいます。
　私には痛切な思い出があります。
　愛情はあるものの、まともな養育も家事も困難な状況に陥っていた精神疾患の母親のもとで生活する小学校高学年の兄妹を、関係機関との連携によって母親を入院させたうえで保護したことがありました。
　そのとき、私の心中は、強硬手段にやや戸惑いがあったのです。兄妹はアパートの前で座り込んで抵抗し、一時保護所に連れていこうと躍起になっている私に向かって、兄が「俺たちをだました。お母さんとこに連れて行け。児相は不幸相談所じゃないか」と罵声を浴びせたのです。
　児童福祉司は子どもの心情に思いを傾けつつも、やるべきことはやらなければなりません。児童福祉司がうろたえていてはだめです。子どもを納得させるための"強い説得"や、当意即妙な"作り事"は許されるのです。

2　癒しと育て直し

　子どもは深い傷を負ったまま児童養護施設などに入所します。子どもにとって施設は、何よりも安心感と安全感を保てる生活の場でなければなりませんが、多くの施設がそのような条件を満たしているとはいえません。
　傷ついた子どもの心を癒しつつ、土台からの育て直しともいうべき生活教育に取り組まなければならないのですが、そうした実践に入りかけて早々に、あるいはやや間を置いて、子どもは被虐待児特有の症状を伴った不適応行動を起こし、施設職員を振り回し、子どもの集団生活をかき乱します。
　前掲の「調査」でも、「攻撃性、規則違反・逸脱行動、対人関係の問題、意欲低下傾向、社会性の問題、多動・衝動性、外傷体験由来の状態、行為障

害、神経的症状」などの不適応行動が日常化していることが指摘されています。

児相は、こうした不適応行動を起こす子どもに対して、施設と協働歩調をとりながら、児童心理司や児童精神科医師などの専門職を総動員して、長期的視野に立った支援をしなければなりません。

また、児童相談センターに付設の治療指導課（宿泊又は通所による治療指導）を利用し、福祉や心理、医師らの専門スタッフの応援を求める場合もあります。子どもにとっても辛いことであり、施設にとってもまさに切羽詰まった状況に立ち至っているわけですから、ここでも迅速かつ適切な対応策が求められます。

親子の接触・交流のあり方についても、児相は個々の家庭の事情を踏まえ、再統合に向けて個別具体的に取り決めをしなければなりません。電話の取次ぎ、手紙、面会、外出、外泊などの制限内容について、児童福祉司は施設側と慎重に協議をし、その結果を親と子どもの双方に伝えます。このことで、児相と施設との間に、ちぐはぐな対応がありますと、途端に親はその間隙をぬって無理難題をいってきます。ですから、児童福祉司は親の身辺の事情について、常に施設と情報交換をすることが重要な要素となります。

このように「児相の危機管理」は、子どもを施設に入所させて完了するものではなく、その後の施設生活をも視野に入れておかなければなりません。子どもの心を癒しながら基本的な養育のやり直しを図ること、確かな計画に基づいた自立のための支援を実践すること、こうしたプロセスの延長線上に、親子の再統合というゴールが設定されるのです。

事例に学ぶ対応策
ぐ犯行為が背景にある身体的虐待

高校の副校長から「女子生徒が帰宅を嫌がっている。父子家庭であり、このまま父親のもとに帰すわけにはいかない。児相の判断を求めたい」と

の連絡がありました。

早速、児童福祉司が高校に出向き、本児童に面談した結果、「自分にボーイフレンドができ、付き合うようになってから、父が自分の生活にあれこれ干渉・命令し、暴力を振るうようになった。父との生活はもう耐えられない。高校は続けたいので、施設から高校に行きたい」との訴えでした。本児童の意思を確認のうえ、緊急一時保護。児童福祉司が保護したことを父親に連絡したところ、

「素性のはっきりしない男と夜遅くまで付き合い、乱れた生活になっていたので厳しく叱っていた。親として、どこが悪いのか」と激怒し、一時保護には渋々同意したものの、本児童との面段を強く要求。児童福祉司は本児童の意向を踏まえながら、面談の調整をすることを約束しました。

数日後、一時保護所にて児童福祉司の立会いのもと、父子面談。

児童福祉司は父親に対し、ひとり親として長い間、本児童を養育してきたことを評価したうえで、振るった暴力は行き過ぎであり、認められるものではないことを伝えました。

また、本児童には、父親としての心配の気持ちを代弁し、もう少し自重した行動をとるべきではなかったかを話し、再考するように促しました。

3度の父子面談で、やっと2人の間で意思の疎通が図られるようになりました。その結果、本児童が児童養護施設から高校に通学することを、渋々ながら了解しました。施設入所措置後、本児童は通学を再開。父親は学年末での引き取りを目指して、本児童との面会を続けています。

7 検討すべき課題

1 問題事例から学ぶ解決策

数多くの実践を積みあげることによって、虐待の初期の危機管理について、児相はかなりのレベルまで取り組めるようになりました。

しかし、問題にすべき事例も少なくありません。それらのなかには、実践のプロセスでの判断ミス以外に、以下のような、実践以前の不作為という問題もあります。
①調査を他機関任せにし、自らの目と足で確認する努力を怠った
②家庭訪問の機会を逃し、結果的に介入が遅れてしまった
③親との関係を配慮し過ぎ、家族の実態把握ができなかった
問題にすべきは、そうした問題事例といかに真摯に向き合い、そこから何を教訓とするかです。

そのためには、まず児相での「援助方針会議」や、職場内での「ケース会議」などで、問題を俎上に乗せることが大切です。児童福祉司は独りよがりな言動をとらず、同僚や上司の指摘には耳を傾けなければなりません。児童福祉司はときとして、厳しい批判にさらされ、辛い局面に立たされることが必要です。そうすれば、業務上の弱点や問題点が洗い出され、浮き彫りにされることになり、何よりも専門職としての力量を高めることにもつながります。

平成16年2月に厚生労働省が発表した「児童虐待の死亡事例の検証と今後の虐待防止対策」によりますと、死亡事例のなかで、関係機関との関わりがないまま死亡に至った事例はわずか13％にすぎず、多くの事例が児相や保健所などの公的機関が何らかの関わりを持っていたことが明らかになっています。この事実は、関係機関との連携による児相の職権保護の機会があったにも関わらず、それが果たせなかったことを示しています。

このような多くの失敗事例がある実態を踏まえ、この度の児童虐待防止法の改正では、同法に新たに第4条5項を加え、国と地方自治体の責務として、「児童虐待の防止等のために必要な事項についての調査研究及び検証を行う」ことが明確化されました。したがって、各地方自治体においては、主管部局の指示により、失敗事例について個々に検証会議が実施されているはずですが、その結果を現場の児童福祉司はほとんど目にしたことがありません。

問題は「検証会議」の形式と、その結果処理のあり方です。児相内部の一

部の幹部職員が外部の専門家を交えて検証会議を行い、議論した内容を内部文書としてまとめあげても、取扱注意の扱いにして公表せず、結果を現場に反映させないのであれば、何の意味もありません。

　これでは、児童福祉司は自らの問題として失敗事例を掘り起こし、そこから教訓化することができません。「検証会議」には可能な限り実務の担当者である児童福祉司を加え、現場の思いをはじめ、そのときどきの"苦悩"や"戸惑い"などの心中を明らかにできるようにすること、結果については、悉皆研修などの方式で全体に周知徹底することが組織上の大きな課題となります。

2　矛盾した役割構造

　次に、児童福祉司の専門性に絡む問題をとりあげます。虐待対応における危機管理では、児童福祉司には一般のソーシャルワーカーに求められている専門性に加えて、これとはやや異質な専門性が求められています。それは通常のソーシャルワークの技法を駆使した家族援助とともに、これと結びついた、法に基づく職権的危機介入を実践できる手腕です。このことは、まさに矛盾した、揺らめく役割構造のうえに専門性を実現しなければならないことを意味しています。

　児童福祉司は内外から、このような専門性の理念と手法を手早く修得することを強く要請されています。これは究極的には硬軟織り交ぜた双方の技量を兼ね備えた、バランス感覚の優れた、心身ともに健康でパワフルな資質の持ち主ということになります。しかし、このような資質の児童福祉司が、はたして現場にどれだけ養成され、しかも"長持ち"しているのでしょうか。

　硬軟織り交ぜた業務を推し進めることが、「極めて困難」で、かつ「無謀なこと」であると児童福祉司は誰もが実感しています。しかし、今日、現場は法制度上の要請であるため、馬車馬のように、ひたすら駆けずり回っています。やるべきことは、万難を排してやらなければならないからです。

　これではストレスを溜める一方です。「自分に向かない」とあっさり業務

を投げ出したり、重圧に耐えられなくなったり、消耗しきって燃え尽きてしまうような者が、今後、児童福祉司のなかに続出するのではないかと心配です。現に、頑張っていた大切な人材が、いく人か現場を去っているからです。

　問題がどこにあるかは明らかです。児相に硬軟の双方を矛盾なくやらせようとする制度自体が無理なのです。硬軟の業務を組織で区分けするなど、思い切った制度改革が必要です。

　この度の児福法の改正は、そのきっかけと考えるべきです。先のことになると思いますが、児相が「硬」の部分を担い、区市町村が「軟」の部分を担うようになれば解決策も見えてきます。具体的には、児童相談所は初期対応と職権保護に全力投球できるように、そして、市町村は、一般の在宅支援を含め、親子分離後の家族調整支援の一翼を担えるようにすることが必要です。

　最後にもう1つ、触れておきたいことがあります。

　児相に配置された人材を"促成栽培"し、何とか間に合わせているだけでは、人材の枯渇化を招きかねません。積みあげた実績が継承されていかなくなるのではないかという危惧を抱かざるを得ません。何よりも熟練を要するのです。人材の確保については危機管理のうえからも、何らかの改善をしなければならない課題です。

　　　　　　　（東京都福祉保健局杉並児童相談所児童福祉係長　藤井常文）

第3節 高齢者虐待と危機管理

　高齢者虐待。一般にはあまりなじみのないこの言葉がこのところ急速に脚光を浴びつつあります。これには平成15年に実施された全国調査＊において、調査対象となった機関の約半数が高齢者に対する虐待が疑われる事例を経験しており、約1割の事例が「生命に関わる危険な状態」であるなどの深刻な実態が明らかになったことが、ひとつの契機になっています。

　こうしたなか、今年6月に成立した改正介護保険法では、地域支援事業として区市町村が実施すべき事業のひとつに、「被保険者に対する虐待防止・早期発見その他の権利擁護のための事業」が明記されました。

　そして平成17年11月1日には議員立法により、「高齢者虐待の防止、高齢者の養護者に対する支援等に関する法律」が国会で可決・成立しました。これにより発見者に区市町村への通報の義務が生じる一方、区市町村には高齢者の保護のための措置や立入調査、高齢者を養護する家族等への支援を含む対応が求められることになります。

　これらはいずれも平成18年4月1日から施行されます。このため各自治体は、今後、高齢者虐待の予防・早期発見及び対応の枠組みを、具体的かつ早急に構築する必要があります。

> ＊家庭内における高齢者虐待に関する調査」H16.3　(財)医療経済研究・社会保険福祉協会医療経済研究機構　（厚生労働省の補助金により実施された調査です。なお、報告書の概要は、医療経済研究機構のホームページからダウンロードできます。http://www.ihep.jp/　）

１ 高齢者虐待とは何か

　高齢者虐待について、わが国ではこれまで対応を義務づける法律がなく、

いくつかの先進的な自治体等が、平成15年度に行われた全国調査の結果等を参考に、手探りで対応を進めている状況でした。

今回、高齢者虐待防止・養護者支援法が成立し、高齢者虐待の定義が示されました。その内容はおおむね「高齢者と何らかの信頼関係等を持つ他者からの不適切な関わりによって、高齢者の権利が侵害され、生命や心身または生活に何らかの支障をきたしている状況またはその行為」と整理することができます。なお、ここでいう他者には家族・親族の他、介護サービス従事者や民生委員等、当該高齢者と普段から交流のある隣人・知人などが想定されます。

これを虐待者の属性によって整理すると、親族等による家庭内の虐待と、高齢者の介護・支援に職務として関わる介護サービス事業者等による虐待に大別されます。また、隣人・知人といった他者による虐待は、行政等による対応場面では、家庭内に準じて扱われると思われますが、身体的虐待の深刻なケースや財産の不法な搾取などは、むしろ犯罪としての対応が必要な場合もあることに注意が必要です。

1　虐待者の属性から見た課題

都が今年、区市町村を対象に行った調査では、主たる虐待者として最も多いのは「実の息子」(42.2%)であり、全国調査の傾向と共通しています。

また、実の娘や義理の娘（嫁）などと合わせると約7割が子どもの世代からの虐待であり、配偶者からの虐待は約2割となっています。

虐待者と家族類型の関係をみると、実の息子・娘による虐待では、「本人と単身の子ども」世帯が、配偶者による虐待では「夫婦のみ」の世帯が、それぞれ最も多く、こうした小さな家庭における閉塞した人間関係や密室性の高さが、虐待に大きく関係していると考えられます。

なお、この傾向は、高齢者世帯全体との家族類型の比較からも、読みとることができます（図1）。

先日、国の機関が発表した「日本の世帯数の将来推計」によれば、「平均世帯人員は、2020年には全ての都道府県で3人未満となり、2025年には全国

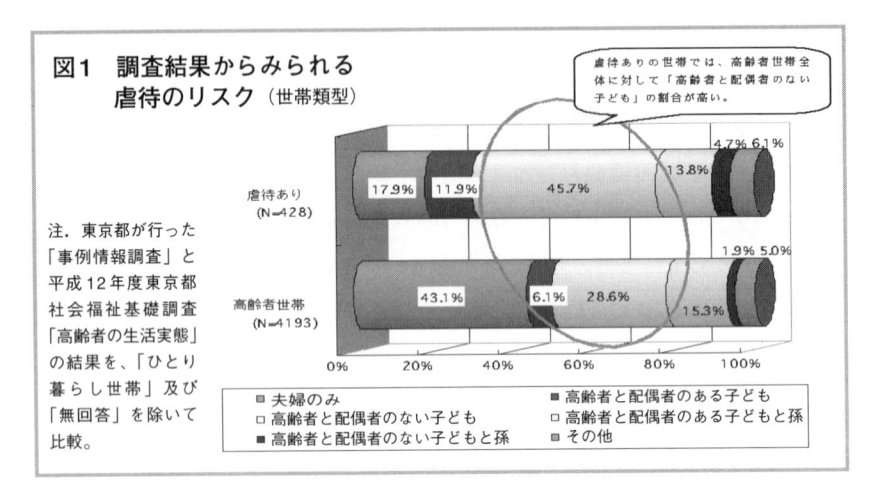

■第4章■　家庭内暴力・虐待の危機管理

図1　調査結果からみられる虐待のリスク（世帯類型）

虐待ありの世帯では、高齢者世帯全体に対して「高齢者と配偶者のない子ども」の割合が高い。

虐待あり (N=428)：17.9%　11.9%　45.7%　13.8%　4.7%　6.1%

高齢者世帯 (N=4193)：43.1%　6.1%　28.6%　15.3%　1.9%　5.0%

注．東京都が行った「事例情報調査」と平成12年度東京都社会福祉基礎調査「高齢者の生活実態」の結果を、「ひとり暮らし世帯」及び「無回答」を除いて比較。

□ 夫婦のみ
□ 高齢者と配偶者のない子ども
■ 高齢者と配偶者のない子どもと孫
■ 高齢者と配偶者のある子ども
□ 高齢者と配偶者のある子どもと孫
■ その他

に先駆けて東京で2人未満となる」と予測されています。さらに同推計では、「高齢者世帯（世帯主が65歳以上の世帯）は全国で増加し、2025年には千葉・埼玉で2000年の2倍を超える」とされています（図2）。

これらのことから、今後、少人数の高齢者世帯が増加することは、高齢者虐待に関する社会的リスクの増加につながるものであり、早期に取り組む必要のある社会的課題であることがわかります。

図2　高齢者世帯総数の増加率

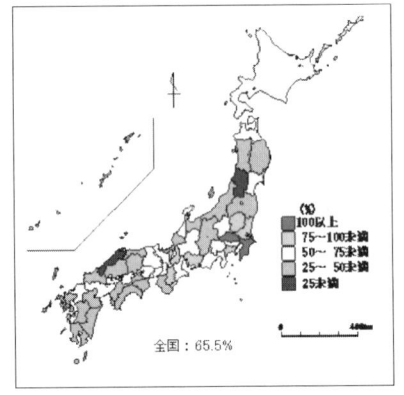

(%)
100以上
75～100未満
50～75未満
25～50未満
25未満

全国：65.5%

『日本の世帯数の将来推計（都道府県別推計）』
H17.8　国立社会保障・人口問題研究所

2　高齢者虐待の種類

高齢者虐待の具体的な内容（表1）については、現在では、全国調査における分類を参考に、身体的虐待、心理的虐待、性的虐待、経済的虐待及び介護・世話の放棄・放任（ネグレクト）の5種類に整理して考えるのが一般的

で、今回の法律でもこれに対応した定義づけが行われています。

しかし、研究者や区市町村の現場担当者のなかには、高齢者本人に認知症

表1　高齢者虐待の主な種類

主な種類	内容と具体例
身体的虐待	暴力的行為などで、身体に傷やアザ、痛みを与える行為や、外部との接触を意図的、継続的に遮断する行為 【具体的な例】 ○平手打ちをする、つねる、殴る、蹴る、無理矢理食事を口に入れる、やけど・打撲させる ○ベッドに縛りつけたり、意図的に薬を過剰に服用させたりして、身体拘束、抑制をする／等
心理的虐待	脅しや侮辱などの言葉や威圧的な態度、無視、嫌がらせ等によって精神的、情緒的にに苦痛を与えること 【具体的な例】 ○排泄の失敗等を嘲笑したり、それを人前で話すなどにより高齢者に恥をかかせる ○怒鳴る、ののしる、悪口をいう ○侮辱を込めて、子どものように扱う ○高齢者が話しかけているのを意図的に無視する／等
性的虐待	本人との間で同意が形成されていない、あらゆる形態の性的な行為またはその強要 【具体的な例】 ○排泄の失敗等に対して懲罰的に下半身を裸にして放置する ○キス、性器への接触、セックスを強要する／等
経済的虐待	本人の合意なしに財産や金銭を使用し、本人が希望する金銭の使用を理由なく制限すること 【具体的な例】 ○日常生活に必要な金銭を渡さない／使わせない ○本人の自宅等を本人に無断で売却する ○年金や預貯金を本人の意思・利益に反して使用する／等
介護・世話の放棄・放任	意図的であるか、結果的であるかを問わず、介護や生活の世話を行っている家族が、その提供を放棄または放任し、高齢者の生活環境や、高齢者自身の身体・精神的状態を悪化させていること 【具体的な例】 ○入浴しておらず異臭がする、髪が伸び放題だったり、皮膚が汚れている ○水分や食事を十分に与えられていないことで、空腹状態が長時間にわたって続いたり、脱水症状や栄養失調の状態にある ○室内にごみを放置するなど、劣悪な住環境のなかで生活させる ○高齢者本人が必要とする介護・医療サービスを、相応の理由なく制限したり使わせない／等

財団法人医療経済研究・社会保険福祉協会　医療経済研究機構　『家庭内における高齢者虐待に関する調査』
平成15年度

があるなど生活能力が十分でなかったり、生きる意欲が低下していたりするために、客観的に見ると本人の人権が侵害されてしまっているケース（セルフネグレクト）についても、高齢者虐待の一種類として対応すべきだという意見があります。このことは、今後増加する高齢者の単身世帯への対策としても、考慮しておく必要があるでしょう。また、介護保険法において、「被保険者に対する虐待の防止・早期発見」に関する事業その他権利擁護のために必要な事業」の実施が区市町村に義務づけられていることからも、こうしたケースについて、具体的な対応が必要になるものと考えています。

なお、都の調査では6割以上が複数種類の虐待を重複しており、実際のケースでの事実確認や対応にあたっては、このことにも注意が必要です。
また、特に経済的虐待については、家族や親族が行えば虐待であっても、第三者が行った場合には明確な犯罪となる場合もあります。最近話題となっている悪質リフォームをはじめとする詐欺まがいの行為については、別途厳しく取り締まるとともに、具体的な予防策を講じることが望まれます。

3　虐待の深刻度

区市町村等の現場で、具体的な事象が高齢者虐待に該当するかどうか判断する場面では、ときとして、「介護者も自分なりに一生懸命やっているのだから、虐待とはいえないのではないか」といった議論もあると聞きます。しかし、虐待している家族の大半は、自分が虐待をしているという自覚がないこと、さらに、虐待者の自覚の有無と虐待の程度には相関がなく、虐待者の自覚がないままに深刻な事態に陥っているケースも多いということは、都の調査と全国調査での、共通した事項となっています。

虐待の程度（深刻度）（図3）について、都の調査では、「生命に関わる危険な状態」の割合が、発見時の約1割から、最も深刻な時期には約2割に倍増することがわかっています。深刻度が変化したケースに関して、どのような経過をたどったのかなどの詳細な分析はこれからの課題ですが、実際に虐待が深刻化したケースの他に、介入の過程で、当初は明らかになっていなか

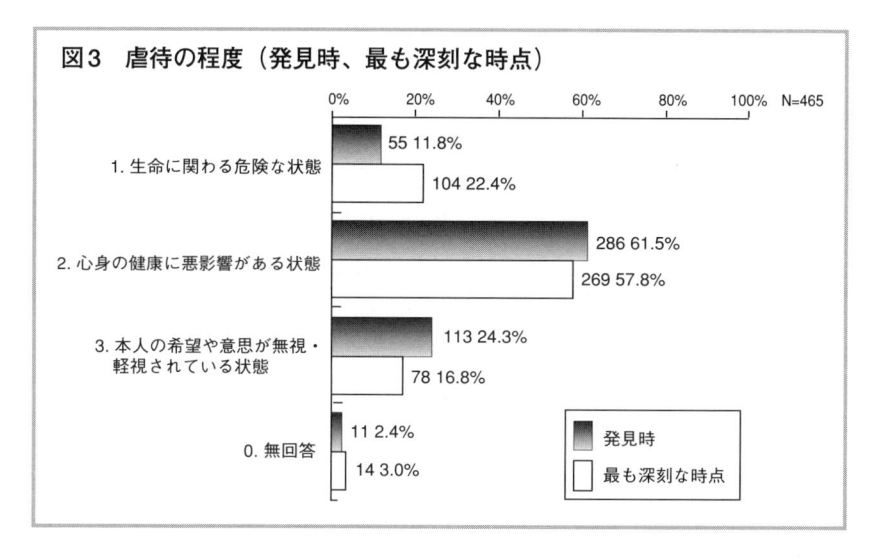

図3 虐待の程度（発見時、最も深刻な時点）

N=465

- 1. 生命に関わる危険な状態: 55 11.8% / 104 22.4%
- 2. 心身の健康に悪影響がある状態: 286 61.5% / 269 57.8%
- 3. 本人の希望や意思が無視・軽視されている状態: 113 24.3% / 78 16.8%
- 0. 無回答: 11 2.4% / 14 3.0%

■ 発見時
□ 最も深刻な時点

った新たな虐待の事実が発覚したこと等により、深刻度の判断が変化したケースなどがあると考えられます。

こうしたケースについては、それぞれの現場において、虐待が深刻化していった要因や深刻度の判断が変化した理由について検証し、今後の対応に生かしていくことが大切です。

❷ 家庭内での高齢者虐待の対応策

1 対応の基本的な考え方

今回の法律では、高齢者虐待への対応について、区市町村が関係機関や民間団体等との連携協力体制をつくるべきであることが盛り込まれています。実際、都の調査では約9割の事例で、在宅介護支援センターや当該ケースの担当ケアマネジャー、福祉事務所や保健所など複数の機関が関与し、さらに4機関以上が関わっている事例が3割以上となっており、関係機関の連携は必要不可欠といえます。

特に高齢者虐待が深刻なケースでは、家族が様々な問題を重複して抱え、問題が複雑化していることも多く、その問題の内容に応じて、様々な機関と一緒に対応にあたることができる体制が必要です。

　現場の担当者に話を聞くと、「家族の自分が介護すべきだという思いこみが強く、他者の援助や介護サービスを受け入れない」ケースや、「家族は一生懸命やっているのだが、結果として不十分な状態で、高齢者の心身に影響が出ている」という事例が少なくありません。このような事例では、家族に虐待をしているという自覚はないことが多く、介護や生活上の世話が適切に行われない結果として、高齢者本人の生活や心身に無視できない影響が生じています。

　こうしたことから、介護をしている家族に対しては、自分のできる範囲

コラム7　介入拒否の場合の対応例
――東京都　事例情報調査(H17)：自由記述から――

○当初、本人・家族の受け入れが悪く、信頼関係向上・本人の清潔のため、なるべく、毎日の紙パンツ交換援助を区職員で行ったところ、2週間程で本人・家族から信頼を得て、キーパーソンとなり得る姉の存在の聞き出しに成功し、デイサービス通所開始ができた。その後、息子（虐待者）を含めた家族の意識向上にもつながった。また、今まで無関心・非協力的であった夫の態度も改善しつつある。
○情報提供、主介護者の訴えを傾聴したことで、協力的になった。
○ヘルパーが、介護者の心理に配慮した前向きな声かけを継続しながらサービスを増やした。
○訪問や連絡を繰り返すうち、介護者のとの関係が好転し、サービス利用につながった。
○ケアマネジャーをベテランの男性に変更（虐待者である息子の希望により）したことにより、息子が安定し、信頼関係が構築されていくにつれ、サービス内容も増え、息子が希望している在宅介護継続が可能となっていった。息子自身のアルコール飲酒による問題行動が減り、それに伴い生活が安定していった。

を超えて介護を抱え込むことが、結果として虐待につながってしまう場合もあることを、注意深く、丁寧に伝えていくことも大切です。

　高齢者虐待では、長い家族の歴史のなかで複雑に絡み合った人間関係などが虐待の要因である場合も多く、虐待している家族ばかりを責められないケースもあります。

　また、虐待している家族が自分では解決できない困難を抱え、悪いと思いながらも、虐待をやめることができない場合もあります。このようなときには、たとえ虐待者が介入を拒否していても、その苦しい状況を理解し、虐待者側の問題解決を支援する姿勢で継続的に関わることにより、次第に協力が得られ、結果的に虐待の解消につながるケースもあります。

　また、場合によっては一時的に高齢者と家族を分離して、それぞれの生活上の困難を整理し、立て直しを図ることによって状況が改善し、高齢者が在宅での生活を続けることが可能となる場合もあります。

　虐待の行為自体は認められるものではありませんが、「虐待者＝加害者」の視点で介入することで、家族の拒否を招いてその後の対応を困難にすることや、家族を追いつめて虐待をエスカレートさせてしまうことのないよう、注意が必要です。

　今回成立した法律の名称が「高齢者虐待の防止、高齢者の養護者に対する支援等に関する法律」（図4）であることからも明らかなように、高齢者虐待の防止・対応には、養護者（虐待者）を支援する視点が欠かせないのだということを、関係者はいつも心にとめておく必要があります。

　なお、今回の調査で、発見のきっかけから24時間以内に事実確認が行われた事例は全体の35.1％でしたが、一方で、確認に2週間以上を要した事例も14％ありました。虐待の深刻度から考えると、区市町村には今後、より迅速かつ的確な初動態勢を確保していくことが求められます。

2　相談・通報窓口の明確化と普及啓発

　都内区市町村では、高齢者虐待の相談・通報の窓口は、多くの場合、在宅

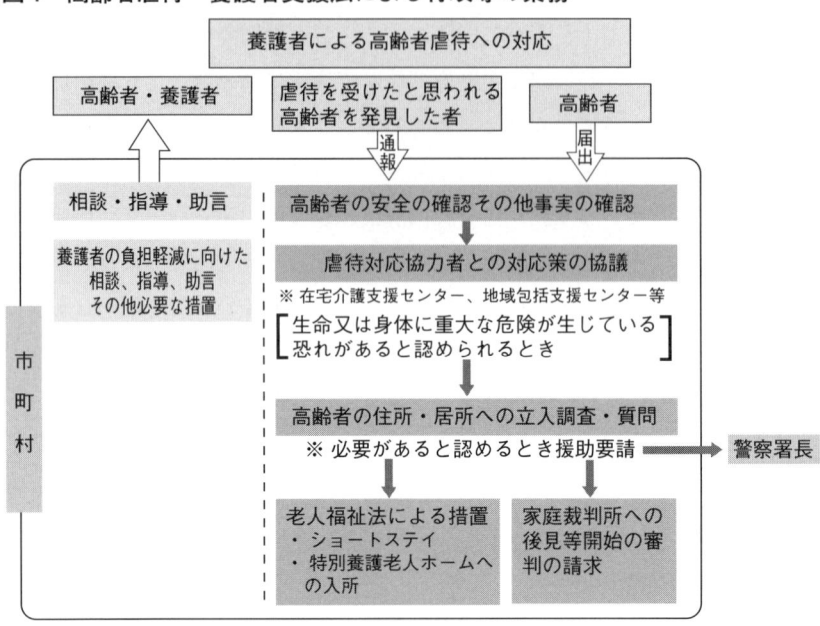

図4　高齢者虐待・養護者支援法による行政等の業務

養護者による高齢者虐待への対応

- 高齢者・養護者
- 虐待を受けたと思われる高齢者を発見した者（通報）
- 高齢者（届出）

市町村
- 相談・指導・助言
  - 養護者の負担軽減に向けた相談、指導、助言その他必要な措置
- 高齢者の安全の確認その他事実の確認
- 虐待対応協力者との対応策の協議
  - ※在宅介護支援センター、地域包括支援センター等
- ［生命又は身体に重大な危険が生じている恐れがあると認められるとき］
- 高齢者の住所・居所への立入調査・質問
  - ※必要があると認めるとき援助要請 → 警察署長
- 老人福祉法による措置
  - ・ショートステイ
  - ・特別養護老人ホームへの入所
- 家庭裁判所への後見等開始の審判の請求

都道府県
- ○ 市町村相互間の連絡調整、情報提供その他必要な援助
- ○ 市町村への必要な助言

出典：厚生労働省老健局「地域包括支援センター業務マニュアル」

介護支援センターを中心として、介護や高齢者の生活に関する総合相談の一環として行われているのが現状ですが、北区や板橋区などいくつかの区市において、高齢者虐待専門の相談電話や窓口を設置する動きも出始めています。こうした区市町村では、全体として虐待の相談や通報が増える傾向にあり、特に関係者の研修や事例検討会等を実施したところでは、相談が急増したという報告もあります。こうしたことから、相談・通報窓口を明確にし、関係者への周知を図ることが、潜在している高齢者虐待を発見する鍵になるものと考えられます。

なお、都の調査では虐待を受けている高齢者のなかで自立・介護保険未申請の者は20.6％ですが、高齢者虐待に先進的に取り組んでいる神奈川県横須

賀市では、自立・未申請者からの相談が増加しているとのことです。区市町村が高齢者虐待の対応を考える際には、要介護者に限定しない支援の枠組みづくりも必要になります。

　今回の法律により、今後、高齢者虐待を発見した者には、高齢者に生命または身体に重大な危険が生じている場合には通報の義務が、それ以外の場合は努力義務が課せられることになります。このため区市町村には、高齢者虐待の内容や相談できる機関、想定される支援内容等について、職務上関係する担当者はもちろんのこと、高齢者やその家族、地域住民等にも広く普及啓発していく努力が求められます。

　こうして住民に「高齢者虐待」への共通理解を広めることが、自覚せずに行われる虐待に歯止めをかけ、深刻化する前に自ら相談できる社会風土をつくることにもつながっていくでしょう。

3　認知症と高齢者虐待

　虐待を受けている高齢者で何らかの認知症のある人が占める割合は、国の調査では約8割、都の調査では約7割（疑いを含む）であり、認知症と高齢者虐待との間には深い相関関係があるといえます。このことは、虐待の要因について、全体では虐待者や高齢者本人の性格・人格や、これまでの人間関係が上位を占めるのに対し、虐待されているのが認知症高齢者の場合では「高齢者本人の認知症による言動の混乱」が1位となっていることからも確認できます。

　こうしたなかで、現場からは「認知症がある場合の事実確認が困難」「本人意思の確認ができない」といった声や、反対に「認知症で本人に判断能力がない場合は、客観的な判断に基づき、本人の安全を確保すべき」との声も聞かれます。しかし、「客観的判断」を良しとし、「本人の安全」を最重視するこうした考えは、ともすると高齢者本人の行動を過剰に制約し、結果として権利を侵害する危険もあることを、関係者は認識しておく必要があると考えます。

認知症があっても本人なりの思いや感情は残っており、これを優先した対応を図っていくことが基本となります。最終的に高齢者本人の意向が確認できず、推測により判断せざるを得ないことや、様々な事情により本人の意向に沿った支援ができない場合もあります。しかし、そのような場合でも、関係者には高齢者本人の思いをできる限り汲み取り、尊重する姿勢が求められます。

認知症高齢者の家族には、自分の親や配偶者が認知症になったという事実を受け入れることの難しさや、認知症による様々な症状とそのための生活上の障害によって生じる困難があります。認知症についての理解が不足していることや、知識としては知っていても、いわゆる徘徊やや妄想、興奮、昼夜の逆転などの困難な状況に対応できないことから、家族が疲弊していることは少なくありません。また、高齢者本人や地域に対して認知症であることを隠したい気持ちや、認知症の人が感じている不安やパニックが理解できないこと等のために、家族がストレスや混乱を抱え、それが虐待につながることもあります。

認知症の高齢者は、高齢化の進展に伴って大幅に増加することが見込まれており、今後は、近親者や知り合いの親など、身近な範囲に認知症の高齢者がいることは、特別なことではなくなるでしょう（表2）。

今後、地域に遍在する認知症の高齢者が、小さくなる世帯のなかでも虐待を受けずに生活し続けられる社会をつくるためには、認知症に関する普及啓発が重要です。認知症には誰でもなる可能性のある病気であり、認知症になっても本人ができることやわかることがあります。また、いわゆる徘徊や妄想など、家族が困ってしまう様々な症状は、適切な支援があれば軽減できることも多く、本人なりの力を発揮しながら生活を続けられる可能性があります。

認知症の高齢者への虐待を防止するためには、こうしたことを、医療や福祉の専門職はもちろん、家族を含む多くの住民が理解する必要があります。そして、認知症の人と家族を支えるための具体的な取り組みを、地域単位で

充実させていくことが重要です。

表2　要介護高齢者に占める認知症高齢者の将来推計 (単位:万人)

要介護者の認知症高齢者の 自立度（痴呆性老人自立度）	2002	2015	2025
自立度Ⅱ以上	149	250	323
	6.3%	7.6%	9.3%
自立度Ⅲ以上	79	135	176
	3.4%	4.1%	5.1%

※　下表の下段は、65歳以上人口比（%）
※　2002年9月末を基準として推計。（厚生労働省の資料をもとに作成）

事例に学ぶ対応策
認知症に悩む親子

　Ｉさんは82歳の女性で、50代の息子、Ｋさんとの2人暮らし。

　しっかり者だったＩさんですが、ここ数年認知症の症状が現れて料理などがうまくできなくなったほか、最近は昼夜が逆転して夜眠らないことが多く、ときには排泄を失敗してしまうこともあります。

　息子のＫさんは、「母の介護は自分の役割だ」という思いが強く、3年前に会社をリストラされたことをきっかけに、自宅でＩさんの介護を続けていますが、一方では、「しつけに厳しく、しっかり者だった母親」の顔が思い浮かび、認知症になった今の母親の状況を「認められない」「認めたくない」でいます。

「何でこんなことができないのか」

「何でさっき言ったばかりのことを何度も聞くのか」

「どうして夜になると騒ぎ出すのか」

　若い頃の母親の面影が重なって、「情けない」思いが先にたち、つい、

失敗を厳しく叱責したり、うるさいと怒鳴ったり、イライラして叩いたりすることが多くなりました。

ある日、地域の民生委員のところに、Ｉさんの隣人から、

「最近、Ｉさん宅から時々怒鳴り声が聞こえて気になっていたが、今日、回覧板を届けに行ったところ、Ｉさんの顔に殴られたようなアザがあった」

と電話がありました。

翌日、民生委員がＫさん宅を訪問しましたが、Ｋさんは玄関先で対応したものの家には入れず、母親の介護は自分がやっているから大丈夫とのことでした。Ｉさんの無事を確認できなかった民生委員は、地域の在宅介護支援センターに連絡し、今後の対応を相談することにしました。

在宅介護支援センターでは、相談員のＮさんが相談を受けてＩさんについて調べたところ、3年前に介護認定は受けているものの、介護サービスは利用していないことがわかりました。このため、認定を見直す時期になったという名目で、当時関わりのあったケアマネジャーと一緒に訪問して、本人の状況を確認することにしました。

Ｋさんは最初、「介護は自分がきちんとやっており、他人の世話になる必要はない」の一点張りでしたが、Ｎさんは「何かあったら相談してください」と名刺を渡して帰りました。

3回目の訪問でようやく玄関先まで入れてもらうことができましたが、Ｋさんはかなり疲れている様子で、ちらっと顔を見せたＩさんには、厳しい口調で奥の部屋にいるよう命じ、ドアを閉めてしまいました。Ｉさんの顔にはまだあざがありましたが、Ｋさんは「本人が転んでぶつけた」と話しました。

Ｎさんはその後も訪問を繰り返し、その都度「Ｋさんはよくやっていますね。3年も介護を続けていて疲れているのではないですか」などとＫさんをねぎらい、介護サービスの利用を勧めました。また、Ｉさんとはなかなか話しをさせてもらえなかったため、気をつけて様子を観察するよう心がけました。

こうした関わりのなかで、Kさんのかたくなな態度は次第に変化し、Nさんに、ひとりで介護や家事をこなすことの大変さや、Iさんが壊れていくようで怖いと感じていること、睡眠不足やイライラが講じてつい怒鳴ったり、殴ったりしてしまうこと、働いていないので将来の生活に不安があることなどを、少しずつ話してくれるようになりました。

　そして1か月半がたったある日の訪問で、Nさんは、以前置いていったショートステイの資料に印がついているのに気がつきました。Kさんにそれとなくショートステイでのお年寄りの様子をお話しすると、興味を持ったものの、費用面で不安があるようでした。また、この日はじめてIさんとも話をすることができました。Iさんは、自分が何もできなくなってしまったこと、これからも自宅で暮らしたいこと、戦後、地方から出てきて苦労したことなどを、ぽつりぽつりと話してくれました。

　そこでNさんは次の訪問時に、担当ケアマネジャーが作成した暫定プランを持参し、ショートステイとデイサービス等を組み合わせたプランの内容と、介護保険を使用した場合の費用をKさんに説明しました。

　こうしてIさんの介護サービス利用が始まると、Kさんは自分の時間が持てるようになり、ハローワークに仕事を探しにいくことができるようになりました。

　また、Iさんも専門医を受診して、アルツハイマーの進行を抑える薬を服用するようになり、昼間の活動が活発になったためか、夜もきちんと眠れるようになってきました。

　Kさんは、まだ時々Iさんを怒鳴ってしまうことはありますが、以前のように手をあげることはなくなり、Iさんの表情も穏やかになりました。Nさんは担当ケアマネジャーから時々報告を受けながら、Iさん達を見守っています。

③ 施設内の事業者虐待をどう改善するか

　先に述べたように、高齢者虐待は親族等によるものだけではないことから、今回の法律では「養介護施設従事者等（施設職員のほか、居宅介護事業の従事者等を含む。著者注釈）による高齢者虐待」と規定しています。

　近年では認知症高齢者グループホームの職員が利用者を死亡させた事件などが記憶に新しいところですが、介護保険施設の職員や訪問介護のヘルパー等による虐待は、本来、高齢者の生活を支え、質の向上を図るためにサービスを提供することを目的に契約関係を結んでいるプロが、その信頼に反して行う行為であり、親族が行う虐待とは明確に区別されるべき問題だと考えます。

1　施設等における身体拘束

　転倒を防止するなどの理由で、高齢者の身体をベッドや車いすに固定したり、自分では脱着できないつなぎ服やミトン型手袋で行動を制約したりする身体拘束は、安全策として病院や福祉施設に浸透していましたが、実際には拘束することで、かえって事故の危険を増加させる可能性もあることや、高齢者の心身に深刻な悪影響を及ぼすことが明らかになりました（図5）。

　そのため、特別養護老人ホームをはじめとする介護保険施設等では、身体拘束が原則として禁止されていますが、まだ完全には廃止できていない施設が多いのが現状です。しかし、前述の全国調査では、この身体拘束を「身体的虐待」の具体例として明記しており、各自治体においても多くがこの内容を参考としています。

　実際に虐待として対応が必要な身体拘束の内容や範囲については、個別性をどう判断するかも含めて検討が必要です。しかし少なくとも、高齢者の尊厳と健康を損なう行為であることが明白で、禁止が明文化されている身体拘束を「介護のプロ」が行っている現状をいつまでも放置しておくことができないのは明らかです（図5）。

今後は施設等のトップが一層明確な意識を持って廃止に取り組むとともに、特に認知症の高齢者について、拘束に頼らずに生活を支援していくための知識や技術を、現場の職員が早急に身につけていく必要があります。

図5　身体拘束が高齢者に与える影響と悪循環

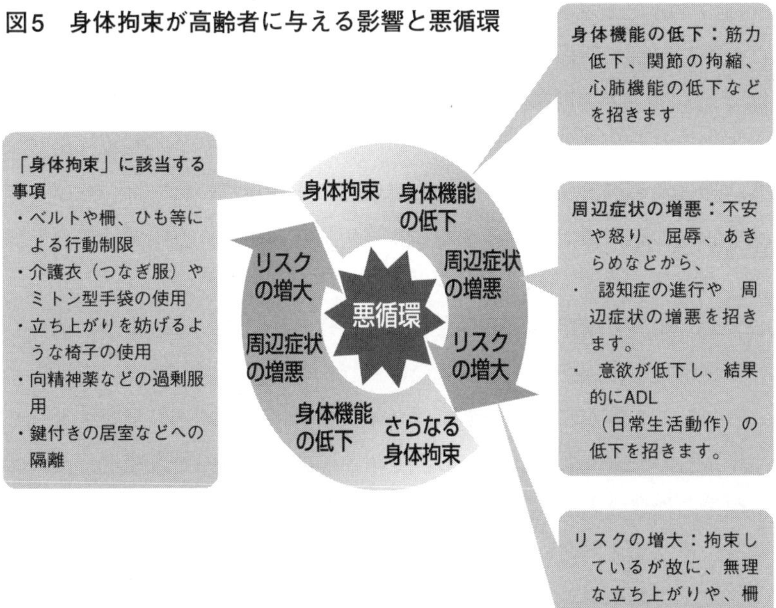
「身体拘束」に該当する事項
・ベルトや柵、ひも等による行動制限
・介護衣（つなぎ服）やミトン型手袋の使用
・立ち上がりを妨げるような椅子の使用
・向精神薬などの過剰服用
・鍵付きの居室などへの隔離
身体拘束
身体機能の低下
周辺症状の増悪
リスクの増大
さらなる身体拘束
身体機能の低下
周辺症状の増悪
リスクの増大
悪循環
身体機能の低下：筋力低下、関節の拘縮、心肺機能の低下などを招きます
周辺症状の増悪：不安や怒り、屈辱、あきらめなどから、
・　認知症の進行や　周辺症状の増悪を招きます。
・　意欲が低下し、結果的にADL（日常生活動作）の低下を招きます。
リスクの増大：拘束しているが故に、無理な立ち上がりや、柵の乗り越えなどにより、重大な事故が起きる危険もあります。

（「高齢者虐待防止～尊厳ある暮らしの実現を目指して～」H17.3　東京都）

事例に学ぶ対応策

身体拘束

Sさんは89歳の女性で、特別養護老人ホームに入所しています。

2年前に転倒し骨折したことをきっかけに、自力で立ち、歩くことが困難になっていましたが、本人は認知症のため「立てる」「歩ける」と思いこんでいます。ベッドから降りようとしての転落や、車いすから立ちあが

っての転倒があったことから、臥床時はベッドを4本の柵で囲み、車いすではベルトで立ち上がりを防止しています。

また、認知症の進行に伴い、夜間におむつをはずし、寝具などを汚してしまうことが頻繁になったため、1年ほどから夜間のみ自分では脱着ができない介護衣（つなぎ服）を着用してもらうようになりました。

しかし、都の研修を受講した介護職員が身体拘束による弊害の大きさを知り、Sさんの身体拘束をはずすためのカンファレンスを開きました。

まず、おむつをはずす行為について、便がやわらかく、頻繁に出てしまう状態のために不快感があることが要因であり、この状態は、服用している胃腸薬の副作用かもしれないこと等が話し合われ、胃腸薬の処方について、看護職を通じて医師に相談することになりました。

また、ベッドや車いすから立ち上がろうとすることにも排泄が関係している可能性が指摘され、排泄について詳細に記録してパターンを把握するとともに、希望があったときには必ずトイレに誘導することをスタッフ間で申し合わせました。こうした取り組みの結果、薬の処方変更で便の状態が改善したことと、トイレで排泄する回数が増えたことにより、Sさんがおむつをはずす回数は減っていきました。

また、会話や職員への意思表示が以前より活発になり、現在では、誘導の際に手引き歩行を繰り返すことで、不安定だった立位や歩行も安定するようになってきました。

職員は、安易な身体拘束がSさんの尊厳を大きく損ない、ADLを低下させていたことを実感し、身体拘束をしないことを徹底できるよう、ひとつひとつケアの見直しを行っています。

2　ヘルパー等による虐待

居宅介護事業者等による虐待に関しては、今のところ、まとまった調査などは行われていません。しかし、特に訪問介護等では、多くの場合一人で家庭に入ってサービスを行うことから、不適切な対応があったとしても外部か

らはわかりにくいという特徴があります。また、単独で訪問する場合、特定の高齢者との関わりが長期になるほど、少人数の世帯における状況に似た閉塞感が生じ、これが虐待につながる可能性もあると考えられます。

こうした状況を防ぐためには、たとえ通常は単独訪問であっても、日々の訪問の状況を事業所内にきちんと伝えることが基本です。そして、問題が生じた場合には組織として対応していくことが重要であり、そのためのルールを明確にし、実践していく必要があります。

3　対応策の考え方

今回の法律では、要介護施設等従事者による虐待についても通報の窓口は区市町村です。そして通報を受けた区市町村が、その内容を都道府県に報告するとともに、区市町村または都道府県が、老人福祉法または介護保険法の規定による権限を適切に行使することとしています。これを実現するためには今後、区市町村と都道府県が連携して対応していくための事務の流れを明らかにするとともに、提供される介護やサービスの内容について、どのようなものを不適切とし、どこから虐待と捉えるのかといったことについて、関係者間で整理し、共有していく必要があります。そして、これらの対応について地域ごとの格差が生じることを防ぐためには、国のレベルで何らかの指標が示されることも、また必要であると考えています。

なお、虐待が起きる背景には、家族等による虐待がそうであるように、虐待してしまう職員等の側に何らかの困難な状況があることも予測されます。このため職員の知識・技術を向上させるとともに、過度な負担やストレスを解消していくことが望まれます。そして、虐待のリスクを軽減していくために必要な事項について、行政と事業者がともに検討し、明らかにしていくことが重要です（図6）。

図6　高齢者虐待・養護者支援法による行政等の業務

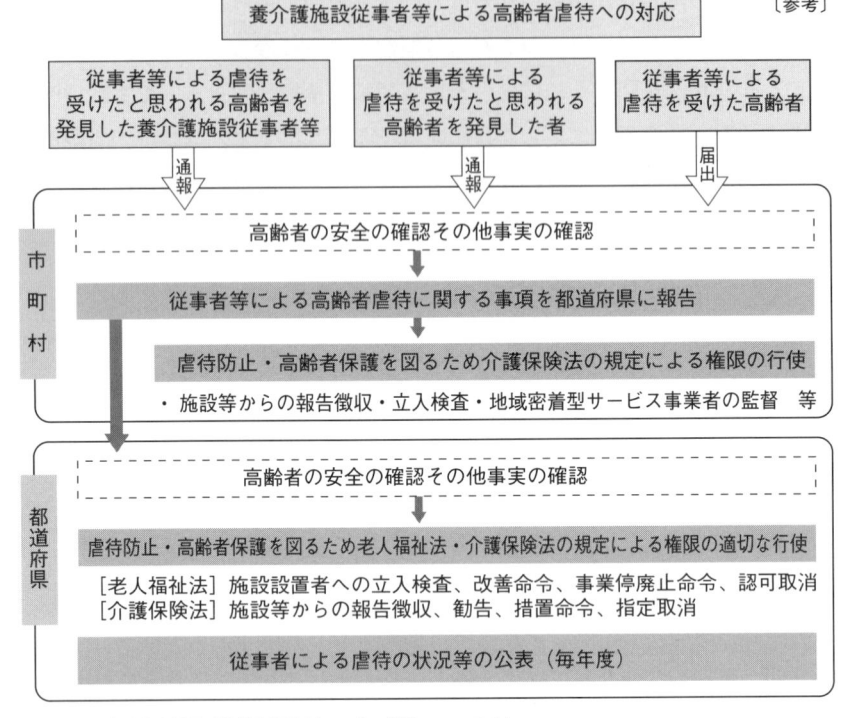

〔参考〕

養介護施設従事者等による高齢者虐待への対応

- 従事者等による虐待を受けたと思われる高齢者を発見した養介護施設従事者等 → 通報
- 従事者等による虐待を受けたと思われる高齢者を発見した者 → 通報
- 従事者等による虐待を受けた高齢者 → 届出

【市町村】
- 高齢者の安全の確認その他事実の確認
- 従事者等による高齢者虐待に関する事項を都道府県に報告
- 虐待防止・高齢者保護を図るため介護保険法の規定による権限の行使
  ・施設等からの報告徴収・立入検査・地域密着型サービス事業者の監督　等

【都道府県】
- 高齢者の安全の確認その他事実の確認
- 虐待防止・高齢者保護を図るため老人福祉法・介護保険法の規定による権限の適切な行使
  [老人福祉法] 施設設置者への立入検査、改善命令、事業停廃止命令、認可取消
  [介護保険法] 施設等からの報告徴収、勧告、措置命令、指定取消
- 従事者による虐待の状況等の公表（毎年度）

出典：厚生労働省老健局「地域包括支援センター業務マニュアル」

4　今後の取り組みの方向性

　冒頭で述べたとおり、来年4月以降、区市町村は具体的に高齢者虐待に対応していくことになりますが、その際、中心的な役割を担うことになる地域包括支援センターの機能が問題になることが考えられます。

　高齢者虐待は、非常に機微な個人情報を扱うものであるうえ、地域内の関係機関と密接な連携を図る必要があること、対応にあたっては家庭への立入調査や特別養護老人ホーム等へ措置、成年後見の首長申立など、行政にしか果たせない機能があります。このため、特に委託により地域包括支援センタ

ーを設置する場合には、委託する業務の範囲やそれをバックアップする区市町村の体制を明確にし、行政として責任ある対応を図る必要があります。しかし、そういった役割を担う部署や、対応できる人材をどう確保するかという問題は、明らかになっていないのが現状です。また、地域包括支援センターには、介護予防事業や包括的、継続的支援事業において多くの役割が期待されていますが、その事業内容は現時点でもなお詳細が明らかになっていない部分を多く含んでいます。そうしたなか、現在想定されている体制で、求められている役割を十分に果たすことが可能なのかという点には、大きな不安があるといわざるを得ない状況です。

　さらに、今後は区市町村が地域密着型サービスについて指導監督の権限を持つことなどから、都道府県のみならず、区市町村においても、事業者による虐待についての基準を明確にし、虐待の通報や相談、内部告発等について、適切に対処できるルールを作ることもまた、求められています。

　東京都においては、高齢者虐待防止について適切な対応が進められるよう、平成16年末に有識者等からなる「東京都高齢者虐待を考える会」を設置して検討を重ね、パンフレットやマニュアル作り進めているほか、包括補助金などを活用して、区市町村の取り組みを支援しています。

（東京都福祉保健局高齢社会対策部在宅支援課認知症支援担当係長　下川明美）

第5章 都市施設と危機管理

■第5章■　都市施設と危機管理

第1節　道路管理と危機管理

1　関東大震災は再来するのか？　そのときの対応は！

　平成16年の国内の地震記録を調べると震度4以上は56回、なかでも構造物への被害の可能性が高くなる震度5以上は、26回発生しています。地震の回数は、ほぼ平年並みですが、大きな地震の空白域を狙うかのように発生している気がするのは筆者だけでしょうか？

　平成16年から平成17年にかけて発生した大きな地震は、新潟県中越地震、福岡県西方沖地震、宮城県沖地震と半年おきですが、その都度問題となるのは、災害に対応する行政の姿勢と対応です。平成17年7月23日には、関東の千葉県北西部にマグニチュード5.8の地震が発生、「いよいよ関東地方にも巨大地震が発生するのか」と危惧する昨今です。

　さて、関東地域に大地震が発生した場合は、危機管理対策は万全でしょうか。その際大きな課題となるのは、被災地域住民の避難路確保と緊急自動車の交通路確保です。そのためには、道路を管理する組織のあり方と、道路管理者の「危機管理」に対する仕組みづくりと意識改革が重要です。

　私たちの周辺には、地震以外にも災害となる事象がたくさんあります。大きなニュースとなる記録的な豪雨や津波、台風、火山噴火などです。これらの災害に対応するため、日々の道路施設の監視や施設の安全点検、適切な維持補修など予防保全に努めていますが、不可抗力的に発生する災害を完璧に避けられないのも事実です。万一災害が発生したときには、適切で迅速な対応によって被害を最小限に食いとめなければなりません。そのため組織としても、危機に適切に対処する理念の徹底や危機管理計画の策定、危機管理対応をトレーニングするシミュレーションの実施などが不可欠です。

　本編では、東京都が近年体験した災害や事故などの対応を紹介するとともに、大地震発生時に問われる道路に関する危機管理の実態、各種方策やある

べき姿などについて事例をあげて対応策を紹介します。

2 危険と隣り合わせの道路管理

1 道路の陥没事故

　東京都内の道路は平成17年4月1日現在、国道、都道、区道、市町村道を含めて、総延長で約2万4,052kmあります。このうち東京都が直接管理する都道は、全体の約9.3％にあたる2,154kmと75kmの指定区間外国道の計2,229kmです。これらの道路には、地下鉄や地下河川などの大断面のものから水道管やガス管などの小断面のライフラインまで、数多くの占用埋設物がひしめき合うように敷設されています。

　多種多様な道路占用埋設物を抱える都心の道路では、埋設物の影響と思われる路面沈下や道路陥没が発生しています。なかでも、平成2年1月のJR御徒町駅前・春日通りの道路陥没は、車両4台が陥没した穴に飲み込まれるという惨事となりました。幸いにも怪我人は出ませんでしたが、道路渋滞の時間帯であったらと大惨事となっていたことでしょう。

　また、平成10年9月の港区芝公園付近・日比谷通りの道路陥没は、負傷者こそ出なかったもののテレビや新聞紙面を賑わす事態となり、復旧には膨大な費用を要しました。このように、ひとたび大規模な路面沈下や道路陥没があると、交通が遮断されるばかりでなく、大惨事にもつながりかねません。そして発生から復旧まで、その対応に苦慮することになります。

　そもそも、道路は「平坦で安全である」という前提があるからこそ、利用者も安心して走行することが可能となります。しかし、突然、落とし穴が発生する事態に直面すれば、道路への信頼は揺らぎ、安全で快適、円滑な交通の確保を使命とする道路管理者への批判が集中することになります。

■第5章■　都市施設と危機管理

事例に学ぶ対応策
地下埋設物が原因の路面沈下と陥没事故

(1) 事故の要因と対応策

　路面が陥没した地下埋設物を原因とする最近の事故は、平成16年3月に発生した渋谷区初台2丁目の山手通り外回り線（片側2車線）での路面大規模沈下があります。この事故の処理経過は、表1のとおりです。

　このように被害を最小限に食い止め、翌日早朝、交通開放ができましたが、その要因として3つあげられます。

　第1に工事関係者の巡回パトロールによって、路面変状を早期に発見できたことです。技術開発の進歩によって、大深度地下の利用が可能になり、大規模地下構造物の工事が、地上から離れた深い場所で施工されています。このため、施工業者の道路への影響の認識が薄れ、路面調査をおろそかにする例があります。路面への影響は即、道路交通への大惨事につながりかねません。地下工事現場では、道路面への気配りと日々、新たな眼でパトロールを行うことが必要です。

　第2には、緊急時の連絡体制を整備したことです。道路管理者への通報はもちろん、交通管理者、埋設企業者、住民へ早期に連絡することで危機を回避し、関係者の協力で2次災害を防止することができます。

　第3には、路面沈下の原因がすばやく特定できたことです。一般にはこの原因の特定に時間が割かれ、原因不明でその対策もままならないことがあります。しかし、当該沈下箇所は、施工中のシールド工事が大規模で工事前から協議を重ねており、工事中も進捗状況の報告を義務づけていたことが早期

● 山手通りの道路陥没状況

の原因究明に役立つことになりました。

(2) 東京都建設局の対応

　東京都建設局道路管理部では事故発生に伴い、事故状況の確認、適切な対応を目的として、部長を議長とする「道路陥没事故対策会議」を事故当日の3月31日に召集しました。また、4月2日には事故原因の究明を目的と

表1　路面陥没事故の経緯

日　時		内　容
平成16年 3月31日	9:30	「路面沈下が発生している」の連絡
	10:00	道路を管理する事務所の課長と職員が直ちに現場へ急行。道路舗装部に楕円形状の亀裂と変状範囲が約200m²（7m×30m）、最大沈下量約65cmと深刻な状況にあることを確認
	10:30	路面沈下の影響範囲をバリケードで囲うよう指示、外回り1車線の交通規制を開始
	10:35	現地における緊急協議実施、泥水式シールド工法により深さ約20m、外径約13mで2連トンネルを建設中であり、今回の路面沈下は、シールド掘進の影響によるものと判断し、以下の対策を指示 （路面沈下を進行させないための措置） 　①シールド掘進の停止 　②路床部の空洞状況調査と早期復旧 　③各埋設企業者である水道局、下水道局、東京ガス、NTT、東京電力に被害状況確認と管防護設置
	11:00	シールド掘進を停止
	11:35	内回り2車線のみによる相互通行を実施 路面沈下部分の道路舗装を撤去、掘削を開始
	17:00	路床部の空洞状況と各埋設企業者による埋設物の被害状況の確認が完了、道路舗装以外に被害のないことを確認
	17:30	埋め戻しを開始
4月1日	5:30	道路舗装の復旧を完了
	6:30	交通規制を解除

して道路保全担当部長を委員長とする「事故調査委員会」を立ち上げました。この委員会は、各埋設企業者より意見聴取するため準備会を含め5回開催し、4月23日には事故原因と今後の対策について結論が出されました。

(3) 今後の課題

この事故のほかにも、地下埋設物の影響による路面沈下や道路陥没の発生は枚挙にいとまがありません。しかし、道路は単に人々の移動や生活物資の輸送のためだけではなく、都市生活にとって必要不可欠な電気、ガス、電話、上下水道、地下鉄などの収容空間でもあります。道路が、都市生活や都市活動を支える重要な基盤施設であるといわれる所以です。

このため、道路管理者は、これらの地下埋設物も含めて道路を適切に保全する必要があります。そして、多くの事故の経験を通していえることは、日常の点検から緊急時対応まで、道路管理者と埋設企業者が連携して実効ある協力体制をつくりあげることが重要であるということです。

2 山岳道路の落石

「都道」といえば、大都市の立体的で縦横無尽に延びた先進的な道路を想像するかもしれません。しかし、多摩地区や伊豆諸島・小笠原諸島などのように、急峻な斜面や崖に面した道路が数多くあります。

このような道路は、風雨の影響などで不安定となった斜面からの落石や土砂崩れが多く、不幸にして事故が発生すると、生活物資の輸送や緊急車両の通行ができなくなり、尊い人命までも失われることがあります。

事例に学ぶ対応策

斜面崩落事故

(1) 東京都の対応

平成15年8月15日に、山梨県へ通じる東京都管理の国道411号（奥多摩町）で起きた斜面崩壊は、前線停滞により降り続いた大雨が原因となって発生しました。職員の出勤時間に合わせたかのように、朝の8時50分頃、管理事務所である奥多摩出張所にバス会社から「落石防止ネットから落石が流出している」との通報がありました。

バスを直撃した電柱

　9時20分に現場に駆けつけた職員が、現地で発生した斜面の亀裂から斜面崩壊の危険があると速断し、その場で急きょ通行車両に向かって手信号でUターンを指示しながら、バリケードなどで通行止めの措置を講じました。そして、職員は無線機で奥多摩出張所に状況を報告しました。

　この緊急無線連絡直後に頻繁な落石が始まり、見る間に斜面が延長30m、高さ20mにわたって崩壊し、崩土約200m³と倒木がその道を塞ぐ結果となりました。斜面崩壊によって電柱11本が連鎖的に転倒し、そのなかの1本が斜面から離れて避難していた路線バスを直撃しましたが、幸いなことに大事に至らず、乗客も救出されて事なきを得ました。

　職員の迅速で適切な判断がなければ、8月のお盆の帰省時期で交通量の多いなか、この路線バスを含めた多くの車両が斜面崩壊に巻き込まれ、翌日の新聞紙面を飾る大惨事となっていたことでしょう。

　これは、バス会社と道路管理者の連携及び豊かな知識と経験を持った職員の機転が功を奏したよい事例です。

3　安全を守るはずの交通安全施設が原因の事故

　東京都が管理している道路は、安全性、利便性、快適性向上を目的として

街灯を15万3,638基、道路標識を2万6,272基、計17万9,910基設置しています。これら街路灯や道路標識の多くは、昭和39年の東京オリンピック開催を契機に集中的に整備されたものが多く、灯具や標識を固定している柱は、鋼材（SS400材相当）に合成樹脂塗料・塗布した仕様のものがほとんどです。

これらの街路灯や道路標識には、これまで照度アップなどの機能不足から灯具を含めた更新は行っているものの、老朽化による損傷や劣化を原因とした更新を計画的に行ってはいませんでした。

事例に学ぶ対応策
幹線道路標識と街路灯の事故

(1) 事件の経緯

平成14年4月4日、幹線道路の道路標識と街路灯が転倒する事故が連続して発生しました。道路標識の事故は、転倒した鋼製の柱に乗用車が突っ込み右バンパーとヘッドライトが損傷しました。また、街路灯の事故は、走行中のコンテナトラックに転倒した街路灯が直撃し、荷台を損傷しました。

この両事故は、幸いにも人身事故は免れましたが、一つ間違えば、後続車をも巻き込む大事故につながることから、道路管理者としても肝を冷やしました。安全確保を目的として設置した施設が、逆に事故原因となった事例です。

(2) 事故の要因と対策

転倒した街路灯、道路標識の柱は鋼管で、経年によって局部的に腐食し、減厚したことが原因であると判明しました。

そこで、翌日の4月5日に急きょ、職員を総動員し、街路灯および道路標識柱を目視と人力による加圧で緊急点検を実施しました。

その結果、転倒した街路灯と同様の腐食で、断面が欠損している事例が

約200基発見されました。さらに専門的な詳細調査が必要と判断し、設置後20年以上経過もしくは腐食しやすい環境にあるものなど4万8,600基について、超音波試験などの非破壊試験による一斉点検を行いました。約6％にあたる2,898基が緊急対策として必要と判断されました。

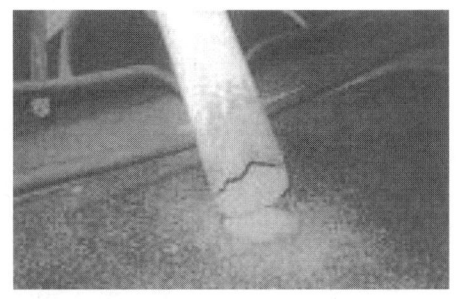

転倒した道路標識

この結果をもとに、約3,000基について平成15年度から2か年かけて緊急更新しました。しかし、まだまだ十分とはいえません。そこで15年3月、「街灯・道路標識点検要領」を定め、定期的に街路灯や標識柱の設置環境や健全度調査、老朽度に応じた延命対策を実施し、より安全な予防型道路管理を目指しています。

このほか道路附属物で話題となった事故は、平成17年5月、埼玉県行田市内で、ガードレールに取り付いた鋭利な金属片により中学生がけがをした「謎の金属片」事件があります。「悪質ないたずら事件として、所轄警察が傷害容疑で捜査をはじめた」との新聞報道をもとに、マスコミ各社も交えて大騒動となりました。

事例に学ぶ対応策
謎の金属片の事故

（1）事故の概要

都道でも過去に同様の事故がありました。行田市の事故に先立つ平成12年6月にジョギング中の男性が「謎の金属片」に接触し、太腿に裂傷を負いました。当時の調査結果では、この金属片は走行中にガードレールに接触した自動車の一部であるとの判断から、直ちに都道全域の緊急点検を

実施し、日常の巡回パトロールの注意項目として「ガードレールの金属片」を設定しました。都は以前からこのような調査を行っていましたが、今回の新聞報道を受けて、都の保有する「金属片情報」を行田市及び埼玉県警に紹介し、安全確保のため再度緊急点検を実施しました。

話題の「なぞの金属片」

(2) 国土交通省と東京都の対応

　この鋭利な「謎の金属片」は、ガードレールの継ぎ目やボルトに故意に仕組まれたかのように取り付いており、全国的に次々に多数の金属片が発見されるにつれてマスコミ報道は加熱し、「いたずら説」「車両の接触説」などかまびすしい論説が繰り返されてきました。

　このため、国土交通省は、各道路管理者に緊急点検調査を指示し、その結果、全国で3万8,000箇所の金属片が発見されました。過熱する報道や国民の不安を解消するため、国土交通省は「金属片調査委員会」を設置し、原因を明らかにし、次のような発表をしました。

①金属片材質分析結果は、すべて自動車部品と判明。
②実証実験を実施、車体の一部がガードレールに付着する様子を確認したとして「金属片は自動車が接触してできた」と断定。
③道路点検は、歩行者重視から徒歩によるパトロールを増加。

　この委員会の提言に先立ち、東京都でも日常の巡回点検の際、ガードレールの点検と発見時の金属片撤去など速やかに安全策を講ずることとし、その発見箇所ごとに詳細な状況と処置を記載する「ガードレール金属片についての報告書」を義務づけています。今後は、これらの発見箇所のデータをもとに各種の検証を行い、予防措置を講ずることとしています。

この事故は、われわれ道路管理者に、道路管理の基本である日頃からのきめ細かい巡回点検の重要性を再認識させる契機となりました。

③ 道路における危機管理のポイント

　ここまで、大都市東京における道路に関係する被災事故事例を紹介するとともに、日々の道路管理と異常気象発生時の危機管理の事例を中心に対応を明記しました。「危機」は、その都度、形態を変えてやってきます。対応策も一義的には処理できず、それぞれの事態に即した対応が求められます。危機が去った後には、多くの新たな教訓と課題を残していきます。

　これまでの被災事故例と対応事例を踏まえ、道路面での危機管理のポイントを整理すると、コラム1のようになります。

④ 道路管理と危機管理の各種方策

　今回あげた事例から、アメリカ合衆国で発生したハリケーン「カトリーヌ」のような想像を超えた自然災害や道路陥没、金属片のような予測のつかない事故などに、迅速かつ的確・適切に対応するためには、日頃からの予防保全型道路管理を徹底するとともに、一朝有事の際の危機管理体制の確立が重要であることを示唆しています。

　次に、東京都の道路管理と危機管理について紹介します。

1　危機管理の基本は日常の道路管理が大切

　道路の機能を確保し、常に円滑、安全に道路を利用できるようにするため、道路の巡回点検やITV（情報監視装置）、警報装置等による道路施設の日常監視や定期的な点検・診断を行い、損傷箇所、異常箇所、不法使用箇所などをチェックしています。

コラム1　道路の危機管理8つのポイント

(1) 危機管理理念の設定

　危機管理意識の高揚と体制の強化に向けたシステム構築に際し、危機に対処する道路管理者としての理念について基本的な立場を明らかにする。

(2) 危機管理計画の策定

　各種路線の重要性を把握し、それぞれを順位付けした結果などを参考に、管理目標値の設定、被災時のリスク管理・評価、それぞれの具体的な対応策などを盛り込んだ計画を策定する。

(3) 迅速かつ的確な情報収集と関係防災機関との情報の共有化

　刻々と変化する現地情報を単独で把握することは困難であることから、関係防災機関と情報の共有化によって互いのバックアップ体制などの連携が可能となる。

(4) 報道機関、インターネットを活用した正確な情報提供と都民の協力

　マスコミの取材やインターネットへの交通情報掲などを通じて、適時、的確な都民への情報提供が可能となり、住民の不安解消、安全確保とともに、復旧活動について理解と協力が得られる。

(5) 危機管理組織の整備と指示命令系統の一元化

　災害、事故発生時の危機管理組織や体制を過去の事例や最新情報伝達システムなどを基本として整備し、責任の明確化、命令伝達体系や伝達手段を明らかにし、行動体系とフォローアップ体制を組み立てることが必要。また、本部からの指示命令系統を一元化することで情報の混乱を回避し、作業の安全性、効率性、円滑性を確保し、対策のスピードアップが可能となる。

(6) 作業の安全性確保と二次災害の防止

　災害や事故の復旧を急ぐあまり、現地情報の把握を誤り、保守対策の省略、作業の安全性確保を怠ることで、対策現場の2次災害の誘因となる。

(7) ローテーションの設定による対応職員の健康管理とメンタルケア

　長時間、長期間にわたる切迫した復旧業務従事にありがちな疲労による誤判断、指示ミス、士気の低下を回避し、業務の効率化が可能となる。

(8) 危機管理教育、訓練、見直し

　危機管理教育、訓練方法を整備するとともにそれらをルール化し、訓練の実施でより高度な危機管理体制づくりにつなげる。また、訓練が定例化することによるマンネリズムの排除や、見直しも併せて行うことが必要。

（1）道路の巡回点検と監察パトロール

　道路には、舗装、橋梁、トンネル、ガードレール、街灯、道路標識、街路樹など様々な施設があり、常に健全な状態を保つ必要があります。道路を点検することは、交通の安全を損なう状態を発見することが可能となり、危険箇所は応急対策を実施することで事故の発生を未然に防ぐことになります。

　都でも、道路巡回パトロールを強化した結果、道路の損傷、陥没などの異常が年間約3万6,000件発見されています。いずれも適切な対応によって、大事には至らずにすんでいます。

（2）走路施設の監視システム充実と24時間監視体制の確立

　トンネル、地下道やアンダーパス、共同溝等の施設には、事故情報を提供する情報板や、換気のためのジェットファン、空気清浄装置、排水ポンプ、消火装置など、様々な施設が設置されています。

　これらの施設の故障や、トンネル内、共同溝での火災発生に備え、警報監視装置で24時間監視しています。異常時には緊急対応すると同時に、利用者に必要な情報を知らせることで、安全で快適な道路利用ができるよう体制を強化しています。

（3）橋梁の健全度調査と予防保全型道路管理

　東京オリンピックから高度経済成長期にかけて、大量に造られた橋梁が十数年後には寿命を迎えることになります。さらに、交通量の増加や車両の大型化、風雨や日射、急激な温度変化の影響など厳しい気象環境が劣化を早めています。

　東京都は、橋の安全を確保し劣化を予測する目的で、定期点検を5年に1度の頻度で行っています。定期点検によって明らかとなった橋梁の損傷や劣化の程度、部材の重要度、設計された年次や大型車交通量などから健全度を判定し、健全度の推移から求められる劣化速度など科学的に算定しています。

　これら橋梁のデータや舗装、トンネル等のデータを基本として、「道路ア

■第5章■　都市施設と危機管理

セットマネジメントシステム」を構築し、投資的中・長期計画を策定することとしています。道路アセットマネジメント導入によって、対症療法型道路管理から予防保全型道路管理に転換することとなり、効果的、効率的な道路管理の実施が可能となります。いま話題となっているアセットマネジメントは、コラム2に示しています。

(4) 道路施設点検

道路施設点検は、道路の異常・損傷などを早期に発見して必要な処置を施すことや、損傷の要因を除去して常に施設を良好な状態に保ち、交通の安全確保と道路利用者への障害を防止することを目的に実施しています。

対象は、トンネル擁壁、共同溝、キャブ、桟道、盛土などです。これ以外にも、山岳斜面を対象に斜面点検を行い、危険度を診断しています。

路面上の空洞を調査

(5) 路面下空洞調査

昭和16年に東京都の中央区

コラム2　アセットマネジメント (Asset Management) とは

　資産価値の向上やリスクの軽減を目的として、保有する貴重な資産の効率的、効果的な管理、運用、投資を支援する科学的な技術情報によるマネジメントである。これまでアセットマネジメントは、株式投資、不動産の部門で多く使われていたが、海外の事例などから社会基盤施設にも十分適用が可能と判断され、国内においても早期導入が検討されている。
　具体的な導入事例としては、国土交通省、青森県、三重県、大阪府などがあげられる。

内で相次いで発生した道路の陥没事故を契機に、陥没の原因となる空洞を事前に発見する「路面下空洞調査」を定期的に行っています。路面下空洞調査とは、電磁波地中レーダーを装着した車両から、路面に向かって電磁波を発し、反射して戻ってきた波の強さを解析することにより、地中にある空洞の有無や大きさを判断する調査です。

平成4年から行っている空洞調査は、延長811.6kmにのぼり、事前に発見されたところが空洞712箇所となっています。今後はPS検層（地盤のP波、S波速度分布による探査法）などの新たな探査方法によって1.5mより深い部分の空洞を把握する調査法の検討を行います。

2　24時間休みなく続く道路管理体制

世界都市・東京は、365日、24時間絶え間なく活動を続けていますが、災害や事故は休日や夜間に関係なく発生します。

コラム3　都道管理連絡室

（1）都道の管理に関する連絡業務

休日・夜間における道路についての苦情や事故情報等を受け付け、所定の連絡体制表によって関係職員、関係部署、緊急工事施工業者等に連絡し、対応する。

（2）道路施設の警報管理業務

管理しているトンネル、地下歩道、アンダーパスなどには雨天時の排水を目的として排水場（69箇所）がある。これら排水場は、集中豪雨や台風時にたえまなく稼働する必要性があることから、異常があった場合は、各箇所から発せられる警報を道路監視システムが統合して受信し、定められた連絡先に通報するなど、早期に対策を行っている。

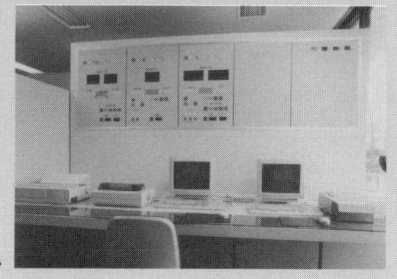

道路監視システム

東京都では、休日や夜間など職員の勤務時間外における道路への問い合わせ・苦情に、即座に適切に対応する目的で、昭和48年7月1日に「都道管理連絡室」を設置しています。主な業務は、コラム3のとおりです。

3　異常気象・天然現象に対する危機管理体制

東京がひとたび災害に見舞われると、首都機能が麻痺するだけでなく世界経済的にも多大な影響を及ぼします。

異常気象時や天然現象に対応できる危機管理体制として、日頃からのトレーニングを着実に実施することが重要です。そこで、参考までに、大雨・大雪・大地震時の東京都の体制についての特徴をコラム4で列記します。

4　予測を超えた事故・テロ等に対する危機管理

これまで述べてきたように、都市の道路には、道路陥没、道路標識や街路

コラム4　大雨・大雪・大地震時の態勢

(1) 大雨時の態勢

気象庁から、大雨、洪水注意報が発表されたときは、直ちに連絡体制をとる。その際は、参集した職員が、雨量や被害情報の収集連絡、事態の変化に応じた対応が適切に行えるように状況に応じた態勢を整える。待機中は、水防災総合情報システムで得られる都内の雨量情報画面の変化を監視し、緊急時に即時対応できる準備を行う。

次に、大雨・洪水警報が発表されたときには、警戒配備態勢がしかれるため、都内各所の11の建設事務所で道路冠水の既往箇所の点検を強化、情報の収集、連絡などを開始する。平成12年からは、都民へのリアルタイムな情報提供として、建設局ホームページで道路通行止め情報を提供を行っている。

(2) 大雪時の態勢

都内での降雪量は全国的には少ないものの、一旦降雪があれば首都機能への多大な影響は他の地域と比べられないほど大きい。このため、大雪が降るときには、雪害態勢を立ち上げ、対応する。特に、気象庁より大雪情報が発令された場合、

灯の転倒など、事故が発生する危険が常にあります。通行止めなどの大規模交通規制を招き、道路の機能を阻害するばかりか、死傷など人的被害も引き起こします。

　管理する道路の上空には、都市内高架道路、広告看板等の上空占用物件、地下には多くの占用企業者の埋設物や添架物件などが多目的に設置・利用されており、これらが、複合的に作用すれば予測を超える事態が発生します。都市の道路、ライフラインが原因として引き起こす事故についても、可能な限りシミュレーションし、対応策を考えておく必要があります。

　さらに、緊迫する社会・国際情勢の変化に伴って、同時多発テロ事件が平成13年9月11日にニューヨーク、平成17年7月21日にロンドンで発生しました。道路を通行する車両、バスや各種のライフラインを収容する道路がそのターゲットとなることも予測しておかなければなりません。

　変化する社会情勢に対しても道路管理者は、緊急事態の発生に備え、安全

第5章 第1節　道路管理と危機管理

「建設局雪害対策本部」を設置し、除雪作業、道路の凍結防止、横断歩道橋の除雪作業などを行う。

　東京都では、毎年1回程度都心部でも降雪し、除雪や凍結防止対策を行っている。また、奥多摩の周遊道路や陣馬街道では、例年降雪量が多いため、数度の交通止めや除雪作業を行っている。

(3) 大地震時の態勢

　地震が発生した場合、被害を最小限にくいとめるためには初期段階での対応が特に大切となる。これは、地震が発生してから36時間が経過すると救命率は極端に下がるといわれているためである。しかし、休日や夜間などの勤務時間外に災害が発生した場合、職員が速やかに参集できない。このため、勤務時間外に震度5以上の地震が発生した場合は、非常参集対象者が、定められた場所に緊急参集することとしている。

　初期対応として行う調査は、職員以外にも、道路施設に関する経験や知識が豊富な建設局のOBで構成する「東京都建設防災ボランティア」（平成16年度末現在153人）の協力を得て、協同で実施する。

な交通機能確保のため常に適切な対応のとれる態勢が求められています。

5　情報装置の整備と危機管理意識の徹底

　事件・事故の発生時には、被害の拡大や二次災害を防止するためにも早期に初動体制を確立し、リアルタイムで現場状況を把握するとともに、関係機関と緊密な連絡調整を図り、相互の情報の共有化と一体化を図ることが必要不可欠です。また、リアルタイムで把握した情報を道路利用者に迅速かつ正確に伝達するため、各種の情報伝達板等の情報提供装置の充実、インターネットを利用した通行止め情報の提供など、今後は平常時だけでなく緊急時の情報伝達として、中心的な役割を果たすことが期待されています。

　道路管理者を主治医に例えると、主治医は、患者の健康状態を把握し、病気の予防に努め、体調等に異変があれば診断し、治療を施します。道路管理者も、主治医の心を持って、最新の技術とデータベースによって施設の「健康状態」を把握し、安全性や使用性を保つよう努める姿勢を持ち続けることが必要です。しかし、最新のシステムを配備しても、肝心の担当者の危機管理意識に問題があっては機能しません。今後とも、道路管理を担当するすべてのセクションにおいて、より高度で実効ある危機管理意識の高揚と体制の強化に向けたシステムづくりを行い、より安全な道路管理を目指すことが大きな課題です。

（東京都建設局道路保全担当部長　阿部博）

第2節 河川と危機管理

1 東京の水害と河川整備

　東京の地勢は、多摩川に沿って東西に細長く開けており、西多摩の山地、武蔵野台地及び東京湾に接する低地帯の3つに大きく分けることができ、東京の河川は概ね西から源を発して東京湾に流れ込んでいます。東京には現在、河川法に基づく1、2級河川及び準用河川が127河川、890㎞ありますが、これら河川や水路は、昔から生活・農業用水として、また低地帯では舟運に利用され江戸・東京の産業発展に大きな役割を果たしてきました。

　その一方で、東京の河川はたびたび大きな洪水被害を発生させ、為政者や住民を悩ましてきました。古くは、明治43年の大水害によって荒川放水路（現在の荒川）が計画され、昭和5年のこの放水路の完成によって、隅田川沿岸は基本的に大雨による洪水の不安から解放されることになります。

　戦後の大きな水害としては、昭和22年のカスリーン台風、昭和24年のキティ台風、昭和33年の狩野川台風があげられます（表1）。

　カスリーン台風では、利根川の破堤により非常に広範囲に浸水被害が及び、日本の治水史に残る水害となりました。キティ台風では、高潮による東部低地帯での広範囲な浸水により、戦前に始まっていた高潮対策事業の新たなスタートの契機となりました。さらに、狩野川台風では、山の手地区や多摩地区でも非常に広範囲にわたって中小河川の氾濫が発生し、中小河川改修の機運が盛り上がる端緒となりました。それ以降、経済の高度成長に伴う急速な市街化の進展により、道路や住宅が増え、田畑や緑地が減少し、これらが持っていた雨水の貯留・浸透機能が低下し、雨が降ると一挙に大量の雨水が河川や下水道に流入し水害となるいわゆる都市型水害との長い戦いが続くこととなります。いずれにせよ、東京では山の手、多摩地区、東部低地帯、及び多摩の山間部、島しょ地域、それぞれの地域特性に応じた事業を進めており

■第5章■　都市施設と危機管理

表1　戦後の主要水害記録

区別 年別	災害種別	気圧 (Hp)	60分最大 雨量 (mm)	総雨量 (mm)	風向・最大 風速(m/s)	潮位 (AP.m)	浸水面積 (km)	床上浸水 家屋(戸)	床下浸水 家屋(戸)	死傷者 (人)
S22.9 (1947)	カスリーン台風 (洪水)	992.3	34.7 (東京)	166.8 (13〜15日) (東京)	N15.0	2.50	114.33	80,041	45,167	11
23.9 (1948)	アイオン台風 (洪水)	971.9	38.8 (東京)	158.0 (15〜16日) (東京)	NNW18.7	2.65	28.64	529	16,516	24
24.8-9 (1949)	キティ台風 (高潮)	985.9	12.6 (東京)	66.0 (31〜1日) (東京)	ESE26.0	3.15	92.01	73,751	64,127	122
33.7 (1958)	第11号台風 (高潮)	986.1	17.9 (東京)	108.5 (22〜23日) (東京)	S22.8	2.89	29.46	13,459	22,970	133
33.9 (1958)	第22号台風 狩野川 (洪水)	970.7	76.0 (東京)	444.1 (22〜27日) (東京)	WNW20.5	2.91	211.03	123,626	340,404	203
41.6 (1966)	第4号台風 (洪水)	981.9	30.0 (東京)	235.0 (27〜28日) (東京)	N15.5	-	87.62	16,159	86,737	9
51.9 (1976)	第17号台風 (洪水)	-	65.0 (田無)	220.0 (8〜9日) (田無)	-	-	3.83	2,190	6,022	-
56.7 (1981)	集中豪雨 (洪水)	-	80.0 (品川)	86.0 (22日) (品川)	-	-	4.70	3,074	10,588	-
56.10 (1981)	第24号台風 (洪水)	968.6	51.0 (葛飾)	221.0 (22〜23日) (工大橋)	NNW14.4	1.86	19.59	6,854	35,167	4
57.9 (1982)	第18号台風 (洪水)	965.0	65.0 (越後 山橋)	313.0 (11〜12日) (高尾)	S18.4	2.67	16.16	7,574	16,712	0
60.7 (1985)	集中豪雨 (洪水)	-	91.0 (工大橋)	96.0 (14日) (工大橋)	-	-	2.62	1,558	8,052	2
H元7-8 (1989)	集中豪雨 (洪水)	-	70.0 (中野)	276.0 (31〜1日) (中野)	-	-	0.82	1,929	2,755	0
3.9 (1991)	第18号台風 (洪水)	989.1	60.0 (池上)	376.0 (18〜19日) (図師)	S19.6	2.11	1.78	561	3,120	1
5.8 (1993)	第11号台風 (洪水)	979.3	76.0 (葛飾)	345.0 (26〜28日) (上目黒)	NNW12.2	1.74	3.42	2,454	5,079	0
11.8 (1999)	集中豪雨 (洪水)	-	115.0 (高浜)	128.0 (29日) (板橋)	-	-	1.54	2,900	2,193	0

※S41.6以前の60分最大雨量、総雨量は、気象庁データによる。

ます。

2 中小河川の整備

1 東京都の河川整備の概要

　隅田川以西の区部山の手や多摩地区には、神田川、石神井川、野川、空堀川などの中小河川が流れていますが、このうち人口や資産の集積が著しい都市部や急速に市街地化が進行している流域では、保水・遊水機能が減少して、降雨時の河川への流出量が増大し、集中豪雨等により多くの水害が発生しています。

　都では、中小河川のうち、洪水に対する流下能力の向上が必要な46河川324kmについて、1時間あたり50mmの降雨に対応できるよう河川の整備を進めています。しかし近年でも、平成5年8月の台風や平成11年8月の集中豪雨などでは、各所で浸水被害が発生しており、一層の整備促進が求められています。このような背景から50mm対応の護岸整備の促進を図るとともに、河川沿いまで住宅等が密集し、護岸整備まで相当期間を要する中・上流域においては、洪水の一部を貯留する調節池を設置するなど水害の早期解決に努めています。

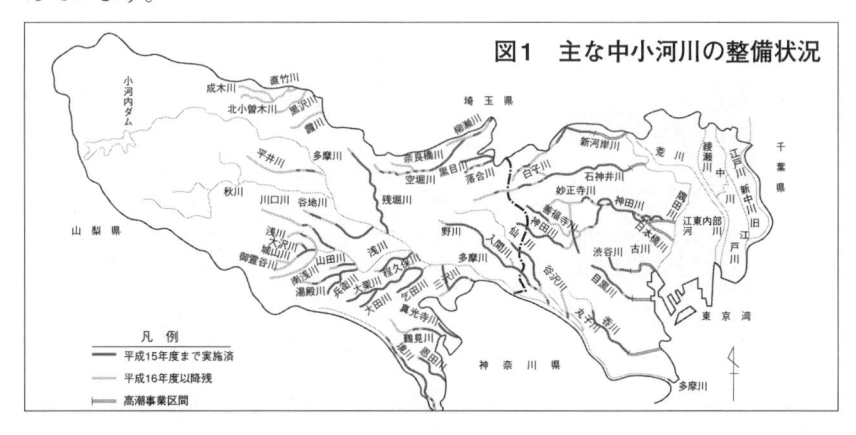

図1　主な中小河川の整備状況

■第5章■　都市施設と危機管理

　また近年治水対策だけにとどまらず、都市景観、親水性、生態系の保全・再生などにも配慮し、自然との調和を図った潤いのある水辺環境を実現することが求められています。このため、中小河川の護岸整備にあたっては、地

コラム5　神田川・環状7号線地下調節池の整備

　神田川・環状7号線地下調節池は、水害の頻発している神田川中流域の治水安全度を早期に向上させるため、環状7号線の道路下に延長4.5km、内径12.5mのトンネルを建設し、ここに神田川と善福寺川の洪水約54万m³を貯留する施設である。

　平成9年3月に第1期工事分2.0km（24万m³）が完成し、同年4月より供用を開始した。これまで19回の流入実績があり、現在、第2期工事分2.5km（30万m³）の整備を進めており、平成17年9月に暫定供用を開始した。

　環7地下調節池の効果を端的に表す事例として、平成16年10月9日の台風22号のときの取水状況があげられる。図2に示すように、同程度の降雨であった平成5年の台風11号のときと比較して劇的に被害が減少している。

図2　神田川環七地下調節池の効果

平成16年10月　台風22号において神田川の浸水被害激減

平成5年台風11号と平成16年台風22号の比較

	台風11号 (平成5年8月27日)	台風22号 (平成16年10月9日)
総雨量 (時間雨量)	288mm (47mm)	284mm (57mm)
浸水面積	85ha	3ha未満
浸水家屋 (床下・床上)	3,117戸	32戸

※雨量は弥生町雨量観測所

浸水家屋数の比較：平成5年台風11号 3,117戸／平成16年台風22号 7戸（浸水家屋数が激減）

■*220*■

元自治体や地域住民などと協働・連携を図りながら、自然環境と調和のとれた川づくりを進め、良好な水辺空間の保全・再生・創出を図っています。

事例に学ぶ対応策
記録的な集中豪雨

(1) 被害の状況と東京都の対策

　平成17年9月4日の宵のうちから5日未明にかけて、局地的には時間最大雨量112㎜、短時間で総雨量が260㎜を超えるという記録的な集中豪雨に見舞われ、都内全域で6,000棟に及ぶ浸水被害が発生しました。

　東京都では、大雨洪水警報の発令と同時に「東京都水防本部」を立ち上げ、警戒にあたりました。先に述べた神田川水系の洪水対策として建設を進めている環状7号線地下調節池では、平成9年に第1期区間が完成して以来、初めて24万m³の貯水容量がかつてないスピードで約80分で満杯となりました。

　しかし、依然として水位の低下が見られなかったため、緊急措置として現場の機敏な対応で、工事中の第2期区間にも必要最小限の安全確保を行ったうえで18万m³の洪水を取り込み、浸水被害の拡大を防ぐことができました。しかし一方で、100㎜相当の降雨が3時間近く続いた杉並、中野区にかけては洪水が広がり、妙正寺川、善福寺川などを中心に12年ぶりの大規模な浸水被害となりました。

(2) 今後の課題

　最近、ヒートアイランド現象とあいまって、ピンポイント的には1時間に100㎜を超える降雨が珍しくなくなってきていることもあり、一部には「護岸改修の想定雨量50㎜を見直すべき」という意見もあります。しかし、① 50㎜相当の治水安全度が護岸整備、あるいは調節池で確保されたところでは比較的被害が少なかったこと

② 整備目標水準の50mmを見直すと再び下流から再整備が必要となり、膨大な時間を必要とすること
③ 部分的に100mmの雨があっても河川の流域全体で100mmになることはまずあり得ず、一方50mmに対する護岸が完成すれば、既設の調節池がプラスアルファ分となり、流域全体で50mmを超えてもある程度安全は見込めることなどから、既定の50mm改修をできる限り早く着実に進めていくことが必要であると考えています。

③ 低地河川の整備

1 高潮防御施設の整備

東京の東部低地帯は、軟弱な地盤で構成されているうえに、明治以降、工業地帯として地下水の汲み上げが盛んに行われたことなどによる地盤沈下により、高潮、洪水、地震等の自然災害に対して、極めて弱い地域となっています。このため、昭和32年、既住最大（大正6年台風）の高潮に対処できるような江東三角地帯を囲む外郭堤防修築事業に着手しました。

その後、昭和34年9月に名古屋地方を襲った、わが国史上最大規模といわれる伊勢湾台風級の高潮（A.P.+5.1m）に対処できるよう計画を改定し、防潮堤や護岸・水門等を整備してきました。

この結果、特に地盤の低い隅田川以東の地域の防潮堤は概成しており、高潮に対する安全性は格段に高まっています。

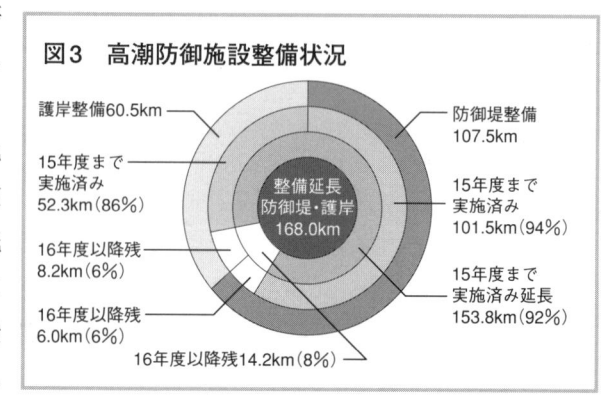

図3 高潮防御施設整備状況

護岸整備60.5km
 15年度まで実施済み 52.3km（86%）
 16年度以降残 8.2km（6%）
 16年度以降残 6.0km（6%）

防御堤整備107.5km
 15年度まで実施済み 101.5km（94%）
 15年度まで実施済み延長 153.8km（92%）
 16年度以降残14.2km（8%）

整備延長 防御堤・護岸 168.0km

平成13年9月に台風15号が上陸し、このときの潮位は戦後の最高潮位となるA.P.＋3.72mを記録し、浸水戸数13万戸以上となったキティ台風とほぼ同じ潮位でしたが、高潮による被害はありませんでした。

2 江東内部河川の整備

　荒川と隅田川に囲まれた江東三角地帯は、地盤が特に低く内部に河川が縦横に走っているため、これまで多くの水害に見舞われました。また、地盤沈下に伴い度重なる護岸の嵩上げを行ってきた結果、地震に対して極めて危険な状態になっていました。

　そこで、この地域周囲の護岸を高潮防御施設整備事業として整備する一方、地域内は地震時の護岸損壊による浸水被害を防ぐため、江東内部河川整備事業として河川を整備することとしました。

　この事業は、江東三角地帯を概ね東西に二分し、地盤が特に低く舟運等の利用が少ない東側地域の河川は、平常水位を低下する水位低下方式により整備し、地盤が比較的高く河川利用も多い西側地域の河川は、耐震護岸方式により整備するものであり、昭和46年度に事業に着手しています。

　東側地域の河川については、昭和53年12月に第一次水位低下（A.P.±0.0m）を、平成5年3月に第二次水位低下（A.P.－1.0m）を実施し、現在、耐震対策及び環境にも配慮した河道整備を進めています。

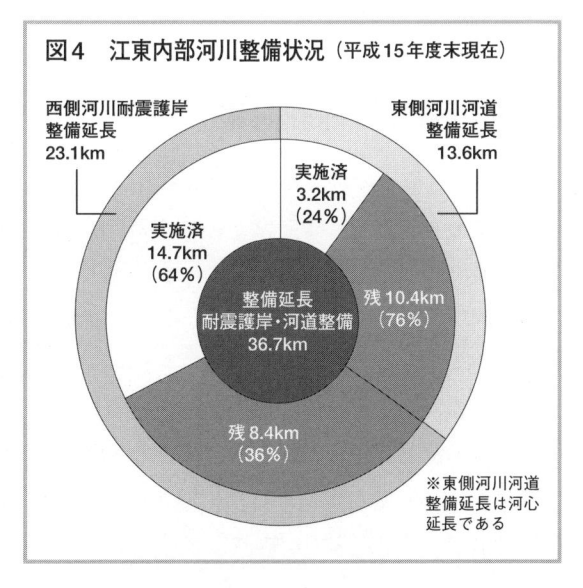

図4　江東内部河川整備状況（平成15年度末現在）

西側河川耐震護岸整備延長 23.1km
実施済 14.7km（64%）
残 8.4km（36%）

東側河川河道整備延長 13.6km
実施済 3.2km（24%）
残 10.4km（76%）

整備延長 耐震護岸・河道整備 36.7km

※東側河川河道整備延長は河心延長である

■第5章■ 都市施設と危機管理

コラム6 「塩の道」

　江東内部河川の水位の異なる東西の河川間の舟運を可能にする施設として扇橋閘門がある。小名木川の中程にある扇橋閘門は昭和51年度に完成し、隅田川から東部の水位低下河川へのアクセス機能を果たしてきた。

明石町防災船着場（隅田川）

　平成17年10月に荒川と旧中川の間に国土交通省によって荒川ロックゲートが整備され、荒川から隅田川までの船の航行が可能となった。小名木川は江戸時代は「塩の道」と呼ばれていたが、今後、観光レクリエーション面での活用が期待される。また都では震災時において、河川舟運が住民の避難や救急物資の輸送などの機能を有効に果たすための拠点として防災船着場の整備を進めており、すでに49箇所の整備を行っているが、荒川ロックゲートの開通は震災時の船の活用の面でも効果が期待されている。

3　河川施設の地震対策

　南関東地区直下の地震などが懸念されるなかで、これまでも河川施設の地震対策に力を入れてきましたが、平成7年1月の阪神・淡路大震災の災禍により、地震対策の重要性が見直されました。このため、改めて堤防・水門及び排水機場の耐震点検を行い、さらなる対策が必要な河川施設の地震対策を進めています。

　特に外郭3河川である隅田川、中川、旧江戸川については、緊急耐震対策事業として位置づけ、堤防・水門及び排水機場の耐震強化を平成9年度から15年度の7か年で実施しました。引き続き、平成16年度から中川・内川の堤防や水門・排水機場の耐震強化を行っています。

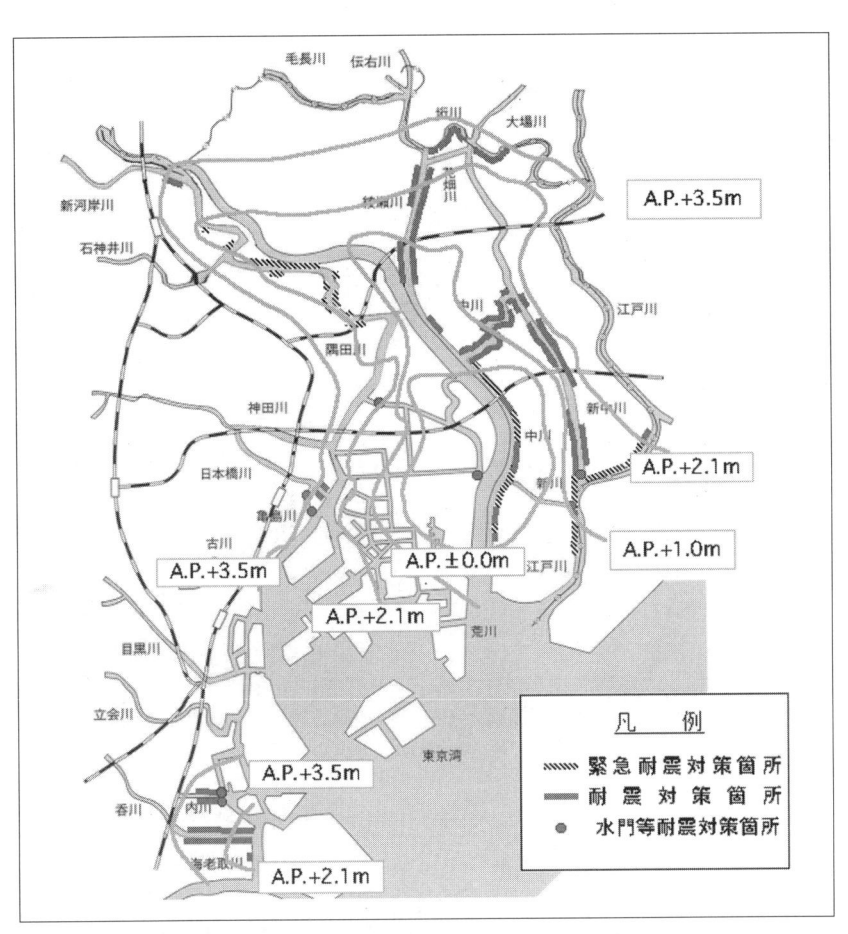

図5 河川施設の地震対策 実施箇所図

4 土砂災害対策・海岸保全施設の整備

1 土砂災害対策

　現在、東京都には土石流危険渓流が、多摩地域では、多摩川、荒川の上流となる297渓流、島しょ地域では94渓流、合計391渓流あります。平成17年

■第5章■　都市施設と危機管理

コラム7　スーパー堤防の整備

隅田川など東部低地帯の主要5河川である隅田川・中川・旧江戸川・新中川・綾瀬川については、大地震に対して、より安全性を高めるとともに、地域環境

スーパー堤防（隅田川）の完成図

の向上を図るため、コンクリート護岸を順次スーパー堤防や緩傾斜型堤防に改築している。現在、隅田川を中心として、背後地の再開発事業等と合わせ、実施可能な箇所から事業を着手しており、平成15年度までに11.3kmが完成した。堤防前面の根固め部については、テラスとして先行的に整備し「水辺の散策路」として都民に開放している。

4月現在、163渓流を砂防指定地に指定し、砂防施設の整備や危険箇所の周知など、土石流災害対策を実施しています。

このほか43箇所の地すべり危険箇所があり、このうち、特に危険度の高い、あるいは重要な保全施設を有する12箇所を地すべり防止区域に指定しています。この地域は、一定の行為を制限するとともに、抑止杭や集排水施設等の地すべり防止施設を整備しています。平成16年度末で11箇所の対策工事が完了しました。

さらに、急傾斜地崩壊危険箇所が2,062箇所確認されており、このうち1,517箇所が自然斜面となっています。このなかから特に危険度の高い斜面について、関係区市町村長の意見を聞きながら急傾斜地崩壊危険区域に指定

崩壊防止工事〈事業前〉　　　　崩壊防止工事〈事業後〉

し、崩壊防止工事を実施しています。平成17年4月現在、区部で6箇所、多摩部で23箇所、島しょ部で12箇所、合計41箇所を急傾斜地崩壊危険区域に指定しました。このうち34箇所で崩壊防止工事が概成しています。

(1) 総合溶岩流対策事業

昭和61年11月、大島の三原山の大噴火により溶岩が大島町元町地区に流出し、全島民が島外避難しました。これを契機に国土交通省（旧建設省）は、昭和63年に「総合溶岩流対策事業」を創設し、これを受け都は、平成元年から事業を実施しています。

一定周期で発生が予測される火山噴火による災害から島民の生命・財産を守るため、泥流を対象とした堆積工や、溶岩流を対象とした導流堤を整備するとともに、島内5箇所に雨量計を設置し、テレメータ化により降雨観測を行うソフト対策を実施しています。

(2) 火山激甚災害対策特別緊急事業

平成12年7月から始まった三宅島・雄山の噴火による火山灰は、降雨のたびに泥流となって流出し、人家や公共施設に甚大な被害を与えました。

そこで、島内に51基の砂防ダムを整備することとし、平成12年から3か年は災害関連緊急砂防事業を行いました。平成13年から17年までの5か年

噴火した雄山（平成12年8月10日） 　　　坊田沢砂防ダム（三宅村・平成17年3月）

間、火山激甚災害対策特別緊急事業を実施しました。

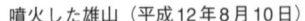

　現在でも、多量の火山ガスの排出により、広範囲で樹木の立枯れが進み、降雨による流木量の増加が懸念されています。こうした状況のなかで、全島避難から5年ぶりに帰島した島民から、「泥流や流木流などの危険箇所を防いでほしい」という要望が出されました。

　東京都では、島民が安心して生活が送れるよう、今後ともさらに、砂防えん堤や流路工などを整備していきます。

2　海岸保全施設の整備

　東京都では、東京湾沿岸、伊豆、小笠原諸島沿岸のうち26海岸、約46㎞を海岸保全区域に指定し、このうち、人家や公共施設等のある地域、あるいは海岸侵食の著しい地域で重点的に海岸保全施設の整備を進めています。整備にあたっては、保全機能だけでなく海岸環境の向上や海水浴等の利用も考慮し、人工リーフや護岸等の整備を実施していきます。

⑤　首都東京を水害から守る

　前項まで述べたように、東京都では、河川の整備を着実に進めてきたことにより、大局的に見ると水害の危険性は大幅に減ってきました。しかしながら、中小河川の50㎜護岸の改修は「道半ば」であり、今後も相当の年月を

必要とします。これと同時に河川行政の考え方についても、「河川は溢れることがあってはならない」というものから、「整備水準以上の降雨があれば溢れざるを得ないのであり、それを前提として諸対策を考えていく」方向に変わってきています。

特に東部低地河川では、高度の治水安全度が確保されているものの、万が一に備えることも必要です。このような観点から、首都東京を水害から守るために適切な水防活動を行うことをはじめ、「ソフトの対策」が大変重要であり、これからの課題といえるでしょう。

1　水防活動の態勢

水防活動は、水防管理団体を指導する立場にある都道府県と、水防管理団体である区市町村及び、実際に水防活動を行う水防団（都においては消防機関）があり、それぞれが役割を分担して水害防止に努めています。

東京都区市町村の水害防止活動の態勢は次のとおりです。

(1) 東京都

都では気象状況により、洪水、高潮または津波の恐れがあるときは、「水防本部」を設置し直ちに事態に即応した態勢を確立します。具体的には、

①大雨、津波、高潮及び洪水のいずれかの警報が発せられたとき
②洪水警報、洪水予報が発せられたとき
③洪水、高潮、または津波の発生する恐れがあると認められたときに「水防本部」を設置するなど態勢を強化します（表2・表3）。

(2) 区市町村

水防管理団体である区市町村は都と同様に、気象状況により、洪水、高潮または津波の恐れがあるときは、直ちに事態に即応した配備態勢をとるとともに、水防活動を行うこととしています。

東京都からの気象情報や雨量・水位情報のほかに、過去に水害が多数発生

表2 水防態勢の基準

水防態勢	基準及び内容	人員
連絡態勢	主として情報の収集及び連絡にあたり、事態に応じた配置態勢の指示連絡が行える態勢。	若干名
警戒配備態勢	お概ね次の場合で、警戒するとともに主として雨量・水位の観測及び水防資器材の点検等を行う態勢。 1. 水防用気象情報の警報が発せられたとき。 2. 江戸川、荒川、多摩川及び浅川のいずれかに洪水注意報が発せられたとき。 3. 水防警報の待機または準備が発せられたとき。	水防要員の概ね1/15
非常配備態勢（第1〜4）	第1：概ね次の場合で、水害が発生したとき、ただちに水防活動に対応できる態勢。 1. 江戸川、荒川、多摩川及び浅川のいずれかに洪水警報が発せられたとき。 2. 水防警報の出勤が発せられたとき。 3. 局地的な水害が発生する恐れがあるとき、または発生したとき。	水防要員の概ね1/10
	第2：複数の区域で水害が発生する恐れがあるとき、または発生したとき。	水防要員の概ね1/5
	第3：大規模な水害が発生する恐れがあるとき、または発生したとき。	水防要員の概ね1/3
	第4：都内全域にわたり水害が発生する恐れがあるとき、または発生したとき。	水防要員全員

した神田川流域の中野区や杉並区では、独自の観測網をもって管内河川等の警戒監視を行い、異常がある場合は河川管理者や消防機関に連絡のうえ、土のう積みなどの水防作業を行います。万が一洪水や高潮等により住民に著しい危険が及ぶ可能性がある場合は、区市町村長は居住者に対して立ち退きの指示を出すことができます。

また、区市町村には水防団は存在しないため、その代わりとして消防機関（東京消防庁、市町村消防本部及び消防団等）が水防活動を行っています。出動要請は、①水防警報の出動または指示が発令されたとき、②水位または

表3　水防態勢の例

水防態勢	水防用気象情報の例		気象情報発表区域		水防態勢を取る対象範囲
連絡態勢	大雨、洪水	注意報	23区西部	本庁	第三建設事務所※1
			多摩西部	本庁	西多摩建設事務所※2
	大雨、洪水、高潮、津波	注意報	23区東部 多摩南部、多摩北部	本庁	―
警戒配備態勢（水防本部設置）	大雨、洪水、高潮、津波	警報	23区東部	本庁	第五、六建設事務所
			23区西部	本庁	第一～四、六建設事務所
	大雨、洪水	警報	多摩南部	本庁	各南多摩建設事務所
			多摩北部	本庁	各北多摩建設事務所
			多摩西部	本庁	西多摩建設事務所

※1　23区西部に大雨・洪水注意報発令時、三建に対して緊急連絡を行う。
　　（神田川・環状七号線地下調節池可動堰操作のため）
※2　多摩西部に大雨・洪水注意報発令時、西建に対して緊急連絡を行う。
　　（山岳道路・箱根ヶ崎アンダーパスを管理しているため）

潮位が警戒水位に達し、危険の恐れがあるときに行っています。

（3）水防本部設置と降雨状況

　東京都建設局では、大雨・洪水注意報等の発令とともに本庁及び都内各建設事務所による連絡体勢を立ち上げ、さらに、警報が出された段階で、東京都水防本部を設置し警戒にあたります。

　平成16年度の水防本部設置回数は、6月～9月の降水量が少なかったことや、平成15年からの気象庁の発表する大雨・洪水警報基準値の引き上げがあったことなどの影響もあり、最近5か年で最も少ない3回でした。しかし、17年度は、都内及び近郊の集中豪雨が多発したことから、12月末までに8回の水防本部と11回の連絡体勢を立ち上げ、豪雨災害に備えました（表4）。

2　浸水予想区域図・洪水ハザードマップの作成

　減災の観点からは、浸水危険情報を事前に提供することが重要になります。

表4 平成16年水防本部設置と降雨状況

	水防本部設置日	種別	23区東部	23区西部	多摩北部	多摩西部	多摩南部	時間最大雨量	
第1回	9.04 ～5	集中豪雨	●	●	○		○	志茂橋	81 mm
第2回	10.08 ～11	台風22号	●	●	●	●	●	中央	70 mm
第3回	10.20 ～21	台風23号	●	●	●	●	●	渋谷	53 mm

平成17年水防本部設置と降雨状況

	水防本部設置日	種別	23区東部	23区西部	多摩北部	多摩西部	多摩南部	時間最大雨量	
第1回	7.09 ～10	集中豪雨	●	●	○		○	砧	37 mm
第2回	7.25 ～27	台風7号	●	●	●	●	●	檜原	45 mm
第3回	8.08	集中豪雨			○		●	図師	77 mm
第4回	8.12 ～13	集中豪雨	●	●	●	○	●	足立	57 mm
第5回	8.15 ～16	集中豪雨	●	●	○	○	●	鷺ノ宮	124 mm
第6回	8.23 ～24	集中豪雨					○	内川	46 mm
第7回	8.25 ～26	台風11号	●	●	●	●	●	田無	37 mm
第8回	9.04 ～7	集中豪雨	●	●	●		●	下井草	112 mm

注：●は大雨・洪水警報、○は大雨・洪水注意報が発表されたことを示す。（平成17年10月31日現在）

　平成11年7月の集中豪雨で新宿区内の民間住宅の地下室の水没による死亡事故が発生していますが、近年、東京の地下利用の進展に伴い、事前の危険情報に基づいて浸水に対する危機管理を行うことが重要です。

　危険情報の提供としては、過去の浸水実績図の公表からスタートしました。昭和63年から平成6年までに流域の開発が著しい14河川について、狩野川台風などの大水害時における浸水区域を公表しました。さらに平成12年には、区市ごとの最近10年間の詳細な浸水実績図の公表を行っています。しかし、平成12年9月に名古屋地方に甚大な被害を発生させた「東海豪雨」を契機に都内でも100mmを超えるような集中豪雨も発生していることから、整備水準を上回る降雨に対する浸水被害軽減のため、現実の河川、下水道の整備状況下での浸水予測が必要であるとされるに至りました。

　予測対象の降雨規模としては、様々な議論がありましたが、現実に起こっ

コラム8 「東京都河川管理施設操作規則」

　東京都では、東部低地の河川を中心に22箇所の水門や排水機場等を配置し、「東京都河川管理施設操作規則」等により運転操作をしている。運転操作の一例として、隅田川と亀島川が合流する地点の水門と排水機場の操作表を示す。

　また、現在は、隣接する複数の施設を1グループとして監視制御するサブセンター方式により管理している。しかし、管理システム導入からすでに20年近くが経過し、施設の老朽化が進んでいることなどから、新しい管理システムの構築を進めている。新しいシステムは、管理する全ての施設を光ファイバーで結び、一元的、集中的に管理する方式とし、より効果的、効率的な管理を目指している。

亀島川水門、排水機場操作表

		亀島川水門	亀島川排水機場
平常時		外水位が上昇してAP+2.85に達し、さらに上昇する恐れがあるときは閉鎖する。	○亀島川水門及び日本橋水門の閉鎖後、内水位がAP+3.50mを超えないように排水操作を行う。 ○内水位が上昇するおそれのなくなったときは排水操作を停止する。
台風警戒態勢時			
雷雨等警戒態勢時		平常時操作と同様。	
異常潮位態勢時			
地震津波態勢時	地震・津波時	○震度5以上の地震が発生したときに水位がAP+2.85以上の場合は、直ちに閉鎖する。 ○津波警報が発令されたときは、直ちに閉鎖する。 ○その後、浸水被害の恐れがなくなったときは開放する。	○亀島川水門及び日本橋水門の閉鎖後、内水位がAP+2.85mを超えないように排水操作を行う。 ○内水位が上昇する恐れのなくなったときは、排水操作を停止する。
	警戒宣言時	○2連門扉のうち1門扉を閉鎖する。ただし、外水位が上昇してAP+2.85mに達し、さらに上昇する恐れがあるときは、前門扉を閉鎖する。	○亀島川水門及び日本橋水門の閉鎖後、内水位がAP+2.85mを超えないように排水操作を行う。

たものとして住民に理解しやすい東海豪雨とし、平成13年の神田川（平成15年に一部修正）をはじめとし、市街化が著しく浸水被害の恐れの大きな27河川を対象に、以下の4点を目的として、浸水予想区域図の作成・公表を進めています。

① 住民が居住地区内の浸水予想から、それぞれの地域における危険性を認識し自らが避難等の対応策を講ずる資料とする、②建築の際に、浸水被害を防止する建物の構造上の配慮を行うための資料とする、③予想浸水深等を知ることにより水害に強い生活様式の工夫を図る、④水防活動を円滑に行うための資料とする。

また、この浸水予想区域図をもとにして、区市町は避難路や避難場所などを記載した「洪水ハザードマップ」を作成・公表しています。洪水ハザードマップは、大雨時の避難場所や心得を事前に知っておくことで、住民の迅速な避難や水防活動の資料として、被害を最小限にとどめることを目的としています。この避難の初動時間については、洪水ハザードマップを見た人と見ない人では、差があるという研究結果も出ています。

洪水ハザードマップを訓練などにも広く活用することで、日頃からの洪水に対する備えを行っておくことは重要です。区市町によっては、避難場所の検討はもちろんのこと、災害学習情報の記載など、よりわかりやすい情報としてのハザードマップ案を作成し、住民説明会を行いながら作成・公表しています。

東京都では、各区自治体が「洪水ハザードマップ作成」を作成する際には、検討会への参加や浸水予想区域図などのデータ提供を行うなど、密接な連携を図っています（表5）。

3　雨量・水位情報の提供

東京都では、「水防災総合情報システムFIRST（Flood and Rain Information System of Tokyo）」として、雨量計138箇所、水位計149箇所、ITV（工業用テレビ）カメラ映像13箇所を都内各所に整備し、これらの観測値情報を水

表5　浸水予想区域圏及び
　　洪水ハザードマップ作成・公表状況

浸水予想区域図作成・公表状況	
流　　域	作成・公表期間
神田川流域	平成13年8月 平成15年7月一部修正
隅田川及び新河岸川流域	平成15年5月
石神井川及び白子川流域	平成15年5月
城南地区河川流域	平成16年5月
江東内部河川流域	平成16年5月
野川、仙川、谷沢川及び丸子川流域	平成17年6月
黒目川、落合川、柳瀬川、空堀川及び奈良橋川流域	平成17年6月
残堀川流域	平成17年6月
境川流域	平成17年7月

洪水ハザードマップ作成・公表状況	
公表区	作成・公表時期
千代田区	平成15年7月
新宿区	平成14年6月
文京区	平成14年6月
中野区	平成14年9月
杉並区	平成14年6月
板橋区	平成15年8月
練馬区	平成16年6月
中央区	平成16年9月
豊島区	平成16年10月
目黒区	平成17年3月
港区	平成17年4月
江東区	平成17年8月

防管理団体に提供しています。このシステムは、平成3年の都庁新庁舎移転にあわせて開発したもので、当初は10分間隔でデータを更新していましたが、集中豪雨や、これに伴う急激な水位上昇を把握するため、平成11年度から1分間隔で更新できるよう新システムの運用を開始しました。

　水防管理団体への水防情報の提供に加え、都市型水害対策（地下空間浸水対策）の一環として、上記システムのデータを利用して、都民や、地下鉄、地下街といった地下空間を管理する方々へ、注意報・警報や雨量、水位などの水防情報をファクスで提供するサービスを、平成12年7月から開始しました。16年度は延べ410枚にわたる情報を提供しています。さらに、パソコンや携帯電話の普及にあわせ、インターネットや携帯電話で80箇所の雨量情報と85箇所の水位情報の提供を平成14年4月から開始しました。

　平成17年9月末現在、約95万件のアクセス（図6）を記録しており、これ

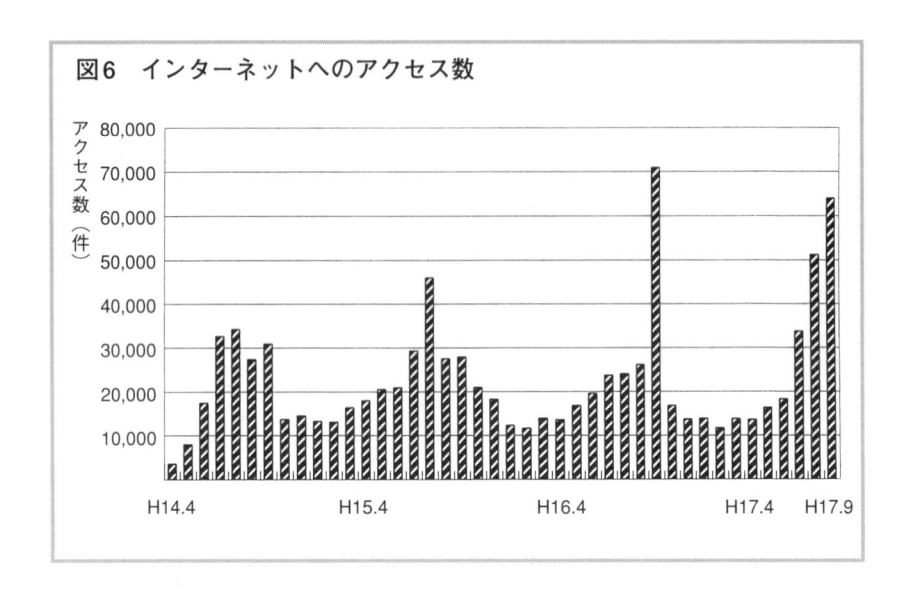

図6 インターネットへのアクセス数

らの情報提供が、都民の自主水防活動に大きく貢献しているものと考えています。さらに台風時には、アクセス数が集中するなど、水防に対する都民の関心が高かったことが伺えます。

このように水害時における情報提供は、水防上非常に重要な要素になっており、今後、リアルタイムの観測情報や過去のデータを取り込んだ従来の水防災情報総合システムに加えて、河川の水位予測情報システムを盛り込み、さらなる洪水情報の提供を充実させていきたいと考えています。水位予測情報システムは神田川流域ですでに開発中であり、今後実用に向けて精度の検証を進めていきます。

4 水害の軽減に向けての課題

台風14号の影響による平成17年9月4～5日の集中豪雨は12年ぶりの大きな浸水被害となり、8河川、床上、床下合わせて約6,000棟となりました。今回の豪雨は、相当の範囲で100mm規模の雨が3時間近く継続するという、河川の整備目標水準を大きく超える降雨であり、相当の溢水被害が生じたこ

とは避けられなかったものと考えられます。逆の意味で、調節池も含めて50㎜対応の治水安全度が確保された箇所では比較的被害が少なく、今までの河川整備の蓄積が効果を発揮したともいえます。

　また、久しぶりの溢水被害ということで、水防管理団体の各区でも若干の混乱が見られたようです。改めて水防活動の重要性、また関係行政職員が十

コラム9　浸水時の地下室の危険性について
―地下室を安全に使うために―

　　　　　（財）日本建築防災協会が平成12年6月に発行したパンフレット。具体的な数字をあげて豪雨時の地下室の危険性について記述されている。以下、何点か抜粋する。

(1) まちのなかへの浸水はどれくらい速いのか？
○まちのなかに水があふれた場合、早い場合には、10分間で10～20cm程度水面が上昇することから、20～30分で膝の高さまで水がくる。
○周囲の道路から地下室に降りる階段に、少し高くなっているステップ部分などがなければ、まちに浸水が始まると同時に地下室にも浸水が始まる。

(2) 地下室はどのくらいの時間で水がいっぱいになるのか？
　　まちの浸水の水面の上昇速さ――10分間あたり20cm
　　地下室の面積―――――――――100m²
　　地下室への出入り口の幅―――――1m
　　地下室高さ――――――――――3m

と仮定すると、水が流入しはじめてから、20分程度で地下室は水でいっぱいとなる。また、18分強で人がおぼれる限界浸水深1.5mとなる。

(3) 浸水が始まると扉はすぐに開かなくなる？
○地下室入口扉のある前室：面積を10m²とすると、10分強で水がいっぱいとなる。
○外開き扉の場合：成人の力で扉を開放できなくなる水位差は26cmであり、約4分程度で扉を開けることができなくなる。
○内開き扉の場合：成人の力で扉のノブを回すことができなくなる水位差は47cm程度であり、約5分強程度で扉を開けることができなくなる。

分な危機意識を持ち、危機管理能力を身につけていなければならないことを浮き彫りにしました。こういった危機意識といったものは、災害が起こった時点では高まりますが、時間が経過するにつれて薄れていきがちです。したがって、毎年の各種水防訓練で創意工夫し、東京都庁も含めて水防意識の啓発に取り組む必要があります。今後とも、各水防管理団体と意見交換を行う場を積極的に設けて、水防活動時の連携の強化を図っていきます。

また、浸水予想区域図やハザードマップも、今回改めて注目を集めました。浸水予想区域図については、実績との整合について概略検証を行い、大きな乖離がないことで胸をなでおろしたところです。この機会に、区市町に対しても「ハザードマップ」の作成を働きかけるとともに、作成済みの自治体でも改めて周知徹底に努める必要があります。

さらに、昨今の地下利用の拡大に伴って、地下部分の浸水被害が今まで以上にクローズアップされています。ある程度の溢水はケースによってやむを得ない場合もありますが、「災害を減らす考え方が重要である」との観点からは、まず、自助の精神で防災対策を事前に準備していくことが必要でしょう。さらには、都市側として何らかの土地利用上の制限などの検討を進めていく必要もあると考えます。

今回の水害を教訓としながら、ソフト対策の総合的な充実に努め、次の大規模降雨の際には、より一層、減災効果が発揮できるよう努力していきます。

(東京都建設局河川部長　野村孝雄)

第3節 公園と危機管理

1 都市公園の機能と役割

　都市公園は都市のオープンスペースとしていろいろな機能を持っています。レクリエーション機能、環境改善機能、防災機能などです。なかでも防災機能は、関東大震災以来、公園の持つ大きな機能として注目され、公園での危機管理といえば、即「防災」とまでいわれるようになりました。

　しかしながら公園は、人々が寄り集うところであり、そこには誰もが、いつでも利用できるという特徴がある反面、出入り口が限られている建物などと違って、監視の目が行き届く構造にはなっていません。そのため日常の生活のなかにもいろいろな危機を内在しています。さらに公園は、区市町村レベルの小さな児童遊園から街区公園、はては都府県レベルの大規模広域公園、動物園なども含まれています。このため一律の管理体制ではなく、その規模や目的に応じた管理体制をとらなくてはなりません。

　また、大公園の整備にあたっては、大面積を一度に用地取得し、整備開園するわけにはいかないので、段階を踏んだ整備が行われます。その過程においてもいろいろな問題が発生します。一例をあげれば、かつて都内の事業箇所で用地買収が進み、歯抜けとなった住宅地で殺人事件が発生したこともあります。この事件はいまだ解決していませんが、残された住民にとって治安という危機管理の課題が生じました。

震災時における大規模公園の活用「国営越後兵陸公園」

この章では公園の危機管理として、防災面での対策はもとより、防犯対策、安全対策、公園の適正利用対策など多岐にわたる課題についての取り組みを紹介していきます。

2 防災公園と震災時利用計画

1 未だ足りないオープンスペース

　阪神・淡路大震災から、早10年が経過しました。最近では、新潟県中越地震や福岡県西方沖地震など、大きな地震が国内でも頻発し、各地で被害をもたらしたことも記憶に新しいところです。また、一昨年の12月には、中央防災会議が、首都直下型地震の被害予測を発表しました。東京湾北部を震源とするマグニチュード7.3の被害想定では、環状6号線、環状7号線沿いの木造密集市街地の焼失被害が顕著です。

　大正12年に東京を襲った関東大震災は、東京の公園配置に大きな影響を与えました。帝都復興計画により大小の公園が系統的に配置され、多くの震災復興公園が確保されました。その後、東京緑地計画など様々な計画の変遷を経て、面積50～70haの大規模公園が都市計画決定され、現在では多くの都立公園が整備されています。

　これらの公園は貴重なオープンスペースとして、避難場所等の指定を受けていますが、東京が抱える人口に対して、必ずしも十分な状況にありません。したがって、さらに公園の区域を拡張することは、避難のためのスペースの確保や延焼遮断帯の形成など、震災対策上非常に重要なことです。

　しかし、実際に、今、東京で大きな地震が発生したらどうなるでしょう。私たちは、今あるオープンスペースで地震に対処することを余儀なくされるのです。そこで、すでにある公園の空間や施設を有効に活用して、震災時に求められる機能を十二分に発揮させるよう、公園管理者としての立場で検討したものが、ここでご紹介する都立公園の震災時利用計画です。

2 公園からのアプローチ

　私たちは、近年の大震災の経験から、震災発生から復興までの期間、公園が様々な活動の場として利用されることを学びました。特に大規模な公園は、地震発生直後には、救援活動の拠点として救援部隊の駐屯地や救援物資の集積地に活用され、また、その後は、復旧・復興活動の拠点として、資材置き場や応急仮設住宅用地に活用されています。

(1) 都立公園を「救援・復興活動拠点」に

　東京では、震災時に甚大な被害が想定される木造密集地など危険度の高い地域が区部中心部を取り囲むように、ドーナツ状に広がっています。これまでの経験から、救急、救助活動は、地震発生後の72時間が勝負の分かれ目だといわれています。一刻を争う、迅速な対応が求められているのです。

　そこで私たちは、環状7号線沿いの8つの公園を「救援・復興活動拠点」と

図1　救援・復興活動の拠点となる公園（7公園）

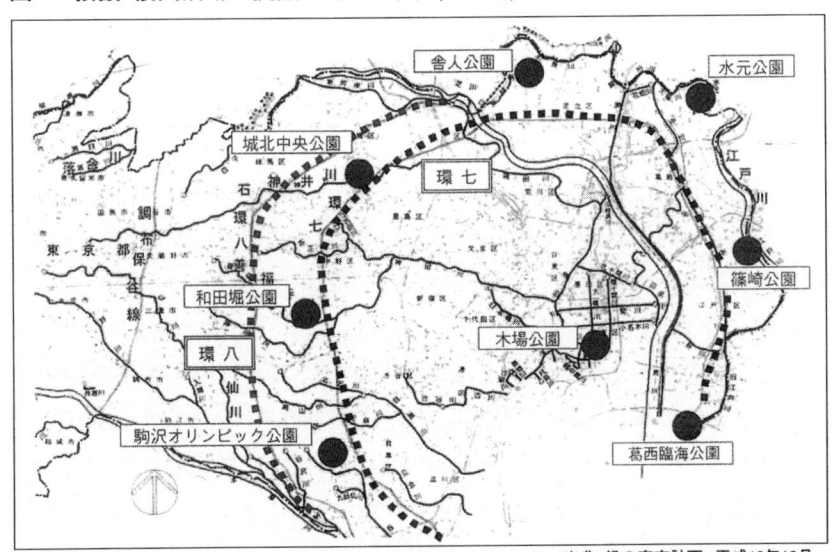

出典：緑の東京計画　平成12年12月

して重点的に整備していく計画を「緑の東京計画」に位置づけ、公園区域の拡張など、防災公園としての整備を推進してきました。

(2) 防災機能面からの課題

　平成12年9月3日の日曜日に「ビッグレスキュー東京2000」として、自衛隊等の参加を得た都政史上最大規模の総合防災訓練が行われ、様々な訓練を成功裏に終わらせましたが、公園の災害時利用という面での様々な課題も浮上しました。1つは、公園施設が災害時に自衛隊等の活動拠点として十分機能できるような造りになっていないこと、もう1つは、公園管理に従事する現場職員や関係者が、いざ地震災害のときにどう行動すべきかといった検討が不足していることでした。

　東京都建設局には職員の間で通称「なまず本」といわれている「震災対策の手引き」があります。これには、大震災が起きたとき建設局職員のとるべき行動が記述されていますが、公園管理者としての行動指針はありません。

　そこで震災時の様々な利用用途を視野に入れた公園ごとのマニュアル、すなわち、日常の施設管理者としてではなく、災害時の行動を示したソフトウェアの整備が必要であると考えます。

(3) 東京都地域防災計画への位置づけ

　東京都総務局は、平成12年度末から平成13年度にかけて震災時のオープンスペースの利用に関する検討を行い、14種類の利用用途を想定し、「震災時におけるオープンスペース等利用計画案」としてまとめています。

　平成15年修正の東京都地域防災計画には、これらの利用用途のうち、特に重要なものが、それぞれ、「大規模救出・救助活動拠点」「医療機関近接ヘリコプター緊急離着陸場」「広域ボランティア活動拠点」などの活動拠点候補地として位置づけられました。特に、指定された12箇所の「大規模救出・救助活動拠点」のうち11箇所は都立公園で、そこには先に述べた「救援・復興活動拠点」の8公園が含まれています。

3　都立公園震災時利用計画

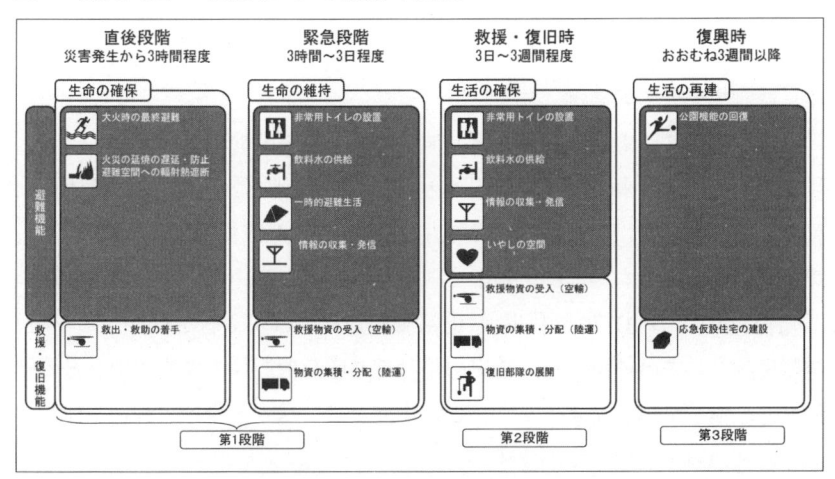

（1）都立公園震災時利用計画の検討

　現在、東京都建設局が所管している77箇所の公園等のうち、60箇所が、避難場所の指定を受けています。一方、重複を含め35公園が活動拠点候補地として位置づけられています。さらに、都立公園は、震災時には、オープンスペース等利用計画案で振り分けられた多様な機能を担うことが想定されます。そこで、私たちは、地震発生後から時間経過とともに変化する都立公園が担うべき機能を公園ごとに、時系列に沿って公園の平面図に落とし込む作業を行いました。また同時に、その利用計画に公園管理者としてどのように対処していくかといった視点で、マニュアルづくりも行っています。

　これらの検討作業にあたっては、公園緑地事務所が事務局となり、建設局公園緑地部、（財）東京都公園協会、総務局総合防災部、関係区市の防災課の関係者が一堂に会して全体会を開催し、公園ごとに分科会を設けて策定に取り組みました。平成16年度末現在、49箇所の都立公園等の震災時利用計画の検討をすでに終えています。

図2　防災公園の時系列による役割の変化

段階	直後段階 災害発生から3時間程度	緊急段階 3時間～3日程度	救援・復旧時 3日～3週間程度	復興時 おおむね3週間以降
	生命の確保	生命の維持	生活の確保	生活の再建
避難機能	大火時の最終避難 火災の延焼の遅延・防止 避難空間への輻射熱遮断	非常用トイレの設置 飲料水の供給 一時的避難生活 情報の収集・発信	非常用トイレの設置 飲料水の供給 情報の収集・発信 いやしの空間	公園機能の回復
救援・復旧機能	救出・救助の着手	救援物資の受入（空輸） 物資の集積・分配（陸運）	救援物資の受入（空輸） 物資の集積・分配（陸運） 復旧部隊の展開	応急仮設住宅の建設
	第1段階		第2段階	第3段階

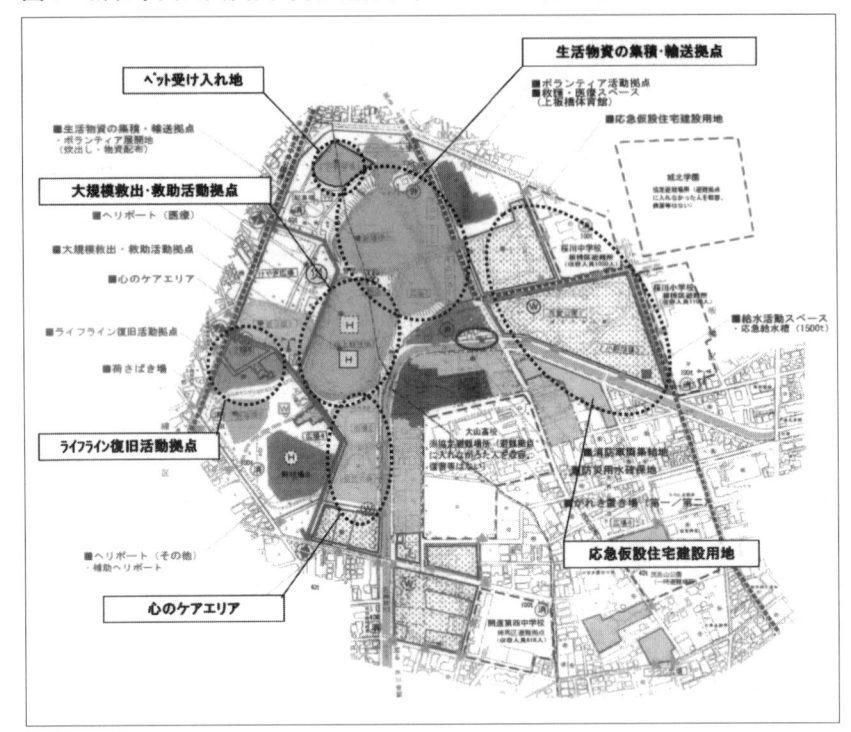

図3　城北中央公園震災時利用計画（3日～3週間程度）

(2) 城北中央公園の事例

　板橋区にある開園面積約23.8haの城北中央公園を紹介します。

　発災から3日目までは、避難場所と救出・救助活動拠点としての機能を配置しています。特に、救出・救助活動拠点は、陸上競技場と野球場に配置し、避難者の立ち入りを物理的に制限できるよう配慮しています。

　4日目以降（図3）は、救出・救助活動拠点機能は引き続き展開する一方、避難場所としての機能から、物資の集積地や応急仮設住宅建設用地などの機能へと転換していきます。また、この事例では、ペット受け入れ地や休憩ゾーンなどの導入も図っています。

コラム10 都立公園震災時利用計画の検討を通じて
（情報の切り張り）

　区部の都立公園を対象とした「震災時利用計画検討会」は、関係区の防災担当者も交えて開催された。この検討会は、都立公園という、大きな公共オープンスペースの持つ防災機能や地域での役割、防災関連情報の整理など、公園を管理するものとして再確認していく重要な場になった。

　2つの区にまたがる都立公園の検討会の席上、検討材料として両区の区民向け防災マップが提供された。ところが各マップには、それぞれの区の区域分しか都立公園（避難場所）が記載されていなかった。そこで2枚の図面を拡大・縮小して張り合わせ、公園を中心として両区の防災情報が一目でわかるようなマップの作成を試みた。広い避難圏域を持つ公園管理者としても、周辺の状況を的確に把握するうえで有効な工夫であったと思う。

　震災時の都立公園の利用計画は、検討会の議論のみで完成できる性格のものではない。各公園、管理所の実態や周辺事情の変化を踏まえた改定を行っていく必要がある。そのためのヒントは、防災訓練等の実践の積み重ねから得ていくことができるものである。作りっぱなしでは役目を果たすことはできない。計画の適切なアップデートが課題といえる。

4　課題と今後の展開

　これまで検討を行ってきた震災時利用計画も次のような課題を抱えています。まず、広域避難場所として指定されている公園内に、救出救助拠点として立ち入り制限をする箇所があることを、都民に周知しなければなりません。

　また、活動拠点の運用主体となる自衛隊や警察・消防などの各機関と、震災時の役割分担などを事前に調整しておく必要があります。都立公園の場合、公園と公園関係職員の居住場所が遠く離れているケースが多いため、発災直後の対応について地元自治体や自主防災組織等との連携が求められます。これらの課題は一朝一夕に解決できるものではありませんが、防災訓練等を通じて、この計画をより実効性の高いものにしていけると考えています。

③ 防犯

　先に述べたように、かつて都立公園の予定地で近年まれにみる凶悪事件が起こりました。この事件を教訓に、都はさっそく「安全安心公園づくり」をテーマに検討を開始し、翌年にはこの公園を含む7つの公園で「公園安全緊急パトロール」が実施されました。

　このパトロールは、開園地と未開園地が混在している公園を対象に、未買収の家が点在していて、昼夜ともに人の通行が少ない場所を中心に実施されました。その結果、夜間の照度不足や、樹木の繁茂による視界不良など、多くの問題点が浮き上がってきました。

　都は、適正照度を確保するため公園灯を増設したり、樹木の剪定などを実施したほか、死角になっている園路脇の低木については、人の視線まで高さを下げるよう大胆に刈り込みました。また、園内の賑わいを創出することで犯罪抑止を図るため、快適な広場などの整備を進めました。

　さらに、「都会の死角解消」を目指して、ボランティアによる花壇づくりや、ソバの種まきからソバ打ちまで楽しめる体験型イベントを開催し、公園の魅力向上と犯罪抑止の双方に効果をあげました。

　また、事業中の公園以外においても、茂りすぎた樹木の剪定や刈り込み、公園灯の改修増設などを行い安全確保に努めています。

ボタンを押すと警察と直接話ができる「スーパー防犯灯」

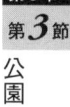

> **コラム 11**
>
> ## 道路、公園、自動車駐車場及び自転車駐車場に関する防犯上の指針（抜粋）
> **（東京都安全・安心まちづくり条例第15条の規定に基づく）**
>
> (1) 植栽については、園路の死角を作らないよう配置し、下枝の剪定等の見通しを確保するための措置がとられていること。
> (2) 遊具については、周辺から見通すことができる配置になっていること。
> (3) 公園内に緊急通報装置等が設置されていること。
> (4) 園路における公園灯等により夜間において人の行動を視認できる程度以上の照度が確保されていること。
> (5) 公園内に便所を設置する場合は次に定める項目に配慮すること。
>   ア　園路及び道路から近い場所等、周囲からの見通しが確保された場所に設置されていること。
>   イ　建物の入り口付近及び内部においては、人の顔及び行動を明確に識別できる程度以上の照度が確保されていること。

4　安全

1　遊具

　公園の遊具は子供たちに人気の高い施設の一つですが、重大事故の発生が比較的多い公園施設であることも事実です。

　公園遊具が持つ危険性には、「リスク」と「ハザード」の2つの側面があります。子供は遊びを通じて冒険や挑戦を経験しますが、その際に子供が予測、判断し、意識的に避けることができる危険性が「リスク」です。一方、構造等の欠陥や不十分な管理から生じる予測や回避が困難な危険性が「ハザード」です。前者は子供の危険回避能力を育むものですが、後者は重大事故につながるものであり、日常点検や定期的な精密点検によってハザードを徹底的に除去することが重要です。

　また、遊具事故が発生した場合には、類似構造の遊具を持つ他の公園にお

いても、速やかに危機対応を行う必要があります。近年の箱型ブランコでの死傷事故や回転式ジャングルジム（グローブジャングル）の事故も記憶に新しいところです。他の自治体での発生であっても、決して「対岸の火事」ではありません。

　東京都では定期的な遊具の点検作業を行っていますが、他県等で遊具事故が発生した場合にも、直ちに遊具の一斉点検を実施します。可動遊具については、外観目視だけでなく可動部分を必ず動かしてみる必要があります。異常が発見された場合には即座にロープやバリケードなどでその遊具を囲い、公園利用者がその遊具を使用したり近づいたりしないよう万全を期すとともに、事情を現場に掲示します。また、国による全国の状況把握や、大都市ではマスコミ取材も予想されるので、正確な情報を迅速に集約し関係部署等と十分な連絡調整を図ることも不可欠です。

　近年では、遊具の多様化に伴って使われ方や維持管理も複雑化しており、危機意識をもった対応がますます重要になっています。

2　生物由来の問題

(1) カラス対策

　平成10年前後から都内各地でカラスの生息数が増加し社会問題化しています。ごみ集積場の生ごみが食い散らかされたり、警戒心が強まる繁殖期には人身に危害が及ぶこともあります。また、樹上のカラスの群れは不気味であり、都市の風格を大きく阻害します。

カラスを捕獲するための「カラストラップ（ワナ）」

事例に学ぶ対応策
カラス対策プロジェクト

　平成13年8月3日、東京のカラスの数を減らすために、抜本的な施策を立案することになり、都庁内から、若手職員による「カラス対策プロジェクトチーム（PT）」を編成することになりました。公募の結果、応募した37人のなかから、事務・獣医・電気・土木・林業・畜産・造園・薬剤・福祉技術の9職種18人を選抜、11局にまたがる「PT」が9月3日発足しました。

　PTでは、早朝のエサ取りや、夕方のねぐらなどを調査しながら、カラスに関する知識を深めることになり、特に人とカラスが共存しながら、安全・快適に都市生活を営んでいくために何をなすべきかを考えることになりました。この結果、人とカラスとが軋轢が生じない関係を作るための対策として、カラスの捕獲やカラスの餌となる生ゴミの減量などを提案し実行しました。

　生ゴミの管理ができれば、やがてカラスの数は減っていきます。しかし、多くのカラスが生息している現状では、カラスの餓死を促し、東京以外にカラスを増加させることにもつながります。さらに、エサの不足から、カラスによる他の野生生物の捕食が急増することも懸念されます。

　そのため1つの対策だけを選択するのではなく、有効な対策を組み合わせていくべきだと考え、様々な視点から対策を提案しました。PTは、カラス対策への協力の呼びかけの意味も持っています。

　この結果、カラスは都内で減少し、効果をあげています。

(2) コイヘルペスウイルス（KHV）対策

　コイヘルペスウイルス病は、近年外国で発見されたコイ特有の病気です。平成15年に日本で初めて発生が確認されました。全国各地の池や河川でコイが大量死し、養鯉業者が深刻な被害を受けるなど大きな社会問題に発展し

ています。都立公園の池でも平成15年ごろからコイの大量死がみられるようになりました。公園管理部署は直ちに水産関係部署と対応を協議するとともに、都立公園における対策を早急に決定しました。

　まず、池を毎日監視してコイの死亡状況を継続的に把握するとともに、情報伝達体制を明確にしました。次に、異常がある場合には所定の検査でウイルスの感染を確認し、その結果を現地に掲示するとともに、公園池からの蔓延を防ぐために、公園池からの魚類の持出しや持込みの禁止を徹底しました。

　このウイルスは他の生物には感染しないため人的被害は生じませんが、コイの死体で他の水面が埋めつくされる状態は住民の不安を招くものであり、危機管理の一環としての対応が求められる事例であるといえます。

（3）鳥インフルエンザ

　平成16年1月、山口県阿東町の採卵養鶏場の鶏から、鳥の病気「鳥インフルエンザ」のウイルスが検出されました。このウイルスは人に感染することは極めて少ないものの毒性は高いので、その取り扱いには十分な注意が必要です。東京都では上野動物園内で子供動物園として水鳥などとのふれあいができるコーナーがあります。また、同じく上野公園内の不忍池をはじめとした都立公園内の池にはたくさんの野鳥が飛来しています。このようなことから早急な対策が求められました。

　まず動物園では鳥類とのふれあいを中止し、飼育舎から外に出さない対策をとりました。さらに子供動物園内での手洗いの励行を強化し予防に努めました。公園内の池での情報収集に努め、大量の野鳥の死骸などが発見されたら、直ちに環境局や産業労働局に通報し、その指示を待つことにしました。当然のことながら、職員には死骸を素手でさわらないよう徹底しました。幸いなことに動物園、公園内の池ともにこれまで異常はありませんでしたが、今後どのような病気が持ち込まれるかわかりません。鳥インフルエンザに限らず、動物にも様々な病気があり、そのなかには人に移る病気もあります。公園管理者としては日常の衛生管理をしっかりすることが大切です。

5 公園の適正な利用

1 ホームレス対策

　近年の厳しい経済・雇用情勢等を背景に大都市を中心として、都市公園や道路、河川敷などで起居するホームレスが増加し大きな社会問題となっています。都内で一番ホームレスが多い代々木公園では、ホームレスによる火事が2件も起こっています。1件は東京オリンピックの宿舎として使われていた建物のすぐ近くで、危うく類焼を免れましたが、ひとつ間違えば公園内の樹木や建物に延焼する恐れもあり、大変危険です。また衛生状態もあまりよいとはいえず、公園利用者への影響も心配です。

　ホームレス対策に頭を痛めていたところ、平成14年8月に「ホームレスの自立の支援等に関する特別措置法」が施行され、ホームレスの自立の支援等に関する施策と施設管理者の役割が明確にされました。

　東京都は平成16年度から、「ホームレス地域生活移行支援事業」を立ち上げ、公園でのテント生活者に借り上げアパートを低家賃で2年間提供。その間に都立施設の清掃など就労の機会の提供に努めながら自立を促すこととしました。同年2月には都区共同事業で実施することを決定し、都立戸山公園、同代々木公園、同上野恩賜公園、区立新宿中央公園及び区立隅田公園の5公園を対象として開始しました。

　この事業の実施に際し公園等の管理者は、地域生活移行支援事業との連携を図りつつ、適正な利用を確保するために必要な措置をとることとしています。具体的には、公園への新規流入阻止と公園機能の回復です。新規流入阻止につ

公園内でのホームレスへの指導の様子

図4　ホームレス地域生活移行支援事業と管理者の役割

地域生活移行支援事業
- ○計画
  - ホームレスの自立支援等に関する東京都実施計画
- ○計画期間
  - 平成16年度～20年度
- ○目標
  - テント生活から脱却し地域生活への移行を図る
- ○主な内容
  - 借り上げ住居（アパート）を2年間低家賃（月3,000円）で貸付
  - 自立した生活に向けての就労機会の確保
  - 生活相談の実施等

連携 →

公園管理者の取り組み

地域生活移行支援事業を活用してテントをたたませ、公園から減少させる

公園への新規流入阻止
- ○ 新規テントの抑制
  - 専従職員の配置
  - 24時間警備委託による監視
- ○ 退去指導
  - 自主撤回の促進

公園機能の回復
- ○ 移行済みテント撤去の徹底
  - 巡回美化清楚委の実施
- ○ 公園再整備計画の実施
  - テント跡地の整備等

いては、専従職員の配置や24時間警備委託によって新規テント張りを抑制します。公園機能の回復については、巡回美化清掃を実施することにより移行済テントの撤去を徹底するとともに、テント跡地の再整備事業などに取り組むものです。

現在、戸山公園、代々木公園及び上野恩賜公園の3公園について地域生活移行支援事業を実施していますが、ホームレス問題を抱える都立公園はこの3公園以外にもあります。このため、他の公園についても3公園の実績とノウハウを生かし、公園管理者としてホームレス対策を継続していく必要があると考えています。

事例に学ぶ対応策
時には厳正な対応も

都立代々木公園では緊急地域雇用創出特別基金事業に基づく仕事の出し

方をめぐって、ホームレス支援団体との間で意見の対立があり、話し合いが決裂しました。その翌日、支援団体が新規のテントを10張も建てようとしたので、管理事務所の職員が警察官の立ち会いのもとに違法行為である旨を話し、中止させようとしました。支援団体は一旦は引き下がったかのように見えましたが、隙をついてテントを立ててしまいました。

　管理事務所はまだ居住者がいないのを確認し、ロープを張って立ち入り禁止措置をとりました。しかし翌朝確認するとロープははずされ、立ち入り禁止を無視して居住を開始していました。

　このまま見過ごせば、新たなテントが増加することは目に見えており、次のような理由から断固たる措置をとることにしました。
①話し合いの決裂に伴う支援団体の示威行為であり、ホームレスの個人的理由によるやむにやまれぬ行為ではない。
②事前に警告をしており、法律、条例違反であることを認識させている。
③管理者権限で設置した立ち入り禁止区域内に立ち入っており、条例に違反している。

　手順として毎日警告を繰り返し、自主退去を促すとともに、最終的に指導に従わないものを強制退去させることとしました。強制退去当日は支援団体の妨害も予測されるため、警察と綿密な連携をとり、迅速に行動しました。まずロープによる立ち入り禁止区域を設定の後、B型バリケードによる作業エリアを確保し、個々のテントの説得にあたりました。

　虚をついたためか、幸い大きなトラブルもなく、自主退去をさせることができました。地域生活移行支援事業実施直前のトラブルだったのですが、違法なものは違法なものとして措置する公園管理者の毅然たる態度が求められる場面だったと思います。

　　　　　　　　　　　　　（東京都建設局公園緑地部長　内海正彰）
　　　　　　　　　　　　　（東京都建設局公園緑地部参事　伊藤精美）

第4節 防災まちづくりにおける危機管理

1 防災まちづくりの基本的な考え方

1 「逃げないですむまちづくり」を推進

　関東大震災から80余年が経過し、東京の市街地は大きく変貌を遂げています。また、高度成長期の終焉や少子高齢社会の到来など、社会的な背景も大きく変化してきました。この間、国内では阪神・淡路大震災などの大規模地震が発生し、私たちはその経験から多くのことを学んできました。

　地震観測や地震データ処理の技術の著しい向上・進展もあり、現在では、関東大地震と同様の地震の発生にはまだ100年程度あるとされているものの、首都直下のマグニチュード7クラスの地震は、今後30年以内に70％程度の確率で発生すると予測されています。

　ところが、この予測は生活感覚ではとらえにくく、具体的に地震がいつやってくるかわからないところが厄介です。東京は「ヒト、モノ、金、情報」が集中していることから、ひとたび事態が発生すれば、国内外への影響は計り知れないほど大きく、地震発生直後から首都中枢機能を維持・発揮し続ける必要があります。すなわち、都市機能が麻痺することがないよう、被害を最小限に食い止めるための対策が不可欠です。

　また、震災対策は、住民1人ひとりが身の安全は自らが守る「自助」の精神と、地域コミュニティによって地域防災力の向上を図る「共助」、行政をはじめとする防災機関が地域を支える「公助」の考え方を行政と住民が共有し、これを基本に具体的な対策を立案し推進することが重要です。このためには、概ね10年間程度で効果のあがる施策を、実現可能性を重視しながら、期間を区切って着実に実施していく必要があります。

　東京の防災まちづくりは、「逃げないですむまちづくり」を最終目標とし

ていますが、現実を踏まえる必要があります。そこで、これまでは被害をできるだけ減らす「減災対策」を基本目標とした取り組みと、これと並行して、いざというときに備えた避難場所等の施設の充実に向けた取り組みをあわせて進めています。

現在では、新耐震基準を充たした建築物が増え、戸建の耐火性能が向上してきました。今後ともより一層の延焼遮断帯の整備で、被害を将来にわたって減らしていくことが可能と考えています。

一方、昨今の行財政の状況は、東京都では、一時期の危機的な状況は脱したというものの厳しさは依然変わらず、費用対効果がより反映された施策が求められています。加えて、複数の事業や規制誘導策との連携の工夫、住民の合意形成を促進するための現場の工夫など、試行錯誤を繰り返しながらの新たな取り組みが欠かせません。

このような基本的な考え方にたち、東京都では、平成15年度に「防災都市づくり推進計画」を改定し、震災時に甚大な被害が想定される木造住宅密集地域の整備に積極的に取り組んでいるところです。

2　「防災都市づくり推進計画」の内容

防災都市づくり推進計画は、東京都震災対策条例に基づき策定するものです。震災時の被害拡大を防ぐため、建築物や都市施設等の耐震性や耐火性の確保に加え、都市構造の改善に関する諸施策を推進することを目的として定めた計画です。

計画期間は、平成15年度から平成37年度までの23年間とし、具体的な整備プログラムは平成27年度までの13年間について定めています。

(1) 防災生活圏

この計画では、延焼遮断帯に囲まれた防災生活圏を市街地整備の基本的な単位とし、地域特性に応じた適切な施策を組み合わせて実施することにより、市街地の不燃化に向けた整備を進めることとしています。

延焼遮断帯とは、大地震が起きたときに市街地大火を阻止する機能を果たす道路、河川、鉄道、公園等の都市施設と、それらの沿線の一定範囲に建つ耐火建築物などで構成される帯状の不燃空間です。

図1　防災生活圏の例

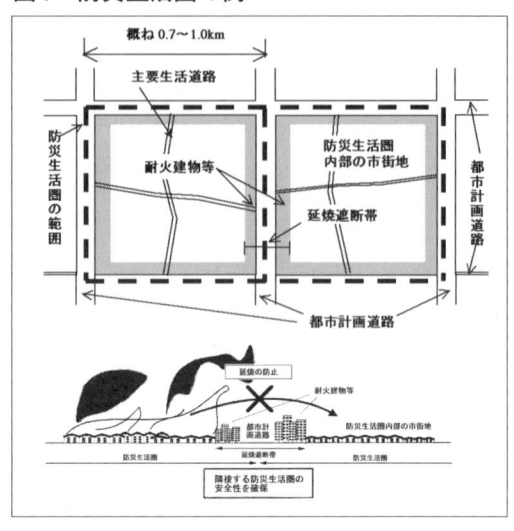

防災生活圏とは、「火を出さない、もらわない」という考え方です。延焼遮断帯によって地域を小さなブロックで区切り、隣接するブロックへ火災が燃え広がらないようにすることで、震災時の大規模な市街地火災を防ごうとするものです。このブロックは、日常の生活範囲を踏まえ、概ね小学校区程度の広さの区域としています。（約800ブロック、1ブロック平均約65ha）。

(2) 延焼遮断帯の整備と避難場所の確保

延焼遮断帯は、木造住宅密集地域が連なる23区及び多摩地域の7市を対象に設定しています。防災上の重要度から、延焼遮断帯は「骨格防災軸となる遮断帯」「主要延焼遮断帯」「一般延焼遮断帯」の3段階に区分し、骨格防災軸や重点整備地域に関係する延焼遮断帯を最優先して整備します。

また、大規模公園の拡充整備や避難場所周辺建物の不燃化などにより、避難場所等の確保を進めます。

(3) 木造住宅密集地域の整備プログラム

(1)(2)で述べた延焼遮断帯及び避難場所等の整備に関する整備方策、整

コラム12 「あなたのまちの地域危険度」の出版

自分の住んでいる地域の地震に対する危険性について知ることは、地域防災力を高めるうえで大切である。このため、都は昭和50年から、概ね5年ごとに地域の脆弱性を示した「地域危険度測定調査結果」を公表している。

内容は、都内5,000あまりの全町丁目について、「建物倒壊危険度」「火災危険度」「避難危険度」の3つの危険度と、これらを総合化した「総合危険度」などで構成されており、それぞれ5段階のランクで相対的に評価したものである。

「建物倒壊危険度」は地震によって、建物が壊れたり、傾いたりする危険性を評価したもので、地盤と建物の種類によって判定される。

「火災危険度」は、出火の起こりやすさと延焼の危険性の度合いを評価したもので、その危険性は木造建物が密集している地域ほど高くなる。

「避難危険度」は、避難場所に到達するまでの時間と避難人口を組み合わせて評価したもので、避難場所まで遠いほど、また、避難人口が多いほど高くなる。

この情報は、東京都広報、ホームページに掲載するとともに、各種報道機関（テレビ、新聞、週刊誌等）を通じて提供するほか、総合防災訓練等の各種イベント会場でのパネル展示などで、都民に広く情報提供している。また、専門的な内容を詳しく記載した「調査報告書」、わかりやすくまとめた「パンフレット」、見やすいように大きくした「地図」にして販売している。

最近3か月間の取材件数は約20件、問合せ件数は約160件、ホームページアクセス件数は約8万件にのぼっており、報道機関や都民の関心の高さがうかがえる。

「地域危険度」ホームページ
http://www.toshiseibi.metro.tokyo.jp/bosai/chousa_5/home.htm

備の優先度、整備目標を定めるとともに、木造住宅密集地域のうち、特に震災時に甚大な被害が想定される27地域・約6,500 haを整備地域に指定しています。さらに、この整備地域のなかから、11地域・約2,400 haを重点整

■第5章■　都市施設と危機管理

備地域と定め、地域ごとに整備プログラムを策定し、事業を重点化して展開します。

「防災都市づくり推進計画」ホームページ
http://www.toshiseibi.metro.tokyo.jp/bosai/bosai4.htm

コラム13　延焼シミュレーションを活用した住民防災意識の向上（荒川区）

　荒川区では、区民の「防災に関する現状認識と意識の向上」を図り、区民とともに防災まちづくりを検討するため、国土交通省総合技術開発プロジェクトで開発した「防災まちづくり支援システム」を活用し、視覚に訴えるツールとして延焼シミュレーションに生かしている。

　平成15年度には、密集住宅市街地整備促進事業を実施している地区の4町会を対象に「延焼シミュレーション」を実演した。

　その際、住民からは次のような意見があった。

　「自分の家が燃える様子を見て、改めて地震時の延焼の怖さが身にしみてわかった。被害を食いとめるための建物の耐火や道路整備の重要性を認識した」「災害時に避難すべき方向がわかった」「これを使えば効果的な消火・消防活動ができるのではないか」「もっと多くの人に見てもらい、災害に強いまちにするにはどうすべきか町会全体で考えていきたい」等々。

　密集事業は街の将来像や事業の具体的なイメージが明確には描けず、住民が共通の認識、目標を共有しにくいという面がある。

　そのようななか、具体的イメージを想定できる延焼シミュレーションは、「現状認識と防災意識の向上」に寄与するとともに、「将来像や目標の共有化」という面でも大きな役割を果たすことが期待できる。

「防災まちづくり支援システム」
ホームページ
http://www.bousai-pss.jp/

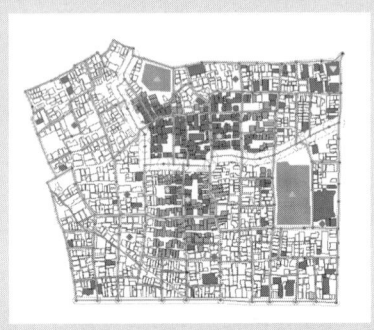

図2　延焼シミュレーション事例

3 減災に向けた重点的な取り組み

　防災都市づくり推進計画では、木造住宅密集地域のうち、約6,500 haを対象として整備を進めることとしています。しかし、約6,500haのエリアは、JR山手線の内側に匹敵するほど大規模な面積であることから、11の重点整備地域を中心とした、減災に向けた取り組みが基本となります。地域の状況に合わせた施策を的確に選択し、費用対効果が最大限に発揮できるよう、次のような取り組みを進めていきます。

①避難路や延焼遮断帯となる都市計画道路の整備に合わせて、沿道建物の共同化や建て替えなどの不燃化対策を進める沿道のまちづくりを一体的に行います。これを契機に、沿道から地域へまちづくりの輪が波及的に広がるよう働きかけ、延焼遮断機能をより確実なものとしていきます。

②延焼遮断帯の内側では、生活道路などの都市基盤施設の整備が立ち遅れている木造住宅密集地域などにおいて、住宅市街地総合整備事業等により防災生活圏を概ね4分割するように主要生活道路（6〜8m程度）を整備し、併せて防災生活圏全体に準耐火建築物への規制誘導策を導入すること等により火災の延焼が抑制され、避難や消防活動が速やかに行えるようにしていきます。

　なお、幅員6〜8m程度の道路で延焼が防げるのかとの指摘もありますが、沿道の建物状況や気象条件によって、一定の延焼遮断効果があることが、延焼シミュレーションにより確認されています。

❷ 都市計画道路（延焼遮断帯）の整備

事例に学ぶ対応策

東池袋地区——道路整備と一体的に進める沿道まちづくりの取り組み

　「東池袋地区（豊島区東池袋4、5丁目）」は、東京池袋のサンシャイン

シティビルに隣接する木造住宅密集地域です。この地区では、昭和58年頃から地元区が中心となり、防災道路、辻広場の整備などに取り組んできています。また、延焼遮断帯となる都市計画道路（都電を挟んで両側に拡幅）が計画されており、これが未整備であることから、都はかつてこの道路整備を含む付近一帯の市街地再開発事業を目指したことがありましたが、財政状況等の理由から事業化を断念した経緯があります。

このため、新たな手法として「道路整備と一体的に進める沿道まちづくり」により都市計画道路を整備し、これを契機として沿道の不燃化、耐震化のまちづくりを進め、地域の避難路及び延焼遮断帯の形成の促進を図ることとしています。

（1）スピード重視の新たな手法

狭小宅地が多く、権利関係が輻輳している木造住宅密集地域の整備は、それでなくとも時間がかかるものですが、住民の高齢化が進む一方のこれらの地域では、防災性の向上に向けた対策の早期実施が喫緊の課題です。

そこで、これまでの取り組みを見直し、地域を全面改造するのではなく、

① 「早期の効果発現と官民の共同作業（スピードとコラボレーション）」
② 「住民・民間・行政が一体となったまちづくり（連携とスクラム）」

図2　道路整備と一体的に進める沿道まちづくりの例

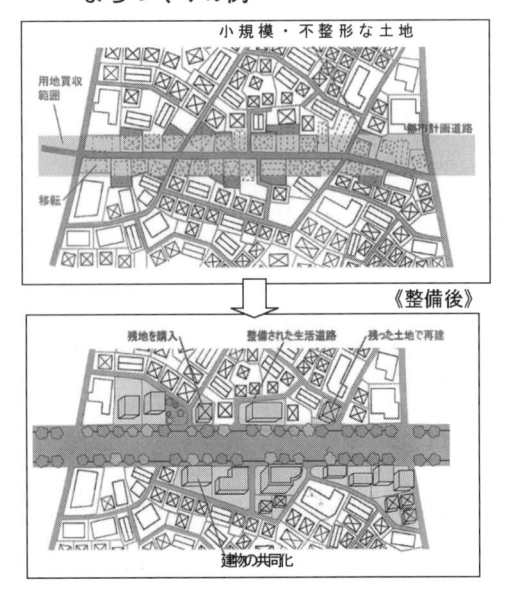

③「道路事業を起爆剤に沿道に浸透するまちづくり（波及効果の期待）」をコンセプトとして、新たな手法で、具体的にできるところから進めていくまちづくりを目指します。

(2) 残地のマイナス面をプラスに変える発想の転換

図のように、木造住宅密集地域で道路を整備する場合、小規模・不整形な残地が多く発生し、問題となるのが通例です。ここではこれを逆転の発想で活用し、この「残地活用」を契機として、道路事業のスピードを生かした沿道のまちづくりを進めています。

例えば残地を隣地に売却することなどは土地の有効利用の第一歩です。それだけでなく、残地を集約し、建物の共同化などを図ることにより「地域に住み続けたい」という住民の意向を反映した沿道のまちづくりを実現します。

(3) 具体的な取り組み

当地区では、平成16年11月、地区全体を考える「沿道まちづくり協議会」を地域住民の公募等により発足させ、「まちの将来像（都電を生かしたまちづくり）」「地区全体のルール（地区計画等）」を検討しています。

図3　道路整備と一体的に進める沿道まちづくりのフロー

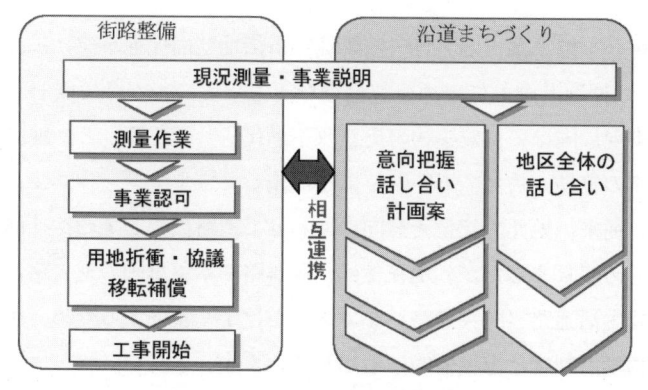

街路整備：現況測量・事業説明 → 測量作業 → 事業認可 → 用地折衝・協議 移転補償 → 工事開始

沿道まちづくり：意向把握 話し合い 計画案／地区全体の 話し合い

相互連携

また、個々の住民の「生活改善」に取り組むため、住民に呼びかけをして、小規模な「街区懇談会」を平成17年7月に立ち上げ、話し合いを開始したところです。

図4　東池袋地区整備イメージ図

　都と区が共同し、事業説明会やヒアリング等による住民意向調査、個別相談会等を実施して、住民の協力と相互信頼を築きながら進めています。

　今後は、都市計画道路の整備を行うだけでなく、できるだけ早期に沿道での建物の共同化や生活道路・公園の整備等を進め、事業の波及効果に期待しながら、地域の特徴を生かした「孫や曾孫のための100年のまちづくり」を目指していきます。

③ 主要生活道路の整備

1　住宅市街地総合整備事業の取り組み

　住宅市街地総合整備事業（旧名称・密集住宅市街地整備促進事業）により「防災都市づくり推進計画」に定める整備地域等を中心に、安全で安心して住めるまちの実現に向けて、建築物の更新（不燃化、共同化等）と、地区内の主要生活道路の整備、防災広場等の整備を実施しています。

　この事業は、従来、地元の建替え意向にあわせて道路拡幅していく「修復型」で整備を進めてきましたが、現在では、避難路や緊急車両の進入路となる地区内の主要生活道路（防災道路）をできるだけ早く整備するため、用地買収方式と建物補償制度とを積極的に活用しています。

コラム14 小学校と高等学校における出前授業

震災から生命と財産を守るためには、「自助」「共助」「公助」の考え方を併せ持って、防災対策に取り組むことが何よりも大切である。

防災まちづくりにおいても、行政が必要性を訴えるばかりでなく、住民自身も危機意識を持ち、相互に協力し合っていかなくては、まちづくりは一向に進まない。

都立高校での授業風景

そこで、都は、若い世代の危機意識を喚起し、将来のまちづくりへの理解、協力の芽を今のうちから育てようと、小学校や高校で「出前授業」を実施している。

この授業は、小学校の「総合的な学習の時間」や高校の「現代社会」等の授業時間を活用して、まちづくりに携わる都の職員が学校に出向き、まちづくりの仕組みや意義を教えるものである。

授業にあたっては、パワーポイントやプリントを使って説明したり、地図や積み木を用いた「まちづくり」の作業を取り入れたりして、演習形式の授業を行うことで、「防災」や「再開発や区画整理等のまちづくり」を実践的にわかりやすく教えている。生徒達からの感想も、異口同音に「まちづくりの大切さが良くわかった」とか「まちづくりの大変さがわかった」などとの声が聞かれ好評である。

都としては今後も、このような「出前授業」をはじめ、危機意識啓発の取り組みを継続、充実させていくことにより、まちづくりや防災に対する住民の理解をより高めていきたいと考えている。

足立区の足立1、2、3丁目地区では、道路等の公共施設を地区防災施設と位置づけた防災街区整備地区計画を定め、道路の整備と建物の不燃化とが一体となった災害に強いまちづくりを進めています。

整備前　　　　　　　　　　　　整備後

[用地買収方式で早期整備した路線]
　整備年度　平成15～16年度
　拡幅路線　現況：3.6m　拡幅整備後：6m　延長：約47m

④ 行き止まり道路の解消

事例に学ぶ対応策

江戸川区篠崎駅周辺の区画整理事業

　江戸川区篠崎駅周辺は「区画整理を施行すべき区域」として、昭和44年5月に都市計画決定されています。
　しかし、この区域内には、ミニ開発による行き止まり道路と狭小過密住宅地が多く、防災上危険な密集市街地となっています。また、地区内は狭隘道路が多いため建て替えや増改築等が困難であり、日照・通風等の環境面からも改善が望まれる区域です。

[まちの修復が狙いの連鎖型土地区画整理事業]
　この地域の区画整理事業は、区域を街区ごとに分けて条件が整ったところから随時事業を行う「連鎖型土地区画整理事業」という手法を用いています。また、事業の立ち上げに住民参加方式を積極的に取り入れており、

住民主導で運営されている「篠崎駅西部地区まちづくり協議会」が区画整理の整備方針を主体的に定めています。

この整備方針に従い、図5のようなまちの修復を狙いとした連鎖型の区画整理を篠崎駅西部地区で区施行により実施しています。

図5　修復的な区画整理のイメージ

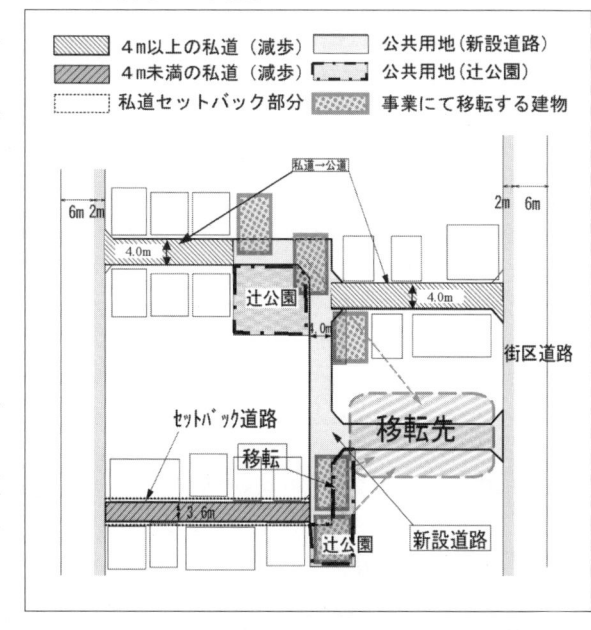

凡例：
- 4m以上の私道（減歩）
- 4m未満の私道（減歩）
- 私道セットバック部分
- 公共用地（新設道路）
- 公共用地（辻公園）
- 事業にて移転する建物

事業の内容は図5に示すとおり、行き止まり私道の突き当たりの家屋だけを移転し、私道と私道を結んで二方向避難通路を確保します。移転先については、同ブロック内にあらかじめ江戸川区が用地買収をして確保しておきます。また、移転に伴って確保された用地のうち道路以外の部分を辻公園として整備することにより、防災性の向上と住環境の改善を図ります。

幅員が4m確保されている私道については、そのまま公道に認定し、4mに満たない私道については、地区計画を定め、これに基づき、将来4m幅の道路となるよう、建て替えの際にセットバックしてもらいます。

この区画整理と地区計画を組み合わせた「修復的な区画整理」は地域住民の減歩や清算金負担を抑え、施行者の事業費も軽減できる柔軟で現実的なまちづくりといえます。

コラム15 路地閉塞！ あなたならどうする
避難体験を通じてまちづくり機運を高める方策（江戸川区の事例）

　協議会は住民が主役、区はあくまで脇役に徹し、100回近くのワークショップにより、様々な角度から「わが街をどうしようか」といった議論が行われた。

　なかでも、特筆すべきは、住民から自発的に「行き止まり道路の多いわが地域で一旦発災したらどうなるのか、実際に防災訓練をやりその成果をまちづくりに生かそうではないか」といった意見が出され、それを実施へとつないでいったことである。

　逃げ道が一方しかない路地の出口で火事が発生したとの想定で、バケツリレーによる消火から近隣の小公園への避難を住民共助のもとに体験しました。もちろん、住民には出火場所などは事前に知らせていない。

　訓練最後に発災マップの作成や住民がとった行動などのまとめを行ったが、「恐ろしい、出口が塞がれてしまってはどうしようもない」「行き止まり道路を解消し、通り抜けできる道を造らなくてはだめだ」といった声があちこちであがったのは、ごくごく自然の流れだった。

　後日談だが、たまたまこの訓練の直後、路地の行き止まりに住むリーダーの隣家で出火。消火に際し、このときの訓練が役立ったのはいうまでもない。このことで、地域の結束力が一層強化され、まちづくりの機運も一気に高まった。

ワークショップ
「わがまちをどうしよう」

防災訓練の様子

5 避難場所確保に向けた取り組み

1 避難場所の確保・拡大、安全に誘導する方策

　都は、震災対策条例に基づき、昭和47年から概ね5年ごとに市街地状況を調査したうえで、避難場所を指定し、これを都民に公表・周知しています。この避難場所は、大地震時の大火から身を守るための防災空間であり、地震後に避難生活を送る学校・公民館などの公共施設等の「避難所」とはその性格が異なります。

　具体的には、大地震発生時に火災が拡大して生命に危険が及ぶような場合を想定し、下記の条件を満たす場所を選定して指定しています。

　指定の対象は、①周辺市街地の状況を勘案し、大地震による延焼火災の輻射熱に対して安全な面積を有する場所、②避難場所内に、震災時に避難者の安全を著しく損なう恐れのある施設（例えば地震時に危険な爆発物等の保管庫など）が存在しないこと、などです。

　現在、避難場所として、公園など公共用地を中心に23区内で170箇所が指定されています。しかし、区部の限られた地域のなかで、適当な避難場所を公共用地だけで確保することが困難となってきていることから、グラウンドなどに使用されている大規模民有地も活用して、その確保を図っています。その面積は、避難場所総面積の約2割を占めていますが、近年、この大規模民有地が宅地開発等の対象になることが多くなり、その対策が急がれる事態となっています。

　このため都は、開発に際し、避難場所としての機能が引き続き確保できるよう、指針を策定

避難場所（新小岩公園・平井大橋地区）

して、民間土地所有者の協力を求めていくこととしているほか、工場跡地などの大規模開発で生じる防災空間を新たに避難場所として指定したり、避難場所周辺の不燃化事業を促進したりして、避難場所の確保・拡大に努めています。

また、避難場所は、震災時、都民がいつどこにいても、安全かつ速やかに避難できるよう周知されていることが重要です。このため、避難場所の周知について、都は、区と連携しながら、広報紙やホームページ開設、避難標識設置など、様々な方法で行っています。

あわせて、通勤・通学途中等において被災した際にも、周辺の避難場所等がわかる方法をIT等の新技術の活用を含めて検討し、被災者を安全に誘導できる仕組みづくりに取り組んでいきます。

2　防災拠点再開発による避難場所の確保

(1) 防災拠点再開発の取り組み

都は現在、都内各地で防災まちづくりの事業を実施していますが、都が取り組んできた防災まちづくりの先駆的な事例として、昭和40年代に計画した、江東デルタ地帯における防災拠点再開発があげられます。

江東デルタ地帯は、隅田川と荒川に囲まれた軟弱地盤上に位置し、低地帯で木造建物が密集していたために、昔から多くの災害に見舞われた地域です。関東大震災による被害は、焼失家屋が約9万5,000戸、死者は東京市全焼死者の9割を占める約

図6　江東デルタ地帯と防災拠点

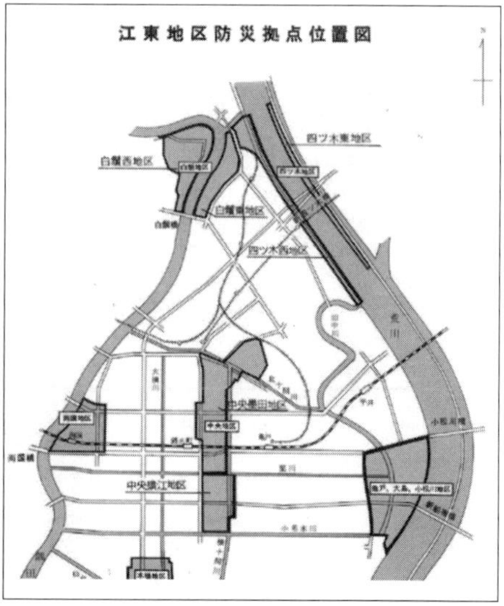

5万3,000人にのぼりました。

そこで、都は、この地域に6つの防災拠点を設ける計画を立て、このうち3つを、避難場所とまちづくりとを一体的に整備する防災拠点型の再開発事業により進めてきました。

亀戸・大島・小松川防災拠点

なかでも、亀戸・大島・小松川地区と白鬚西地区は、区域面積がそれぞれ約98.6ha、約48.8haと、全国に例を見ない大規模な防災拠点を整備するものであり、いずれも、工場跡地等を集約化して大規模な避難広場として活用するとともに、その周囲に、密集した木造建築物を集合した不燃建築物を整備するものです。

(2) 防災拠点再開発の効果

防災拠点型再開発では、密集した木造建築物が再開発の実施によって、耐震性の高い不燃建築物に建て替えられ、道路や公園等のオープンスペースが確保されました。

白鬚西地区では、オープンスペースが区域面積の1割から5割に、亀戸・大島・小松川地区でも、従前の2割から6割と飛躍的に向上しています。

これにより、地震時の建物の倒壊や火災による人的被害が未然に防止されるとともに、都民の安全な生活空間が創出されました。

同時に、再開発により整備された避難広場は、亀戸・大島・小松川地区で、約24.5ha、白鬚西地区で約12.8haと広大な規模を有しています。

いずれも、平常時は公園として都民の憩いの場となるものですが、火災による輻射熱からの安全性を考慮して計画しており、それぞれ20万人、12万人の避難人口を収容できます。また、それぞれの避難広場には、備蓄倉庫や応急仮設トイレはもちろんのこと、応急給水槽や災害時のヘリコプター離着陸場など、避難生活を支援する様々な施設も備えています。普段、バーベキ

図7　耐火煉瓦を備えたバーベキュー広場

ュー広場となっている場所は、避難時に煮炊きができる炊き出しスペースとして利用できるように、耐火煉瓦を敷き詰めてあります。

さらに、両地区とも、避難広場となる公園と荒川、隅田川のスーパー堤防を一体的に整備しており、緊急時には水上から救急物資等が搬入できるよう船着場が整備されています。

(3) 防災拠点の完成

亀戸・大島・小松川地区、白鬚西地区は、着手後20年以上経過し、防災拠点としての整備は概ね終了、事業もいよいよ最終段階を迎えています。長年にわたって整備してきたこれらの施設とまちづくりは、不測の地震災害から、都民の生命や財産を守るうえで、必ず役立つものと確信しています。

6 防災まちづくりの実践に向けて

災害の可能性を決して忘れることなく、常日頃から、備えを欠かさずにいることが極めて大切なことは今さら言うまでもありません。今年度の防災白書でも、「いつどこでも起こりうる地震等の自然の脅威の発生から逃れることはできない」としています。

ご紹介した江戸川区の住民が主体となった「まちづくり協議会」の事例でも、住民の自発的な意見で防災訓練を行った結果が、行き止まり道路を解消させ、災害に強いまちづくりにつながっています。

また、不幸にも地震災害が起きた場合を想定して、その後の街の復興がすみやかに進められるよう、都では、震災復興まちづくりの模擬訓練を、住民、

行政、専門家などが連携して毎年行っています。

　復興の際、何が課題となるかを、ハード、ソフト両面にわたって行政のみならず住民自らも身をもって予測し、事前に対応策を検討し、イザというときの役割分担や連携方法を話し合っておくことが、まちの復興にとって欠かせないからです。

　古来より「備えあれば憂いなし」、「転ばぬ先の杖」の言葉があるとおり、日頃から地域の活動によって防災力をつけておくことが災害の備えになります。この備えこそが防災まちづくりです。備えの輪が広がり、次第に大きな渦になることが、地域防災力を向上させ、危機管理力を高めることにつながると考えます。

　今、自治体には、こうした取り組みへの実践力が求められ、期待されています。

（東京都都市整備局市街地整備部長　石井恒利）

第5節 鉄道と危機管理

1 鉄道に見る危機管理の視点

　わが国は、世界のわずか0.25％にすぎない国土に、マグニチュード6以上の地震の22.9％が集中する地震大国です。

　平成7年1月に発生した阪神・淡路大震災から、今年で11年目を迎えました。大都市直下を襲ったマグニチュード7.3の地震は、5,500人余という多数の死者をはじめとする甚大な被害をもたらしましたが、なお一面では幸運が働いたという見方も拭い去れません。それは、地震発生時刻が午前5時46分であったという点です。新幹線をはじめ、JRや私鉄の高架橋、駅舎、トンネル等の構造物は致命的な損傷を受けましたが、都市活動が本格化する前の時間帯であったため、鉄道利用者等の人的被害が軽微であったことは、まさに不幸中の幸いというほかありません。

　平成16年10月の新潟県中越地震では、営業中の新幹線が初めて脱線しました。上越新幹線浦佐～長岡駅間を走行していた「とき325号」は10両編成のうち8両が脱線したものの、高架軌道上にとどまり、転覆を免れました。幸い対向車両の通過がなく、衝突事故も回避されたことから、乗客151人の負傷者はゼロでした。

　東京の平日ラッシュ時間に同様の震災が発生した場合、鉄道利用者や運行回数が多いだけに、人的被害ははかりしれないものになります。関東大震災の発生からすでに80年経過しており、東京における大規模地震への対応は「待ったなし」といえます。

　鉄道における安全上の課題は地震だけではありません。

　平成17年4月にはJR福知山線において、死者107人という戦後最悪の脱線事故が発生しました。この事故原因については、航空・鉄道事故調査委員会で今なお究明中ですが、ヒューマン・エラーの面からの調査も行われていま

表1　鉄道インフラの危機管理の視点

危機管理の視点	事　例
①安全水準のレベルアップ	高架橋や駅施設などの耐震性強化 鉄道駅におけるホームドアの設置等
②フェイルセーフ （安全保障装置）の導入	高架橋における落橋防止装置 レールの脱線防止ガードの設置、自動列車制御装置等
③バックアップ施設の併設	トンネルの遮水壁の設置、非常用発電装置 火災時の避難誘導設備の設置等

す。公共交通については、人的制御に頼る部分も多いことから、ヒューマン・エラーや機器の制御システム等、運営面からの危機管理も重要です。こうした鉄道インフラの危機管理は、概ね3つの視点に整理されます。

　事故を未然に防ぎ、損害を最小限に食いとめるためには、3つの方策を効率的に組み合わせるとともに、ハード、ソフト両面にわたる厳格かつ多重的な安全対策が望まれます。

　本節では、都市交通における危機管理の観点から、都営地下鉄・東京メトロなどの取り組みについて述べるとともに、事例として近年発生した社会的反響の大きい事故等とその対応について紹介していきます。

２　鉄道の安全対策（ハード対策）

1　震災対策

　トンネル、高架橋、橋りょうなどの施設・構造物は、関東大震災クラスの地震に十分耐えられるように造られていますが、阪神・淡路大震災の被害状況を勘案して耐震性を見直すことが必要となりました。東京メトロでは、トンネル中柱補強や高架橋橋脚補強、高架橋落橋防止、地盤の液状化対策などを進めました（すでに対策は完了）。

表2 東京メトロの地震時列車運転規制

種　類		運転規制
第3地震警報 （40ガル以上）	地下	全列車を緊急停止させた後、注意運転
	地上	全列車を緊急停止させた後、先行列車のあった駅まで25km/h以下の注意運転
第2地震警報 （80ガル以上）	地下	
	地上	全列車を緊急停止させた後、先行列車のあった駅まで15km/h以下の注意運転
第1地震警報 （100ガル以上）	地下及び地上	全列車を緊急停車させた後、運転見合わせ

　また、沿線に地震計を設置し、地震発生時には、総合指令所の情報表示装置に地震警報を表示するとともに、地震警報自動通報システムで全列車を緊急停止させ、直ちに列車運転規制を行います。

トンネル中柱補強

2　地下鉄駅の火災対策

　韓国大邱(テグ)市の地下鉄で発生した火災事故（コラム16）を受け、全国の地下駅における火災対策設備の現況について調査したところ、平成15年2月時点で地下駅総数684駅に対し、ホーム階や事務室の排煙設備がない、避難通路が1通路のみ等、基準に一部適合していない駅が268駅もありました。

　都営地下鉄では、浅草線や三田線といった基準制定前に整備された路線を中心に、基準に一部適合していない駅が106駅中、36駅あったことから、地下構造物内外での新たなスペースの確保、地上部での新たな用地の確保等様々な課題を解決しながら、順次計画的に整備することとしています。

　さらに、平成16年10月に東京都火災予防条例の一部が、平成16年12月に

コラム16　韓国大邱市の火災事故

　平成15年2月18日、韓国大邱市地下鉄1号線中央路(チュンアンノ)駅構内で、列車に乗車していた男性がガソリンを床に撒いて火をつけ、この列車と対向の列車がともに全焼するという事故が発生し、死亡者192人、負傷者148人を生じる大惨事となった。

　これまで地下鉄の防災設備は、消防法、建築基準法、旧運輸省より昭和50年1月に通達された地下鉄道の火災対策基準に基づき整備してきたが、この事故を契機に、平成16年10月には東京都火災予防条例の一部が、平成16年12月には国土交通省の火災対策基準が改定された。

　国土交通省の火災対策基準が改定されたことを受けて、蓄光式避難標識の設置、避難距離が長い場合の床面等への誘導灯の設置、列車避難方法を明示した表示板の設置等を順次計画的に整備することとしています。

3　地下鉄駅の浸水対策

　地震による津波、台風や大雨に備えて、浸水の恐れがある位置の出入り口については、歩道より高い位置に設置したり、止水板を設置することで浸水に備えています。また、路上にある換気口については、感知器を備えた浸水防止機を整備しています。これらは、気象庁からの大雨情報を受け、事前に遠隔操作により閉鎖し、浸水を防ぎます。

　さらに、トンネル内への大量浸水に備え、トンネル坑口付近に河川のある箇所には防水ゲートを設置するとともに、要所にトンネルの全断面を閉鎖する防水ゲートを設置しています。万一、浸水した場合は、ポンプでトンネル外に排水できるようになっています。

出入り口止水板

■第5章■　都市施設と危機管理

防水ゲート　　　　　　　　ホーム柵

4　ホーム柵の設置

　プラットホームからの転落事故に対する安全対策として、非常停止押しボタンまたは転落検知マットの設置、待避スペースの確保またはステップの設置、ホーム柵等があります。

　ホーム柵は、ホーム上の旅客を線路への転落や列車との接触から防護するために有効な施設です。都営地下鉄では、三田線の三田～目黒間延長開業、東急目黒線と相互直通運転及びワンマン運転化に合わせて、全駅に可動式ホーム柵を設置し、平成12年8月10日から使用を開始しました。

コラム17　JR山手線新大久保駅の転落事故

　平成13年1月26日、JR山手線新大久保駅で、酔ってホームから転落した旅客と、それを助けようとした韓国人留学生と日本人カメラマンのあわせて3人が列車にはねられ死亡するという事故が発生した。

　事故を受け、国は、同年2月19日にプラットホームからの転落事故に対する安全対策として、非常停止押しボタンまたは転落検知マットの設置、待避スペースの確保またはステップの設置、ホーム柵等の設置の検討等を通達した。

5　脱線防止対策

　地下鉄日比谷線中目黒駅付近で発生した脱線事故（コラム18）を受け、国は直ちに事故調査検討会を設置し、事故の原因究明を行うとともに、再発防止の緊急措置として、全国の鉄軌道事業者に対し、半径200m以下の曲線部を対象に脱線防止ガードの設置が必要であるとしました。

　事故調査検討会は、平成12年6月に中間報告、10月に最終報告をまとめ、これを受けて、国は「急曲線における低速走行時の脱線防止対策」を定め、全国の鉄道事業者に通達しました。

　帝都高速度交通営団（現：東京メトロ）では、国の通達に沿った形で直ちに対応を図り、平成12年度末に脱線防止ガードの設置を完了させました。

図1　脱線防止ガード

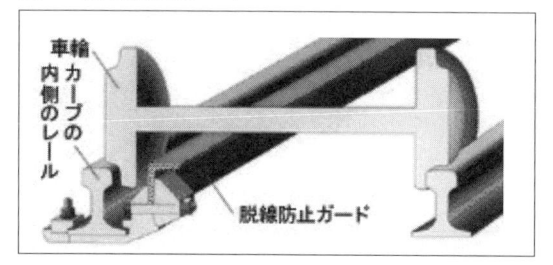

コラム18　地下鉄日比谷線中目黒駅付近の脱線事故

　平成12年3月8日午前9時頃、地下鉄日比谷線中目黒駅付近で、北千住発菊名行の下り電車(8両編成)の最後部車両が脱線し、上り列車と衝突するという事故が発生した。この事故で、上り列車に乗車していた5人が死亡、双方の列車で63人が負傷した。

　当時、半径140m以下の急曲線部には、営団の内部規定により脱線防止ガードを設けることになっているが、事故箇所は半径160mの曲線に続く緩和曲線の始端付近であり、脱線防止ガードは設置されていなかった。

また、その後もさらなる安全向上のため、脱線防止ガードの設置を順次実施し、平成16年度末現在、255箇所、延長約33kmで設置されています。

③ 鉄道の安全対策（ソフト対策）

1　鉄道の速度超過対策

　平成17年4月に発生したJR福知山線の脱線事故を受け、同年5月、国土交通省では「急曲線に進入する際の速度制限に関する対策」について鉄道事業者に義務づけました（平成18年1月現在、事故原因については、国土交通省の航空・鉄道事故調査委員会において調査中）。

　りんかい線（東京臨海高速鉄道）では、ATS－P（自動列車停止装置）を設置しています。本装置は停止信号で停止しない場合に、自動的に列車を停止させる従来のATSの機能に加え、車両側で停止または減速するための速度パターン（速度照査パターン）を作成し、速度超過すると自動的にブレー

図2　ATS-Pのシステムイメージ

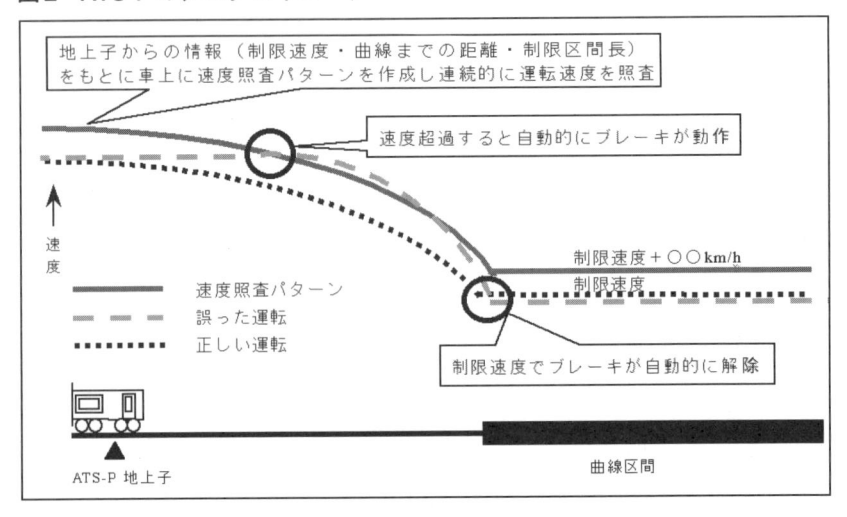

キが動作する安全性の高いシステム（図2）です。福知山線の事故後、新たに11区間で、ATS－Pの地上子増設を予定しており、列車の安全運行のさらなる向上に努めています。

　平成17年8月24日に開業した、秋葉原～つくば駅間58.3kmを最速45分で結ぶつくばエクスプレス（首都圏新都市鉄道）では、列車を安全に運行するため、全線にわたってATC（自動列車制御装置）を設置しています。

　ATCは先行電車の位置やカーブ等の条件をもとに、区間（数十m～数百m）ごとの制限速度を設定し、それ以上の速度で走行しようとすると自動的にブレーキを作動させて制限速度以下に減速させるシステムです。

　また、列車の発車、加速、走行、減速、停止を、あらかじめインプットしておいたコンピュータ情報に基づいて制御するATO（自動列車運転装置）を採用しており、決められた速度の範囲内で確実運行するシステムとなっています。

2　異常時に備えた訓練

　事故や自然災害が発生した際に、利用者の安全確保、被害の拡大防止や早期復旧に的確に対応するため、各鉄道事業者では、異常時想定訓練、防災設備取扱訓練などを実施しているほか、避難誘導・救出救護・初期消火・初動措置などの訓練も行い、利用者の安全確保に備えています。また、負傷者の発生に備え、救急車到着までの応急手当や人工呼吸、心肺蘇生等を行えるように、知識・技能の習得・向上のための訓練を実施しています。

事例に学ぶ対応策
東武伊勢崎線竹ノ塚駅付近における緊急踏切対策

(1) 事故の概要

　平成17年3月15日午後4時50分頃、東武鉄道伊勢崎線竹ノ塚駅南側の伊勢崎線第37号踏切で、上り準急列車（太田発浅草行6両編成）に歩行者

■第5章■ 都市施設と危機管理

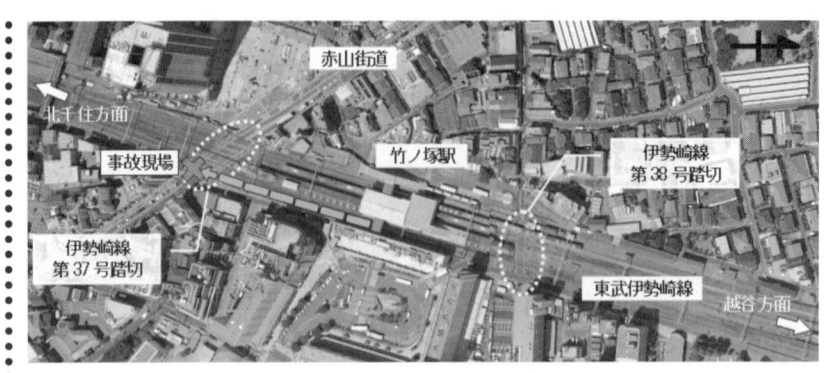

踏切事故現場状況図

踏切事故現場

など4人がはねられ、死傷するという痛ましい事故が発生しました。

　事故現場は、東武鉄道伊勢崎線と足立区の主要生活道路である赤山街道（区道）が交差する踏切で、横断長が約33mと長く、ピーク1時間あたりの遮断時間は59分にもなるボトルネック踏切でした。東武鉄道では、横断者の安全確保のため、この踏切に踏切保安員を配置し、この保安員が手動で遮断器を開閉する方式を採用していました。

　しかし、今回の事故は、東武鉄道によれば、この踏切保安員が、「他の列車に気をとられ、最接近していた上り準急列車を失念し、東武鉄道の社内規定に違反して遮断器のロックを解除し、遮断器を開けてしまったことが、事故の直接原因となった」と報告されています。

　このため、事故後、東武鉄道は、当該踏切及び駅北側の伊勢崎線第38号踏切の2箇所（どちらも手動制御）で、踏切保安員やガードマンを増配置するとともに、踏切遮断器の操作に関する社内規定遵守の徹底を図りました。

(2) 事故直後の対応

　東京都は、今回の重大事故の発生を受け、歩行者や自転車の安全を早急に確保するため、事故直後に国土交通省、足立区や東武鉄道の関係者からなる「竹ノ塚踏切対策会議」を設置し、緊急踏切対策の検討・協議を開始しました。概ね1か月以内の対策の取りまとめを目標とし、様々な対策について議論を重ねました。その結果、4つの緊急踏切対策について実施することとし、事故から約1か月後の平成17年4月22日に公表しました。

(3) 緊急踏切対策の内容

　緊急踏切対策の内容は以下の通りです。
①伊勢崎線第37号踏切の直近に、歩道橋（自転車対応の斜路・エレベーター付）を設置（平成18年3月完成予定）
②同踏切内の自転車・歩行者通行帯を拡幅（平成17年6月完成）
③竹ノ塚駅自由通路西口にエレベーターを設置（平成17年9月完成）
④伊勢崎線第38号踏切道の幅員を拡幅（平成17年6月完成）

図3　竹ノ塚駅付近の緊急踏切対策

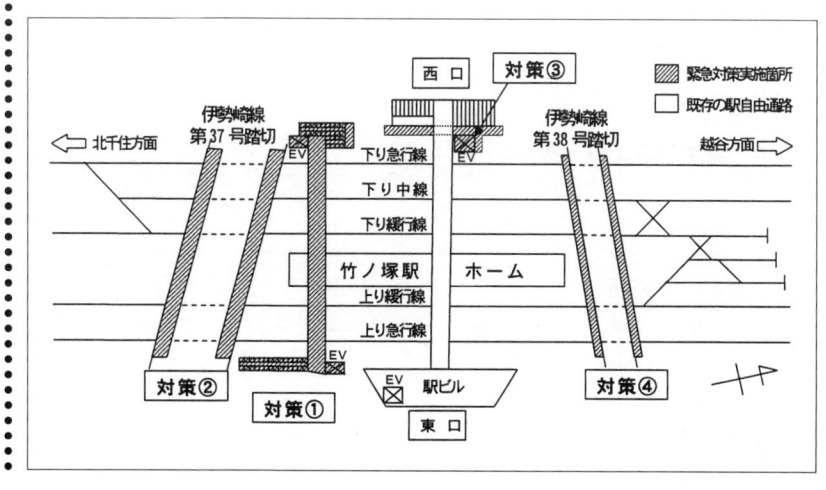

(4) 今後の課題

　今回の事故では、人為的なミスが原因とはいえ、ダイヤの過密な都市部における踏切の危険性が、改めて明白となりました。竹ノ塚駅周辺では、歩行者・自転車の安全を確保する緊急対策が実施されましたが、引き続き中長期的な視点から、道路と鉄道の立体化など抜本的な踏切対策の検討が必要です。

　　　　　　　　　　　（東京都都市整備局都市基盤部長　成田隆一）

事例に学ぶ対応策
JR中央線連続立体交差事業
線路切換工事に伴う工事トラブルと踏切横断対策

(1) 事故の概要

　平成15年9月28日、JR中央線連続立体交差事業に伴う線路切換工事（三鷹駅～国分寺駅間）で、信号工事の配線ミスにより踏切警報機やポイントが正常に作動しなくなりました。このため、中央線三鷹駅～立川駅間の列車は約8時間にわたり不通となり、特急を含む234本が運休、行楽客など約18万人の利用客に影響を与えました。

　さらに、線路切換工事に伴い、切換区間の踏切長や遮断時間が増加したため、切換後には踏切内での歩行者の立ち往生、警報機の鳴る踏切への立

図4　線路切換工事　概略図

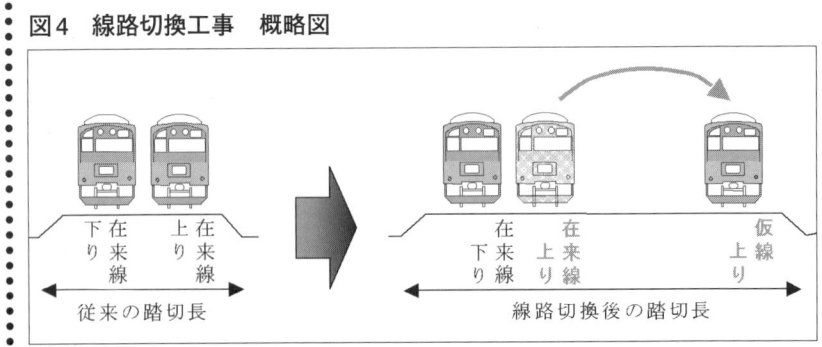

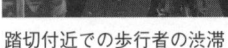

踏切付近での歩行者の渋滞 　　　　　自転車を抱え階段を下りる人

ち入りなどのトラブルが発生しました。

(2) トラブル後の対応

　工事トラブルの再発を防止するため、JR東日本は次のとおり、工事体制を強化することとしました。主な内容は、①JR東日本社員・請負会社の技術力向上、適正要員の確保、②作業工程、リスク管理等の徹底、③大規模切換の工事手法を見直し、当日の作業量を軽減等です。

　また、踏切内のトラブルに対処するため、国土交通省、東京都及びJR東日本の3者は、線路切換工事の3週間後に歩行者・自転車の踏切横断対策の実施を公表し、①仮設歩道橋の設置（EV付・2箇所）、②踏切システムの改修（切換区間の遮断時間を短縮するため、通過・停車列車を判別し、遮断機を開閉）、③踏切道の拡幅（2箇所）等について緊急に取り組みました。

　地元市や警視庁の協力を得ながら、3者は一丸となって、関係者との調整、用地の確保、工事発注業務、地元住民への対応等に取り組みました。その結果、約3.5か月後に仮設歩道橋を1基完成させました。

　踏切横断対策は約半年間で全て完了し、切換区間の踏切内でのトラブルも減少しました。

(3) トラブル後の切換工事

　平成15年9月のトラブルを踏まえ、平成16年7月と11月に、同区間で

下り線の切換工事を実施しました。切換当日の作業量を減らすため、切換区間を分割するとともに、工事機材・機器類の不具合発生に備えた予備機材の手配、列車運行不能時におけるバス代行時間の延長など、事前に想

仮設歩道橋

定されるリスクと対策を策定し、万全の体制で工事を実施しました。2度の工事は順調に進み、予定時間内で無事に終了しました。この切換工事により、在来線はすべて仮線に切り換えられ、踏切長は以前と同様の状況となりました。

(4) 今後の課題

　今回のトラブルの原因は、事前確認作業の不徹底、踏切長の延伸に伴う通行者への影響を過小評価したこと等によるものでした。
　線路切換工事は、限られた時間のなかで確実に実施されなければならない工事であり、トラブルが発生した場合、多くの鉄道利用客に甚大な影響を及ぼします。事例を教訓に、過信、妥協することなく、工事のリスク管理を徹底していく必要があります。
　また、近年、民間や行政のベテラン技術職員が大幅に減少しており、技術力の低下が懸念されています。安全、確実に工事を施工していくためには、技術力の継承と技術者の育成も今後の大きな課題といえます。

（東京都建設局道路建設部長　道家孝行）

第6節 高速道路と危機管理

1 長大都市トンネル「将来の危機を掴む」

1　首都高速道路のトンネル規模

　首都高速道路の建設は、昭和26年頃の東京都の予備調査から始まり、その後、昭和28年、国の機関である「首都建設委員会」が、首都高速道路網の新設を建設省と東京都に勧告し、これを受けて昭和34年に首都高速道路公団（平成17年10月から首都高速道路株式会社に民営化・以下会社）が発足しました。以来建設が急ピッチで進み、現在、約283kmの都市高速道路が都内縦横に走っています。

　現在の首都高速道路のうち、トンネル構造は約17kmで、そのうち最も延長トンネルが長いものは、多摩川を渡る多摩川トンネルで、総キロ数は2.17kmとなっています。これに対し、現在建設中の中央環状新宿線は、延長11kmのうちトンネル部分の延長で9.8km。計画中の中央環状品川線は、計画延長9.4kmのうちトンネル部分の延長は8.4kmです。この両路線が完成し、トンネル部分が接続すれば、実に18.2kmの長大な都市内トンネルが完成することになります。この長さは、現在管理しているトンネルの総延長

中央環状新宿線完成イメージ図

をはるかに超える長大トンネルとなり、最長の多摩川トンネルの約8倍となります。

2　トンネル火災事故の発生件数

　一方、現在供用中のトンネル内における火災事故の発生件数は、昭和39年から平成14年までの33年間で94件発生しており、年間平均すると約3件弱の発生となります。延長と発生件数が必ずしも正比例するわけではありませんが、現在のトンネルの総延長よりも長いトンネルが完成することは、その安全性に十分に配慮する必要があり、公団としてもその対応を早い時期より検討してきました。

3　首都高速の安全性対策の検討開始

　検討は、大規模な火災事故事例の情報を収集することから行いました。
　海外や国内の事例を調査し、様々な観点から分析するなど主要な要素を把握することから始めました。これと平行して、公団の関係部署職員とトンネル防災の専門家で構成する「首都高速道路における都市内長大トンネルの防災安全に関する調査研究委員会」が発足しました。
　委員会では、収集した情報を、今後の事故対応に生かす教訓とするため、目標とする火災時点でのシナリオを明確にし、多角的に防災のあるべき姿を議論したうえで、ハード・ソフト両面からの対応策を洗い出しました。
　また、各施設や課題ごとに公団が主体となって調査研究や調整会議を主催し、学識経験者や関係機関と具体的に、危機を想定し、対策内容を詰めました。検討委員会の内訳はコラム19のとおりです。
　4つの委員会を、総合的にまとめる形で「首都高速道路における都市内長大トンネルの防災安全に関する調査研究委員会」が設置され、この検討委員会のなかで、最終的な方針のまとめに向け作業を行っています。また、この検討会の結論を受け、具体的な内容について、実施すべきものを現在調整しています。

> **コラム19　首都高速の安全性対策の検討体制**
>
> (1) 換気・排煙については、「都市トンネルにおける効率的な換気制御に関する調査研究」委員会で行う。
> (2) 運用・管理については、「消防庁調整会議」「警視庁調整会議」で行う。
> (3) 交通制御については、「首都高速道路の交通技術に関する研究」委員。
> (4) 構造・施工については「中央環状新宿線トンネルの設計施工に関する調査研究」委員会。

4　危機管理のリスクマネジメント

　さて、危機管理で重要視されるのは、危機が発生する前のリスクマネジメントが重要です。

　リスクマネジメントの視点で見ると、発生確率と被害規模に基づき評価されるわけですが、これに基づき対策を施すことが大切です。例えば、新宿線は「計画交通量が1日当たり5万台から8万台の道路」ということを考えると、リスクマネジメントの視点は、被害規模は極めて大きいといえます。また発生確率の点でいえば、供用中のトンネルで年に3回弱の火災が発生していることを考えると、決して低く見てはいけないといえるでしょう。

　したがって、リスク管理的にはリスク削減領域にある事象と考えるべきであると結論づけられます。リスク削減は、被害を減少させる低減対策、発生確率を減少させる未然防止対策の2つにより、リスク保有領域に移行させることが重要です。しかし、日本最長の関越自動車道関越トンネル上り線ですら、11.055kmであり、あの「道路トンネル非常用施設設置基準」改正の端緒となった事故が起きた日本坂トンネルでさえ、トンネル延長は約2kmです。

　このため、首都高速道路公団では、①過去のトンネル事故を調査、データを収集し点検・分析・検討、②防災安全対策の基本的な考え方、③防災安全策の具体策策定、④残された課題と検討の方向性などの4点（コラム20）を

重点に常に危機管理をチェックしながら、トンネル防災の強化策をこれまで検討してきました。

コラム20 トンネル防災安全についての設計基準の変遷

　道路トンネルの防災安全基準の設計指針は、昭和37年に日本道路公団名神高速道路のトンネル建設の際、「道路技術基準（トンネル編）：建設省」が制定された。これは、トンネルに関する全般的な技術基準であったが、その後昭和42年に起きた鈴鹿トンネル事故を踏まえて、トンネル等における自動車の火災防災に対しての対応を、全国の火災発生実績を考慮して、トンネル延長と交通量によりトンネルの等級を判定することとした。

　自動車火災の発生割合としては、2,200万台・キロ当たり1件と想定して、交通量により5年に1件以上起こる可能性のあるトンネル、10年、20年などに1件以上起こる可能性のあるトンネルなど、防災施設の等級を定めた「道路トンネルにおける非常用施設の設置基準について：道路局長（昭和42年）」が作られた。

　また、昭和49年には車両火災のみならず、その1次原因となる交通事故の発生実績も考慮して、「道路トンネル技術基準及び自動車道等の設計基準（一部改正）について」を定めた。

　さらに、昭和54年の日本坂トンネル火災事故を受けて「道路トンネル非常用施設設置基準：都市局長・道路局長（昭和56年）」と事故の教訓を生かした改訂が行われている。この考え方は、トンネルの等級区分は踏襲しつつ、非常用施設の重要性等を考慮し等級区分の境界を検討、さらに高速道路における事故を配慮し、長大トンネルあるいは交通量が著しく多いトンネルに配慮し、新たにランクAの上にAA級のトンネルを設けた。

　現在は、「昭和56年制定の基準」に解説をつけて平成13年に発行された「道路トンネル非常用施設設置基準・同解説（案）：日本道路協会」が使われている。

② 過去のトンネル事故を調査

1　トンネル事故のガイドラインの作成

　都市における長大トンネルの火災事故の事例は、類例がありません。このため、大規模なトンネル火災事故を調査することで、データの収集を行うこととしました。国内の道路トンネルの防災安全の指針は昭和37年に制定されていますが、その後、昭和42年の鈴鹿トンネル火災事故、さらに昭和54年の日本坂トンネル火災事故の経験を踏まえて、昭和56年に「道路トンネル非常用施設設置基準」が定められ、平成13年にこの基準の運用を行うための解説が加えられた「道路トンネル非常用施設設置基準・同解説（案）」が使用されています。

　一方、首都高速道路公団では、昭和44年に「首都高速道路トンネル非常用施設設置基準（案）」の制定の後、交通量が多いことを踏まえ、①信号機の設置、②消火栓を泡消火栓とする、③誘導表示板の設置間隔を短くするなど、国の基準を上回るものを基準とした「トンネル非常用施設設置指針（案）」（平成5年）、「都市内長大トンネルの非常口等設置要領（案）」（平成6年）を使用しています。

2　トンネル事故への危機管理作成のポイント

　首都高速道路でのトンネル火災事故への危機管理は、近年のトンネル火災事故のデータを収集し、この事故例を点検するなど、事故の原因や問題点・課題などを分析・検討し、主要な要素を構成して整理しました。

　対象とした過去のトンネル事故は、昭和54年の日本坂トンネル事故（トンネル延長2,045m）、昭和57年のカルデコットトンネル事故（アメリカ：同じく1,149m）、平成8年のエケベルグトンネル事故（ノルウェー：1,400m）、平成11年のモンブラントンネル事故（フランス・イタリア：11,600m）、タウンエルトンネル事故（オーストリア：6,400m）です。

各事故に共通する事項の整理、さらに事故拡大の背景、事故後の対策などを多角的に調査を行いました。この結果、次の4点に整理することができました。

①火災の拡大と避難環境について‥‥本格的に延焼し始める前は、換気運用との連携により、ある程度の避難可能な時間が確保できる。
②避難行動について‥‥早期に避難行動を行うことが最重要項目であり、これを行えば避難できる可能性があり、車内にいるのは非常に危険。
③設計・計画について‥‥避難施設計画や排煙性能が海外でも事故対策として注目されている。
④その他‥‥より確実で速やかな利用者の避難行動を期待するためには、誘導案内諸施設を含めた避難施設の周知やトンネル内火災時の避難行動の重要性など、日頃からの利用者への啓発行動が重要である。

コラム21 首都高速道路トンネルの防災安全ついての基準の変遷

　首都高速道路公団時代、国の基準を踏まえて、「首都高速道路トンネル非常用施設設置基準（案）（昭和44年）」を制定した。これは、鈴鹿トンネル事故を受けて、トンネル内の自動車による火災を意識して作られ、交通量、トンネル延長などにより等級を定め、防災施設をランク付けしている。
　現在は、その後に起こった日本坂トンネル事故の教訓を踏まえ、トンネル等級を「AAランク」まで定めた改訂を行った。これを経て、今後計画されるトンネルは、従来の都市内トンネルの想定が2km程度に比較して長大化すること。そのためにトンネル内での分岐部や合流部を有することを踏まえ、本格的な消火活動や救援活動をも考慮した「トンネル非常用施設設置指針（案）（平成5年）」「都市内長大トンネルの非常口等設置要領（案）（平成6年）」が作られている。
これらは、首都高速道路が都市内の多量な交通をさばいていることに鑑み、国の基準を一層強化したものとなっている。

③ 防災安全対策の基本的な考え方

1 長大トンネルの特徴と基本的な考え方

　以上のような、国内外の事例に基づき、トンネル火災事故についてのリスク把握に努めました。これらをベースに都市内長大トンネルについての特殊性を加味して、基本的な考え方を整理してみましょう。

　都市内長大トンネルの特徴は、単にトンネル延長が今までになく長いという意味だけではなく、①交通量が極めて多い、②交通渋滞が予測されている、③トンネル内に分合流部が存在する、などが特徴です。

　都市内長大トンネルの特殊性を分析すると、既往のトンネル事故例からもコラム21のような、事故発生前から事故後の総合的な対策が重要と考えています。リスク管理上のリスク対応方針から分析すると、「日常の安全方針」「事故時対応方針」の2点に分けられます。

(1) 日常の安全活動方針

　通常時でも、事故防止及び火災の拡大防止の観点からのトンネル内渋滞を低減させる道路交通運用を行うことが極めて重要です。

　万が一火災が発生した場合には、迅速な火災の検知とその規模などについてどのように対応するかの判定と、それに基づいた送風・排気などの換気運用や、通行止めや交通規制の道路交通運用に対し統一した方針に基づき動けるよう準備しておくことが必要です。また、それを実現する綿密な連携が必要となるため、迅速かつ正確な関係機関との連絡体制を構築することです。

　道路施設は、速やかに避難できる非常口計画、及び避難弱者に配慮した構造となるよう建設時から配慮し、例えば、避難口にスロープを設けるなどの対応をあらかじめ行っておくこと。消火・救助活動は、緊急車の到着時間を配慮し、噴霧水量や消火器などの稼働時間を考えた施設計画とすること。適切な施設配置の他、通常時を含めた管理運用面での対応が重要と考え、避難

方式、換気運用、道路交通運用の連携を図ることが課題です。

(2)事故時対応方針

　火災時の検知・判定・連絡は、災害時の最初の施策であり利用者の早期避難や後の消火活動にも大きく影響します。より迅速で確実な発災検知を目指し、CCTV画像の画像処理による自動検知の導入について検討しています。

　また、発災時の換気運用は、渋滞、非渋滞の交通状況に応じた適切な換気制限を実施します。発災時には、トンネル坑口での通行止めなど2次災害を道路交通運用と、避難者が速やかに避難するための避難誘導情報の提供を行います。

　今後はこの2つの方針を、すべての首都高速道路株式会社の構成員に周知するとともに共有化し、会社としての行動方針として浸透していくことが求められてきます。この施策連携の考え方は発災時の防災安全性を向上させるためのものとなります。とくに、施設計画と管理運用の両面からの総合的な火災時の対応が、各種の施策を達成させることになり、防災安全性の向上にもつなげることができます。

　このように、大筋の「リスク対応の方針」や「リスク・危機の把握に基づくシナリオ分析」などを行い、リスク解析もしくは危機管理としての時系列に沿った課題対応策を考えているのが特徴です。

2　火災進行段階での課題

　過去のトンネル火災の事例を分析すると、火災の進行により、求められる対応の方法が大きく異なることが検証されました。

　すなわち、火災初期の段階では、火勢が強くなく、状況によっては初期消火が可能な状況です。こうした状況のなかでは、被災者自身も車両を放置して徒歩による避難を行うか否かを逡巡している状況であり、被災者の迅速な避難誘導を行うことが最も重要です。

火災の後期段階では、発災現場で消防隊などによる消火活動が展開され、道路管理者としては初期段階対応から、本格消火活動等の連携体制に入るため現場指揮者と緊密な連絡体制の構築が重要となります。

3　発災初期段階での対応

初期段階の対応を検討するため、「初期対応」といわれる時間は、(1) から (4) の状況を考えて、「10分間程度」（コラム22）と設定しました。

この「10分間」の対応として、火災の検知と同時に交通運用や換気設備の運用によって、よりよい避難環境の確保を目指しながら、関係機関への連絡を行うこととしました。その一方で、火災の状況把握しながら、運転者等に、車を損置し、徒歩によるトンネル内からの避難への誘導を判断することとしました。今後、様々な観点から検討を深め初期対応の時間を含め、最終的に内容を確定していく予定です。

コラム22　初期対応10分間の理由

(1) 大型バス1台による火災の場合、車道内風速が毎秒2m未満であれば、煙は天井部を流れ発災点から300mから400mまでの路面付近は避難可能な環境が10分間保たれる。
(2) モンブランのトンネル火災事故では、時系列の状況が比較的詳細に報告されているが、それによると、煙が確認されてから11分から12分間は人間が避難可能なトンネル内状況だったことが推察できる。
(3) 日本坂トンネル火災事故では、発災後12分程度で現場から200m以内、17分程度で800m以内の照明が消え、トンネル内環境が急激に悪化している。
(4) その他、海外の道路トンネル設備指針や火災実験などによると、発災から10分間程度は火勢が強くなく、比較的清浄な空気層が路面上に維持されている。

4 発災後期段階での対応

　道路管理者として火災の後期段階での本格的消防活動の支援は、総合的なトンネル防災安全対策として非常に重要です。モンブラントンネル火災事故についても、事故後の検証文献によると、消防への連絡など連携の重要性が指摘されています。

　関係機関との連携に関して、基本的な考え方は以下のとおりです。
① 本格的な消防活動を行う消防と一般部も含んだ交通運用を行う警察との連携体制を図る。
② 緊急車両が早期に到着できるよう配慮した緊急車の到達経路を確保する。
③ 火災時等において円滑かつ安全に消防活動が行えるよう、道路管理者として供用開始前に消防と連携を取り、火災時対応の役割を明確にしておく。
④ 供用後においても、定期的な消防との情報交換や防災訓練についての強化を図る。

事例に学ぶ対応策
モンブラントンネル火災事故

事故発生の状況

　モンブラントンネルは、フランスとイタリアの国境に位置する、11.6kmの山岳トンネルです。計画交通量は1時間あたり415台、大型車の交通量はこのうち15～20％で設計されています。完成は昭和40年で、対面交通の2車線道路となっています。

　火災は、平成11年3月24日午前10時55分頃に起き、フランス側の入り口から約6.7kmの地点で発生しました。火災の確認は、トンネル内の空気の透明度を計測監視する「透過率計」による警報と、利用者からの非常電話」による通報で行われました。この事故で、死者41人、このうち、車内にいた者は34人でした。事故の原因となった車両は、冷凍セミトレー

ラーで、積載貨物はマーガリン及び小麦粉でした。事故の経過は以下のとおりです。

[モンブラントンネル事故の経過]

◇午前10時46分——原因車両が白煙を出してイタリア側からフランス側へ進入。この時点で料金所係員が煙を見落とす。このため、28台に上る車が続いてトンネル内に進入している。

◇午前10時52分——透過率計が警報を発する。イタリア側監視カメラが動き出し、イタリア側管制室からフランス側へ連絡。多量の黒煙がイタリア側の換気設備によりフランス側に排出される。イタリア側にいる利用者を助けるために逆転操作による吸煙機能を故意に利用しなかった。

◇午前10時55分——フランス側トンネル閉鎖。

◇午前10時56分——イタリア側の入り口閉鎖。しかし緊急対応の警報を鳴らさず。

◇午前10時57分——発火点付近の押しボタン式通報器から連絡。フランス側より消防車1台トンネル内に進入。

◇午前10時58分——火災地点の非常駐車帯から2本の消火器の取り出しを確認。警報を受信。フランスが管制室から公設消防隊に連絡。

◇午前11時10分——フランス側シャモニー消防署の大型消防車がトンネル内に進入したがフランス側3,700m地点で停止、シェルターに避難する。セルター内加圧不足で煙が進入し隊員死亡。その後、消防隊が到着するも発火点に近づけず。また、到着した消防とトンネル管理会社の安全担当者の連携がとれずトンネルの構造、換気機能を把握できず隊員の死亡を招いている。火災は最終的には、53時間後に消火された。

❹ 防災安全対策の具体策（ポイント）

　大規模火災を想定した場合の施策を6つに分類し、最新知見や国内外の動向を踏まえて、中央環状新宿線をケーススタディとして検討を行いました。

　また、都市内トンネルの大きな特徴である急勾配のランプやジャンクションなどの特殊区間についても、防災安全対策についての考え方の議論を行っています。施策項目ごとに基本的な考え方と具体的対応策を示します。

1　防災安全対策のポイント

(1) 火災の検知、判定、連絡

　基本的考え方は、第1に各種情報収集機器などによる火災の検知判定が、その後の換気制御、消火・救急活動に大きく影響を与えるため、迅速かつ正確に行うことが大切です。関係部署間の緊密な連携によって、火災判定後、迅速かつ正確に消防や警察等に通報を行うことが必要です。

　具体的には、トンネル全線にわたり死角のない監視カメラの配置や、24時間監視体制の充実が必要となります。この結果、カメラ数が多くなることからCCTV画像を画像処理して、突発的な事象を自動検知できるシステムの導入を図るとともに、早期検知と管制員のモニター監視業務のフェールセーフ化が重要となります。

　このほか、関係機関との直通電話（ホットライン）や画像の交換などで、的確な情報交換と共有化を担保すべく検討を行っています。

(2) 換気運用

　基本的な考え方として火災の初期段階では、利用者の避難環境向上のために、後期段階では消防活動支援を重視します。また、渋滞状況や火災状況に応じた運用を行います。さらに検討にあたっては、数値シミュレーション等の手法を用いて避難環境などの評価を行い決定する予定です。

(3) 発災時道路交通運用と情報提供道路交通運用の基本

それぞれ、次のような基本方針を決めています。

【発災時道路交通運用の基本】

①都市内長大トンネルはトンネル内に出口やJCTがあるため、トンネル内分流手前は流出させ、流出できない区間は停止させる等の区間制御を行う。
②発災したトンネルは火災の判定と同時に、トンネル内本線分流部及びトンネル入り口にて通行止めを行う。
③トンネル内車両は安全が確保できれば排出させる。
④避難者が、非発災側トンネルを利用して避難することから、2次災害を防ぐため非発災側トンネルにおいても徐行から通行止めなどの交通規制を行うこととする。
⑤本格的な消防活動等に対する緊急車両の活動を優先で支援する。

【情報提供道路交通運用の基本】

情報提供による車外避難誘導については、以下を基本とします。
①利用者が混乱せず迅速に避難行動できるような情報提供を行います。
②徒歩による避難誘導は、車両を降りる行動をとることが出発点であり、迅速に降車できるような避難誘導を行います。
③徒歩による避難誘導は、降車後は利用者に委ねられる面が多いので、避難者に誤解を与えたり、または避難者がパニック状態にならないような施設計画及び情報伝達を行います。なお、施設計画においては、交通弱者に配慮します。
④避難の第一行動者が利用者なので、道路管理者は日頃から啓発活動に努めます。

(4) 避難施設

避難施設の内容は次の4点が柱となります。

①非常口、上下連絡抗、地上出口等は、避難支援情報後、避難者は安全空間へ速やかに避難できる構造とします。
②避難弱者に配慮した構造を検討します。
③避難通路などは加圧等により煙の侵入防止できる構造及び換気運用とします。
④避難路は、トンネルの立地条件や構造、用地幅等の条件を勘案のうえ、形態を選定します。

(5) 関係機関との連携

関係機関との連携の完全策は次のとおりです。
①本格的な消防活動を行う消防及び一般部を含んだ交通運用を行う警察との連携体制を図ります。
②早期に到着できるように配慮した緊急車の到着経路を確保します。
③火災時において円滑かつ安全な消防活動が行えるよう、道路管理者は供用前に消防と情報交換し、火災時対応の役割を明確にしておくことを徹底します。
④供用後においても、定期的な消防との情報交換や防災訓練についての強化を図ります。

(6) その他の安全対策

［諸施設への耐火策］

　施設物の機能形態から、施設本体に耐火対策をするものや、そのほか機器でバックアップできるものを明確に定めておく必要があります。火災初期段階を主に対象としており、使用目的に応じて火災後期段階も対象とします。初期段階に必要な機能としては、トンネル利用者の避難環境を確保するための機能と、後期段階では本格的な消防活動の環境確保機能が大切です。

［構造物の耐火策］

　火災後期段階を主に対象としており、消防隊の安全な消防活動環境を維持

図1 大規模火災発生時の避難イメージ図

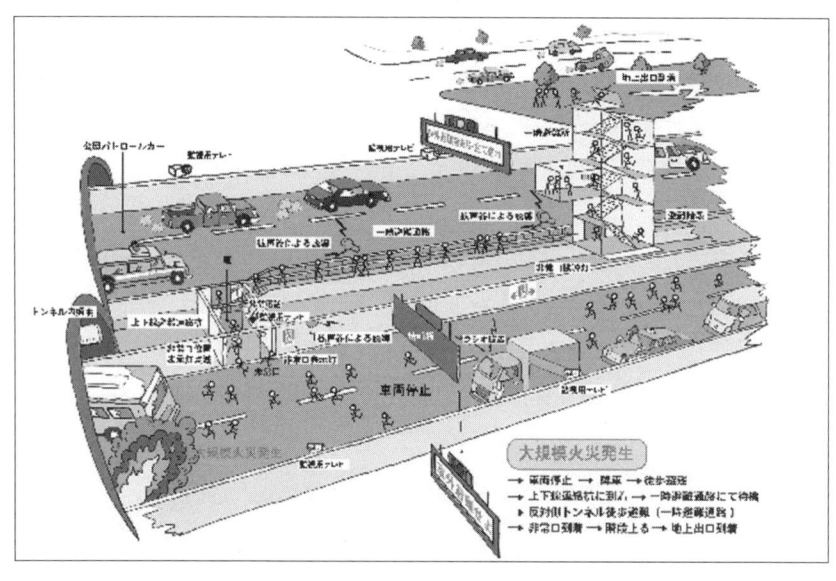

するためのトンネル構造体の崩落と崩壊の防止と、地表面の沈下や陥没並びに周辺構造物の変状などの防止、近接構造物の2次災害の防止があります。

　この他にも、ランプやジャンクションなどの特殊区間があり、検討すべき重点区間としては、交通形態別に火災時における煙の影響度を整理することです。検討すべき区間は、ジャンクション本線流入部とオンランプの発災地点上流側、ジャンクション本線流出部とオフランプの発災地点下流側です。

　この重点対応区間は、特に早期避難誘導、道路交通運用の強化、管理運用面強化に伴う非常用施設の配置強化など、その区間の特性を踏まえた対応を検討します。

5 残された課題と検討の方向性

　今回、ご紹介した内容は、まだ最終的に確定したものではありません。あくまでも、現時点での検討状況をご紹介しました。

今後はさらに個別具体的に危機を特定し、想定する危機に対して、事前に各種危機管理マニュアルの作成を行うことが重要です。

　また、危機管理対策についての組織的役割分担を定め、緊急時においても判断を円滑に行うための簡潔な組織態勢の確立と事前の訓練、意識向上などのための「詳細版」を用意することなどが、今後の対応策としては必要な最低条件です。

　その一方で、トンネル火災の緊急事態が去った後、一時も早く復旧を目指して、復旧のためのマニュアルを事前に作成しておくことが、施設の重要性からいっても、大きな課題であると指摘しておきます。

　　　　　　（首都高速道路株式会社計画・環境部担当部長　村尾公一）

第7節 東京港と危機管理

　内外物流のゲートウェイとして重要な役割を果たしている港湾は、我が国輸出入貨物の99.7％（重量ベース）を取り扱うなど、実に多くの人やモノが出入りする場となっています。

　こうした港湾において想定される危機の態様は、高潮や地震などの自然災害をはじめ、船舶の衝突、油流出などの事故、密輸・密入国などの犯罪、さらにはテロ行為など極めて多岐にわたっており、危機を水際で食い止める取組みが求められています。

　このため東京港では、東京都、海上保安庁、東京税関、東京入国管理局、警察などの関係機関や事業者が連携して、想定される危機に的確に対応する態勢を整えています。こうした中、港湾管理者である東京都港湾局も、港内の水域、埠頭などの監視、流出油による海洋汚染への対応、高潮被害を防ぐためのハード・ソフト両面の対応など広範な分野において重要な役割を担っています。

1 東京港における高潮対策

1　高潮対策の概要

　首都東京は、旧利根川の河口部にまちづくりをして発展してきました。河口部という自然条件から、東京23区の約20％が満潮面以下の低地帯です。

　東京港の海岸部は、南西に開口部を持つ比較的水深の浅い東京湾の最奥部に位置しているため、高潮の影響を極めて受けやすい地形となっています。伊勢湾台風（昭和34年・図1）クラスの台風が襲来した際、危険にさらされる干潮面上5m以下の地域は、23区の41％に及び、現在、そこには320万人の都民が生活しています。

図1　伊勢湾台風級の高潮が襲来した場合の冠水状況図（想定）

■ 満潮面以下の区域（A.P.+2.0m）　　■ 干潮面上5メートル以下の区域（A.P.+5.0m）

コラム23　伊勢湾台風の規模等

　昭和34年9月21日に、マリアナ諸島の東海上で発生した台風15号は、非常に広い暴風域を保ったまま、26日午後6時ごろ和歌山県潮岬に上陸。上陸時の中心気圧は929hPa、伊良湖で最大風速45.4m/s（最大瞬間55.3m/s）、名古屋で37.0m/sを観測した。愛知県では、高潮による大規模な浸水が起き、死者・行方不明者が3,300人以上となる大災害となった。

〔災害の規模〕
　死者4,697人、行方不明者401人、負傷者38,921人
　住宅全壊4万838棟、半壊11万3,052棟、床上浸水15万7,838棟、床下浸水20万5,753棟——など（消防白書より）

台風時の高潮や津波から都民の生命・財産を守っているのが外郭防潮堤や水門です。東京都では、昭和34年の伊勢湾台風の教訓を契機に本格的な高潮対策に着手し、外郭防潮堤、水門、陸こう、排水機場などの海岸保全施設を整備してきました。

　外郭防潮堤は、荒川右岸から多摩川にかけての海岸線33kmと、臨海副都心周辺などの10kmの合計43kmの延長にわたり、高潮や津波を防御しています。外郭防潮堤の高さは、伊勢湾台風級の台風が、東京港にとって最も危険なコースをたどることを想定して決めています。計画天端高は、朔望平均満潮位（A.P.+2.1m）に高潮による偏差（2～3m）を加え、さらに波浪の要素を考慮して、A.P.+4.6mから、高いところでA.P.+8.0mとなっています。

　また、水門で守られている内側の運河沿いには、内部護岸を整備しています。これらの護岸の天端高はA.P.+3.0mとなっています。高潮等で水門が閉

新砂水門（セクターゲート） 　　　陸こう（日G―2）

コラム24　東京港の海岸保全施設（16年度末）

　○外郭防潮堤：32.8km
　○堤外地防潮堤：10.4km
○内部護岸：28.7km
○水門：19箇所
○排水機場：4箇所
○陸こう：49箇所

■第5章■　都市施設と危機管理

鎖された際には、降雨等による内水位の上昇を排水機場のポンプで制御し、水位をA.P.+2.5m以下に保持します。

　字句説明〔A.P.とは〕　荒川工事基準面。Aが荒川、Pが基準面（オランダ語のPEIL『ペイル』の頭文字）を表す。岸壁の水深や標高を表示する際に使用される基準。

事例に学ぶ対応策
台風16号の水防活動

　地球温暖化や異常気象が叫ばれているなかで、気象庁は平成16年7月1日、次のような注意報を発表しました。

　「日本沿岸の海面水位は上昇傾向にあり、平均的な海面水位はこの100年間で最も高い状況にあります。このような潮位の高いところに、台風による高潮や異常潮位が重なると、沿岸の低地では浸水などの被害が生じる恐れがあります。さらに、夏以降に黒潮の蛇行が東海沖に進むことが予想されており、その場合、東海から関東地方にかけての沿岸で異常潮位が発生する可能性があります」

　平成16年の台風16号はこのような状況下で襲来しました。

(1) 台風16号の規模と経緯
①台風16号の規模等

　　強さ ───── 強い

　　進行方向 ── 北北東

　　進行速度 ── 40km

　　中心気圧 ── 965hpa

　　最大風速 ── 35m/s

②8月30日14時の気象庁の発表内容

　「強い勢力の台風16号は、30日9時半頃、鹿児島県串木野市付近に上陸し、午後1時現在、熊本市付近を時速35キロで北北東に進んでいます。現

在、九州のほぼ全域と四国、中国地方の一部が暴風域に入っています。台風は今日の日中、九州地方を北東に進み、今夜には山口県に再上陸する見込みです。その後、今夜遅くから明日朝にかけて日本海を北東に進むと予想されています。現在は大潮の時期にあたり、沿岸部では大きな高潮が発生する恐れがあります」。

③事前対応

　東京地方には暴風域がかからないと思われましたが、8月31日未明に、今年最大満潮を迎える（潮位2.13m）こと、及び黒潮の蛇行に伴う潮位上昇に超大型台風16号の影響が重なり、危険水位（江東地区：2.3m）を超えることが想定されたので、異常潮位態勢を強化することとしました。

④台風の経過

　台風16号は、8月30日午前9時半頃、鹿児島県串木野市付近に上陸した後北北東に進み、山口県・広島県を通過して日本海に抜け、31日午前6時頃東京地方に最接近し、その後、北東に進み北海道をかすめて太平洋に抜けました。

(2) 東京都の対応状況

　8月31日午前零時に警戒態勢（表1）に入りました。まず、ゼロメートル地帯を多く抱える江東地区で災害対策要員を招集し、40分後には地区内の水門をすべて閉鎖完了しました。引き続き、他地区でも要員を招集し、満潮時刻とほぼ同じくして全水門を閉鎖しました。

　その後、午前5時30分に最高潮位AP+2.57mを記録したので、直ちに排水機場の運転を開始しました。潮位の低下を確認した後、排水機場を停止し、水門を開放、午前8時15分に警戒態勢を解除しました。

　同日午後4時5分に再び警戒態勢が発令されたため、約1時間後に江東地区の水門を閉鎖し、満潮時にあわせ排水機場の運転を開始。午後6時30分の最高潮位A.P.+2.37mの後水門を開放し、午後8時には警戒態勢を解除。

　9月1日午前4時25分に異常潮位警戒態勢が発令されたため、直ちに要

員を招集し、水門を閉鎖しました。午前6時に最高潮位A.P.+2.30mとなりましたが、排水機場を稼働させることなく水門を開放。午前7時5分には警戒態勢が解除となりました。

今回の防災活動では、日頃の訓練の成果により職員全員が機敏に行動でき、また機器のトラブルも生じることなく、無事に被害を防止することができました。

2 平成16年度の高潮防災活動の内容

平成16年は、29個の台風のうち19個が日本に接近し、10個が日本に上陸しました。例年にない数の台風襲来と海面水位の上昇が重なるほか、震度4以上の地震が3回発生するなど、平成16年度の高潮防災活動は、全体で18回、活動人員は延べ555人という近年にない大規模なものとなりました。

異常潮位等による職員への待機命令の発令回数、水門や排水機場の稼働回

表1　東京都対策状況

◇8月31日朝	
0:00	台風警戒態勢
2:55	江東地区（辰巳宿舎）要員召集
3:35	江東地区水門閉鎖完了
4:55	他地区警戒態勢発令 （佃、浜離宮、港南、呑川宿舎）要員召集
5:09	満潮時刻（天文潮位A.P.+2.13m）
5:18	他地区水門閉鎖完了
5:30	最高潮位A.P.+2.57m（偏差+44cm）
5:34	芝浦排水機運転開始
6:57	他地区水門開放完了
8:03	江東地区水門開放完了
8:15	台風警戒態勢解除
◇8月31日夜	
16:05	異常潮位警戒態勢（時間内）発令
17:02	江東地区水門閉鎖完了
18:15	満潮時刻（天文潮位A.P.+2.06m）
18:28	江東地区排水機運転開始（停止18:57）
18:30	最高潮位A.P.+2.37m（偏差+31cm）
18:36	江東地区水門開放完了
20:00	異常潮位警戒態勢（時間内）解除
◇9月1日朝	
4:25	異常潮位警戒態勢（時間外）発令、江東地区（辰巳宿舎）要員召集
4:57	江東地区水門閉鎖完了
5:49	満潮時刻（天文潮位A.P.+2.11m）
6:00	最高潮位A.P.+2.30m（偏差+19cm）
6:34	江東地区水門開放完了
7:05	異常潮位警戒態勢（時間内）解除

表2 高潮水防活動の記録

高潮水防活動の記録（平成2年度から平成16年度12月まで）　　東京港防災事務所

年度	待機 異常潮位	待機 台風	待機 地震	活動 異常潮位 水門	活動 異常潮位 排水機場	活動 異常潮位 陸閘	活動 台風 水門	活動 台風 排水機場	活動 台風 陸閘	地震 水門	活動回数	活動人数
平成元年度	0	1	0	1	(1)	0	0	0	0	0	2	101
平成2年度	1	2	0	6	0	0	3	(3)	(1)	1	13	437
平成3年度	1	1	1	0	0	0	0	0	0	1	6	281
平成4年度	0	0	0	1	0	0	0	0	0	0	1	13
平成5年度	0	2	2	1	0	0	0	0	0	0	5	223
平成6年度	0	0	1	0	0	0	0	0	0	0	1	17
平成7年度	0	1	0	1	0	0	0	0	0	1	3	158
平成8年度	0	2	0	0	0	0	0	0	0	0	2	38
平成9年度	1	1	0	3	0	0	2	(1)	(1)	0	7	226
平成10年度	0	1	1	3	(2)	0	0	0	0	0	5	239
平成11年度	4	1	0	7	(3)	0	0	0	0	0	12	344
平成12年度	4	0	0	3	0	0	1	0	0	0	8	183
平成13年度	3	0	0	4	(1)	0	2	(2)	1(1)	0	10	429
平成14年度	4	0	0	4	(3)	0	3	(3)	1(3)	0	11	445
平成15年度	2	0	3	0	0	0	0	0	0	0	5	119
平成16年度	0	1	3	11	(4)	0	3	(2)	(2)	0	18	555
計	20	13	11	45	(14)	0	14	(11)	2(8)	3	110	3,808
過去　年平均	1.25	0.81	0.69	2.81	0.88	0.00	0.88	0.69	0.63	0.19	6.88	238.00

（　）内は、水門閉鎖と同時活動につき、活動回数には計上しない

数、活動延べ人員など、各年の高潮水防活動の内容を表2で示します。

3　今後の高潮対策に向けた課題

　平成16年度は、台風16号を含め、18回の高潮水防活動で被害を未然に防止しました。しかし、今後も常に完璧に行えるという保障はありません。高潮防御の確実性を高め維持していくために、いくつかの課題解決に取り組む必要があります。

　第1に交通量の多い箇所での陸こうの閉鎖です。交通量の多い清澄通りやレインボーブリッジ延伸部と外郭防潮堤の交点に陸こうがあり、高潮防御のためには、交通を遮断し経済活動をストップさせても陸こうを閉鎖することになります。交通遮断の権限は警察署にあるため警察との協同歩調をとる必要があるのはもちろんですが、陸こう閉鎖時の社会的影響度の大きさに加え、最大潮位の高さとその時間の予測をもとにした閉鎖判断の難しさがありま

■第5章■　都市施設と危機管理

総合高潮防災訓練の状況

　す。たまたまこれら道路陸こうの設置場所は地盤高がありますので、過去に数回しか閉鎖していません。しかし、災害予防のためには、実活動時にスムーズに閉鎖できるよう警察、消防、地元区と連携を図り、適切に対応できるようにしておかなければなりません。
　第2に、2007年問題に代表される、団塊世代退職後の高潮防御です。水門の閉鎖には、遠方監視制御システムを導入し省力化や迅速性を確保しています。しかし、台風襲来前日に河川上流で大雨が降るとアシや流木、発泡スチロール等のゴミが流れ込み、水門閉鎖・開放時に、ゴミの除去のために人力

を必要とします。今後は人の確保が難しくなるほか、経験者が少なくなっていくなかで確実な水門閉鎖の執行が課題です。このため、排水ポンプや水門遠方監視制御システム設備の更新時に、より一層の省力化を進めるとともに、緊急対応力の向上や技術の継承を図っていく必要があります。

　第3には、高潮水害の体験者が少なくなり、防災意識が薄らいできていることです。水門閉鎖や排水機の運転に支障をきたせば確実に水害が発生しますが、皮肉なことに、高潮水防活動が確実に行われてきたため、防災意識が薄らいできたともいえます。都民の防災意識の向上を図ることが重要となっています。

　このため、東京都港湾局では、職員自らの高潮水防活動力をつけるとともに、都民の防災意識向上のため、次の訓練を実施していきます。
①総合高潮防災訓練
②地震防災訓練
③津波情報伝達訓練
④港湾局・建設局・江東区、三者連携図上訓練
⑤水門管理宿舎呼び出し訓練

4　「自助」「共助」の実践に向けて

　高潮等に対する海岸防災は、一定水準の安全性確保を目指して施設の整備を着実に推進する一方、災害が発生した場合の被害を最小化する対策を講じる必要があります。

　このため、東京都では、高潮や地震による浸水の危険性を予測する浸水危険度調査を開始しました。今後、この調査結果をもとに、地元自治体において、避難計画の策定、防災教育、防災意識の啓発、防災を意識したまちづくりやリスクコミュニケーションを図るツールとして役立てる「高潮ハザードマップ」を策定し、人的被害の軽減に役立てることとしています。

　災害発生時に、「自らの生命は自らが守る」「自分たちのまちは自分たちで守る」という「自助」「共助」の精神を実践するためには、都民・事業所等

の防災行動能力の向上が重要であることはいうまでもありません。

　東京都は、海岸保全施設の整備に加え、情報提供や防災訓練等の取り組みをとおして、都民や民間事業者との連携を強化し、災害に対する安全性をさらに高めていきます。

② 密輸・密入国及びテロ行為への対応

1　住民生活を脅かす事件発生と対策

　平成14年12月27日、東京港晴海ふ頭から上陸した密入国者52人が、首都東京の銀座で逮捕されるという衝撃的な事件が発生しました。また、翌年の2月、日本を代表する物流拠点である東京港大井コンテナふ頭でコンテナ貨物のなかに潜んでいた11人の密入国者が、通報で駆けつけた警察等の取締機関によって逮捕されました。

　これらの事件が連続して発生したことを契機に、港を管理する東京都として密入国等の犯罪を水際の第一線で阻止するため、平成15年3月、東京港に関係する25団体が一体となって、防止策を協議するための「東京港密入国及びテロ対策連絡会」を設置しました。

　港湾における密輸・密入国等の事件は、一旦、陸上にあがってしまうと摘発が困難になることが多く、水際で阻止することが重要です。東京湾には多数の船舶が入出港し、市街地と密接した3都県にわたる長大な海岸線を有しています。

　このため、各港での取り組みを一層強化することはもとより、国、地方自治体の枠組みを超えた広域的な取り組みが必要となるため、平成15年8月、東京都が隣接する横浜港、川崎港及び千葉港の関係機関に呼びかけて、密輸・密入国への対策に連携して取り組む「東京湾保安対策協議会」を設置しました（後に、横須賀港及び木更津港も参加）。構成メンバーには、各港の港湾管理者、都県警察、国の関係機関が名を連ね、連携・協働して事案発生

コラム25

東京湾保安対策協議会の取り組み

平成15年8月7日	東京湾保安対策協議会設立（保安対策強化に向けた共同アピール）
平成15年12月22日	密輸・密入国等の防止対策「中間まとめ」発表
平成16年5月11日	第1回合同保安訓練実施(晴海ふ頭)
平成17年2月15日	広域連携の拡大充実（横須賀港及び木更津港の参加）
平成17年6月23日	第2回合同保安訓練を横浜港で実施（情報伝達訓練及び現場対処訓練）
平成17年7月～	港湾関係者や近隣住民等への広報・PR（コンビニ、食堂、住宅等）

【参考】構成メンバー（事務局：東京都港湾局）
※港湾管理者：東京都、横浜市、川崎市、千葉県、横須賀市、木更津市
※都県警察：警視庁、神奈川県警察本部、千葉県警察本部
※国の機関：東京税関、横浜税関、第三管区海上保安本部、関東管区警察局、東京入国管理局

東京湾保安対策における広域連携

○東京湾保安対策協議会の設立趣旨
　東京湾岸の各港湾管理者と各都県警察、国の関係機関が連携・協力し、密輸・密入国等の犯罪に強い港づくりを目指し、もって、首都圏の治安を向上させる。

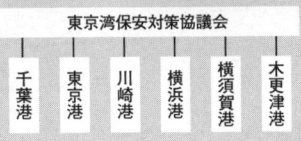

東京湾保安対策協議会
千葉港／東京港／川崎港／横浜港／横須賀港／木更津港

への対処と未然防止の取り組みを推進しています。

2　水際危機管理対策の取り組み

　平成16年5月、この協議会の取り組みとして、民間事業者を含めた関係機関が連携・協働して密輸・密入国等の組織犯罪を想定し、参加人員500人という大規模な合同保安訓練を晴海ふ頭で実施しました。

　平成17年6月には第2回合同保安訓練を横浜港大黒ふ頭で実施し、東京湾のそれぞれの港が特色を生かし、実態に即した現場対処訓練を持ち回りで実施しています。こうした訓練を実施するにあたっては、組織と役割が異なる協議会構成メンバーが連携・協力して、1つのシナリオを組み立てることになります。そのためには、各関係機関の実務担当者レベルの意思疎通と、訓練実施に向けて連携・協働の気運を高めながら取り組みます。

　また、水際危機管理対策として、平成16年1月、国際テロをはじめとする

■第5章■　都市施設と危機管理

　国際組織犯罪を水際で阻止するため、東京港の関係行政機関や民間事業者で構成する東京港保安委員会（委員長：東京都港湾局長）を設置しました。

　この委員会の取り組み例として、17年10月、「密入国及びテロ等の防止講習会」を開催しました。港湾の水際で事業活動にあたる港湾関係者やふ頭警備員等170人が参加し、東京海上保安部及び東京入国管理局から講師を招き、密入国及びテロ等の未然防止の対策と、事案発生時における対応等についての講義が行われました。

晴海ふ頭での合同保安訓練の状況

コラム26　リーフレット「海守」の紹介

　「海守」は、インターネットや携帯電話を利用して海に関する情報を提供しあい、海洋汚染や不審な事柄を関係機関に連絡するなど、海の安全と環境を守るためのボランティア組織である。

　海での異変に遭遇した場合、海上保安庁が運用する緊急番号「118番」に通報をお願いする。

○不審な船舶、人物、漂流物を発見した。
○油の排出や不法投棄などを発見した。
○密航・密輸・密漁等・などの情報を得た、目撃した。
○海難事故に遭遇した、または目撃した。

海の情報提供ボランティア「海守」の会員を募集している。

〈ホームページ〉http://www.umimori.jp
〈海守事務局〉03-3500-5707

さらに、港湾の近隣住民等との連携について、コンビニ、食堂、宿泊施設等の住民に対して、不審者や不審物等を発見した場合の通報・連絡について一層協力を求めていくため、リーフレット等の配布による広報活動を東京湾の各港で一斉に実施しています。

3　改正SOLAS条約への取り組み

　米国における同時多発テロ事件以降、港湾がテロ行為の対象、あるいはその経由地となり得るとの危機感から、SOLAS条約（海上における人命の安全のための国際条約）が改正され、平成16年7月1日から発効しました。同時に国内では、国際船舶・港湾保安法が施行され、港湾の保安対策が強化されています。

　東京港の港湾施設がテロによる攻撃を受けた場合、広く4,000万人の消費生活に多大な影響が生じることが予想されます。また、保安対策が不十分な港湾から出港した船舶は、目的地の外国港湾でも入港を拒否される懸念があります。東京港の国際競争力を確保するうえからも、港湾施設の保安対策を着実に実施していくことが、今後の大きな課題です。

　東京港では、国際港湾保安対策である改正SOLAS条約に対応するため、

> **コラム27　SOLAS条約 (The International Convention for the Safety of Life at Sea)**
>
> 　2,200人以上の乗船者中1,500人の犠牲者を出したタイタニック号の海難事故を契機として、各国がそれぞれの国内法により規定していた船舶の安全性確保について、大正3年に国際条約を締結した。
>
> 【条約改正の目的】
> 　船舶所有者、港湾管理者等に対して保安の確保のための措置を講じさせることにより、国際海上輸送システムの信頼性の向上を図り、あわせて急迫した脅威が認められる船舶の入港を拒否すること等により、国際海上運送に係る不法な行為の防止を図る

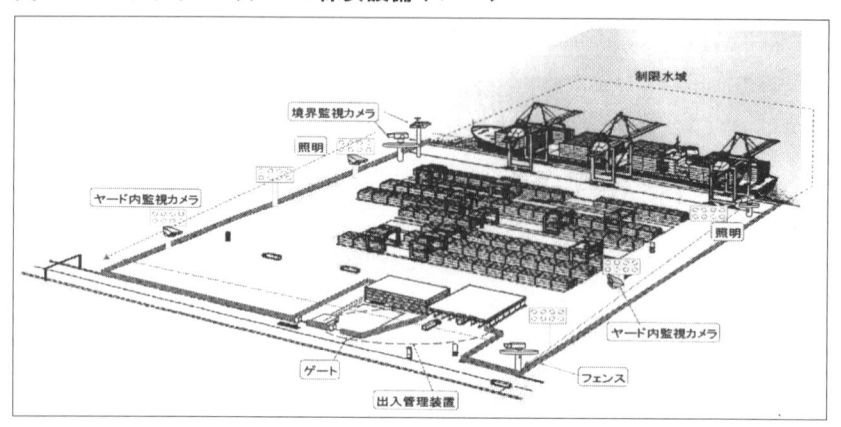

図2　コンテナターミナルの保安設備イメージ

ふ頭に監視カメラやフェンス等の保安設備を整備し、平成17年4月には東京港管理事務所に指令センターを新設するとともに専任監視員を配置し、24時間の監視体制により警備の強化を図っています。

4　住民の安全を脅かす船舶の入港規制

　平成16年4月、東京港における水際の危機管理の強化を進める手立てとして、住民の安全を脅かす船舶に対する港湾の利用規制を行う条例改正を行いました。
　都民生活に危険をもたらす船舶については、その危害の態様ごとに、個々の事例に即して最も適切な対処方針を関係機関と十分に調整したうえで入港規制を行います。

　港湾における危機管理対策に万全を期すことは、国際海上輸送システムの信頼性確保と振興促進につながります。東京都は、港湾関係機関や民間事業者と連携し、水際保安対策の取組みを一層強化していきます。

（東京都港湾局港湾経営部長　新田洋平）

第6章 ライフラインと危機管理

第1節 水道と危機管理

1 ハード・ソフト両面の対策

　水道事業の最大の使命は、清浄な水を安定して供給することにあります。東京都水道局は、過去100余年にわたり都民の生命や健康を維持し、首都東京の発展を支えるため、施設の整備・拡充に努めてきました。その結果、現在では世界に誇れる充実した施設内容・規模を有する水道事業体となっています。

　しかし、東京も含め日本の水道の多くは、昭和30年代の急激な経済成長とともに急速に普及・拡張しています。強度が低く布設後長期間経過した管、いわゆる「経年管」が残っていたり、事故の際、給水所との相互融通機能が十分備わっていないなどの課題もあります。

　このような状況下で大規模な地震や水源水質事故が発生すると、水道システムは甚大な被害を受けます。給水機能が低下すると、市民生活や社会経済活動に及ぼす影響は非常に大きいものとなってしまいます。

　とくに震災対策については、東京都水道局の最重要課題の一つに位置づけてハード・ソフト両面にわたる施策を実施しています。具体的には、施設の耐震性強化と飲料水の確保を目的とした「東京都水道局震災対策事業計画」と、発災後における施設の復旧及び応急給水等の諸活動を迅速に遂行するための「東京都水道局震災応急対策計画」の2つの計画を策定し、震災対策に取り組んでいます。

　地震災害のほかにも、管路事故、水質事故、テロ行為、渇水、など様々な危機が考えられますが、本編では、震災対策および水質水源事故対応に焦点をあて、危機管理対策の一部を紹介します。

2 震災や突発事故への事前対策

1 震災対策事業計画

　水道システムは、上流側から貯水、取水、導水、浄水、送配水施設及び給水装置の順に構成されており、これらのシステムを経て、利用者に供給されています。震災時でも安定した水を供給するためには、水道システム全体の機能強化という視点が重要です。

　例えば、送水管ネットワークの構築や配水区域のブロック化を進めることにより、被害が発生した際の影響を最小にとどめ、応急対策も効果的に行えるなど水道システムの機能向上が図れます。

図1　震災対策事業計画の施策体系

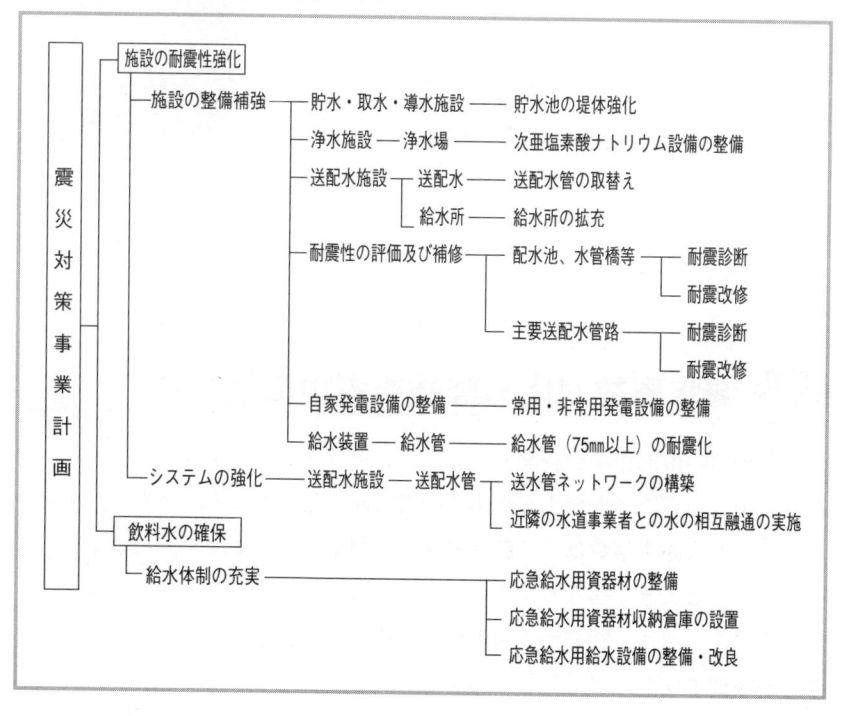

```
震災対策事業計画
├─ 施設の耐震性強化
│   ├─ 施設の整備補強
│   │   ├─ 貯水・取水・導水施設 ── 貯水池の堤体強化
│   │   ├─ 浄水施設 ── 浄水場 ── 次亜塩素酸ナトリウム設備の整備
│   │   └─ 送配水施設
│   │       ├─ 送配水 ── 送水管の取替え
│   │       └─ 給水所 ── 給水所の拡充
│   └─ 耐震性の評価及び補修
│       ├─ 配水池、水管橋等 ┬─ 耐震診断
│       │                   └─ 耐震改修
│       └─ 主要送配水管路   ┬─ 耐震診断
│                           └─ 耐震改修
│   ├─ 自家発電設備の整備 ── 常用・非常用発電設備の整備
│   ├─ 給水装置 ── 給水管 ── 給水管（75mm以上）の耐震化
│   └─ システムの強化 ── 送配水施設 ── 送配水管
│       ├─ 送水管ネットワークの構築
│       └─ 近隣の水道事業者との水の相互融通の実施
└─ 飲料水の確保
    └─ 給水体制の充実
        ├─ 応急給水用資器材の整備
        ├─ 応急給水用資器材収納倉庫の設置
        └─ 応急給水用給水設備の整備・改良
```

コラム1　水の相互融通の実施

　東京都では、非常時における水への安心を高めるため、他県市と水道水を相互に融通する「水の相互融通」の実施に向けた取組を進めている。埼玉県と共同で整備を進めた「東京・埼玉　朝霞連絡管」が、平成17年9月に完成した。隣接する水道事業者間での水の相互融通は、リスク分散や重複投資の回避などの点で非常に有効となる。都県域を超えた日量10万m^3、約30万人都市の大規模な水の相互融通が可能となった。

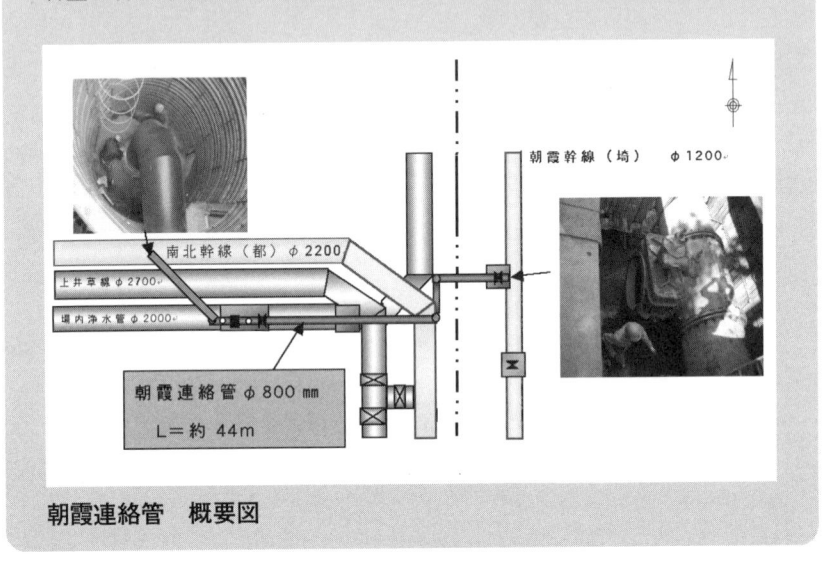

朝霞連絡管　概要図

❸ 漏水事故対応の経験を震災に活かす

　震災被害の復旧作業を経験することは、そうあることではありません。それだけに、いざ震災が発生した場合の対応が心配されます。一方、経年管からの突発的な漏水事故は年に数回の頻度で発生しています。震災と事故では被害の規模は大きく異なりますが、事故への対応という点については多くの共通点があります。突発的な漏水事故を貴重な教訓として、震災時に活かすことが重要です。

1　震災発生時の基本的な態勢

　震災が発生した場合、その活動態勢をいかに迅速に整え、機動的に行動するかが大きなポイントとなってきます。

　夜間・休日に震災が発生した場合、応急対策活動に必要な態勢が整うまで相当の時間を要することが想定されます。そこで、いち早く参集した職員が指揮をとり、事業所の待機職員や交代勤務職員との連絡や情報収集などの活動を開始します。この初動態勢を確保できるように準備しておくことが必要です。

　東京都水道局では、都庁舎近辺に交替で待機する管理職員をはじめとして、局災害対策住宅に居住する職員、水道特別作業隊の職員及び都庁舎から10km圏内に居住する管理職員が、都庁舎に参集して初期活動を行います。

　地震の状況に応じて第1次から全員参集の第5次までの配備体制を定めていますが、震度5強以上の地震が発生した場合は、全職員があらかじめ指定された場所へ参集することになっています。事業所ごとにできるだけ必要な職員が確保できるように配備体制を設定していますが、居住地と勤務地の距離などいくつかの課題もあり、現在、より実践的な配備体制への見直しを進めています。

2　復旧活動

　震災被害が発生した場合は、職員はもとより各関係会社等と協力し役割分担して取り組まなければ、迅速な復旧はできません。局では復旧方法や優先度の順位付けについてのノウハウはありますが、労力や資機材等については必ずしも十分な量を保

訓練の状況

有しているわけではありません。そこで、関係団体との間で最優先に復旧活動に協力してもらえる仕組みを作っています。

コラム2 震災応急対策計画の再構築

　国の中央防災会議が発表した「首都直下地震想定」(平成17年2月)や「首都直下地震対策大綱」(同年9月)を踏まえ、「東京都水道局震災応急対策計画」の再構築を行っている。より実践的な態勢整備をするため、初動態勢をはじめとする復旧態勢の強化や、資材の確保などについて検討を進めている。

　主な取り組み内容は以下のとおり。
①職員参集のあり方と必要職員数の確保
②復旧態勢に必要な請負者の確保
③復旧材料の確保
④応急給水態勢のあり方
⑤出先機関の拠点機能の充実
⑥給水装置復旧に対する取り組み

事例に学ぶ対応策
阪神・淡路大震災での応急復旧支援

(1) 被災の状況

　平成7年1月17日に発生した阪神・淡路大震災は、ライフラインや交通システムに壊滅的な被害を与えました。東京都水道局でもいち早く支援態勢を整え、水道施設復旧支援では、1月20日から3月31日までの間、職員254人、単価契約請負業者49社を順次派遣し、現地の復旧に従事しました。

　被害状況は、浄水場などの構造物は比較的軽微で、配水池については使用可能でした。しかし、管路については送水管の破損も発生し、初期段階では必要な水量を送水できませんでした。配水管も幹線から水を送っても

途中での漏水があまりにも多く、末端まで水が届かない区域が多くありました。

(2) 復旧の手順

そこで復旧の手順として、
① 幹線の上流側から修復し、まず幹線の機能を修復する
② 応急給水の拠点となっている避難場所や医療施設に至る配水管を集中的に修復しながら回復する
③ 焼失地区、家屋倒壊により道路通行できない区域を除いて、上流側から順次給水区域を拡大していく
④ 水管橋、添架管など地上から確認できる施設については早期に点検修理する
⑤ 配水管の修復に伴い、基本的には配水管から分岐した第一止水栓までの給水管を修理する
⑥ 修復しても水圧の上がらない路線を集中的に漏水調査し復旧する
⑦ 家屋倒壊地区でも修理可能な箇所は修復する
など7点を基本に作業を進めました。

また繁華街では、漏水調査のため通水すると水が噴き出して通行人に危険が及ぶことや、漏水により地下街が浸水する危険性もあるため、通水区域を監視し異常時には「ただちに水を止める」という態勢を整えました。特に地下街への給水管はすべて、漏水音の有無について機器を用いて確認しながら通水を進めていきました。

この支援活動の経験から得られた判断力や決断力は、緊急時の当局の貴重なノウハウとなっています。

コラム3　災害時における広報態勢の強化

　東京都水道局では、大規模地震時のライフライン情報を被災住民に迅速かつ的確に提供するため、「ラジオ・ライフラインネットワーク」に加盟し、震災時におけるラジオ放送「ラジオ災害情報交差点」を活用できる態勢を整備している。専用電話を利用して在京ラジオ局に被害状況や応急給水等の情報を提供することにしている。毎月1回の通信テストや年2回のラジオ放送（生放送）による訓練を実施している。

コラム4　応急給水活動

　応急給水は、避難場所またはその付近に設置してある応急給水槽や浄水場、給水所などを活用して行う。応急給水の方法は以下のとおり。
①応急給水槽（居住場所から概ね2kmの距離内に整備を行い、都全域に198箇所整備されている）などにおける給水
②車両輸送による給水
③仮設給水栓（消火栓）からの給水――など
　給水拠点の確保水量は、震災時の給水量を1人1日3ℓとすると、都民約1,200万人の約4週間分に相当する。

4　管路事故への対応

事例に学ぶ対応策

突然発生する漏水事故

- (1) 事故の経緯

　平成17年3月30日午前5時頃、大規模な漏水が発生しました。水道局では、夜間や休日に発生した漏水等の初期対応にあたるため、局職員及び請

負契約の業者が待機しています。

漏水事故現場では大量の水が川のように流れ、幹線道路が大きく陥没し、道路交通を渋滞させていました。

待機職員が初期対応を行う一方で、あらかじめ定めてある「事故連絡系統図」により、管理職員への連絡や職員召集を行い事故対応にあたりました。また、利用者に正確な情報を伝え不安や混乱を解消するため、事故概要を把握した時点で報道機関に第1報を提供しました。

事故発生時の状況

管が剥離した状況

(2) 水道局の対応

本事例では、図面上は2箇所の制水弁閉止で断水が可能でしたが、事故箇所直近の制水弁が水没により操作不可能であったため、急きょ断水範囲を広げて作業を行いました。

断水は午前8時頃に完了しましたが、流出水量は約5,000m³にも及びました。半地下構造の建物が多い地域であったこともあり、床上・床下浸水に加え、地下駐車場へ流出した水が流れ込み、車やバイクなどへの被害も多数発生してしまいました。

事故の原因は、「管の経年劣化による剥離」です。取り替え計画はありましたが、工事調整上の理由により施工を見合わせていました。計画的な管路の更新は実施しているものの、種々の理由で更新が遅れている管路への対応は大きな課題です。濁水影響区域内には約4,500戸の住居等があり、午後1時に濁水が解消されるまで応急給水に努めました。応急給水活動は水道特別作業隊を中心に行いました。翌朝6時には復旧が完了し、事故発生から約24時間後に通常の状態に戻りました。

第6章 第1節 水道と危機管理

■第6章■ ライフラインと危機管理

コラム5 漏水事故事例と震災による管種別の被害率

　漏水事故が発生しないよう計画的に管路の更新は進めているが、それでも漏水事故は発生する。利用者への影響を最小限にとどめるよう常日頃危機意識をもち、不測の事態に対処できる体制を整備することが重要である。

　事故の多くは鋳鉄管から発生している。震災時における被害率をみても、ダクタイル管に比べ鋳鉄管のそれは大きいことがわかる。さらに、耐震継手機能を備えた管への更新を進めることで、震災時の被害を軽減できると考えている。

大規模な事故の事例

年月日	場所	分類	口径	管種	断・濁水	備考
2001年7月	京都府	導水管	900	鋳鉄管	・断水（46,000戸）	全面回復の確認まで、延べ3日間余り断水の状態が続いた。
2002年12月	横浜市	配水管	550	鋳鉄管	・断水はなし ・濁水（100戸）	付近の管をバイパスとして切り替えたため、断水は発生していない。
2003年8月	東京都荒川河川敷	配水管	1500	鋳鉄管	・濁水（40万戸）	流出量8,000m³、河川敷内陥没（20m×17m、深さ5m）
2005年4月	神奈川県小田急電鉄軌道下	送水管	600	鋼管	・断水（7,000戸）	管接合部の亀裂。延べ4日間余り断水が続いた。

荒川河川敷の事故現場

管種別延長と被害率

	鋳鉄管	ダクタイル鋳鉄管	鋼管	その他	総延長
管種別延長（割合）※1	26,980 (4.7)	314,028 (54.2)	18,768 (3.2)	219,114 (37.9)	578,890 (100.0)
被害率（件/km）（阪神・淡路大震災・神戸市）※2	1.245	0.206	0.124	—	—
被害率（件/km）（新潟県中越地震・長岡市）※3	0.11	—	0.98	—	—

※1　水道協会雑誌（平成17年8月）
※2　「1995年兵庫県南部地震による水道管路の被害と分析」（平成8年5月）
※3　新潟県中越地震水道被害調査報告書（厚生労働省、平成17年2月）

■324■

5 水源水質事故への対応

1 水源水質事故の特徴

水源河川における水質汚染事故（以下、水質事故という）には、これまでの発生事例からみると、

①工場・事業場から汚染物質を含む排出水が河川に流出したもの
②工事や作業上の不注意により汚染物質が河川に流出したもの
③化学物質や石油製品を積載した車両の交通事故等で積載物が河川に流出したもの
④廃棄物や廃油等の不法投棄に起因したもの
⑤溶存酸素不足等により魚が大量に浮上したもの

などが原因としてあげられます。このうち、①の工場・事業場（いわゆる特定事業場）の排出水による水質事故は、水質汚濁防止法に基づく排水規制の強化により減少しています。

しかし、②の原因で発生する水質事故は、増加傾向にあり、特に建設工事や河川工事などの工事現場で、油類の不注意な取り扱いや保管の不備が原因となることがあります。また、特定事業場でも石油製品や燃料オイル、原料や中間体の取り扱い、移送、保管作業のミスから用水路等に排出してしまう例が見られます。

③は、積載する荷の種類によっては、重大な事故につながります。

④は、まぎれもなく違法行為です。河川敷への廃棄物の不法投棄が多く見られます。廃棄物中に有害物質を含む場合は、降雨による流出等で水源が汚染されます。また、不法投棄ではありませんが、廃棄物の中間処理場敷地内の汚染物質が降雨等で流出するケースも考えられます。

⑤は、一時的な河川流量の増加に伴う底泥の巻き上げや河川流量の減少により、水中の溶存酸素が欠乏して発生すると考えられますが、原因が特定できないケースがほとんどです。また、コイヘルペスの流行で、コイが大量に

浮上死した例があります。

①のような原因は、法規制の及ぶ範囲ですが、②～④は、罰則を強化するだけでは防げるものではありません。事故が発生した際の対応体制をしっかりと構築しておくことが大切です。

2　東京都水道局の水質事故対応

東京都水道局では、関係行政機関等で組織する協議会、及び水源流域の水道事業体で組織する協議会（コラム6）を通じて水質事故に対する情報連絡網を整備し、緊急連絡及び事故情報の収集に努めています。

また、水源流域環境図の作成・活用や汚染物質の流下予測プログラムの運用（コラム7）、緊急車・水質試験車の機動性を活かした対応等により、事故原因や規模を早急に把握し、浄水場の取水や処理への影響を判断して、油臭等による臭気苦情や毒劇物の混入による健康被害等が発生しないよう適切に対応しています。

さらに、水質事故等の影響で浄水場が停止した場合に備え、他の浄水場からバックアップできるよう、送配水管網の整備を行うとともに、効果的な水運用により影響を最小限に抑える体制を整えています。

平成8～16年度に東京都水道局に通報のあった水質事故では、油類によるものが最も多く、全体の6割を占めています。浄水場では、水道水に油類が混入するのを防ぐため、入り口に油膜センサーや油分センサーを設置し、油類の早期発見に努めています。

一方、事故の頻度は少ないものの、一旦事故が発生した場合、取水や浄水処理に大きな影響を及ぼすものに、シアンや六価クロム等

図2　水質事故原因別事故割合

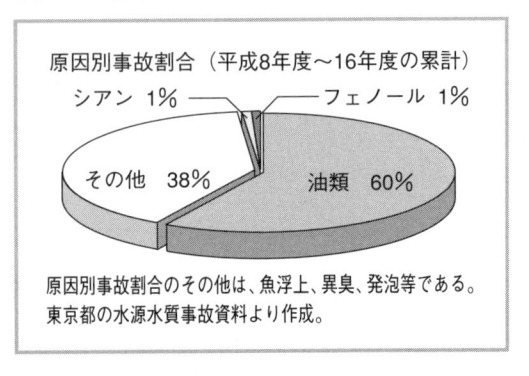

原因別事故割合（平成8年度～16年度の累計）
- シアン 1%
- フェノール 1%
- その他 38%
- 油類 60%

原因別事故割合のその他は、魚浮上、異臭、発泡等である。
東京都の水源水質事故資料より作成。

の毒劇物の混入があります。この対策として、浄水場には魚類監視水槽が設置されていますが、これまでは水槽内の魚を職員が目視により監視していました。

しかし、危機管理体制強化の観点から、魚の活動に由来する電位変化を連続的に検出して警報を発する自動水質監視装置に切り替えました。

また、細菌の呼吸活性を連続測定して毒物を検知する方式のセンサーにした浄水場もあります。

油膜を検知する油膜センサー

活動電位方式の毒物検知水槽

コラム6 利根川・荒川水系水道事業者連絡協議会

昭和45年、利根川・荒川両水系を利用する水道事業体により発足した連絡協議会。平成17年12月現在、48の水道事業体が加入している。

昭和45年に利根川で発生した大規模な水源水質事故をきっかけに、広域的な水質事故対応が必要となったことから、設立された。

当協議会では、水質事故時の緊急連絡体制の整備をはじめ、下水道整備等の国への要望や工場・事業場に対する水質保全についての協力要請等の活動を行っている。

実際に、水質事故が発生した場合、最寄りの水道事業体を通じ、情報連絡が速やかに行われ、適切な対応が可能となる。

協議会の連絡体制

発見者 → 最寄り事業者 → 担当副会長事業者 → 東京都／千葉県／埼玉県／群馬県／栃木県／茨城県／会員／関係者

■第6章■　ライフラインと危機管理

> **コラム7　水源流域環境図・汚染物質流下予測プログラム**
>
> **(1) 水源流域環境図**
>   水源流域の地図に水質事故発生時に必要な情報を盛り込んだ環境図。情報としては、河川行政担当部署の所在地や工場・事業場の位置と排水の種類、河川流量測定点、水質監視地点、河川構造物、浄水場、下水終末処理場などが記載されている。事故時の通報連絡や水質事故発生場所の特定、用排水路の位置確認などが迅速に行えるとともに、関連部署間の情報の共有に役立っている。
>
> **(2) 汚染物質の流下予測プログラム**
>   東京都水道局で開発した水源河川での汚染物質の流達時間と濃度をコンピュータで予測するソフトウエア。異常水質の情報を受信後、直ちにパーソナルコンピュータの画面に表示された河川構造物を見ながら、事故発生地点、発生日時、河川流量条件等を入力し、汚染物質の流下予測を行う。予測した結果は、事故対応に役立てるとともに、影響のおそれのある浄水場に情報を提供する。

3　高濁度発生時の対応

　東京都水道局の一部の浄水場では、台風や集中豪雨時に、濁りの高い河川からの取水を一時的に停止し、濁りが治まってから、取水を再開する（いわゆるピークカット）手法を取り入れて運用しています。

　これは、浄水場の上流域の降雨量や河川水量などのデータと濁度データを組み合わせて、高濁水の到達時間を推定し、取水を制御するものです。ピークカットに備え、あらかじめ多めに浄水処理を行っておき、配水池を満たしておく必要があります。配水池容量に余裕がある間は取水を停止しておくことができます。なお、このピークカット運転の活用は、浄水処理のための薬品使用量や発生する汚泥量の削減にも効果があります。

　東京都水道局では、他のライフラインや区市町、利用者との連携強化を図

りながら、これからもより一層危機管理対策に取り組んでいきます。

　　　　　　　　　　　　　（東京都水道局給水部長　滝沢優憲）
　　　　　　　　（東京都水道局浄水部浄水課水質担当課長　北澤弘美）

第2節 下水道施設と危機管理

1 下水道と危機管理

　ここ数年来、わが国で相次いで地震が発生するなか、社会生活を維持するうえで、基本的に確保しなければならないライフラインの一つに下水道があります。新潟県中越地震でも明らかになったように、被災者は各家庭のトイレが使えなくなった場合、トイレの回数を減らすために水分の摂取を抑えた結果、「エコノミークラス症候群」が発症するなど、精神的・肉体的にも大きなストレスを生じ、「生命」にかかわる危機となっています。

　地震列島であるわが国では、地震はいつでも、どこでも起こりうる天災として再認識し、危機に対応する計画の立案や、行動計画を事前に準備しておく必要があります。

2 震災に備える

1　初動態勢

　震災時の被害を最小限にとどめるために、速やかに初動対応ができる体制を事前に整えておくことが極めて重要です。東京都では、震度6弱以上の地震が発生した場合は直ちに、「東京都災害対策本部」が設置され、非常配備態勢が発令されます。

　下水道局でも同様に「対策本部」(表1)を立ち上げるとともに、全職員(夜間休日等の勤務時間外は参集できる職員)が非常配備態勢をとり、本庁各部門、流域下水道本部、各事業所の対策本部をそれぞれ設置し、職員の安否や被害状況調査、応急復旧、大都市への支援要請の要否判定等を行う体制を確保します。

2　ハード対策

　東京都内の既存の水再生センター・ポンプ所の主要な建築構造物は、耐震補強工事をすでに完了しています。土木構造物については、下水道の機能確保や避難場所として上部利用するなど、優先度を考慮して、耐震補強を進め

表1　震災時の組織と業務内容

組織			主な業務内容
下水道局　震災対策本部	支援部隊	総務部 職員部 経理部 計画調整部	・本部長、副本部長、本部会議の庶務 ・職員の参集状況の把握 ・東京都災害対策本部、他局との連絡調整 ・食料、復旧資機材の調達 ・職員再配置、物資運搬等の車両確保 ・14大都市との連絡調整及び支援要請 ・応急復旧対策 ・その他必要な支援業務
	管理部門	業務部 施設管理部	・管理事務所業務課との調整 ・排水設備被害状況の把握 ・管路、ポンプ所及び水再生センターの被害状況調査、措置状況の総括 ・管理事務所、水再生センターの指揮、調整
		管理事務所震災対策本部	・管路、ポンプ所の緊急調査及び措置 ・排水設備被害状況の把握
		水再生センター震災対策本部	・水再生センターの緊急調査及び措置
	建設部門	建設部	・建設工事現場の被害状況調査、措置状況の総括 ・建設事務所の指揮、調整
		建設事務所震災対策本部	・工事現場の保安点検 ・施設等の復旧
	流域下水道本部	管理部 技術部	・流域下水道施設の被害状況の把握 ・関連市町との連絡 ・所管施設の点検及び復旧 ・関東ブロックとの連絡調整及び支援要請

ています。また、新たに水再生センターやポンプ所、重要な幹線管路等を建設する場合は、阪神・淡路大震災後に設定された耐震基準に基づき設計しています。管路施設については、阪神・淡路大震災での被害が管路とマンホールとの接続部に集中していたことから、その接続部を可とう性構造に変えるための耐震化工事を順次進めています。

液状化対策として、開削工法での管渠布設及び人孔設置等では、液状化抵抗のある石灰系改良土を埋め戻し材として使用しています。

コラム8 トイレ機能の確保

管路の流下機能停止は、トイレの使用を困難にし、被災者の日々の生活に深刻な影響を及ぼす恐れがある。このため、特に、多数の避難者などが集まる避難所や学校・病院・医療施設などの防災拠点がある地域では、マンホールと管渠の接合部を耐震化して、災害時においても所要のトイレを使えるよう特別区と連携を図り、マンホールを利用した仮設トイレの普及・拡大に努めている。

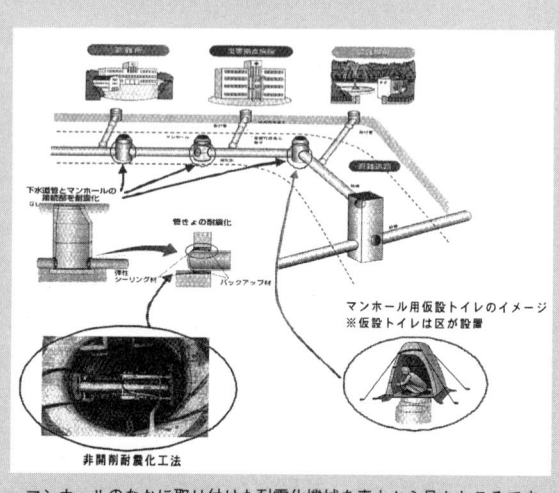

管路の耐震化

震災時におけるトイレ機能を確保するため、避難所などから排水を受け入れる管きょとマンホールの接続部を柔軟にすることにより、耐震化を図ります。

・マンホールのなかに取り付けた耐震化機械を真上から見たところです。
・震災時に被害が集中しやすい、マンホールと管きょの接合部を耐震化します。
・道路を掘らないので、交通への影響や工事の騒音・振動が少なくてすみます。

プラント設備については、配管類への伸縮継手や可とう管の設置は完了しています。今後は、土木構造物の耐震対策と整合を図りながら、設備の再構築に合わせて機器の転倒や滑動などに対する耐震性を確保していきます。

　停電対策では、水再生センター・ポンプ所には自家発電設備を設置しているほか、再生可能エネルギーを活用した発電や、大容量の蓄電が可能なNaS電池などを組み合わせ電力を確保しています。

　さらに、ポンプの軸受け冷却水の断水対策として、東京都と民間とで共同開発した冷却水を必要としない無注水型ポンプを随時設置しています。

3　ソフト対策

(1) 大都市間の連携

　下水道事業に関して相互に救援協力するため、札幌市・仙台市・さいたま市・千葉市・東京都・川崎市・横浜市・名古屋市・京都市・大阪市・神戸市・広島市・北九州市・福岡市の下水道部局間で「14大都市災害時相互応援に関する協定」を締結しています。例えば、東京都区部の下水道施設に大規模な被災が生じた場合は、大阪市が情報連絡の総括窓口となり、発災時の連絡方法や、支援要請後の指揮連絡体制などを具体的に定めて、迅速かつ円滑な相互支援活動が行える体制を確保しています。

(2) 民間団体との連携

　下水道施設の早期復旧等の応急対策業務に対応困難な事態が予想されることから、専門的な技術を持った民間団体と災害時の応急復旧等に関する協定を締結し、初動態勢の充実・強化を図っています。

(3) 下水処理水（再生水）の活用

　震災時において、同時多発的な火災に備え、水再生センターの処理水を消防水利として有効活用できるよう、東京消防庁と協定を締結しています。その他、河川の清流復活事業に再生水を送水する管渠に、大型消火栓を設置し

表2 災害時業務協力協定団体

施設		災害時業務協力団体
土木建築施設		○（社）東京建設業協会
管路施設		○下水道メンテナンス協同組合
水再生センター ポンプ所設備施設	区部下水道	○（社）東京下水道設備協会 ○下水道メンテナンス協同組合
	流域下水道	○（社）日本下水道処理施設業協会

水再生センター以外でも活用できる消防水利を備えています。

事例に学ぶ対応策
水再生センターでの事故対応

（1）事故の概要

　平成16年8月11日午前10時頃、品川駅に近い芝浦水再生センターで送泥管の漏水事故が発生しました。送泥管は水再生センターから運河へ向かう連絡管廊のなかで、2条管のうち1条管が損傷しました。電気設備や他の配管もあり一時的に水再生センターの送泥が全面停止となりました。午後、正常な1条管を使って送泥を開始し、夕方、応急措置により2条管で正常運転ができました。

　この事故そのものは幸い大きな被害はありませんでしたが、汚泥処理施設の集約化を進めている当局にとって、配管の損傷により送泥が長期間にわたって停止することになれば、水処理に重大な影響を及ぼすこととなります。さらに、配管損傷により、汚泥噴出、陥没事故などの2次災害を引き起こす恐れもありました。

（2）東京都の対応

　これまで区部の水再生センターでは、災害時における応急対応業務の協

力協定団体として、(社)東京下水道設備協会と協定を締結していました。

　しかし、今回、水再生センターの正門から出た道路下での出来事であったことや、配管や漏水の排水作業もあり、管路施設の緊急対応に近い事態であったことから、急きょ、管路施設の協力団体である下水道メンテナンス協同組合に出動を依頼しました。この事故を契機として、ポンプ所・水再生センター施設内の送泥管、送水管の事故に関わる応急復旧業務について、同組合とも協定を締結することとしました。この漏水事故の原因は、送泥の多様な運転と用途変えを30年以上繰り返し、適正な汚泥が圧送されない時期がありました。これらの複合した要因や経年により、管底部に泥との磨耗が連続的に進行し、最終的に縦方向に断絶したものでした。

漏水の状況

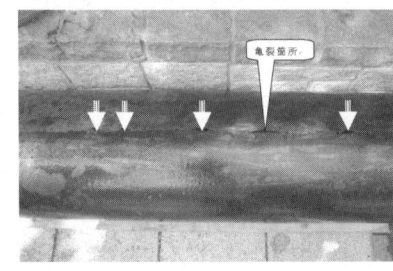

損傷の状況

３ 震災後の対応

　地震発生後は、道路の陥没やマンホールの隆起などによる交通障害が発生する恐れがあります。これらの安全確認や対策とあわせて、下水道施設の早急な機能回復を図るため、調査・点検する箇所を特定し優先順位を定めて行動することとしています。

　管路施設の調査・点検の優先順位は、コラム９のとおりです。

> **コラム 9　管路施設の調査・点検の優先順位**
>
> ①地盤条件から被害を受けやすいと、推定される箇所
> ②被害予測の検討結果から、被害を受けやすいと予測される箇所
> ③管路の構成上、重要な箇所
> ④平常時の維持管理で異常が認められる箇所
> ⑤重要な幹線など
> ⑥広域避難場所、避難所、後方医療施設から排水を受ける管路
> ⑦避難路に埋設されている管路など

4　下水道施設の復旧

1　復旧対策までの流れ

(1) 管路施設の緊急対策

　第1段階は、緊急調査と緊急措置を震災発生後2日以内に行います。緊急調査は、被害の概略を把握するための調査で、被害の程度や内容にはあまりこだわらず、どこの幹線や枝線が被害を受けたかを短時間に把握し、以後の対応を定めるものです。緊急調査の過程で被害箇所に2次災害の発生、例えば人孔の蓋が破損し、人が人孔内に転落してしまう恐れがあるような場合には、危険表示を設置し人を近づけない等の緊急措置を行います。施設を一巡して被害の概略を把握し、被災調査の第一報を本部に連絡するとともに、次の段階の取り組み、方法を決めます。

(2) 管路施設の応急対策

　第2段階は、応急調査と応急復旧で、発生後1週間以内に行います。この段階の調査は、下水道の機能が停止している箇所の回復や、被害箇所の応急修理を施すための調査です。所管内の全施設をくまなく調べ、機能停止箇所と、その原因及び影響範囲を把握し、破損箇所については、その程度を調査

します。

(3) 水再生センター・ポンプ所施設の緊急対策
①被災者の確認及び救助を行い、施設や建物の倒壊、亀裂漏水などを確認します。
②停電・断線・火災の発生と、その範囲の確認を行います。
③敷地内の地面の亀裂、液状化発生を確認します。
④設備機器の停止、異常発生、配管損傷などを確認します。

(4) 水再生センター・ポンプ所施設の応急対策
①薬品・燃料類の配管バルブを閉め、漏洩があったら中和薬剤を散布するとともに、配管・タンク類の損傷を仮復旧します。
②人身に被害を及ぼす恐れのある場所に保安措置を行い、2次災害の防止に努めます。
③代替機への切り替えなどを行い、最低限の処理能力を確保します。

(5) 災害査定調査
災害査定の基礎資料となる調査を震災発生後1か月以内に行います。

(6) 恒久対策
恒久復旧は、当該区域の改築・改良計画や再構築計画との調整が重要です。管路の増径や流向の変更・流域の変更も伴う場合もあり、総合的な判断から基本計画を策定し、計画的に実施していきます。

■ 第6章 ■ ライフラインと危機管理

下水マンホールによる交通事故

激突し吹き飛んだ入孔鉄蓋

浮き上がったマンホール

新潟県中越地震

事例に学ぶ対応策
地下53mでの事故対応

- (1) 事故の概要

 平成13年4月、東京区部の西部に位置する中野区の地下、約50mの場所で、内径8,500mmの下水道管に接続する工事で「凍結工法」を行っていました。早朝、ここから毎分約1,000m^{3}の地下水が、土砂を伴って幹線内に噴出してきました。「凍結工法」の凍結凍土が溶けると、高い水圧で地山全体が広範囲に崩壊し、地上の道路や建物、ライフラインを巻き込む大陥没につながる恐れがありました。

- (2) 東京都の対応策

 下水道局では直ちに、「事故対策本部」を設置して、①事故の拡大防止、②変状観測の実施、③地盤の緩み防止と空隙対策の緊急対策を実施しました。事故の拡大防止策としては、内径8,500mmの下水道管に水を注水し満管にすることで、下水道管の内側と外側の水位バランスを保つものとしま

した。これと並行して、道路面や地盤の変状観測と、地下で発生している空隙発生場所へのモルタル注入を行い、危険回避に全力を尽くしました。

この緊急対応を実施するにあたって最も重要視したのは、周辺住民の安全確保でした。影響は、周囲約40世帯以上に及ぶと想定されました。これらの周辺住民には、緊急の説明会を行うとともに、地盤変状の推移を知らせるため広報板を設置しました。

事故現場の作業状況

立坑への注水状況

また、万が一の事態を想定し、当局と請負者で住民避難に備える体制をとるとともに、住民が速やかに避難できるよう地域センターを集合場所とし、さらに、避難用バスとホテル50室を宿泊用として準備しました。

現場での懸命の努力と関係機関の協力により、事故発生から5日目、ついに内径8,500㎜の下水道管が満管となり、地盤も安定し、危機的状況を脱することができました。

この出水の原因については、局内に学識経験者を含む「出水対策委員会」を設置し、調査及び検討を行いました。限られた情報から推測した結果、①2つの下水道管を接続するため、凍結凍土で周囲を固めましたが、8,500㎜のシールドセグメントを部分的に外したことで応力変化が発生し、セグメントと凍結凍土の境界に隙間が生じたこと、②シールド周囲の地山補強・空洞充填などの目的で薬液注入を行っていましたが、このボーリングの削孔水や注入材が凍土の温度上昇につながったことなどによるものと考えられました。

⑤ 下水道事業の大切さを見直そう

　平成17年2月25日に示された内閣府（防災担当）中央防災会議における「首都直下地震対策専門調査会」では、下水道施設の被害額は概ね0.3兆円、下水道機能に支障を及ぼす人は東京都で約13万人で、帰宅困難者が最大650万人といわれており、トイレ機能の確保が重要課題となっています。

　また、施設の耐震化を進めるうえでは、液状化による被害の程度が予測困難であることや、既存機能を確保しながらの施工となることのほかに、自治体にとって大きな財政負担を生じるなどといった課題が多く残されています。

　しかしながら、下水道は「住民の生命を守り、支える重要な施設」です。大規模地震発生時においても下水道の機能を確保すべく、今後とも地震に強い下水道づくりに全国の自治体・関係機関の協力を得ながら取り組みます。

（東京都下水道局施設管理部長　小川健一）

第3節 電力会社の危機管理

1 災害時の復旧対策を重視

　大規模地震発生時に停電が長引くと、生活に支障をきたすばかりでなく、明かりを失うことによる不安や社会的混乱が大きくなり、避難や救急救命・復旧活動にも影響を及ぼすことになります。また、電気は社会インフラのなかでも基盤的なインフラであるため、広範囲・長時間停電が発生すると、社会・経済システムに機能障害をもたらす恐れがあります。

　特に、都市部は急激な都市化に伴う過剰な人口集中と滞留、政治・経済・情報・交通ネットワークの集中、住民の高齢化、地域コミュニティの衰退などにより、災害に対し脆弱であるとの指摘がされています。

　また、重要社会インフラが高度かつ複雑に絡み合っていることにより、災害時には被害が連鎖し、社会・経済システム全体に思わぬ支障が発生することが懸念されています。

　このような点も踏まえ、電力会社では、地震に対し設備を被災しにくくし、できるだけ停電しないようにするとともに、停電が発生した場合には、まず、その範囲や継続時間を軽減する応急措置を行い、その後、停電が長期間継続しないよう、日頃から準備している復旧用資機材や発電機車などを活用し、速やかな復旧を行うことにしています。

2 地震発生時に電力供給はどうなるか

　大規模地震発生時に電力供給はどうなるかについては、対象とする地震や季節・曜日・時間帯、気象条件等によって異なりますが、一般的には次のようになると想定しています。発電所や送電線、変電所等の重要な設備については、被災すると広範囲・長時間停電や環境影響の原因となるため、設備が

被災しないよう十分な耐震対策を実施しており、停電に結びつくような深刻な被害は発生しにくいと考えられます。

一般的な変電所については、強い地震や火災の影響等により変電所の機器等が損傷し、一旦、広範囲に停電が発生することが想定されますが、送電線の多重連系や変電所の機器の複数配置などにより、被害機器を経由せずに電力が供給されるバックアップ機能が働き、かなりの範囲の停電は比較的短時間に復旧すると考えられます（コラム10）。

コラム10 電力系統の構成の特徴とバックアップ機能

（1）電力系統のバックアップ機能

この系統では、2重・3重に張り巡らされ変電所で連系された基幹送電系統（50万ボルト、27万ボルト）が、発電所からの電気を電力系統全体として蓄える電力プールのような役割を果たしている。これにより、一部の発電所が停止しても残りの発電所が即時にバックアップできるようになっている。

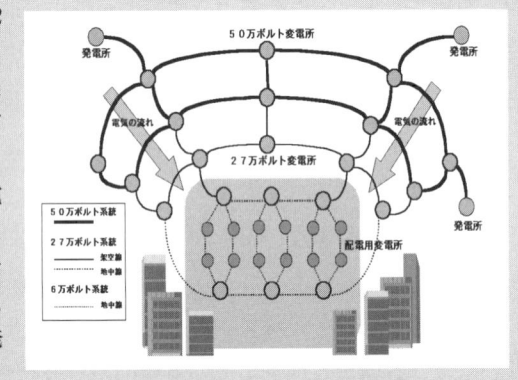

また、一つの送電線が故障しても、残りの送電線で、故障した送電線が供給していた電力を送電できるように運用されている。同様に、変電所の機器が故障しても、他の機器でバックアップできるようになっている。

（2）電力系統の構成例
○重要送電系統は、1ルート2回線の送電線が複数ルートで構成される
○複数の送電系統が、変電所で連系されている
○変電所の機器は、同じ機能のものを複数台配置している

強い揺れがあった地域では、阪神・淡路大震災並びに新潟県中越地震でみられたような、電柱倒壊や電線の切断（多くは家屋の倒壊や火災の影響により発生）により停電が発生します。

こういった地域では、広い範囲で設備の損壊が発生するため、バックアップができない場合が多いのが特徴です。また、道路が使えず、復旧に必要な資機材、要員が十分に投入できないことも想定されること、設備を復旧し送電を再開する時点で、電気火災防止等のため1戸1戸の安全確認を行うことなどから、何日にもわたり停電が継続することが予想されます。

③ 迅速な停電復旧

地震で電力設備が異常となった場合には、保護システムや監視システムが異常を検知し、異常となった設備を電力系統から自動で切り離すため、その設備を経由して電気が送られていた地域に停電が発生します。

電力設備の異常で停電が発生した場合には、電力系統を24時間監視している給電所、発電所、制御所などの運転・保守員が、電力系統のバックアップ機能を使い、異常となった電力設備を使わずに送電するような措置を行います。

配電設備が広範囲に被災したり、設備の復旧に長時間を要する変電設備の被災があった場合には、こういった措置をしても、広い範囲で長時間にわたり停電が継続することが予想されるため、電力会社は「非常災害対策本部」を設置し、迅速な停電復旧に向けて、戦略的な復旧活動を行います。

「非常災害対策本部」では、停電発生状況や設備の被災状況、停電影響、関係機関からの要請などを、できるだけ早く、正確に、詳しく把握し、被災設備をどのように仮復旧して応急送電するのか、どのエリアから優先するのかなどを判断して、復旧用資機材と要員の効果的な投入方法等、適切な対処方法を決定します。

復旧用資機材は、通常の工事対応のための在庫と、被害想定に基づき各地

の資材センター等に確保している応急復旧用資機材を活用します。また、旧型設備や特殊な設備の場合には、製作に時間がかかることがあるため、重要設備については予備部品を保有しています。

　救急医療や復旧活動拠点、ライフライン、治安・防犯関係機関など早期の停電復旧が必要な箇所については、電力系統からの停電復旧が遅れる場合には、発電機車により直接送電することも行われます。必要な工事力や資機材の輸送力についても、電力会社と工事請負会社、機器製造メーカー、業務委託会社等の間で協定を締結するとともに、電力会社間で応援等に関する取り決めを締結し、迅速な復旧を目指しています。

　図2で、「非常災害対策本部」を設置し、迅速な停電復旧等を行う場合の実施事項の例を示します。

図2　迅速な復旧を目指す非常災害対策活動

災害対策要員の速やかな参集	●事業所近傍に居住の初動要員参集　●自動呼び出しシステムによる災害対策要員の呼集　●大規模地震時の行動指針に基づく自動出動
停電・設備被害情報等の収集・発信	●情報連絡手段の確保　●災害情報システム・防災情報システムによる情報収集　●社外関係機関との情報連絡(中央防災無線、連絡員の派遣)
復旧用資機材の調達・搬送	●保有している復旧用資機材(電柱、柱上変圧器、電線など)、主要送変電設備の予備部品類(変圧器ブッシング、ケーブル、碍子等)の搬送　●資機材の調達
応急復旧用特殊車両等の出動	●高圧発電車、低圧発電車　●移動用変電機器(変圧器、開閉器)　●衛星通信車　●現地指揮車、緊急自動車、広報車　●ヘリコプター(常時は送電線巡視用)
協定等に基づく動員・応援	●工事請負会社、メーカー、業務委託会社の動員 ●電力会社間での相互応援(資機材、要員等)
災害時広報	●停電・設備被害状況、復旧見込み、電気災害防止等をマスメディア、インターネットホームページにより広報　●広報車の派遣　●防災行政無線による広報要請
非常災害対策要員等への支援	●安否確認システムによる社員・家族の安否確認　●保存食、飲料水、浄水器、仮設トイレ、寝具　●帰宅困難者対応

④ 地震防災への取り組み

首都圏に関係し切迫性が高いと指摘されている地震としては、首都直下地震、東海地震があります。これまでの東京電力ならびに他社の地震被害の経験から、これらの地震が発生した場合の長時間・広範囲停電は避けられないと考えられることから、大規模地震への対応力の一層の充実に取り組んでいます。

東京電力における地震防災への取り組みの枠組みを図3で示します。

長周期地震動や大規模液状化の最新の知見をもとに、湾岸に設置する火力発電所設備への影響評価を実施し、問題のないことを確認するなど、時宜に適った取り組みを行っています。

また、今年、中央防災会議の「首都直下地震対策専門調査会」で示された、新たな首都直下地震の対象地震についても、設備の耐震性能の再評価や被害

図3 地震防災への取り組み

- ○地震防災に関する法律・条例等への制・改定
- ○国・自治体の地震対応検討（中央防災会議専門調査会など）
- ○専門機関等による地震検討（地震調査研究推進本部など）
- ○社外の被災経験の反映（海外を含めた他電力、他社の経験等）

↓

設備の耐震設計・耐震性評価・震災対策
耐震性評価等に基づく計画的耐震対策の展開、新たな知見・条件見直し等への対応、耐震関係指針等制・改訂への参画、設備被害時原因分析と反映など

被害想定

被害災害対策活動円滑化のための諸準備
仕組みの整備・マニュアルへの反映、防災関係システム・情報連絡手段の充実、人材育成、社外関係機関との調整等

訓練による検証

広報（地震時の注意喚起など）

防災業務計画の見直し

想定に基づく対応力のきめ細かいチェックに着手しています。

5 大規模地震発生時の留意事項

　大規模地震発生時に、広範囲に発生する停電をいかに迅速に復旧するかは、非常災害対策活動をどれだけうまく機能させるかに大きく依存するところです。特に、大規模地震発生時には、

① 電気、ガス、通信、交通、道路、水道等のライフライン機能障害が一斉に発生すること

② 自らの被災に対応しつつ非常災害対策活動を実施しなければならないこと

③ 休祭日・夜間の手薄な状況での初動態勢と要員が確保できない場合の総合力の発揮、代行力が重要となること

④ 地震のタイプによる災害特性、地域の防災力を十分把握した対応が効果的であること

⑤ 予防対策の前提条件が変化していることが考えられることから、応用動作が重要となること

など、通常の災害とは異なった対応が必要となることから、経験から得られた教訓とともに、経験が少ない分は想像力を働かせ、より効果的な対応力となるよう不断の見直しを行っているところです。

　一方、地震発生時には、利用者の電気災害防止にも留意する必要があります。地震により電気設備に異常が生じると、ほとんどのケースでは異常が検知され送電が停止されるため、感電事故は発生しにくくなっていますが、配電線が断線した場合には、異常が検知できないケースがまれに存在するため、切れた電線による感電への注意が必要となってきます。

　また、地震時の電気による2次的な災害として電気火災があります。これは、地震時に電気ストーブや電気コンロ、観賞魚用ヒーターなど熱を発生する器具（電熱器具）が、家屋の倒壊や機器の転倒・落下・損壊等により可燃物と接触する状況となり、火災に至るようなケースを指します。

　電熱器具は一般的には人がいる状態で使われる場合が多く、地震発生直後

に「機器のスイッチを切る」「コンセントからプラグを抜く」「避難するときにブレーカーを切る」などにより、火災発生を防ぐことはある程度可能です。

しかしながら、混乱した状態でこういった処置がされない場合、あるいは一端停電となったためこういった処置をせずに避難し、送電再開される場合に火災が発生することがあります。

このようなことから、図4のような災害時の電気による人身災害防止と地震発生時の電気器具の取り扱い等に関する注意喚起を平常時から行うとともに、地震発生時には、機を逸しない広報活動を行うこととしています。また、前述したように、設備を復旧し送電を再開する時点で、電気火災防止等のため1戸1戸の安全確認を行うこととしています。

図4　災害時の電気災害防止の注意喚起

●グラッときたら、スイッチを切ってプラグを抜く
　使用中の電気器具のスイッチを必ず切る。特にアイロン、ヘアードライヤーなどの電熱器具は、火事の原因となるのでコンセントからプラグを抜く。

●避難するときは、ブレーカーを切る
　地震が起きても設備に異常がなければ、電気は家庭に送られている。家の外へ避難するときは、電気の消し忘れによる事故を防ぐため、必ず分電盤のブレーカーを切る。日頃から分電盤の位置を確認しておく。

●災害時エレベータには乗らない
　地震、火災などで建物から避難するとき、エレベータには乗らない。

●壊れたり水につかった電気器具などは使わない
　壊れたり、一度水につかった屋内配線や電気器具は、漏電の原因となり危険なので使わない。水につかった場合には屋内配線の点検が必要なので、電力会社へ連絡する。

●切れた電線には絶対に触らない
　断線してたれ下がった電線には、絶対に触らない。電線に木や看板、アンテナなどが接触している場合も危険なので、見つけた時にはすぐに電力会社に連絡する。

●電気器具の消火は、必ず消火器で
　電気器具が燃えた場合は、むやみに水をかけたりせず、まずブレーカーを切って消火器で消す。この際、消火器が電気器具の消火に適しているかどうかが表示されているので確認する。

第6章　第3節　電力会社の危機管理

6 「基盤を成す」強い意識が大切に

　国の首都直下地震の被害想定などが公表されるなかで、様々な分野の方から、電力会社の地震対策はどのようになっているのか、災害時に電力供給はどうなるのかについて、ご質問をいただくことが増えています。

　こういったなかで、電力会社の地震防災の概要を中心に紹介させていただきましたが、電気は重要社会インフラのなかでも「基盤を成す」との強い意識のもと、利用者の期待に応えるべく努力を積み重ねています。

（東京電力株式会社総務部防災グループマネージャー　大橋裕寿）

第4節 都市ガスの危機管理

1 都市ガスが利用者に届くまで

　都市ガスは、快適な都市生活のために不可欠なエネルギー源ですが、地震の際には、火災・爆発等の2次災害の危険性もあわせ持っています。そこで東京ガスでは、1人ひとりの利用者に、安心・安全・信頼を提供できるような地震防災対策に取り組んでいます。

　東京ガスのガスが利用者の家庭に届くまで、どのような設備を通って流れていくかを図1で示します。

　液化天然ガス（LNG）タンカーで海外から運搬されたLNGは、首都圏に3箇所ある工場の地下タンクに貯蔵されます。LNGは必要な量を地下タンクから取り出し、工場のなかの気化装置（ベーパーライザー）で気体のガスに戻されます。

図1　東京ガスが利用者に届くまでのガスの流れ

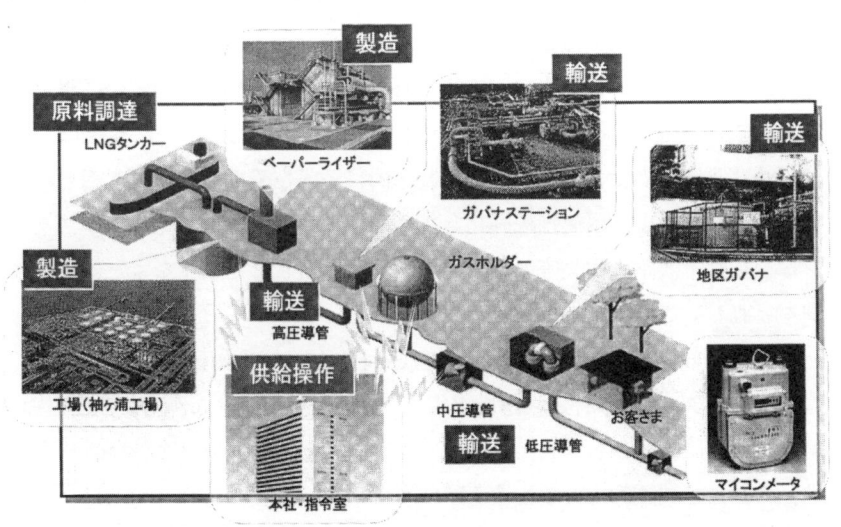

気化されたガスは、工場から高い圧力（高圧）で高圧導管を通って、ガバナステーションと呼ばれる圧力調整基地に輸送されます。

高圧ガスはガバナステーションで中圧に減圧され、中圧導管を通って地区ガバナと呼ばれる圧力調整装置に送られます。

地区ガバナで利用者が実際に使用する低圧に減圧され、低圧導管を通って家庭に届けています。ガスはこのように、順次圧力を調整しながら、一般の家庭に供給されています。

東京ガスでは、このガスの流れに沿って地震防災対策を進めています。特に、阪神・淡路大震災のような大地震での2次災害の発生を防止するために、予防対策、緊急対策、復旧対策を基本コンセプトとして地震防災対策の充実を図っています。

以下、コンセプトごとの具体的な防災対策について詳述します。

② 予防対策

予防対策は、基本的に設備の耐震化をはかり、地震時にも設備の被害を極小化させるための対策です。新たに設置する設備は、最新の耐震設計・材料・施工方法を採用することにより、被害を受けることはありません。

また既存の設備には過去の大地震の被害事例の分析や被害想定の結果をもとに耐震評価を行い、主要な設備（中圧以上のガス設備）に関しては、阪神・淡路大震災のような大地震でも基本的に被害を受けない（ガス漏えいを発生させない）よう耐震性を強化しています。特に工場や高圧のパイプラインは、阪神・淡路大震災等の過去の大地震から得られた知見をもとに技術基準を見直し、これに基づいた対策がとられています。

また中圧のガスホルダーと東京ガスと同じ仕様の高中圧パイプラインは、過去震度7の地震（阪神・淡路大震災等）でも被害を受けなかったことから、耐震性が実証されたと考えています。これにより大規模な2次災害のリスクは、大幅に軽減されていると考えています。

しかし、低圧のパイプラインは、阪神・淡路大震災で多くの被害を受けました。被害を受けたのは、高度成長期に埋設したネジ接合鋼管です。これらのパイプラインは取り替え等の対策を継続的に進めていますが、対象物量が膨大で、すべての対策を完了するまでには時間がかかります。

したがって首都圏で大地震が発生した場合には、阪神・淡路大震災と同様な被害を受ける可能性が高いと考えられるため、被害を受けた場合には、安全にガスを停止することを重点とした緊急対策を実施しています。

③ 緊急対策

緊急対策は、迅速なガス漏れ対応により、2次災害の発生を防止する対策です。東京ガスでは、特に被害を受けることが予想される低圧のパイプラインのガスの供給を、迅速に停止できるよう3段階の供給停止システムを導入しています。

1 家庭での緊急対策

第1段階では、各家庭に設置されているガスメーターで、ガスを自動的に遮断します。すべてのガスメーターには感震器が内蔵されており、およそ震度5強より大きな地震（200gal程度）を感知した場合、自動でガスを遮断し、各家庭でのガス漏えいを防止するようになっています。

このガスメーターは利用者が簡単に復帰（リセット）できるようになっており、東京ガスが地域全体のガスを停止していない場合は、この復帰操作を行えばガスを使えるようになります（図2）。

2 各地区の低圧パイプライン緊急対策

第2段階では、被害を受ける可能性の高い低圧のパイプラインを101のブロック（低圧ブロック）に分割し（図3）、2次災害の可能性が高い地区のガスの供給を停止します。

■ 第6章 ■ ライフラインと危機管理

図2　ガスメーター（マイコンメーター）の復帰操作

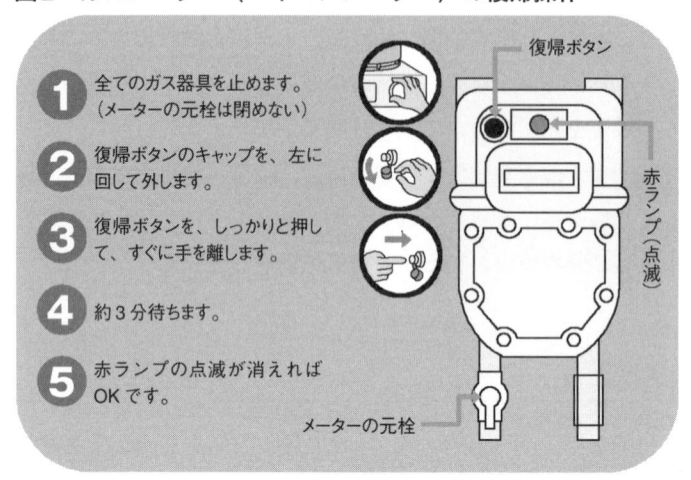

1. 全てのガス器具を止めます。（メーターの元栓は閉めない）
2. 復帰ボタンのキャップを、左に回して外します。
3. 復帰ボタンを、しっかりと押して、すぐに手を離します。
4. 約3分待ちます。
5. 赤ランプの点滅が消えればOKです。

復帰ボタン
赤ランプ（点滅）
メーターの元栓

図3　低圧パイプラインの地区分割

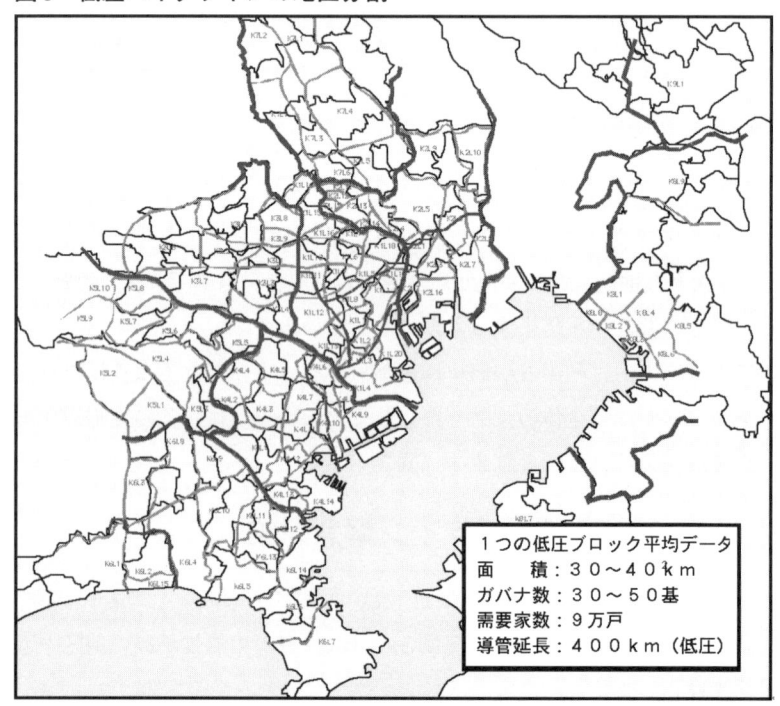

1つの低圧ブロック平均データ
面　積：３０〜４０km
ガバナ数：３０〜５０基
需要家数：９万戸
導管延長：４００km（低圧）

一般の家庭に供給している低圧のガスは、地区ガバナから供給されており、この地区ガバナに高密度に設置した地震計（SIセンサー：東京ガス管内で3,800基）をもとに、ガスを自動的に遮断する仕組みを整えています。
　地震計で大きな震度が検知された地区ガバナは、自動的にガスの供給を停止します。東京ガスでは、標準で50kine、一部の耐震性の低い地区で40kine以上を検知した場合、自動遮断するようになっています。
　各地区ガバナの地震計の観測データは、自動遮断に使用されるだけでなく、即座に東京ガス本社に送信されます（図4）。
　送信された地震計の観測データをもとに、地震対策として2通りの使い方をします。1つ目は地区ガバナの遠隔遮断です。1つの低圧ブロックには複数の地区ガバナが設置されています。ある低圧ブロックで地震の大きな揺れ

図4　SUPREME（後述）で表示される地震計の観測データ画面

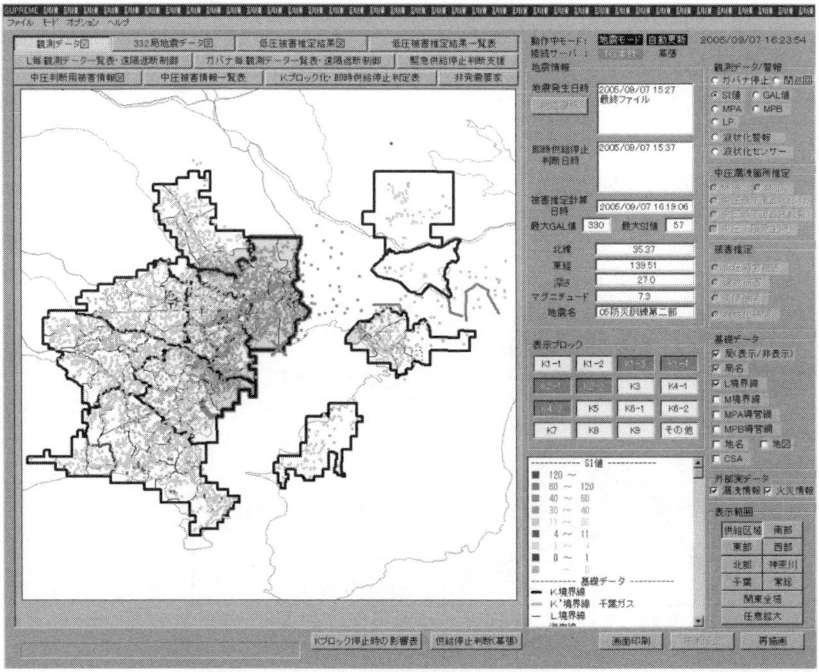

を感知した地区ガバナは自動遮断するものの、地盤が固く揺れの小さい地区に設置された地区ガバナが自動遮断しない場合、この低圧ブロックはガスが供給され続けます。このような場合に対応するため、東京ガス本社から遠隔操作で自動遮断していない地区ガバナを遮断する仕組みを整えています（図5）。

　2番目の使い方は被害推定です。地震計の観測データはその地区の地震の大きさを表すものですが、地区ごとに地盤の状況が異なるため、同じ地震の大きさでも、施設の被害がある地区とない地区に分かれる可能性があります。

　このため、地区ごとの高密度な地盤データが必要となります。東京ガスでは6万本以上のボーリングデータから、即座に施設の被害推定を行う仕組みを整えています。

　この仕組みの中核となっているのが「シュープリーム（超高密度リアルタイム地震防災システム）」です。シュープリームは、詳細な地震計の観測データや地盤データ等から被害推定を行い、供給停止判断を支援するとともに、実際にガスの供給を遮断するシステムです。このシュープリームにより、従来40時間近くかかると想定していたガスの供給を停止するまでの時間を1時

図5　遠隔遮断の必要性

ブロック内の遮断していない地区ガバナを迅速に把握し、停止する必要のある場合には遠隔操作で遮断

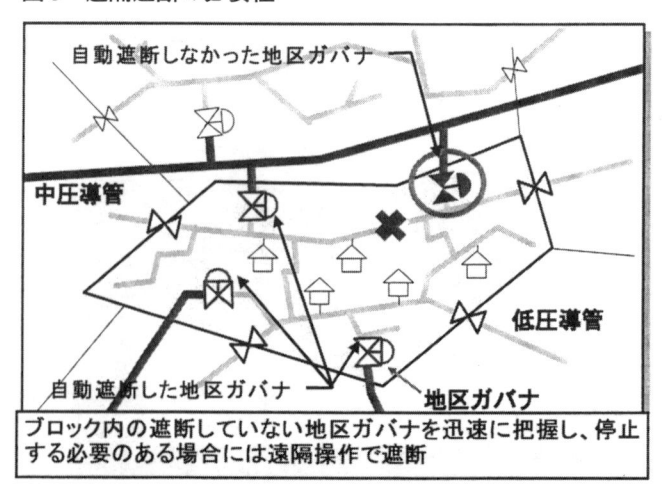

間程度に短縮し、2次災害を防止できるようになりました。

シュープリームの機能は、コラム11の通りです。

このように迅速なガスの供給停止により、2次災害の発生はほとんど防止できると考えています。

ガス漏れの対応は24時間体制をとっており、いつ災害が発生しても迅速に対応できるようになっています。しかし大地震の場合には、利用者や行政からの問い合わせ対応、被害状況調査、ガスの供給停止、閉栓、被災したガス管・機器の修理、点火試験、開栓と莫大な業務量が推定され、対応要員が不足することも懸念されます。このため地震の震度に基づいた自動出動基準を整備し、東京ガス社員や東京ガスグループをはじめとした協力会社社員を確保できるような仕組みも整備しています。

東京ガスでは、震度5弱以上の地震が発生した場合には「非常災害対策本

コラム11 シュープリームの機能

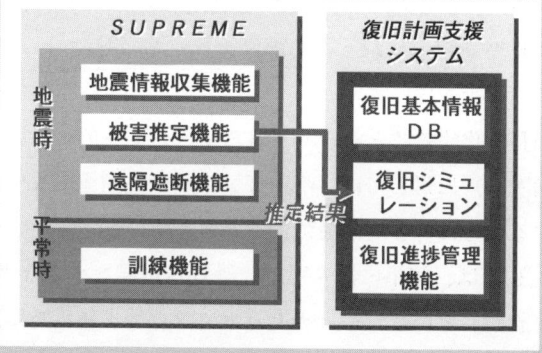

SUPREME
- 地震情報収集機能
- 被害推定機能
- 遠隔遮断機能
- 訓練機能

復旧計画支援システム
- 復旧基本情報DB
- 復旧シミュレーション
- 復旧進捗管理機能

地震時／平常時　推定結果

(1) 地震発生後約20分で地震情報を収集
(2) 地震センサーの情報と地盤情報等をもとに被害を推定し、供給停止の判断を支援
(3) 地震発生後、約1時間で遠隔遮断を完了

部」を設置して、2次災害の発生を防止するための活動を行います。

3　ガス源である中圧パイプライン緊急対策

第3段階では、ガス源である中圧のパイプラインを15のブロックに分割し供給を停止します。しかし中圧のパイプラインは耐震性が高く、供給停止することはほとんどないと考えています。

4　復旧対策

復旧対策は、供給停止した地域の早期復旧を実現するための対策です。

ガスの供給を停止した場合には、利用者の不便を最小限にとどめるよう早期の供給再開が不可欠です。そのため東京ガスでは、早期復旧のための備蓄、システム整備や復旧のための体制作りなどの復旧対策を実施しています。

ガスの供給を停止した場合には、東京ガスグループが総力をあげて復旧作業を行います。このため「非常災害対策本部」は、初動措置終了後には、速やかに復旧体制に移行します。さらに全国のガス事業者が相互に復旧作業を応援するルールが整備されており、ガス業界をあげて早期復旧に取り組みます。また復旧作業を迅速に行うための備えとして、日頃から資機材や車両、非常食等の整備も行っています。

復旧期間が長期化することが予測される地区の優先的に対応を図るべき利用者（拠点病院等）に対しては、都市ガス供給が復旧するまでの期間、代替熱源を提供することは社会的使命であると考えています。

代替熱源としては、簡単に持ち運び、設置が可能な小さなガス工場（「移動式ガス発生設備」という）や、カセットコンロ等を被災時に速やかに設置できる体制を整備しています。

復旧作業は、ガス漏れの調査からはじまり、1件1件の利用者のガス器具を点検し安全を確認します（図6）。そのため被害の多い地域の利用者の復旧には、時間がかかることが予想されますが、現在、水道の復旧に合わせて

ガスもご利用できることを目標に、復旧の早期化に向けて対策の見直しと整備を進めています。現在の見通しでは、平成22年までに復旧の最も遅い地区でも、被災してから概ね30日で復旧が完了するようになる見込みです。

図6　復旧作業の手順

調査
↓
漏洩修理
↓
屋内配管検査・修理
↓
点火試験
↓
開栓

・被害の比較的少ない地域から優先して復旧作業を行う。

5 「明日くるかもしれない」首都圏直下型地震に備えて

　平成16年に新潟県中越地震が発生し、平成17年にも福岡県西方沖地震、宮城県沖地震など大地震が頻繁に発生し、首都圏での大地震の発生に切迫感が高まっていることから、東京ガスでは「明日くるかもしれない」を合言葉として、一層の防災対策の強化を図っているところです。

　中圧以上の主要設備は、大地震においても十分な耐震性が確保されていると自負していますが、これまで述べた通り、低圧においては2次災害を発生させないことを基本に、迅速に被害の大きな地域のガスの供給を停止するとともに、ガスの復旧が遅くなる利用者への支援対策をより充実させ、ガス利用者の不便を極小化するよう、これからも取り組んでいきます。

コラム12　地震に備えての準備

都市ガス供給事業の防災対策は、取り組むガス事業者により様々なものがあると考えられる。しかし、どの都市ガス事業者であってもこれだけは地震が発生する前に準備しておくべきであろう事項を以下に記載する。

(1) 組織体制の確立・社員の役割分担の明確化

地震が発生したときに、「どこが、誰が何をやるのか」を明確にしておかないと、「一部の人はとても忙しいのに残りの人はやることがない」という状況が発生する。あらかじめ発災後の作業項目を時系列に沿って並べ、各作業にどの程度の時間がかかるのかを阪神・淡路大震災や新潟県中越地震の事例から推測し、各作業に作業者が何人いるのかを算出してから、どの部所の、誰がその作業を行うのかを決めておくとよい。

人数の足りない作業項目も出てくるので、他部所からの応援体制も事前に決めておくべきである。

社員のなかには被災して出社できなかったり、鉄道・道路が崩壊し、出社できない事態も考えられる。被災率を考慮した配置要員を設定したり、事務所の周辺に居住している人を優先的に配置することも有効な方法である。また、普段行わない業務を被災時に行ってもらう場合、即座に作業にかかれるように、マニュアル類を整備し、教育・訓練を実施することも重要である。

(2) 取引先の確保

被災した施設は、社員だけでは復旧できないものがほとんどである。しかし、被災したときにいつも工事を行ってもらっている取引先が他にとられてしまい、いつまでたっても復旧ができないという事態も想定される。被災時には優先的に自分たちの復旧工事をしてもらえるよう、いくつかの取引先とあらかじめ協定・覚書を取り交しておくことも有効な方法である。

(3) 作業基地の確保

現地での復旧工事は、社員・取引先の監督・作業員、工事を行う配管・継手材料や資機材などを配置する作業基地が必要になる。自社の社有地を最優先して、どの場所にどの程度の基地面積が必要なのかあらかじめ予測し、足りないようであれば他社に作業基地として使わせてもらえないか、

事前に打ち合わせをしておくことも有効な方法である。
　復旧作業にあたっては、日本ガス協会からの応援も期待できるので、その分も含めて検討しておくとよい。
(4) 通常時のPR
　電力のブレーカーと異なりマイコンメーターは、復帰操作を知らない利用者が多数存在する。このため発災後かなりの長時間、「ガスが出ない」という利用者からの問合せに追われ、肝心な復旧作業が手につかない、という事態も予測される。
　平常時の接客機会を通じて、または行政の防災イベントを利用して、利用者に簡単に復帰操作ができることを周知しておくことも重要なポイントである。

（東京ガス株式会社防災・供給部防災・供給グループ課長　藤森高輝）

■第6章■　ライフラインと危機管理

第5節 通信システムの危機管理

1 防災対策と首都直下地震への備え

事例に学ぶ対応策

阪神・淡路大震災への対応

　平成7年1月17日午前5時46分、マグニチュード7.3の大地震が阪神・淡路地方を襲いました。電気通信設備の被災の多くは、概ね幅1km・長さ20kmのエリアに集中しています。被災地域の電話交換機にはバックアップ用のバッテリーと補助エンジンが設置してありましたが、振動によりバッテリーが転倒し電源供給ができなくなったこと、さらに補助エンジンへの軽油供給パイプが振動で外れ燃料供給ができなくなったことなどにより、交換機が停止し約28万5,000回線の電話サービスが停止しました。

　また、長田地区等火災やケーブルの切断等により約19万3,000回線の電話サービスが途絶しました。被災地内の交換局の屋上に設置してあった鉄塔が激しい振動により傾斜しましたが、通信伝送路が二重化されていたためサービス停止には至りませんでした。

　交換機停止による電話サービスは約1日で復旧され、火災で消失したものを除き、その他の故障も概ね2週間後には復旧しました。しかし、管路やマンホール等の基盤設備を含めた本格的な復旧には約2か月強を要しています。建物の耐震については、激震で通信設備に影響を与えないよう耐震設計されており、阪神・淡路大震災の際も建物倒壊など通信サービスに影響を与えるような通信建物への被害はありませんでした。

　通信トラヒックは通常の約50倍となり、緊急通信など重要通信の確保で通信規制を行ったため、被災地への電話は非常につながりにくい状況（輻輳）となり、この状態は約5日間続きました。

また、安否情報の伝達面では、被災住民が安否を家族や友人に伝えるため、多くの住民が公衆電話に殺到しお金が詰まり故障となってしまったという事象が発生しました。このことは、後に災害時の情報伝達の課題として注視されています。住民の安否情報等を伝える手段として、避難所を中心にディジタル衛星車載車等により、特設公衆電話やFAXを約3,000台設置しました。

事例に学ぶ対応策
新潟・福島豪雨災害への対応

　平成16年7月12日夜から13日にかけて東北南部に停滞する梅雨前線が活発化し、新潟・福島の両県で豪雨となりました。特に、13日朝から昼過ぎにかけ新潟県中越地方を中心に非常に激しい雨が降りました。これに伴い、三条市では午前10時10分、見附市では11時07分に避難勧告を出し、昼過ぎには堤防の決壊や越水した映像がテレビ放映されました。

　13日朝から大雨の情報が報道されたこともあり、全国から新潟県向けの通話が通常の5～6倍に増加し、特に昼過ぎから電話がかかりにくい状況となりました。

　NTT東日本では、段階的な通信規制や音声による案内を行い、緊急通話などの重要通信の確保に努めました。朝7時前後から安否を気遣う等の電話が急増し、12時過ぎには輻輳（ふくそう）状態となりましたが、優先電話については相手が話中などを除き、概ねつながり、13日の午後10時過ぎには、ほぼ通常に戻り輻輳は解消されました。

　13日昼過ぎに三条市・見附市で堤防が決壊し、冠水した家屋等が報道され通信が輻輳状態であったことや多くの住民が避難所に避難したため、災害対策機器のポータブル衛星アンテナ4台を出動させ臨時の特設公衆電話50台を設置し、併せて衛星携帯と携帯端末を約150台を無料で貸し出し、被災された住民の安否情報等の提供に努めました。

また、NTT東日本及びNTTドコモは、報道機関と連絡を取り合い13日の午後4時から30日までの17日間「災害用伝言ダイヤルとiモード災害用伝言板サービス」を起動させました。

　阪神・淡路大震災の際は輻輳が約1週間続きましたが、新潟豪雨の際は半日程度の輻輳であったことなどから、今回の災害用伝言ダイヤルの利用状況は1万2,600件（録音・再生）でした。

事例に学ぶ対応策
新潟県中越地震への対応

　平成16年10月23日午後5時56分、マグニチュード6.8の直下型地震が新潟県中越地方で発生しました。新潟県内では地震の発生と同時に、新潟県内の57の電話交換所が一斉に停電し、補助電源のバッテリーやエンジンに切り替わりました。バッテリーは移動電源車等の駆け付け時間を考慮し、最低10時間以上保持できるよう設計されています。

　全国から移動電源車28台と可搬型発電機9台を新潟県内に運び、補助電源の残保持時間を考慮しての対応となりました。発災直後は、関東方面から直接新潟県に入る道路がすべて通行止めとなったため、郡山経由の磐越自動車道からの搬送となりました（写真1）。

　深夜、被災地に入ると随所で土砂崩れ等による道路寸断のため、交換所まで行けず立ち往生する車も発生し、バッテリーの保持時間との勝負でした。それでも地震発生の翌日以降、徐々に復電され移動電源車等を効率的に活用し、道路寸断で移動電源車が入れなかった地域を除き、地域全体での電話サービスの途絶は防止できました。

　阪神・淡路大震災を契機に、補助電源や付帯設備の改善を図ったこと等も功を奏し、今回の地震ではエンジンや交換機の停止は発生しませんでした。また、中継伝送路は県内6箇所で土砂崩壊などにより中継光ケーブルが切断しましたが、通信伝送路のループ化や2ルート化を実施してあった

ため、地域全体の電話サービスの途絶は防止できました。しかし、広範囲にわたる土砂崩壊により道路とともに、光ケーブルが切断された（旧）山古志村・小国町・越路町の通信が途絶し通信孤立状態となりました。

通信孤立を防止するため災害対策機器で対応することでしたが、この地域は道路寸断で被災地には入れず、発災翌日、自衛隊にヘリコプターを要請し、ポータブル衛星アンテナ及び発電機を役場や避難所に空輸し、特設公衆電話による最低限の通信を確保しました（写真2）。

写真1　移動電源車

写真2　ポータブル衛星アンテナ

通信トラヒックは阪神・淡路大震災と同様通常の約50倍でしたが、輻輳は6時間程度で回避できました。これは阪神・淡路大震災とは人口密度の違いがあり単純には比較できませんが、携帯電話やメール等通信手段の多様化や、災害用伝言ダイヤル171の利用があったことが一因です。

災害時優先電話の通話は、平成15年5月の宮城県沖の地震を踏まえ疎通確保を容易にする改善を加えたこともあり、今回の地震では優先電話は概ね通常どおり利用できました。

② 過去の災害を教訓とした防災対策

　NTTグループでは、昭和43年の十勝沖地震で有線・無線の通信伝送路が被災し、全道の通信が途絶したことを契機に、全国の市外伝送路の二重化を実施してきました。その後、昭和50年の北海道東光電話局の火災を教訓に、最大3万加入の利用者を仮収容できる可搬型交換機を開発し、北海道・東

■第6章■　ライフラインと危機管理

京・広島の3箇所にいつでも出動できる状態で導入しています。

　平成5年の北海道南西沖地震では、奥尻島内で地震、津波、火災により1,500回線の電話が故障となりました。島への通信確保に必要な災害対策機器を運搬することができず、また道路も通行できる状態ではなかったことから、ヘリコプター等で空輸可能な衛星通信を活用したポータブル衛星アンテナを開発・導入しました。

　特に、平成7年以降は、阪神・淡路大震災や宮城県沖の地震を教訓に、被災住民の安否情報を提供するため「災害用伝言ダイヤル（171）」や「iモード災害用伝言板サービス」などの開発・導入を行っています。

　また、阪神・淡路大震災等近年の災害を教訓に、具体的にはコラム13のような主な対策を実施し、ハード・ソフト面から通信サービスの途絶防止や、重要通信の確保及び住民の災害時の安心ツールの提供に努めており、新潟県中越地震ではこれらの対策が生かされたといえます。

コラム13　主な危機管理対策

　　(1)補助エンジンへの燃料供給パイプのフレキシブル長尺化。
　　(2)転倒防止のためのフレームと一体化させたバッテリーの導入。
(3)エンジン冷却用の補助水槽を新設。
(4)新耐震基準に準拠した建物の耐震対策や通信設備の耐震補強。
(5)交換機の処理状況を踏まえたきめ細かい通信制御を実行。一般電話から110・119番など緊急通報ができるよう改善。
(6)長時間の停電や輻輳が続いた場合は、被災エリア内で公衆電話を無料化。硬貨を使用する公衆電話では金詰まりを防止するため通話終了後硬貨を返却。
(7)災住民の安否情報を伝達するツールとして、災害用伝言ダイヤル「171」を開発。NTTドコモではiモード災害用伝言板サービスを運用開始。

❸ 災害用伝言ダイヤル「171」の導入と認知度

1　災害用伝言ダイヤル「171」の利用状況

　災害用伝言ダイヤル「171」は、阪神・淡路大震災を契機に開発され、平成17年8月までに全国で約111万件の利用がありました。

　東京大学社会情報研究所（現：東京大学大学院情報学環・学際情報学府）の調査では、5年前の芸予地震直後での「171」の認知度は6％、また平成15年の宮城県沖の地震及び宮城県北部地震では、それぞれ約7％、9％でした。地震を経験した地域での住民の認知度が6～9％であることを勘案すると、その他の地域ではさらに低いことが想定されます。

　「171」の運用開始を早期にPRし普及するため、マスコミ各社に地震速報並みにテロップの挿入等を依頼してきました。新潟県中越地震では、2週間で約35万5,000件の利用があり、マスコミによるタイムリーな報道とテロップの挿入効果が大きかったと思われます（図1）。

　しかし「171」の利用状況を分析すると、約35万5,000件の利用者のうち録音は約11万件であり、新潟県内からの録音率は14％、中越地域からは2％程度でした。ほとんどの録音が、被災地外から安否を気遣う録音であったと想定でき、「171」が有効に活用されているとはいえません。

2　「171」システムを安否確認の活用策に

　首都直下地震対策専門調査会の報告では、首都直下地震が発生した場合、首都圏で650万人の帰宅困難者が出るといわれています。発災後は、被災地では一斉に停電しテレビも見られない状況で、一般の電話は特に輻輳で長時間つながりにくい状態となり、家族との安否確認が難しくなります。事業継続（BCP）するため家族などの安否確認は重要度を増し、また帰宅困難者の安否確認についても「171」の活用が期待されています。

　「171」システム自体の被災を回避することも考慮し、全国に50の音声サ

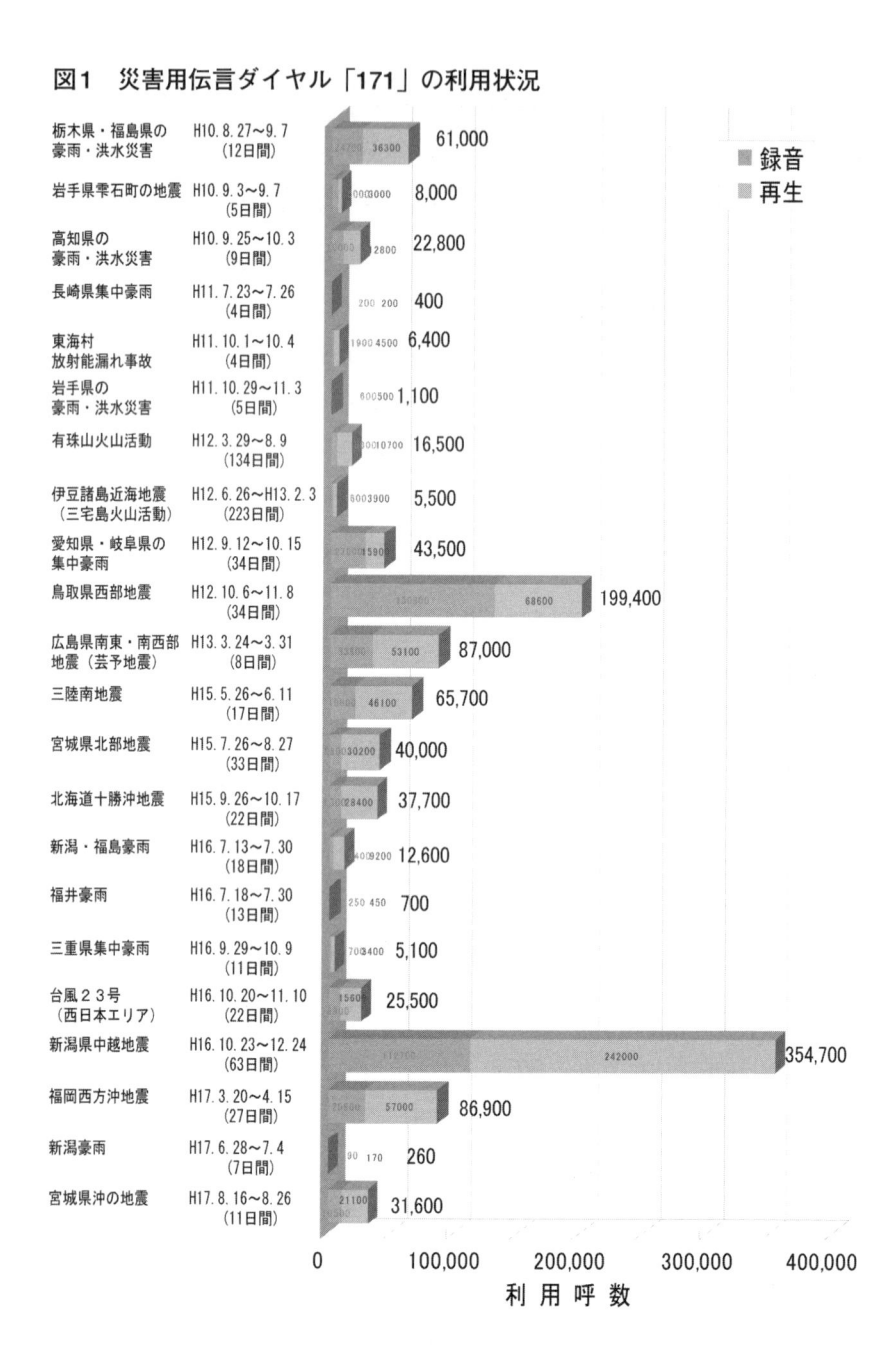

図1　災害用伝言ダイヤル「171」の利用状況

凡例：■ 録音　■ 再生

災害	期間	利用呼数
栃木県・福島県の豪雨・洪水災害	H10.8.27〜9.7（12日間）	61,000
岩手県雫石町の地震	H10.9.3〜9.7（5日間）	8,000
高知県の豪雨・洪水災害	H10.9.25〜10.3（9日間）	22,800
長崎県集中豪雨	H11.7.23〜7.26（4日間）	400
東海村放射能漏れ事故	H11.10.1〜10.4（4日間）	6,400
岩手県の豪雨・洪水災害	H11.10.29〜11.3（5日間）	1,100
有珠山火山活動	H12.3.29〜8.9（134日間）	16,500
伊豆諸島近海地震（三宅島火山活動）	H12.6.26〜H13.2.3（223日間）	5,500
愛知県・岐阜県の集中豪雨	H12.9.12〜10.15（34日間）	43,500
鳥取県西部地震	H12.10.6〜11.8（34日間）	199,400
広島県南東・南西部地震（芸予地震）	H13.3.24〜3.31（8日間）	87,000
三陸南地震	H15.5.26〜6.11（17日間）	65,700
宮城県北部地震	H15.7.26〜8.27（33日間）	40,000
北海道十勝沖地震	H15.9.26〜10.17（22日間）	37,700
新潟・福島豪雨	H16.7.13〜7.30（18日間）	12,600
福井豪雨	H16.7.18〜7.30（13日間）	700
三重県集中豪雨	H16.9.29〜10.9（11日間）	5,100
台風23号（西日本エリア）	H16.10.20〜11.10（22日間）	25,500
新潟県中越地震	H16.10.23〜12.24（63日間）	354,700
福岡西方沖地震	H17.3.20〜4.15（27日間）	86,900
新潟豪雨	H17.6.28〜7.4（7日間）	260
宮城県沖の地震	H17.8.16〜8.26（11日間）	31,600

利用呼数

> ## コラム14 「171」安否確認システムの機能
>
> 「171」は、1つの電話番号で最大10伝言48時間録音できる仕様になっている。
>
> 過去の災害のように、全国各地からの「無事だったら連絡ください」といった録音を減らし、被災者自らが情報を発信する観点で無事を録音し、家族や友人等が安否を確認することが「171」の効率的な活用方法。
>
> また、昨今のインターネットの普及拡大を踏まえ、インターネットを活用した『災害用ブロードバンド伝言板(web171)』〈https://www.web171.jp〉を、昨年の防災週間から試行提供している。
>
> このweb171は、テキスト・音声・画像の登録が可能で、テキストのみ伝言登録可能とした場合は5億伝言の登録が可能となり、インターネットを活用しているので海外からも安否情報が確認できる。首都直下地震など大規模災害の際、現行「171」の補完として活用していただきたい。

ーバを設置し、最大800万件の伝言を蓄積できる容量を持っています。首都圏以外での災害の場合は、人口密度の違いもあり容量的にも十分対応できますが、首都圏で災害が発生した場合は、650万人の帰宅困難者が発生することを勘案すると、容量不足となることが懸念されます。録音伝言数を減少させたり、録音時間を短縮し運用対処をすることは可能と思われるが、抜本的な解決策とはならない。

4 切迫する「首都直下地震への備え」

1 首都直下で地震が発生したら

特に、被害が甚大で対応が切迫している首都直下で地震が発生した場合を想定して、被害度と対応策を考えてみましょう。

都内23区内の電話局の間は、とう道（通信ケーブル用トンネル）の中に

ケーブルを布設してあり、従来の事例から見ても、とう道が崩壊することは発生しておらず、また交換設備などの通信設備については、これまでの大震災を教訓とした耐震対策の実施により、信頼性は高いと考えています。しかし、電柱やケーブル等の通信設備では、液状化や火災により被災するケースが想定され、特に火災による被害が大きいと考えられます。

また、間接的影響としては発災直後から長期間の輻輳が想定され、通信規制により一般電話は、被災地県外への通話は比較的可能ですが、被災地県内及び被災地県外から被災地へはほとんどつながらないことを考慮し、あらかじめ連絡手段の多様化とともに、ルール化しておくことが重要です。

具体的には、災害発生時の情報連絡のルールやルートの設定にあたっては、緊急連絡の第一報や速報は被災地内から被災地外へ発信するよう、あらかじめ、庁内や事業者等関係機関とその徹底を図っておく必要があります。なお、その場合も、連絡先が被災地内になることも想定して、複数の連絡ルートを確立しておくことも重要です。

2　千葉県北西部地震の教訓

7月23日夕方に発生した千葉県北西地震（マグニチュード6.0）では都内で震度5強を記録し、千葉方面の電車を中心に長時間にわたり運休しました。この地震の影響で、首都圏で約141万人の帰宅困難者が発生しました。また、通信面では、千葉県向けの電話を中心に固定電話や携帯電話が一時輻輳したり、振動を感知しエレベータが停止したことで、エレベータ会社への電話が殺到しました。

地震直後から弊社でも、災害対策本部員が情報収集するため駆け付けを試みましたが、駆け付け拠点近隣に居住する本部員を除き大半の本部員は、電車の運休や首都高速道路の通行止め、一般道の渋滞により、駆け付けに数時間を要しました。今回の首都圏を襲った久々の大きな地震は、災害関係者の駆け付けの難しさなど、首都圏特有の課題を抽出するシミュレーションとなったといえましょう。

3　地震の復旧・初動態勢の課題と対応策

　復旧対応の観点では、第1に電車や地下鉄が長時間運休し担当者が出勤できないことなどを前提に、復旧態勢を整備することが必要です。したがって、担当者が「都内に入れないケース」や「普段の通信手段等が使えない」ことも想定して、災害時の災害対策本部の代替場所や体制、また、インターネットの活用や衛星携帯電話も含めた通信手段の多様化が必要です。

　特に、初動対応では、指揮命令者が駆け付けられないことを考慮し、リーダーの代行者をあらかじめ決めておくこと、発災後の被災情報を早期に情報収集及び共有できるしくみを確立しておくことが肝要です。

　第2は情報収集体制の確保です。新潟県中越地震の際、発災直後は道路の状況を正確に把握することが難しく時間を要しました。初動対応の迅速化を図るため、道路状況・交通規制情報及び避難所の情報等災害情報を極力早期に情報共有する仕組みが重要となります。

　第3は安否確認の観点を大切にすることです。安否確認では、携帯電話は

表1　情報収集の仕組み

通信手段	即時性	蓄積性 反復性	時差通信	同報性	備考
電話による個別通話（固定電話、IP電話、携帯電話、衛星電話 等）	○	×	×	×	手軽であるが、通信規制の対象になりやすい。工夫により円滑な通信確保も可能。
ボイスメール（伝言ダイヤルを含む）	△	○	○	△	事前のルール作りや情報発信の動機付け等の準備が必要
Eメール（PC、携帯電話、PDA 等）	△	○	○	○	即時性にやや欠けるものの、普及も進み利用しやすい環境にある。
ファクシミリ（電話網、ファクシミリ網）	○	○	○	△（○）	電話網利用の場合、規制対象になりやすい。ファクシミリ網利用で補完可能。
専用線（音声、画像、情報 等）	○	—	—	—	規制の対象にならないが、拠点間やイントラネット向け。

持っていますが、固定電話は持っていない人が多くなっています。災害用伝言ダイヤル「171」は、固定電話番号で伝言の登録・再生を行う声の伝言板サービスです。不測の事態に備え、家族や友人等の間で被災地内のどの番号にするかあらかじめ話し合っておくことなど、非常時の安否確認ルールを決めておくことが大切です。

第4に、安否確認システムを有効利用するため、今後、災害が発生したら「自らの安否を発信する」という習慣を啓発することも大切です。

防災週間や防災とボランティア週間および「毎月1日」（1月1日を除く）は、災害用伝言ダイヤル「171」及び「携帯版災害用伝言板サービス」が開設されています。是非、ご家族・友人でお試しいただきたいと思います。

第5に、大災害の初動時は『自助』『共助』が最も重要です。最初から『公助』に頼らず、自らができることを事前に備えておくことが防災・減災の基本です。

（東日本電信電話株式会社ネットワーク事業推進本部サービス運営部災害対策室長　東方幸雄）

第7章 住民の安全・安心の危機管理

第1節 住民の安全・安心の取り組み

1 危機管理意識の必要性

1 無関心という危険

　いま、私の机の上にペットボトルに入ったミネラルウォーターがあります。私が子供の頃は、飲み水を、お金を出して買うなど考えたこともありませんでした。しかし、いまでは「あたりまえ」とはいいませんが、驚くようなことでもなくなっています。

　以前から、「日本人は水と安全はタダだと思っている」と自嘲混じりにいわれることがあります。いまや時代は変わり、水や安全をどう考えるかは、大きな問題になっています。世論調査でも、安全安心対策が、様々な福祉施策を上回って、高い関心を集めています。豊島区でも、区民が自主的に立ち上がり、身の回りの安全安心をどうつくりあげ、守っていくかを真剣に考えています。

　区長に就任したときから、区民との情報の共有化が何よりも大切だと考えてきました。なぜなら、情報の共有なくしては課題も見えてこないし、ましてや解決策など見出すことができるはずがないからです。

　私が、何よりも危機的だと思うのは、「関心がないから危険であることに気づかない」ことだと思います。しかし、噂話など根拠のない情報によってむやみに不安に怯えることも、かえって正しい判

図1　情報のレベルと対応

情報レベル 0
危険に気づかず無関心

不確かな情報
噂などに惑わされ不安

根拠ある情報
合理的な情報により危険な点を把握

積極的な関与
情報を基に積極的・合理的に行動し、できるだけリスクを軽減

断力を失わせてしまいます。

　きちんとした情報を持って、どこにどのような危険があるかを正しく理解する必要があります。そのうえで、自らが合理的に行動することで、リスクを可能な限り軽減していくことが大切です（図1）。

　学生の頃、試験勉強でも「何が出題されるかはわからないが、できるだけのことはやった」と思えるとき、不安はかなり鎮めることができたものです。

2　隠さないという決断

　「できる限りのことはやった」といっても、区の職員も一生懸命に仕事をしていますが、ときにはミスをしてしまうことがあります。

　こんなことがありました。

　6月の初めに1年分の区民税の税額をお知らせする「納税額通知書」を送付するのですが、その際に、4回に分けた納付書を同封します。ところが、その納付書の綴りに間違いがあり、一部が別人のものが混入してしまったのです。納税者の方からご指摘があり、苦労して、どこまでの範囲で混入が起きてしまったのかを特定しました。

　およそ100通の混入があるとのことであり、税務課の係長以上の職員が手分けをして、開封される前に少しでも多くを回収しようと、夜になって失礼とは思いましたが、区民が勤めから帰るのを待って、一軒一軒のお宅にお詫びに伺いました。当然、非常にご立腹な方からお叱りをいただくこともありましたが、対応の早さを評価する声もいただきました。やはり、できるだけ早くお詫びに伺うというのは、何よりも大切なことだと思います。

　これは雑誌で読んだのですが、ある食品メーカーでは、「自分が一番大切な人を思い描いて、大切な人が召し上がるんだという気持ちを忘れないようにしよう」と心がけて、一生懸命仕事をしているそうです。それでもパッケージに印刷ミスをしてしまい、万が一にアレルギー症状が出ては大変と、株主総会の前日にもかかわらず、缶詰回収についての社告を出しました。

　社長さんは、さすがに「嫌だなあ」という気持ちも出たと率直に語ってお

られました。「でも隠すともっと罪が重くなる。トップでもパートの人でも悪いことはすぐ『ごめん』という風土がないと会社はもちません」。

さらに、「お母さんが食事作りでたまに失敗しても、子供は怒っても、次もお母さんの料理を食べますよね。一生懸命大切な人を思っていれば、失敗も何とか許してもらえる範囲ですむのではないでしょうか。『失敗をゼロに』というと逆に身動きがとれなくなります」ともおっしゃっています。

私は、これを読んでまったく同感に思いました。一生懸命仕事をして、そのうえで、してしまったミスは隠すのではなく、心の底からお詫びして再発しないようにさらに一生懸命仕事することが、区民の皆さんに安心していただけることにつながると思うのです。

3　危機対応のときこそ通知の仕方が大切

納付書といえば、こんなこともありました。

国民健康保険の納付書を送付したところ、区民の皆さんにお使いいただくにはまったく問題なかったのですが、金融機関で使うOCRというバーコードの部分に手違いがあったのです。

区民の皆さんは、金融機関などの窓口で納付金額どおりにお支払いが可能だったのですが、いざ金融機関が集計しようとするとOCRの金額を示す部分に、豊島区の自治体コードが記載されており、集計できなくなっていたのです。この件は、金融機関など関係機関のご協力をいただき、結果的に区民の皆さんにご迷惑をかけずにすみました。しかし、私には非常に印象的なエピソードが1つ残りました。

印象に残ったことというのは、最終的には配布しなかったチラシの表現のことです。さまざまな金融機関で集計できないのでは影響が大きく、実際に使用されるのは約3か月先だったこともあって、区民の皆さんに差し替えをお願いすることも検討されました。けれども、区民の立場に立てば、一度送られてきて、しまっておいた通知を取り出してきて差し替えるなどというのは、とても煩わしいことです。

図2　国民健康保険の納付書差換えのお願い

① 12月11日（木）に、ご送付した納付書
（四枚組＝12月分・1月分・2月分・3月分）

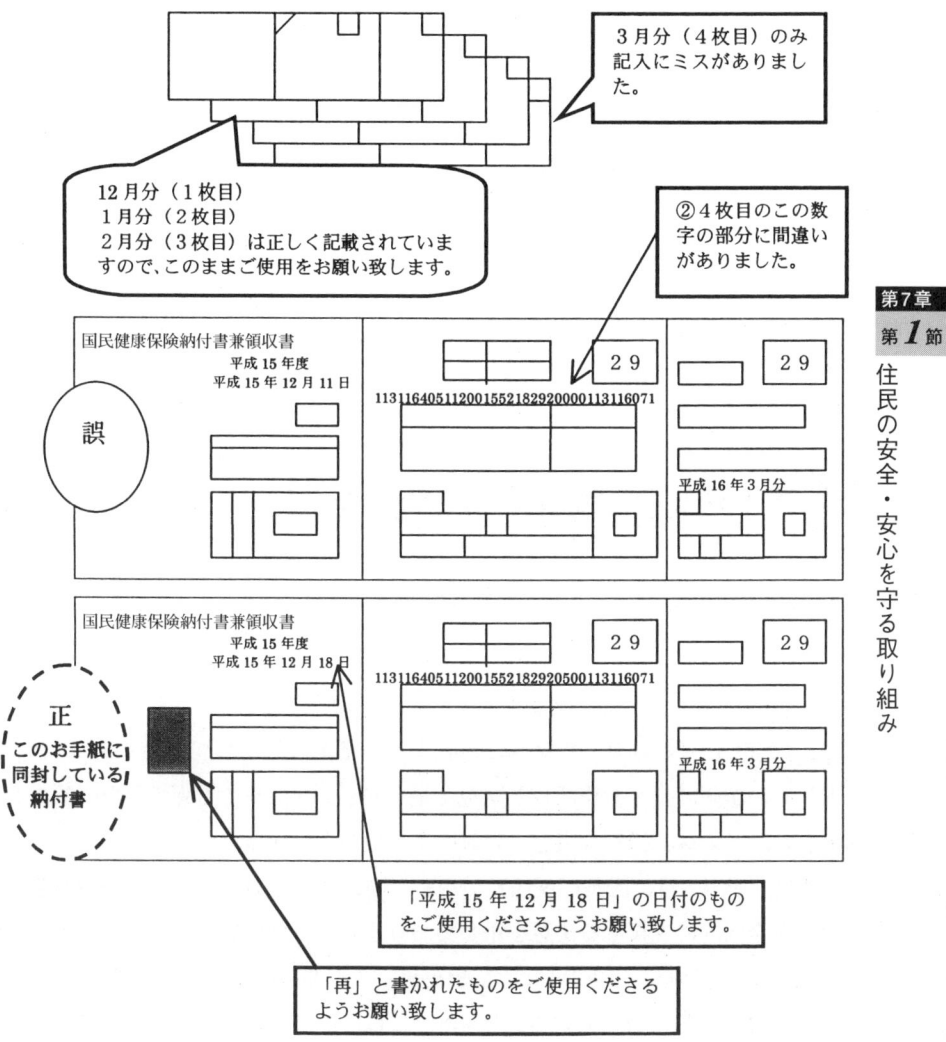

3月分（4枚目）のみ記入にミスがありました。

12月分（1枚目）
1月分（2枚目）
2月分（3枚目）は正しく記載されていますので、このままご使用をお願い致します。

②4枚目のこの数字の部分に間違いがありました。

国民健康保険納付書兼領収書
平成15年度
平成15年12月11日
11311640511200155218292000011316071

誤

29　　29

平成16年3月分

国民健康保険納付書兼領収書
平成15年度
平成15年12月18日
11311640511200155218292050011316071

正
このお手紙に
同封している
納付書

29　　29

平成16年3月分

「平成15年12月18日」の日付のものをご使用くださるようお願い致します。

「再」と書かれたものをご使用くださるようお願い致します。

第7章　第1節　住民の安全・安心を守る取り組み

「区役所のミスのせいで、どうして自分がこんな面倒なことをしなければいけないのだ」と、ご立腹になることは当然のことです。危機対応のときこそ、通知の仕方が大切だと思いました。

ですから、私はチラシの作成にあたっては、できるだけわかりやすく、一目でどうすればいいのかわかるようにしてほしいと、担当部局に指示を出しました。しかし、行政の職員というのは根がまじめですから、できるだけ正確な表現で書きたいと思うのでしょう。言葉も法律からそのまま持ってきたような難しい言葉を使います。

正確かもしれませんが、一目見てわかるものではありませんでした。家に帰っても、どうしても気になったので、私は家族の全員に見てもらいました。すると、やはり、わかりにくいというのです。担当の職員に電話をかけ、やり直すように指示しました。ご高齢で多少目の見えにくい方々でも、すぐにわかりやすいものになるよう知恵を絞りました（図2）。

２ 豊島区の危機対応の基本政策

1　事態に対応した体制の確立

　豊島区の危機管理、危機対応の基本は、危機管理対策本部で決めることになっています。これは、平成11年にオウム真理教（旧称）が本部機能のうち、「広報部」「法務部」を区内に移転すると発表した9月29日の深夜に、私と当時の企画部長・総務部長が緊急会議を開き、すばやく対応できた経験をもとに、その後、様々な事態への対応を行ってきた仕組みです。

　当時、私は4月に区長に就任してから、同教団の「道場」への住民の対策運動を全面的に支援する決意を示しておりました。けれども、よもや「本部機能」までも移転しようとは、今、思い出しても非常に衝撃的な事態でした。

　29日深夜の打ち合わせの後、翌朝8時には庁内の「豊島区オウム対策プロジェクトチーム」を、区長を本部長とする「オウム真理教対策本部」に格上

住民とともに監視活動を実施　　　　多くの住民が参加した決起集会

げし、職員を現場に派遣し、正午からは区議会議長とともに私自身が現地入りしました。このときのことを地域の方々は、「区があれほど早く動いてくれるとは思わなかった」と今でもいってくれます。

2　区民と考える施策を展開

　私は、何かことが起こった場合の対応として重要なことは3つあると思います。第1は、「迅速かつ幅広い情報収集を行い、直ちにあらゆるケースを想定した対応策を検討すること」です。どんな小さいことでも、初期対応を誤ると最終的に区民に大きな損失を与えることになってしまいます。私は、自分もできるだけ早く現場にいくなど、情報の収集、確認に努めています。これを怠っては正確な判断はできません。

　第2は、「区民を守るということを最優先に考えること」です。オウム対策では、他の自治体に先駆けて訴訟を提起する住民への費用貸与の仕組みを作り、信者の転入拒否方針の決定などを矢継ぎ早に行いました。なかには、法の厳格な執行という観点では多少の問題があることも含まれていたかもしれません。しかし、何よりも区民を守ることを優先したのです。

　第3は、「区民とともに考え、目標に向かって区民とともに行動すること」です。現代では、地域経営は行政だけでやって事足りるものではありません。区民とのパートナーシップが絶対に必要なのです。

3 「衆知」徹底の方策

　このように豊島区の危機管理の礎は、平成11年9月末のオウム対策にあるといえます。その後、危機管理対策本部を設置し、危機管理対策担当課長も新設しました。しかし、危機管理対策本部は、オウム真理教対策などの、非常に深刻かつ大規模な事態に対処するためだけのものではないのです。先ほども例にあげた納付書に関するミスや、戸籍謄本を郵送する際に2件を取り違えて送ってしまった事件などが起きた際にも開催しました。これらは税額つまり所得や家族の身分関係という個人のプライバシーに関する非常に重要な情報の確保が危うくなったという事例です。もっと小さな事故、ちょっとした資料の紛失で開催したこともあります。

　私が危機管理の重要性を強調する前であれば、これらの事例はそれぞれの主管部局のなかで対応していたのではないかと思います。

コラム1　豊島区長からのメッセージ

　　場面によって多少は表現が変わりますが、私が職員に求めるのは「ほかにどんなやり方が考えられるのか？」という質問を予想してほしい、ということです。私は、職員には区民の生活をより豊かで安心なものとするために、複数のアイデアやノウハウを持っていてほしいのです。もしかしたら、内心「私の案が悪いというのか」と不満に思っているのかもしれません。そうではないのです。悪いといっているのではない。「もっと良いものはありえないのか」「別な観点から考えればどうなるのか」を考えてほしいのです。

　　これは職員ばかりではありません。区民の皆さんも、たとえば災害時に避難ルートを考えるときに、もしかして通行止めになるかもしれませんし、負傷者と同行することがあるかもしれません。そんなとき、唯一の線で考えるのではなく、活用できる資源を面的な発想で考えることが必要だと思います。災害時には「自助、共助、そして公助」、まずは自分を頼りにできるよう日ごろから心構えをしてほしいと思います。

図3　豊島区初期対応フロー

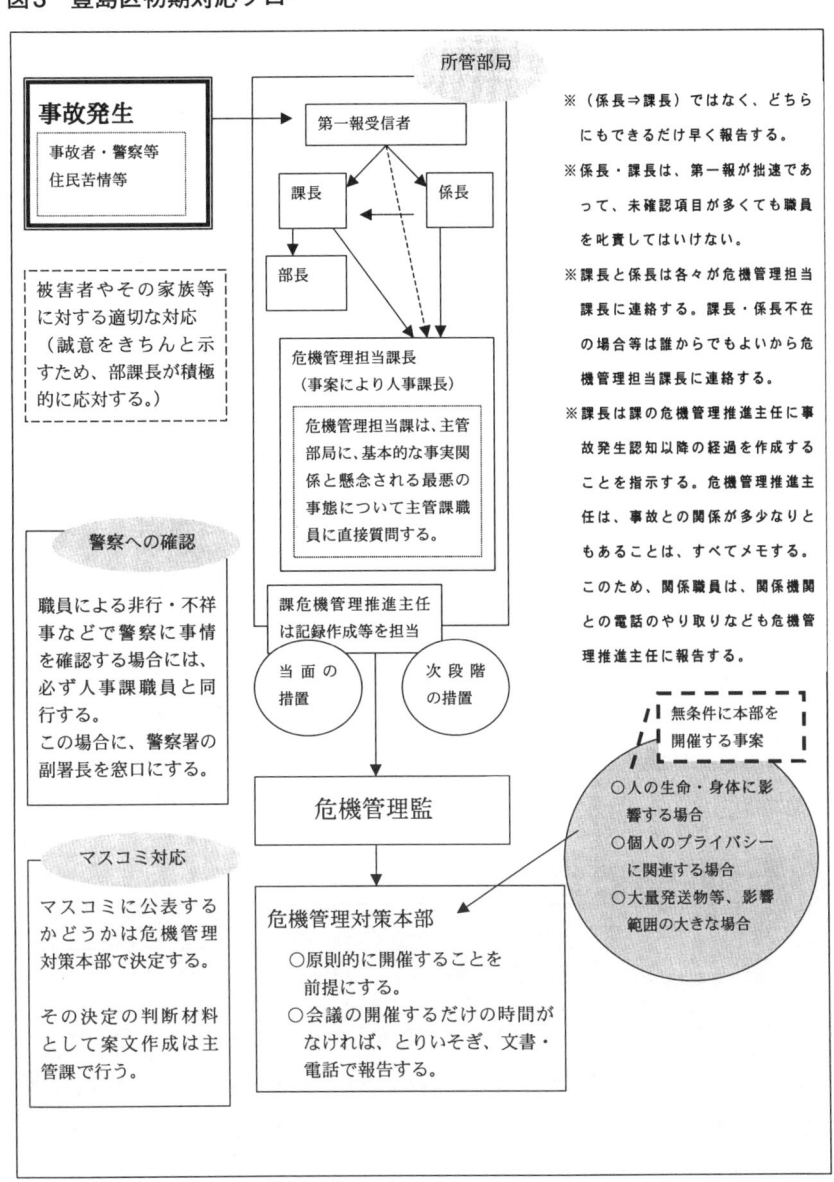

事故発生
事故者・警察等
住民苦情等

所管部局

第一報受信者
→ 課長 ／ 係長
→ 部長

危機管理担当課長
（事案により人事課長）

危機管理担当課は、主管部局に、基本的な事実関係と懸念される最悪の事態について主管課職員に直接質問する。

課危機管理推進主任は記録作成等を担当

当面の措置　／　次段階の措置

危機管理監

危機管理対策本部
○原則的に開催することを前提にする。
○会議の開催するだけの時間がなければ、とりいそぎ、文書・電話で報告する。

- - - - - - - - - - -
被害者やその家族等に対する適切な対応
（誠意をきちんと示すため、部課長が積極的に応対する。）
- - - - - - - - - - -

警察への確認
職員による非行・不祥事などで警察に事情を確認する場合には、必ず人事課職員と同行する。
この場合に、警察署の副署長を窓口にする。

マスコミ対応
マスコミに公表するかどうかは危機管理対策本部で決定する。
その決定の判断材料として案文作成は主管課で行う。

※（係長⇒課長）ではなく、どちらにもできるだけ早く報告する。
※係長・課長は、第一報が拙速であって、未確認項目が多くても職員を叱責してはいけない。
※課長と係長は各々が危機管理担当課長に連絡する。課長・係長不在の場合等は誰からでもよいから危機管理担当課長に連絡する。
※課長は課の危機管理推進主任に事故発生認知以降の経過を作成することを指示する。危機管理推進主任は、事故との関係が多少なりともあることは、すべてメモする。このため、関係職員は、関係機関との電話のやり取りなども危機管理推進主任に報告する。

- - - - - - - - - - -
無条件に本部を開催する事案
○人の生命・身体に影響する場合
○個人のプライバシーに関連する場合
○大量発送等、影響範囲の大きな場合
- - - - - - - - - - -

しかし、豊島区では、そうした事態を矮小化する取り扱いとは決別をしたのです。なぜなら、先ほど3つのポイントの第1でも見たように、初期対応を誤ると、最終的に区民に大きな損失を与えることになってしまうからです。実は、恥ずかしいことですが、戸籍謄本の取り違いでも初期対応に誤りがありました。誤って送ってしまった方からお叱りの電話をいただいたときに、極めて事務的に対応をしてしまったのです。本当に残念なことですが、職員のなかには、日常の業務を執行するなかで緊張感が少なくなってしまう者も皆無とはいえません。

　そうした職員にとっては「日常的な仕事」であっても、来庁し手続きをされる区民にとっては、一生の一大事であるという自覚が足りなかったのだと思います。私たち区や市町村などの基礎的自治体は、誕生、入学、婚姻、病気、介護、その他のあらゆる人生のサポート役や証人としての役割を担っていることを忘れてはならないのです。

　前述した食品メーカーの人たちと同じように、「自分の一番大切な人を思い描いて、大切な人が召し上がるんだ」という気持ちを忘れないことが大切です。そのためにも、初動時から、ミスを起こした部局だけではなく、衆知を集めて区をあげて最善の対応策を考えることが肝要であり、それを徹底するための仕組みが「危機管理対策本部」（図3）なのです。

③ 地域の安全対策

1　愛（あい）と挨拶（あいさつ）

　さて、少し話題を転じて、地域の安全安心対策の話をしたいと思います。
　冒頭、世論調査でも、安全安心対策が、様々な福祉施策を上回って、高い関心を集めていると書きました。犯罪の認知件数の増加と、それと裏表の検挙率の低下、そして外国人の関与と思われる事件や、被害者としても加害者としても、少年や子どものかかわった目を覆いたくなるような事件などが報

道されています。

　豊島区では、危機管理対策担当課と同時期に治安対策担当課を設置し、警視庁から現役の警視に派遣できてもらっています。この治安対策担当課には課長だけでなく係長としても警部補の派遣を受けています。そして、この2人が区民からの絶大な信頼を得ているのです。

防犯パトロール

　その理由は、警察官としての知識と経験を惜しみなく区行政に提供してくれていることはもちろん、警察に相談するのは躊躇するような身近な事柄についてもアドバイスを惜しまず、すぐに現場に出向いて相談に乗ってくれているからだと思うのです。

　区民だけではなく職員からも非常に信頼されており、消費生活相談や環境浄化、青少年健全育成そして放置自転車対策など警察とも密接な連携を必要とする部局では、治安対策担当課と連絡をとるなかで、警察との調整も非常に円滑に進んでいます。これは区の行政にメリットがあることはいうまでもありませんが、おそらくは警察行政にとっても余計な時間を短縮できているのではないかと考えています。

　さらに、こうした直接業務に関わる面でのプラス面だけでなく、治安対策担当課ができたことで、区職員が地域の安全に高い関心を持ち、夕方の勤務時間後にボランティアで地域をパトロールし、ひったくり注意や、暗くなった後でも子供が遊んでいるときに早い帰宅を促すなどの取り組みを続けているのです。

　街を彼らが自転車で「こんばんは、気をつけてくださいね」と声をかけるとき、区民の皆さんからも、「ご苦労様」と声が返ってくるといいます。職員の地域への愛着と、区民の皆さんの職員への愛情が、挨拶を通じて地域を

第7章 第1節 住民の安全・安心を守る取り組み

より良くしていくものと、大変心強く思っています。

2　ハードでできる安全、ハードではできない安心

　そうした警察との連携により、また、何よりも地域の区民の皆さんが率先してパトロールに参加したり、環境浄化に取り組んでくれているおかげで、豊島区内の犯罪の認知件数は、平成15年の約1万1,800件をピークに減少に転じることができました。また、ここ数年、全国の耳目を集めるような凶悪な犯罪も起きていません。

　しかし、「ひったくり」や「振り込め詐欺」などは、他の地域と同じように発生しています。どんな犯罪であっても、被害にあった方にとってはぬぐうことのできない恐ろしい体験であり、決して許すことのできない非道な行為であると思います。

　そうしたなかで、区としても特に、未来を担うべき子どもを狙った犯罪から対処していきたいと考え、様々な施策を行っています。まず、学校に防犯カメラや「さすまた」を配備することができました。

　しかし、その目途が立ったばかりの平成17年2月に、大阪府寝屋川市で悲惨な事件が起きてしまいました。被害にあった学校では、防犯カメラも「さすまた」もあったとされています。こうした犯罪は、私たちの予測の根拠となる良識を踏み越えたところから狙ってくると、改めて心が寒くなることを禁じえません。

　もちろん、防犯カメラや「さすまた」、その他の道具を今後とも有効に活用していかなければならないと考えています。安全を少しでも確かなものとしていくためには、ハードウエアでできることもたくさんあると思います。

　しかし、安心となると、ことはもっと複雑です。このことは、災害対策を考えるとわかりやすいと思います。

　平成16年は日本中が大きな自然災害に見舞われた1年でした。集中豪雨や台風、そして地震の前に、科学技術の進歩にもかかわらず、人間のできることは限られたものでした。自然の猛威の前には、人間は安心などできないと

も感じます。

　一方で、自然災害に見舞われた被災地の方々に対する全国からの支援活動を見るとき、「世の中、まだまだ捨てたものでもないな」と感じました。私自身、地域の皆さんと街頭に立って募金の呼びかけをしましたが、一見怖そうな若者が気持ちよく募金箱にお金を入れてくれるのを見て、将来の日本への安心のようなものを感じました。

④ 安心して住み訪れてもらえる街を目指して

　このように安心というのは、決して直接的な事柄からだけでなく、様々な要因が複雑に絡み合って、不安にもなり、安心を感じたりするものだと思います。

　だからこそ、私は、この豊島区を文化の風薫る街にしたいと思っているのです。今までお話してきたことと「文化」とは、一見あまり関係がないように感じられるかもしれません。しかし、私たちはすばらしい絵画や音楽などの芸術に触れ、人間の心の温かさを感じられる演劇や落語などで気持ちを明るくし、人間の複雑さや奥深さを感じさせる小説や映画を通して自分自身と向き合うなかで、家族や友人、知人との良好で実りあるふれあいを豊かにすることができるに違いありません。

　逆に言えば、最近の若者が加害者として引き起こす悲惨な犯罪や、インターネットを通じて知り合った人たちの集団自殺、そして家族に対する凄まじい虐待などの報道を耳にするたびに、この人たちに、もう少し、心の豊かさにつながる文化とのふれあいがあればどうだったろうかと考えてしまうのです。

　平成17年の11月にこの原稿を書いています。ロンドンでテロが相次ぎ、エジプトやイラクその他の多くの国々でも、テロによって人々の幸せが奪われています。

一方、私は2つの機会に、国籍や民族や文化を超えて、多くの人々がお互いに尊敬でき、同じ幸せを分け合うことができると確信しました。1つは、バングラディッシュの首相をはじめとする方々が、自分たちの母国語を守るための道のりを記念するモニュメントを、池袋西口公園に建立するためにきてくれた出来事です。

野外バレエ

　もう1つは、ドイツのライプチヒで活躍する日本人バレエダンサーとその仲間の皆さんが、同じく西口公園ですばらしいダンスを披露してくれ、それが多くの小さな子どもの目を輝かせた出来事です。

　バングラディッシュの方々が押しつけられた言葉でなく、自分たちの母語を大切にしたように、私たちはお互いに大切にしているそれぞれの固有の宝物を相互に尊重することができるはずです。そして、言葉が通じなくてもダンスや素敵な笑顔でわかりあうこともできるはずです。そういうお互いの個性を尊重し、心に壁を作らずに時間をともにすることこそが、安全で安心な暮らしをつくる近道だと思います。

（豊島区長　高野之夫）

第2節 消防の危機管理「役割と機能」

1 消防の役割

　全国で、消防活動に従事する職員は、常備が約15万5,000人、非常備の消防団員が全部で約92万人います。これらの職員は、水・火災などから24時間態勢で国民の生命、身体、財産を守っています。

　消防隊員は、主に、消火活動、火災現場での救助活動を行っています。また、交通事故現場での救助、工作機械などにはさまれた人の救助、救急活動（急病人、家庭事故によるけが人、交通事故のけが人の病院までの搬送）、毒・劇物、危険物などの危険性の排除と救出などを行っています。

　一方、火災予防のための、建物への立入検査、危険物施設の許認可なども行っています。さらに、住民への防火思想の啓蒙や、震災に備えた訓練指導なども行っています。

　都道府県は管内市町村の消防に関し指導、勧告などを行います。総務省消防庁は、消防制度の企画立案などを行うとともに、全国消防職員の教育訓練なども行っています。

1　平常時の役割

　自治体では予防対策として、火災、地震、風水害などの災害を未然に防ぐ方法を講じ、災害が起こった場合に備えて被害が最小限ですむように初動態勢の整備や資器材の整備等を進めていくことが求められています。また、住民がいかに災害に備えるべきかを啓蒙したり、消防の役割を広く認識してもらったりするため、広報活動を充実していくことも重要です。

　平常時は、総務省消防庁において法の整備や消防組織の制度改革を進めるほか、自治体においても消防職員や消防団員の教育訓練など、様々な消防防災の施策を通して、住民の安全な暮らしを支えていかなければなりません。

そのためには、消防本部と自治体との密接な連携を図り、一体となって取り組む必要があります。お互いの職務を理解するための情報交換の場を設定し、情報の共有化を図って施策に反映していくことが大切です。

2　発災時の役割

わが国は、地震、火山災害や風水害などに見舞われやすい地理的、気象条件のもとにあります。発災時には、第一線での消防の情報は重要であり、この情報をいかに早く防災行政として活用できるかがその後の対応を大きく左右するものと考えます。

また、都市化の進展、建造物の高層化、地下利用の深層化など、大規模な災害が発生すると地域の消防力だけでは、対応が不可能な場合が予測されます。一自治体では対処が困難な消防業務については、広域的な連携である消防の県内応援や緊急消防援助隊などは極めて有効です。

このような事態に直面したとき、緊急消防援助隊をはじめとする広域応援について都道府県を通じて早期に要請し、被害の軽減を図ることが大切です。

3　緊急消防援助隊

平成7年1月の阪神・淡路大震災の教訓を踏まえ、国内で発生した地震等の大規模災害時における人命救助活動等を効果的かつ充実したものとするため、平成7年6月に「緊急消防援助隊」が発足しました。緊急消防援助隊は、全国の消防機関相互による迅速な援助体制を確立するために、設置したものです。

緊急消防援助隊は、消火部隊、救助部隊、救急部隊のほかに、先行調査や現地消防本部の指揮支援を行う指揮支援部隊、応援部隊が被災地で活動するために必要な食糧などの補給業務を行う後方支援部隊等が編成に加えられています。また、テロ災害等のNBC災害に備えて、特殊災害部隊も登録されています。平成17年4月現在、812消防本部の2,821隊、約35,000人の隊員が緊急消防援助隊として登録されており、大規模災害時には、消防組織法第24

条の3に基づく消防庁長官の求めにより出動します。

災害派遣要請についてですが、「緊急消防援助隊」の部隊は、消防庁長官の求めまたは指示に基づき出動します。消防庁長官は、災害発生市町村の属する都道府県知事から要請があり、必要があると認めるときは、他の都道府県の知事に対し必要な措置をとるよう求めることができます。また、緊急を要し、知事の要請を待ついとまがない場合は、消防庁長官は応援のために必要な措置をとるよう他の知事に求めることができます。

特に緊急を要し、広域的に応援出動等の措置を求める必要がある場合には、消防庁長官は市町村長に対して、応援出動等の措置をとるよう求めることができます。大規模災害で2以上の都道府県に被害が及ぶものや、毒性物質の発散など特殊な災害に対処する必要があるときは、知事または市町村長に必要な措置をとるよう指示することができます。

最近では、平成15年9月に栃木県で発生したタイヤ工場火災において消火活動を、平成16年7月の新潟・福島豪雨災害、同年10月の新潟県中越地震災害等において人命救助活動を行い、高度な消防技術を広く役立てています。

平成17年4月に発生した尼崎の鉄道事故の際にも出動し、活躍しましたが、大規模な災害や特殊な災害の際には、自治体として緊急消防援助隊の派遣要請、並びに受援時の連携について、常に念頭においておく必要があるでしょう。

4 国際消防救助隊

国際緊急援助隊（JDR－Japan Disaster Relief Team）は、世界の大規模災害に向けて、集結し、出発するという救助チーム、医療チームなどからなる政府の救助・救援チームです。このチームは、世界のトップレベルの救助技術や、医療技術を有するスペシャリストや救援物資を提供し、被災国の苦しみを取り除くことを目的とするものです。これは、人道的な見地に立った、積極的かつ継続的な活動です。

このなかで、国際消防救助隊の発足の経緯について若干述べておきます。

昭和52年から平成13年までの25年間に、全世界では自然災害で少なくとも延べ約41億人が被災し、約128万人もの命が失われたというデータがあります。昭和60年（1985）9月19日のメキシコ大地震、同年11月14日のコロンビア・ネバドデルルイス火山噴火災害で、多数の被害が生じ、欧米諸国等は直ちに救助隊を派遣して救助活動にあたりました。

当時、わが国には海外に派遣できる救助隊はなく、メキシコ大地震等の災害を契機として、海外で災害が発生した際、人命救助等に携わる救助隊を組織すべきとの声が高まり、閣議で「国際緊急救助体制」の整備が決定されました。

自治省消防庁（当時）が事務局となり、外務省等関係機関と「国際消防救助システム」の創設について幾多の検討を重ね、昭和61年、東京消防庁および全国の政令指定都市の消防本部を中心とした消防機関の参加を得て、初の国際消防救助隊合同訓練が品川区にある船の科学館周辺の広場において開催されました（国際消防救助隊の発足は、昭和61年4月1日）。

国際消防救助隊の英語の正式名称は"International Rescue Team of Japanese Fire Service"とし、英語の略称を"IRT-JF"、日本語の愛称を「愛ある手」としました。同隊が世界各地に赴き、被災者に愛の手をさしのべるという気持ちが込められています。

昭和61年8月に発生したアフリカ中西部のカメルーン共和国のニオス湖における有毒ガス噴出被害、同年10月エルサルバドル共和国で発生した地震災害に、東京消防庁の職員が国際緊急援助隊の一員として派遣され、海外で日本の消防機関としては初めて、高度な技術を駆使して救助活動および災害調査に従事しました。

この活動を契機として、海外において安心して救助活動を行うための法的根拠を明確にした、「国際緊急援助隊の派遣に関する法律」が昭和62年に制定されました。同法には医療活動とともに、最も重要な要素として、国際消防救助隊の活動に関する規定が盛り込まれ、海外で大災害が発生した場合における派遣体制が整備されました。

ユニフォーム	トレードマークワッペン	隊旗
Back of the uniform	Emblem the svmbol of the resoue teem	Standard

　東京消防庁ではその後、相次いで発生した災害に国際消防救助隊員を派遣しています。最近では、平成16年2月のモロッコ地震災害や、同年12月のスマトラ島沖地震災害、平成17年10月のパキスタン地震災害に職員を派遣するなど、世界に活動の場を広げています。

　国際消防救助隊は、現在、全国62消防本部から選抜された599人の救助隊員で構成されており、国際緊急援助隊のなかの救助活動を専門に行うチームとして被災国へ派遣されています。

　出動体制としては、消防本部単位でローテーションを組み、海外での大規模災害が伝えられるや否や出動準備を完了し、派遣決定を受けて、原則として24時間以内に海外へ出発します。消防庁には、より迅速な渡航のために、選抜された隊員の資格や特技が登録されています。

　参集・派遣は国において行うこととなりますが、消防職員は重責を担っています。派遣によって国際貢献のみならず、貴重な経験を積むことによって、自治体の消防業務に反映することができます。また、わが国の大規模災害時には、当該自治体に海外からの派遣隊が救援・救助にくるということを前提に受け入れのための体制も考えておく必要があるでしょう。

2 救助隊（レスキュー隊）の役割

1　救助隊とは

　火災をはじめ、交通事故、爆発事故、水難事故、自然災害、山岳遭難など

表1　救助隊の主な資器材

主な資器材					
省令別表第1		省令別表第2		省令別表第1（地域の実情に応じて）	
三連はしご	2,123	空気ジャッキ	1,944	耐熱服	2,408
救命索発射銃	2,236	大型油圧スプレッダー	1,339	放射線防護服	2,288
油圧スプレッダー	1,417	大型油圧切断機	1,178	潜水器具	4,087
油圧切断機	1,178	削岩機	1,106	生物剤検知器	83
可搬ウインチ	2,437	空気鋸	1,553	有毒ガス測定器	1,345

※省令別表第1及び第2の区分は、平成15年4月1日のもの。

で、要救助者の手を最初に握るのが救助隊（レスキュー隊）です。

　救助とは、火災等並びに交通、機械及び土砂崩れ等の事故により、生命、身体の危険が切迫し、自力で脱出または避難することが困難な者を安全な場所に救出し、救命することをいいます。

　なかでも特別救助隊は、救助活動に必要な高度な専門教育と訓練を受けた隊員と、必要な資器材を搭載した救助工作車によって構成されています。

　陸上での特別救助隊ばかりでなく、水難救助隊、山岳救助隊、急流救助隊（スイフトウォーターレスキュー）などがあり、あらゆる救助災害に出動しています。安全確実に命を救うことを最優先するレスキュー隊の訓練は多岐にわたり、過酷です。オレンジ色のユニフォームは、多くの消防職員の憧れともなっています。

　平成17年8月現在、救助隊は全国859の消防本部に1,493隊設置されており、隊員は約2万4,000人います。人口10万人以上の市町村には、特別救助隊が設置されています。救助隊の保有する資機材にも、より高度で専門的な機能性能が要求され、その整備の促進を図ることが大切です。

2　消防救助機動部隊（愛称：ハイパーレスキュー隊）とは

　東京消防庁では、平成7年1月の阪神・淡路大震災を教訓として、平成8

年12月に消防救助機動部隊（ハイパーレスキュー隊）を組織しました。

　震災時や大規模な災害に対処できるよう、高度な救助・救急技術と重機の資格等を有する選りすぐりの隊員及び震災対策用救助車・特殊救急車・大型重機等の車両で構成され、赤外線スコープや電磁波探査装置等の人命探索機材を備えています。

　このような震災用の資器材を有するハイパーレスキュー隊は、東京消防庁管内2か所（大田区、立川市）に配置されており、それぞれの部隊は、救助車等を備える「機動救助隊」、ドラグショベル、クレーン車等大型重機や大型化学車等を備える「機動特科隊」及び特殊救急車や遠距離大量送水装備等を備える「機動救急救援隊」により編成されています。災害の態様に応じて、機動的に隊や車両、装備を選択し、現場に向かいます。

　また、東京消防庁では、平成14年にNBC災害等の特殊災害に対応するため、3隊目のハイパーレスキュー隊が増強されました。この部隊は、化学物質等に関する高度な知識・技術を有する隊員と特殊災害対策車、除染車、救助車、救助ロボット等の車両等から成り、特殊な防護服、検知器等を備える部隊です。

　各ハイパーレスキュー隊では、その任務に基づき、いつ、いかなる災害に対しても、保有する特殊装備を効果的に活用し、期待された活動が行なえるよう、様々な状況を想定した訓練に励んでいます。

　災害対応能力を高めるために、各自治体においてもハイパーレスキュー隊の設置に向けて具体的に検討していくべきでしょう。

３ 近年の自然災害派遣からの教訓—東京消防庁

事例に学ぶ対応策

平成16年新潟・福島豪雨災害

　平成16年7月に発生した「新潟・福島豪雨災害」は、消防組織法に「緊急消

防援助隊」制度が明記されてから初めての全国規模の大きな災害になりました。東京消防庁では、消防庁長官からの要請を受け、指揮隊、ポンプ隊、水難救助隊、ヘリコプターなど計12隊、99名を派遣しました。

五十嵐川が破堤した状況

　陸路の部隊は、南蒲原郡中之島町（当時）への派遣を命じられ、増水により破堤した五十嵐川左岸で救出・救助活動を行いました。
　一方、ヘリコプター部隊は、新潟空港を拠点に、屋根の上などで孤立している住民の救助にあたりました。その後、三条市の被害が甚大であるとの情報から、部隊を転戦させ、三条市で活動を行いました。

(1) 中之島町での活動

　中之島町役場と中之島を管轄する与板郷消防署中之島救急分遣所は水没しており、事務は町民文化センターで行っていました。消防長も文化センターの1室を消防本部の出先として確保し、指揮にあたっていました。
　東京消防庁は指揮支援隊長（災害地の消防長の指揮下で各県から集まった緊急消防援助隊の役割分担などを行う）として活動しました。町民文化センターに指揮本部を設け、東京都、山形、石川の県隊にそれぞれの担当区域を割り当て、効率的に活動しました。
　東京消防庁の部隊は、分担された地域に救命ボートを出し、孤立した住民の救助や、孤立地域への物資搬送などを行いました。

(2) 中之島町での教訓と問題点

　ア　町の対策本部と消防の対策本部とが同じ建物にあったため、連絡がうまくいきました。また、各県隊長が消防の対策本部に入り、消防長の指

揮下、任務分担ができました。

イ　町の対策本部は、避難住民の対応に追われ、消防の応援については手が回っていませんでした。自衛隊、警察など多くの機関が応援にきている場合には、調整所を設けて検索場所の分担などをしてもらうと助かります。

孤立した住民をボートで救出する

ウ　活動が長期化する場合、活動拠点となる、小中学校や公共施設などをあらかじめ決めておく、町としての「受援計画」が必要だと思いました。

エ　規模の小さい町でしたので、消防団員から被災者の情報が逐一入り、検索が効率的にできました。

オ　一方、消防と自衛隊などの他機関との間で統一した検索済のマークがなかったため、同じ場所を2度3度と検索してしまう非効率さもありました。

(3)　三条市での活動

　東京消防庁の部隊は、転戦命令により、三条市の水害現場に向かいました。被害はさらに大きく、かつ広範囲でした。やはり消防本部で分担された地域に救命ボートを出し、孤立した住民の救助を行いました。

(4)　三条市での教訓と問題点

ア　水災の被害を受けていない地域が多いため、食糧などの調達は比較的容易でした。

イ　長期間活動するための仮眠場所の確保に苦慮し、結局駐車場にテントを張って野営しました。

ウ　三条市役所と消防本部との距離が離れていたため、連絡員を送ってい

たにもかかわらず、連携に苦慮しました。
- オ　緊急消防援助隊は、市から県を通じて総務省に応援要請するため、県からの派遣隊員が市や消防の対策本部に入っているとスムーズにいくのではないかと思いました。実際に国からの派遣隊員は消防本部に来ていましたので、県の役割が重要だと思います。
- カ　消防本部は、市域全体の災害状況を把握するために、ヘリからの情報などを受信できる体制が必要だと思いました。
- キ　2次派遣隊員の輸送に、開通していた上越新幹線を利用したため、スムーズな交代ができました。

事例に学ぶ対応策
平成16年新潟県中越地震救助活動

平成16年10月23日に発生した「新潟県中越地震」は、阪神・淡路大震災以降最大規模の地震災害となりました。東京消防庁では、消防庁長官からの要請を受け、緊急消防援助隊として、指揮隊、ポンプ隊、特別救助隊、ヘリコプターなど最終的には延べ計52隊、284名を派遣しました。

東京消防庁の部隊は、ヘリコプターを活用し、孤立地域に取り残された住民の避難などの活動を行いました。

その後、長岡市妙見町の土砂崩れ現場に埋もれたままになっている乗用車内の人命探査の要請があり、大型ヘリ2機によりハイパーレスキュー隊など

孤立した住民の救助活動

潰された車両からの救助活動

が出動しました。

(1) 孤立地域からの救助活動

　白山総合運動公園（臨時ヘリポート）を活動拠点として、航空部隊と救助、救急部隊とが連携して、山古志村（当時）、小千谷市、川口町（当時）の孤立集落にヘリコプターで降下、進入し、孤立家屋の検索、住民の救出活動を行いました。

　さらに、ヘリコプターで搬送された傷病者をヘリポートで受け継ぎ、医療機関へ救急車で搬送しました。

(2) 長岡市妙見町の救助活動

　10月27日午前4時に長岡市妙見町の土砂崩れ現場での検索活動に派遣命令を受けたハイパーレスキュー隊など27名は、大型ヘリ2機に分乗し、現場へ向かいました。

　ヘリポートから仙台市消防局のマイクロバスで救出現場に向かう間、震度6弱の余震を感じ、隊員一同これからの活動に不安を覚えました。

　現場では、土砂崩れによる2次災害の不安から、各機関が活動方針について協議していました。そのような中、独立行政法人 土木研究所の専門家の判断と同行、さらには、4か所に監視員を配置することで、現場入りの決断をしました。

　隊員を進入させて約20分。突然「中で女性の声が聞こえる！」との無線を受けました。

孤立した地域での検索活動

長岡市妙見町の土砂崩れ現場

第7章 第2節 消防の危機管理「役割と機能」

「まさか4日間もつぶされた車の中で生きていたとは！」驚いてばかりはいられません。すぐに3次救急病院の確保、ヘリポートの確保、救急車の確保と次々に各機関に依頼しました。同時に新潟県内隊、長野県隊が応援に入りました。

バール、鉄線鋏、スコップなどを活用し、要救助者に土砂がかからないように注意深く掘り進みました。

午後2時28分男の子の全身を確認。同37分ハイパーレスキューの隊員が穴の中に入り、同39分に救出しました。男の子は担架に載せられ、各県隊の手渡しでヘリコプターのホイストポイント（引き揚げ可能なスペースがある場所）まで運ばれました。

手渡しでの搬出活動

ヘリによるホイスト救助

ここからは、新潟県の防災ヘリで長岡市のヘリポートへ、そこからは長岡市の救急隊で長岡赤十字病院まで搬送されました。ヘリが近づけないときのことも考え、陸路側にも救急車を配置し、万全を期しました。

まだ車内には2人が取り残されています。その後も救助活動は続けられ、午後4時35分お母さんを救出。東京消防庁のヘリコプターで同じ病院に搬送しました。残念ながら病院で死亡が確認されましたが、可能な限りの手は尽くしました。

さらに夜を徹しての救出活動が繰り広げられました。現場の対岸からは数多くの照明車が現場を照らし、さながら昼間のようでした。

翌日になり、女の子の体の一部が確認されましたが、これ以上の活動は新たな崖くずれを誘発し、活動隊員に危険が及ぶとの判断から、医師による死亡確認後、撤収命令が下りました。

(3) 新潟県中越地震での教訓と問題点

ア　現場での基地として、最終的には大型観光バスをチャーター（東京の支援本部で手配）しました。特にヘリで現地入りした場合、活動拠点がなく、隊員の休憩場所もありません。今回は仙台市消防局のマイクロバスにお世話になりましたが、自己完結を旨とする緊急消防援助隊としては問題がありました。車両、資機材などは自分で持っていくだけでなく、現地調達を考えた作戦を展開すべきだと思います。

イ　現場で活動していくうえで、情報が入りませんでした。活動が全国中継されていることは携帯電話で知らされましたが、全体像がつかめませんでした。このことから、携帯型衛星テレビを装備すればよかったと思います。他機関の活動状況、余震の情報などの全体像がわからないまま活動を続けることにより危険が伴うこともあります。

事例に学ぶ対応策
スマトラ沖大地震に伴うインド洋大津波災害

　平成16年12月26日に発生した「スマトラ沖大地震」は、インド洋に大津波災害をもたらし、数十万人の犠牲者が出るなど、ここ数十年で最悪の地震災害となりました。東京消防庁では、国際緊急援助隊（JDR）の一員として、国際消防救助隊（IRT）を編成し、大阪市消防局など他本部と連携してヘリコプター2機（1機は大阪市消防局）、隊員21名をタイ王国プーケット県に派遣しました。

(1) 第1次隊（救助チーム）の活動

　第1次隊は、津波による被災地から行方不明者の捜索や遺留品の捜索などを行いました。当地は気温が高く、劣悪な環境下、日本人の行方不明者の発見や遺留品の発見などを行いました。

(2) 第2次隊（ヘリコプターチーム）の活動

　第2次隊は、ヘリコプターを活用して、津波により孤立した離島などに対する物資支援などを行いました。

　離島では、水、食料品、衣料品などの輸送が滞っており、ヘリコプターの機動力を遺憾なく発揮した活動ができました。

救助チームの検索活動

(3) 災害発生から派遣までの経緯

　災害発生が年末であり、かつ日曜日であったため、現地の情報は断片的なもので、タイ王国からの救助隊派遣要請は、二転三転する事態となっていました。

　当初、1次隊の救助チームのみを送ることになりましたが、ヘリコプターの要請もあり、外務省、JICAでは、輸送手段の検討に入りました。しかしながら、輸送機の手配が1月1日成田発までとれず、一時は援助中止も検討

輸送機から下ろされるヘリ

ヘリによる緊急物資の輸送

されました。しかしその後、現地から、1月2日到着でもかまわない旨の回答があり、急きょ先遣隊を12月29日に送ることになりました。

(4) ヘリコプター先遣隊の業務

　ヘリコプター先遣隊は、隊長以下、ヘリコプターの操縦士、整備士などからなる5人編成でした。12月30日朝から通訳がついてくれたため、言

葉の不安はありませんでした。通訳の方々はどなたも日本に長くいたことがあるため、日本語は極めて上手で、安心して任せられました。

プーケット到着後は、日本大使館の書記官を頼りに、活動場所を探すことから始まりました。

国際緊急援助隊活動の場合、発災から到着まで時間がたっていることが多いため、本来の人命救助というよりは、救援の意味合いが濃いことが多いのです。このため、どこの機関に聞けば仕事があるかを見極めることが大切です。特に今回、ヘリコプター先遣隊には国の人（外務省、消防庁）が誰もいませんでした。他国の一消防機関では現地の国の機関から相手にしてもらえません。そういう意味でも書記官に大変お世話になりました。

現地へ届いた救援物資

ヘリからの搬送

ヘリの受け入れについては、運送業者が行っていましたが、現地に出先がないため、駐機時間の調整や、荷物を運ぶフォークリフトの手配など、先遣隊が行わなければならない事項がたくさんありました。この部分は、バングラディッシュとインドネシアへの2回のヘリ派遣経験がものをいいました。特に先遣隊のなかに、バングラディッシュ経験者を入れていたことが効を奏しました。

(5) 現地での調整で苦慮したところ

隊長として現地の部隊をまとめる場合、航空部隊と救助部隊、東京消防庁と他消防本部、パイロットと整備士、隊員とJICA、通訳など、さまざまな関係をよく見ていなければなりません。今回は、隊員に事務整理日を

設け、宿舎待機日を1日ずつ与えました。これがいい息抜きになっていたと思います。また、相手を慮ることや、相手国側の要望を的確に捉えることによってミッションを成功させなければならないのです。

　大使館との関係も重要です。そもそもの仕切りは外務省なので、消防ばかりが出ても相手国は交渉に応じてくれません。本国の意向を把握している大使館員と意思疎通を図ることが重要でした。

　一方、マスコミに関しては、現地入りしている各社といい関係を築けたと思います。1社だけをヘリに搭乗させるわけにいかなかったため、消防隊員が上空から撮影した映像や写真を提供し、日本でも報道されました。現地での活動を日本の皆さんによりよく知っていただくためにも、報道との関係は重要だと思いました。

(6) 災害時、被災市町村に求められるもの

　国内、海外に関らず、被災市町村の主な役割は、被災住民のケアになります。少ない職員のなかで、他県、他国からの消防や警察の援助隊、さらには市町村からの応援隊、ボランティアなどに対応するのには限度があります。

　こういった場合には、被害の状況、活動拠点など、最低限の情報を伝えた後、それぞれの組織ごとに受け入れを任せ、大まかな任務だけをお願いして、権限を委任する方法もあると思います。

（東京消防庁警防部特殊災害課長　田中英夫）

第8章 地方自治体と国民保護

第1節 国民保護の取り組み

1 国民保護法とは

1 背景

　今日の国際社会において、世界規模の戦争の発生は蓋然性が低いといわれていますが、局地的には依然として戦争が続いています。また弾道ミサイル、大量破壊兵器の拡散や国際テロ組織の存在は重大な脅威となっています。

　近海の武装不審船の出現、米国の同時多発テロにみられるように、わが国も決して安全とはいい切れません。こうした安全保障に対する国民の関心が高まるなか、武力攻撃という最も重大な国家の緊急事態に対応するために、平成15年には武力攻撃事態対処法等いわゆる有事関連3法が成立、さらに平成16年には国民保護法等関連7法が整備されました。

　都道府県の国民保護計画の策定年にあたる平成17年7月にはロンドンで同時多発テロが発生し、世界中を恐怖に陥れました。国民保護計画の重要性を改めて認識させられました。また国民保護法制は武力攻撃を中心に構成されており、テロ対策の視点からの充実が求められるといえます。

2 国民保護法

　国民保護法は平成16年9月に施行されました。正式名称は「武力攻撃事態等における国民の保護のための措置に関する法律」です。同法に先行して平成15年6月、「武力攻撃事態等における我が国の平和と独立並びに国及び国民の安全の確保に関する法律」（以下「事態対処法」という）が成立・施行しています。

　武力攻撃事態等とは、事態対処法1条の「武力攻撃事態」及び「武力攻撃予測事態」をいいます。すなわち①「武力攻撃が発生した事態」、②「武力

攻撃が発生する明白な危険が切迫していると認められるに至った事態」をいい、これに③「事態が緊迫して武力攻撃が予測される事態」が加わります。

国民保護法は事態対処法で予定していた法律であり、武力攻撃等から国民の生命、身体及び財産を保護するため、または武力攻撃等が国民生活及び国民経済に及ぼす影響を最小にするために制定された法律です（図1）。

法成立後の平成17年3月には、国から相次いで「国民の保護に関する基本指針」（以下「基本指針」という）、及び「都道府県国民保護モデル計画」（以下「モデル計画」という）が示され、都道府県及び国の指定公共機関は平成17年度中に計画作成、また区市町村及び指定地方公共機関は平成18年度に作成することになっています。

3　国民保護法の主な特徴

国民保護法は全体で11章195条からなり、基本理念、住民の避難・誘導、避難住民の救援、そのための国、地方公共団体の役割や責務、国民の協力などを詳細に定めています。国民保護法の主な特徴は次のとおりです。

（1）法定受託事務

国が国民保護のための措置の基本的な方針を定め、地方公共団体は国の方針に基づき措置を実施することになります。自治体の措置は法定受託事務に整理され、災害対策が自治体の固有事務としていることと違いがあります。したがって、国民保護のための費用は人件費などを除き国の負担となります。

（2）基本的人権の尊重

国民保護のための措置を実施する場合、国民の自由と権利に制限が加えられる場合でも必要最小限に限られます。災害救助法と異なり、関係者の自主性を尊重し強制的な権限の行使を制限しています。

（3）放送事業者を指定公共機関

武力攻撃等の緊急情報を正確かつ迅速に国民に伝えることが極めて重要です。放送の速報性に着目して放送事業者を指定公共機関として指定しています。一方で言論、その他の表現の自由には特に配慮しなければならないとし

第8章 ■ 地方自治体と国民保護

図1 武力攻撃事態等における国民保護の位置付け

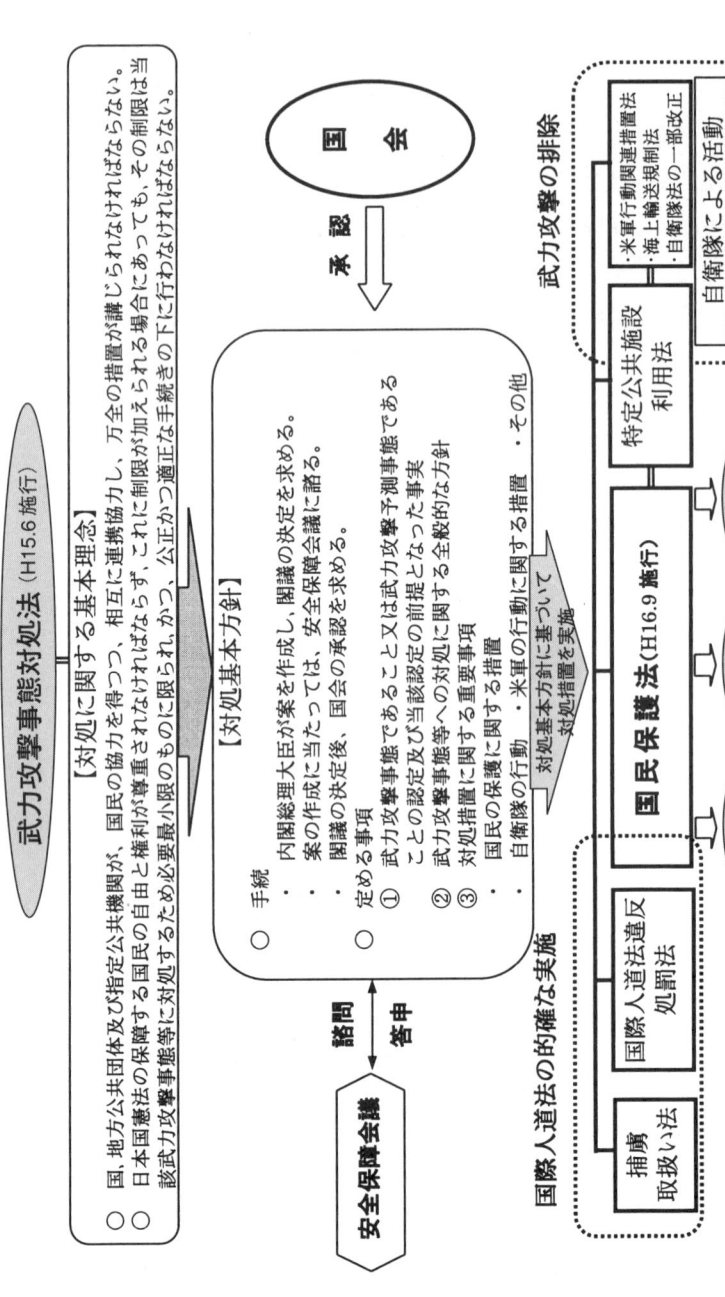

武力攻撃事態対処法（H15.6 施行）

【対処に関する基本理念】
○ 国、地方公共団体及び指定公共機関が、国民の協力を得つつ、相互に連携協力し、万全の措置が講じられなければならない。
○ 日本国憲法の保障する国民の自由と権利が尊重されなければならず、これに制限が加えられる場合にあっても、その制限は当該武力攻撃事態等に対処するため必要最小限のものに限られ、かつ、公正かつ適正な手続きの下に行われなければならない。

【対処基本方針】
○ 手続
・内閣総理大臣が案を作成し、閣議の決定を求める。
・案の作成に当たっては、安全保障会議に諮る。
・閣議の決定後、国会の承認を求める。
○ 定める事項
① 武力攻撃事態であること又は武力攻撃予測事態であることの認定及び当該認定の前提となった事実
② 武力攻撃事態等への対処に関する全般的な方針
③ 対処措置に関する重要事項
・国民の保護に関する措置 ・米軍の行動に関する措置 ・その他
・自衛隊の行動に関する措置

国会 → 承認

安全保障会議 ← 諮問／答申 →

対処基本方針に基づいて
米軍の行動・自衛隊の行動について
対処措置を実施

国民保護法（H16.9 施行）
- 避難に関する措置
- 救援に関する措置
- 被害最小化の為の措置

武力攻撃の排除
- 特定公共施設利用法
- 米軍行動関連措置法
- 海上輸送規制法
- 自衛隊法の一部改正
- 自衛隊による活動
- 米軍の行動に関する措置

国際人道法の的確な実施
- 捕虜取扱い法
- 国際人道法違反処罰法

■404■

ています。

(4) 国、都道府県、区市町村の役割分担の明確化

国は警報の発令、知事への指示など、都道府県は避難の指示、住民の誘導支援、避難住民の救援など、また区市町村は住民への警報伝達、避難の誘導、退避の指示、警戒区域の設定など、各々の役割と責任を明確にしています。

(5) 内閣総理大臣を本部長

国民保護の措置の実施体制としては、国には内閣総理大臣を本部長とする「武力攻撃事態等対策本部」が設置されます。都道府県、市町村には各々の首長を本部長とする「対策本部」が設置され、各々連携をとりながら総合的に推進されることとなります。

(6) 知事の権限強化

災害対策基本法では認めていない以下のような権限を知事に付与し強化しています。緊急通報の発令、住民の退避の指示、警戒区域の設定、市町村長・消防長等への指示などです。

(7) NBC攻撃による災害対応は国の責務

地方公共団体の能力では対応できない事態について、国の責任と対処措置を明確にしています。いわゆるNBC攻撃による災害に対しては内閣総理大臣が関係大臣を指揮し必要な措置を講じさせなければならないとしています。

(8) 指定公共機関及び指定地方公共機関の責務

事態対処法に基づき日本赤十字社、NHK等の公共的機関及び電気、ガス輸送等公益的事業を含む法人については、政令で指定公共機関として指定しています。指定地方公共機関は知事が指定します。指定公共機関及び指定地方公共機関も国民保護ための責務を有します。なお国民も避難、救援、消火など協力するよう努めることとされています。

2 基本指針とモデル計画

1 基本指針

　法制定後、国は平成17年3月に基本指針を示しました。この指針は国民保護法32条に基づくもので、①国民保護の実施に関する基本的な方針、②計

コラム1

1 武力攻撃事態の類型（特徴と留意点）

(1) 着上陸侵攻

特徴
○一般に広範囲、長期に及ぶことが予想される。
○船舶による場合は上陸用の小型船舶が接岸容易な地形を有する沿岸部、航空機による場合は大型輸送機の離発着可能な空港が存在する地域が目標になりやすい。

留意点
○事前準備が可能で戦闘が予想される地域から先行して避難させるとともに広域避難が必要となる。また広範囲な災害が想定され終結後の復旧が重要な課題となる。

(2) ゲリラ・特殊部隊による攻撃

特徴
○事前に活動の予測が難しく突発的に発生・被害が生ずることが考えられる。
○都市部の政治経済中枢、鉄道、橋りょう、ダム、原子力関連施設などが要注意。被害範囲は狭い範囲に限定されるが2次被害の発生も想定される。

留意点
○攻撃当初は屋内に一時避難し、その後、関係機関が安全措置を講じつつ適当な避難地に移動させるなどの対応を行う。事態の状況により知事の緊急通報の発令、退避の指示などが必要である。

(3) 弾道ミサイル攻撃

特徴
○発射された段階で攻撃目標を特定することが困難、短時間で着弾することが予想され、弾頭の種類も事前に特定することは困難。
○弾頭の種類により被害の様相、対応が異なる。通常弾頭の場合はNBC弾頭と比べ被害は局限され家屋などの火災等が考えられる。

画の作成基準、③想定される武力攻撃等事態の類型、④類型に応じた避難措置、救援、武力攻撃災害への対処措置、などを示しています。

ではどのような武力攻撃を想定しているのでしょうか。指針では武力攻撃事態の想定として4類型に整理するともに、武力攻撃に準ずるテロ等の事態（緊急対処事態）についても4類型に整理し、全体で8類型を提示しています。武力攻撃事態及び武力攻撃に準ずるテロ等の内容はコラム1のとおりです。

| 留意点 | ○迅速な情報伝達体制と適切な対応により被害を局限化することが重要。対応は屋内避難と消火活動が中心になる。 |

(4) 航空攻撃

| 特徴 | ○弾道ミサイルに比べ兆候を察知することは比較的容易だが対応時間が少なく攻撃目標を特定することが困難。攻撃の目標は都市部やライフラインのインフラ施設になると想定される。 |
| 留意点 | ○屋内への避難等を広範囲に指示することが必要となる。 |

※これらの4類型のほかに、攻撃の手段としてNBC（N：Nuclear核兵器、B：Biological生物兵器、C：Chemical化学兵器）が用いられる場合についても留意点を示しています。

2 緊急対処事態（大規模テロ）の類型

(1) 危険性を内在する物質を有する施設等に対する攻撃
　【事態例】原子力事業所の破壊、石油コンビナートや可燃性ガス貯蔵施設等の爆破、危険物積載船の攻撃、ダムの破壊
(2) 多数の人が集客する施設、大量輸送機関等に対する攻撃
　【事態例】大規模集客施設、ターミナル駅、列車等の爆破
(3) 多数の人を殺傷する特性を有する物質等による攻撃
　【事態例】ダーティボム等の爆発による放射能の拡散、炭そ菌等生物剤の大量散布、水源地に対する毒素等の混入
(4) 破壊の手段として交通機関を用いた攻撃等
　【事態例】航空機等による多数の死傷者を伴う自爆テロ、弾道ミサイル等の飛来

2　モデル計画

　基本指針の策定（内閣官房を中心とした作業）と並行して、都道府県の国民保護計画作成を支援するため、平成17年3月に「都道府県国民保護モデル計画」が総務省消防庁国民保護室より示されました。

　都道府県の責務や基本方針などの総論に加え、平素からの備え、武力攻撃事態等への対処、復旧等、緊急対処事態への対処の5編により構成されており、警報や避難の手順・手続等など詳細なものとなっています（図2）。

　しかしながらテロ（緊急対処事態）については、武力攻撃等への対処に準じるとの記述にとどまっています。なお事態認定前にも初動的な被害対処が必要となることを想定し、「緊急事態連絡室（仮称）」の設置について提示しています。都の計画策定を進めているなかで、ロンドン地下鉄・バス同時多発テロが発生しており、現実的には特にテロ対応や認定前の対処が極めて重要になるものと考えています。

③　東京都における取り組み

1　東京都国民保護計画策定検討会議

　都では、国民保護計画の策定について全庁的な検討を行うため、平成16年10月に「都国民保護計画策定検討会議（議長：危機管理監）」を設置しました。

　委員には、各局の国民保護主管部長（総務部長）、警視庁、消防庁、オブザーバーとして自衛隊、区市町村の参加を得ています。同会議の下に「避難分科会」と「救援分科会」の2つの分科会を置き、事例設定により課題を検討する作業を行ってきました。

図2　国民の保護に関する「基本指針」及び「計画」等

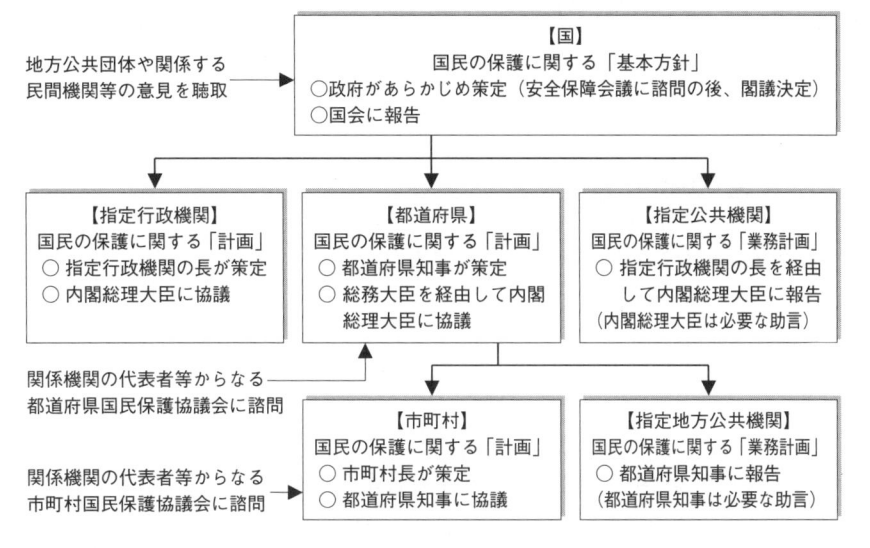

```
地方公共団体や関係する        【国】
民間機関等の意見を聴取        国民の保護に関する「基本方針」
                         ○政府があらかじめ策定（安全保障会議に諮問の後、閣議決定）
                         ○国会に報告
```

【指定行政機関】	【都道府県】	【指定公共機関】
国民の保護に関する「計画」 ○ 指定行政機関の長が策定 ○ 内閣総理大臣に協議	国民の保護に関する「計画」 ○ 都道府県知事が策定 ○ 総務大臣を経由して内閣総理大臣に協議	国民の保護に関する「業務計画」 ○ 指定行政機関の長を経由して内閣総理大臣に報告 （内閣総理大臣は必要な助言）

関係機関の代表者等からなる
都道府県国民保護協議会に諮問

【市町村】	【指定地方公共機関】
国民の保護に関する「計画」 ○ 市町村長が策定 ○ 都道府県知事に協議	国民の保護に関する「業務計画」 ○ 都道府県知事に報告 （都道府県知事は必要な助言）

関係機関の代表者等からなる
市町村国民保護協議会に諮問

2　東京都国民保護協議会

　国民保護法37条に基づき、都道府県（区市町村は39条）は国民保護協議会を設置することとされています。計画作成や国民保護に関する重要事項については協議会に諮問しなければなりません。

　都においては平成17年5月25日に第1回協議会を開催しました。委員は法38条で各機関等の大枠が法定されており、知事の任命で任期は2年となっています。構成メンバーは、①指定地方行政機関の長または指名する職員、②防衛庁長官が指定する陸・海・空自衛官、③副知事、④教育長・警視総監・消防総監、⑤都各局長、⑥区市町村長、⑦指定公共機関・指定地方公共機関の役・職員、⑧学識経験者——など計69人の委員で構成しています。

　防災会議との一体的かつ円滑な運営を可能とするために同会議の委員構成に準拠しています。なお会長は知事があたることになっています。

　5月の第1回協議会では、計画の基本的考え方を中心に審議し、8月末には都の計画素案を諮問し11月には意見をとりまとめることになっています。

4 東京都国民保護計画案

現在は計画策定の過程にありますが、おおよその計画の方向性について概説しましょう。

1 基本的考え方

(1) 事態に応じた対処、平素からの備えの大枠を示す指針

武力攻撃事態等において実施する国民保護措置、平素からの備えについて大枠を示す指針であり、計画論的にはいわば基本計画にあたると考えます。したがって本計画により対応が直接可能になるわけではなく、対応の考え方や基本を示すものであり、具体的な運用のためのマニュアルや基準、体制、関係機関との協定等を速やかに整備する必要があります。

(2) 武力攻撃事態等の8類型に通じる対処の基本

武力攻撃事態等として、国の指針の項で記述した8類型を想定し、その対処の基本を示すとともに、事態類型ごとに留意事項を特記しています。当然、基本であることから状況に応じて臨機応変な対処が必要であることと、弾力的な運用を図ることが必要です。

(3) テロへの対処を重視

NY、モスクワ、スペイン、ロンドン等世界の大都市でテロが生起している状況を踏まえ、大規模なテロ（緊急対処事態）への対処を重視しています。そのために大規模集客施設等における初動対応やテロ発生現場での連携協力を強化する方針です。

(4) 東京の特性や実効性に配慮

大都市東京の特性を踏まえるとともに、都がこれまで実施してきたNBCテロ災害訓練等の成果を反映するなど実効性の確保に留意しています。今後も国民保護に関する訓練を通じマニュアル等の整備を進め、都の事態等対処の能力を高めていくことが必要になります。

(5) 事態認定前の突発的な事態にも対処

政府による事態認定前の都の対処も示しています。特にテロなどについては都民の生命を守ることを第一義に災害対策基本法など既存の法制を活用し、住民の避難措置等を迅速に行うこととしています。

2　計画の内容

計画の内容は、まず、「平素からの備え」として、初動態勢、関係機関との連絡体制、住民の避難や救援などについて事前に準備しておくべきことを整理しています。また実際に事態が発生した場合の「武力攻撃事態等への対処」としては、避難準備からの実際の避難、避難生活、復帰などの各々の段階ごとに行うべきことを整理しています。

さらに、避難住民復帰後のライフラインや都市、くらしの「復旧・復興」、さらに島しょ地域での武力攻撃事態等に備えた「島しょ地域の全島避難」。島しょについては、昭和61年の大島の全島避難や三宅島の避難の経験が生かされています。加えて、「大規模テロ等への対処」「区市町村・指定地方公共機関業務計画の作成基準」を示した内容を予定しています（図3）。

「大規模テロ等への対処」は、テロへの対処を重視する考えのもとに章を独立させています。また東京の地域特性へ配慮するということで、「島しょ地域における全島避難」も章を独立し、詳細な内容としています。これらは、国の示した基本指針やモデル計画にもない東京都のオリジナルといえます。

3　平素からの備え

平素における国民保護に関する業務は各局が分担することになり、危機管理監が統括します。またテロなど突発的な事態に速やかに対応するために平素から危機管理情報を収集・分析し、警戒対応を行う体制を確保します。

特に初動対応が重要であることから、全庁的な初動態勢の基準、24時間即応可能な体制を明確にします。

また通信連絡体制、住民等への警報、避難指示などの伝達の仕組み、研修や訓練、さらには国や関係機関等との連携体制、避難施設の指定、新たに備

図3　計画素案の体系

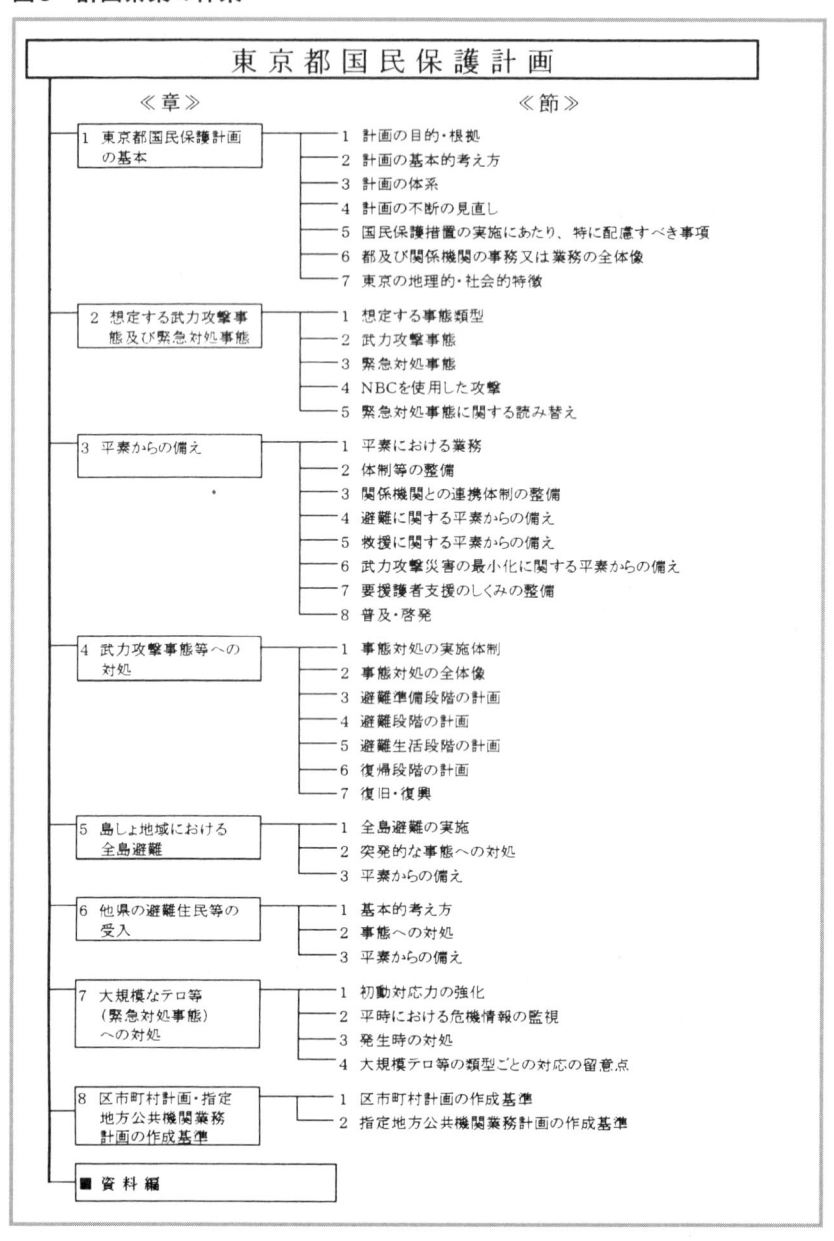

```
東京都国民保護計画
```

《章》　　《節》

1　東京都国民保護計画の基本
- 1　計画の目的・根拠
- 2　計画の基本的考え方
- 3　計画の体系
- 4　計画の不断の見直し
- 5　国民保護措置の実施にあたり、特に配慮すべき事項
- 6　都及び関係機関の事務又は業務の全体像
- 7　東京の地理的・社会的特徴

2　想定する武力攻撃事態及び緊急対処事態
- 1　想定する事態類型
- 2　武力攻撃事態
- 3　緊急対処事態
- 4　NBCを使用した攻撃
- 5　緊急対処事態に関する読み替え

3　平素からの備え
- 1　平素における業務
- 2　体制等の整備
- 3　関係機関との連携体制の整備
- 4　避難に関する平素からの備え
- 5　救援に関する平素からの備え
- 6　武力攻撃災害の最小化に関する平素からの備え
- 7　要援護者支援のしくみの整備
- 8　普及・啓発

4　武力攻撃事態等への対処
- 1　事態対処の実施体制
- 2　事態対処の全体像
- 3　避難準備段階の計画
- 4　避難段階の計画
- 5　避難生活段階の計画
- 6　復帰段階の計画
- 7　復旧・復興

5　島しょ地域における全島避難
- 1　全島避難の実施
- 2　突発的な事態への対処
- 3　平素からの備え

6　他県の避難住民等の受入
- 1　基本的考え方
- 2　事態への対処
- 3　平素からの備え

7　大規模なテロ等（緊急対処事態）への対処
- 1　初動対応力の強化
- 2　平時における危機情報の監視
- 3　発生時の対応
- 4　大規模テロ等の類型ごとの対応の留意点

8　区市町村計画・指定地方公共機関業務計画の作成基準
- 1　区市町村計画の作成基準
- 2　指定地方公共機関業務計画の作成基準

■資料編

蓄や調達する資器材調達などについても計画します。

(1) 24時間即応可能な体制

武力攻撃やテロ等に応じた初動態勢や職員の参集などの基準を整備するとともに夜間、休日にも職員を配置するなど、24時間即応可能な体制を整備します。

(2) 警報・避難指示の伝達体制

防災行政無線やテレビ・ラジオなどを活用し、迅速・的確に情報伝達するしくみを構築していきます。とくに放送事業者や電気通信事業者の協力が不可欠です。またメディアとして、携帯電話、デジタルテレビの自動起動機能の活用や電子メールによる提供、繁華街の電光掲示板なども検討していきます。

(3) 人・物資の輸送体制

大量の避難住民や救援物資の緊急輸送を円滑に行うため、首都圏の八都県市をはじめとした連携を確保します。

(4) 避難施設の指定

区域の人口や避難のしやすさ、災害対策で指定している避難場所などを考慮し、あらかじめ避難施設を指定します。一時的避難場所としてのコンクリート造りの建築物、オフィス街における緊急避難等も検討します。

(5) 大規模オフィス街や超高層ビルの避難対応

都内に集中するオフィス、超高層ビルなどの避難対応を強化するとともに、近隣の事業者が共同して行う防災等の取り組みを拡大します。また周辺の人々が緊急に施設内に避難する場合の協力関係を確保します。

(6) 物資・資材の備蓄等

救援に必要な物資や資材は原則として災害対策用の備蓄を活用します。国民保護特有な物資（薬剤や検知器）等は国と連携して新たに備蓄します。

(7) ライフラインや鉄道等の危機管理の強化

経済活動や都民生活への影響の大きさを考慮し、警察・消防と協力しマニュアルの整備や警戒対応の強化など施設管理者による安全確保のための取り

組みを促進します。

(8) 普及・啓発

住民や事業者が国民保護に関する認識を深め、大規模テロ等に際して適切に行動できるように、パンフレットを作成するなど普及・啓発を図ります。また、研修会・講演会等も実施していきます。

(9) 訓練の実施

広く住民や事業者などにも参加を呼びかけ、区市町村、警察、消防などと連携協力した訓練を実施します。また、学校、病院、駅、空港、大規模集客施設、大規模集合住宅、官公庁、事業所など多数の利用、居住する施設の管理者に訓練の実施を促していきます。

4 武力攻撃事態等への対処

(1) 実施体制

都は、武力攻撃事態等において内閣総理大臣の指定に基づき、東京都国民保護対策本部（本部長:知事）を設置します。状況に応じて被災現地には現地対策本部を置きます。

(2) 住民の避難

避難については準備段階から避難が終了し、復興の段階までの手順・手続を詳細に定めています（図4）。

ア 警報の伝達

都は区市町村や放送事業者等を通じて住民等に速やかに警報を伝達します。警視庁、東京消防庁も区市町村と協力して伝達します。伝達方法はサイレンを最大音量で鳴らし防災行政無線等で周知します。

イ 緊急通報

知事はゲリラや特殊部隊による攻撃や大規模テロが発生した場合には、状況に応じて迅速に緊急通報を発令します。

ウ 避難の指示（図5、6）

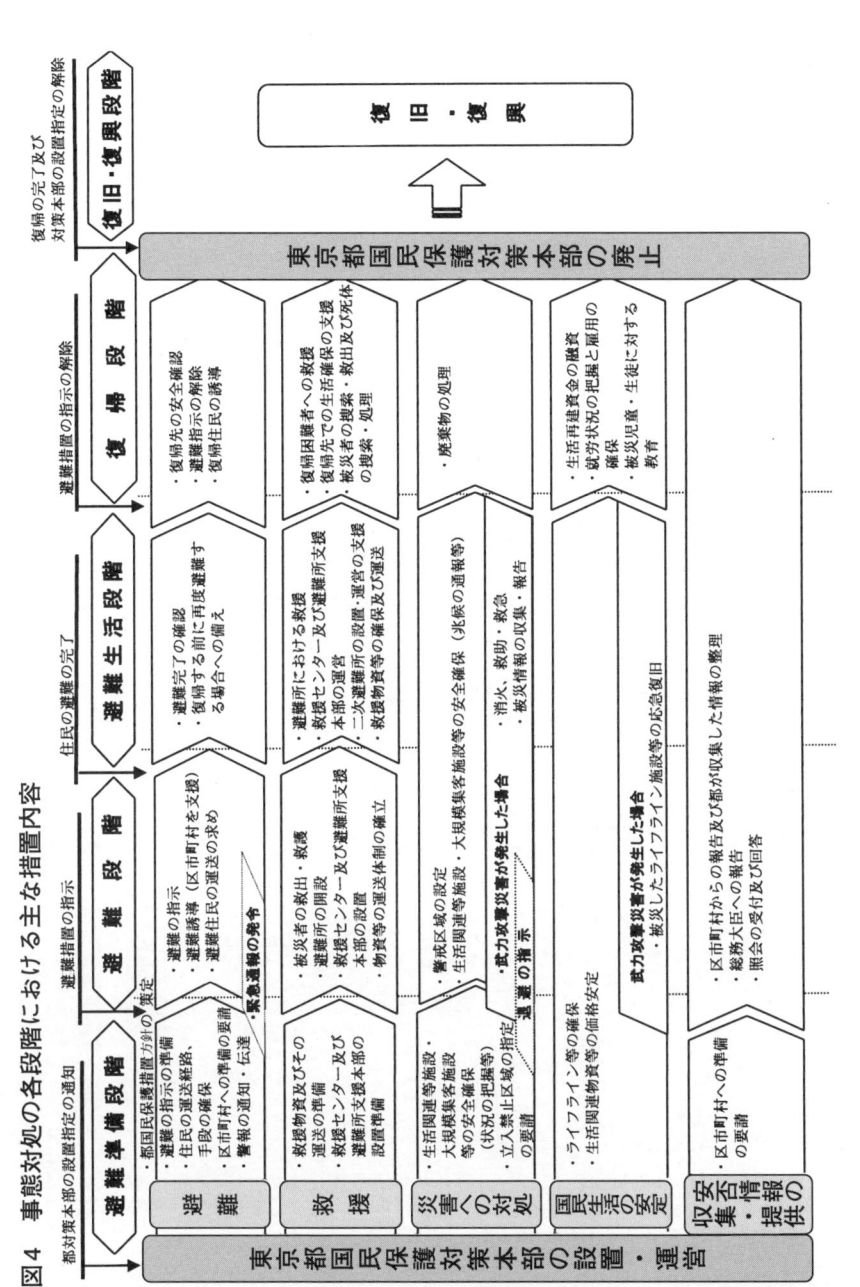

図4 事態対処の各段階における主な措置内容

段階	避難準備段階	避難段階	避難生活段階	復帰段階	復旧・復興段階
	都対策本部の設置指定の通知 →	避難措置の指示／緊急通報の発令	住民の避難の完了	避難措置の指示の解除	復帰の完了及び対策本部の設置指定の解除

避難
- 避難準備段階：都国民保護措置方針の策定／住民の避難の運送経路、手段の確保／区市町村への準備の要請／警報の通知・伝達
- 避難段階：避難の指示／避難誘導（区市町村を支援）／避難住民の運送の求め
- 避難生活段階：避難完了の確認／避難する前に再度避難する場合への備え
- 復帰段階：復帰先の安全確認／避難指示の解除／復帰住民の誘導

救援
- 避難準備段階：救援物資及びその運送の準備／救援センター及び避難所支援本部の設置準備
- 避難段階：被災者の救出・救護／避難所の開設／救援センター及び避難所支援の設置／物資等の運送体制の確立
- 避難生活段階：避難所における救援／救援センターでの生活及び避難所支援／二次避難所の運営／本部の運営／救援物資等の確保及び運送
- 復帰段階：復帰困難者への救援／復帰先での生活支援／被災者の捜索、救出及び死体の捜索・処理

災害への対処
- 避難準備段階：生活関連等施設／大規模集客施設等の（状況の把握及び）立入禁止区域の指示の要請
- 避難段階：警戒区域の設定／生活関連等施設・大規模集客施設等の安全確保（兆候の通報等）／消火、救助、救急／被災情報の収集・報告
- 避難生活段階：廃棄物の処理

国民生活の安定
- 避難準備段階：ライフライン等の確保／生活関連物資等の価格安定
- 避難段階：武力攻撃災害が発生した場合／被災したライフライン施設等の応急復旧
- 復帰段階：生活再建資金の融資／疲労状況の把握と雇用の確保／被災児童・生徒に対する教育

安否情報の収集・提供
- 避難準備段階：区市町村への準備の要請
- 避難段階：区市町村からの報告及び都が収集した情報の整理／総務大臣への報告／照会の受付及び回答

→ 東京都国民保護対策本部の廃止 → 復旧・復興

東京都国民保護対策本部の設置・運営

第8章 第1節 国民保護の取り組み

図5　突発的かつ局地的な事態

武力攻撃等
- 事態発生が差し迫った状況 → 避難（退避）・緊急通報に基づき避難
- 突発的に事態発生 → 自主的に避難

→ 家の中または近くの堅牢な建物内 → 避難の指示 → 徒歩・車両等 → 同一区市町村内避難所等

避難誘導
区市町村
警察・消防等

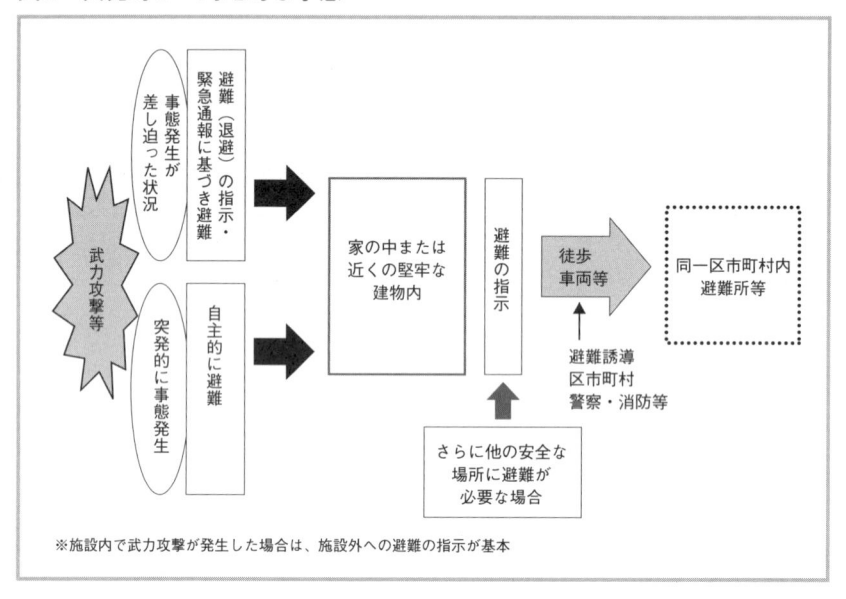

さらに他の安全な場所に避難が必要な場合

※施設内で武力攻撃が発生した場合は、施設外への避難の指示が基本

図6　時間的余裕がありかつ広範囲な事態

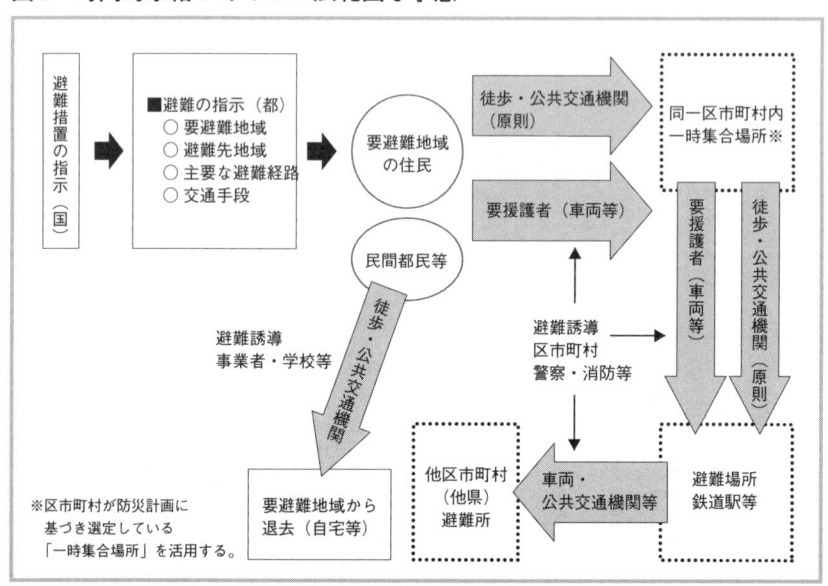

避難措置の指示（国）→ ■避難の指示（都）
- ○要避難地域
- ○避難先地域
- ○主要な避難経路
- ○交通手段

→ 要避難地域の住民
　- 徒歩・公共交通機関（原則）→ 同一区市町村内一時集合場所※
　- 要援護者（車両等）→ 要援護者（車両等）
　- 徒歩・公共交通機関（原則）→ 避難場所 鉄道駅等

民間都民等 → 徒歩・公共交通機関 → 要避難地域から退去（自宅等）

避難誘導　事業者・学校等

避難誘導　区市町村　警察・消防等

他区市町村（他県）避難所 ← 車両・公共交通機関等

※区市町村が防災計画に基づき選定している「一時集合場所」を活用する。

避難の必要がある場合、区市町村長を通じて住民に避難の指示を行います。指示には、主な避難経路や避難のための交通手段などを示します。

エ　他県からの通勤通学者等

他県からの通勤通学者は基本的には、放送事業者や公共交通機関に協力を依頼するなどして要避難地域から速やかに退去（帰宅等）するよう求めます。

オ　大規模集客施設

大規模集客施設の施設管理者には適切に誘導が行われるように情報提供を行い、また区市町村や警察、消防による避難誘導によりパニックの防止に努めます。

(3) 救援

避難先での住民の生活を支援するために、都と区市町村が協力し、避難所の設置、飲食料・生活必需品の提供、相談対応、医療の提供等を行います。

ア　救援センター、避難所支援本部

都と区市町村は各避難所に救援センターを設置します。複数の区市町村が要避難地域となった場合などは、支援を総合的に調整するために避難所支援本部を設置します。

イ　安否情報の収集・提供

国、都、区市町村は住民からの照会に応じ、個人情報保護に留意しつつ速やかに安否情報を提供します。

(4) 武力攻撃等に伴う被害の最小化

都は、国、区市町村、施設管理者と連携協力して、武力攻撃に伴う被害をできるだけ小さくするために図7のような措置を行います。

図7

≪武力攻撃等に伴う被害の最小化≫
都は、国、区市町村、施設管理者等と連携協力して、武力攻撃に伴う被害をできるだけ小さくするため、次のような措置を行います。

・電気・ガス・水道や鉄道施設等の安全確保、警備強化、立入制限など

・危険物、毒物、劇物、高圧ガス等の取扱所での製造等の禁止・制限など

・警戒区域設定による、区域内への立入制限及び禁止、退去命令

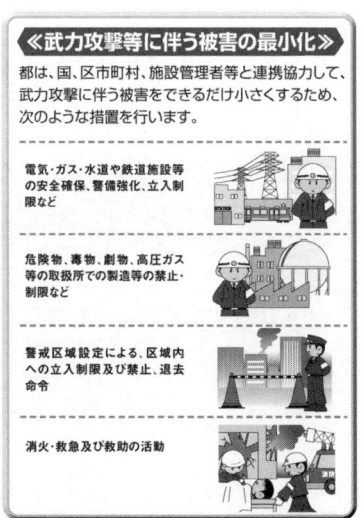

・消火・救急及び救助の活動

5　大規模テロ

（1）テロ発生時の対処

　直ちに国、区市町村、警察、消防等関係機関との緊密な連携により現地の状況に応じた迅速・的確な対処に努めます（図8）。

　ア　発生現地での連携確保

　　関係機関と共同して現地連絡調整所を設置し、情報の共有化、状況に応じた迅速・的確な調整、都本部との連絡調整に努めます。

　イ　テロ災害の拡大防止

　　テロ災害の拡大防止のため、鉄道の運行停止やライフライン等への警戒要請などを行います。

　ウ　多様な媒体を活用した情報伝達

　　どんな場所にいても警報等を迅速・確実に確認できるように電気通信事業者の協力を得て多様な情報伝達方法を検討します。

図8　例──大規模爆弾テロ

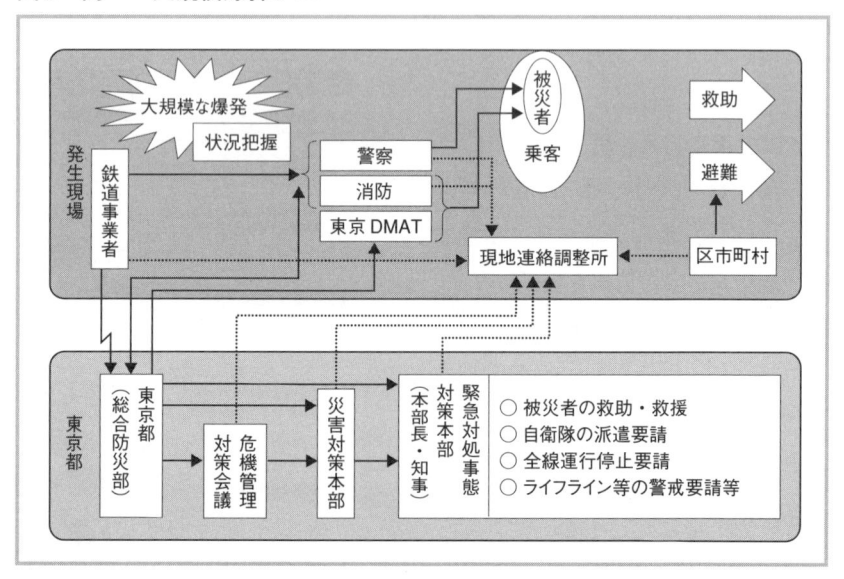

コラム2 国民保護に関わる図上訓練

訓　練	実施時期	事例想定	参加機関
◆生物剤（天然痘）テロを想定した図上訓練	平成15年11月	・国外で天然痘が発生・蔓延。国内では危機レベルを格上げして、天然痘の発生に対する警戒態勢を強化 ・当該状況下で、テロ集団が地下鉄車両内で天然痘ウィルスを噴射	・関係局、東京消防庁
◆特殊部隊（ゲリラ）による攻撃を想定した図上訓練	平成16年7月	・我が国の周辺地域でA国とB国間の交戦状態が発生 ・当該状況下で、A国支援を行う我が国に対して、B国の特殊部隊が潜入（交通機関等の爆破事件が続発） ・都内検問所で特殊部隊と警察部隊の銃撃戦が発生	・関係局、警視庁、東京消防庁、陸上自衛隊、特別区
◆化学剤（サリン）によるテロを想定した国との共同図上訓練	平成16年11月	・国外ではテロが続発。我が国もテロ予告を受けており、国内では警戒態勢を強化中 ・当該状況下で、複数区で同時多発サリンテロが発生	・関係局、国、警視庁、東京消防庁、特別区

（2）平時における危機情報の監視

　危機管理監の統括の下、国や区市町村、警察等と連携し、常にテロの兆候や危機情報の把握に努めます。

　　ア　住民からの不審情報の通報

　　　住民の協力が不可欠であり不審者（物）を発見した場合、速やかに警察などへ通報するよう普及啓発を図ります。

（3）大規模集客施設等〔駅、劇場等〕の初動対応力の強化

　突発的なテロが発生した場合に備え、避難誘導や救援などの初動態勢を強化します。

　　ア　大規模集客施設等の緊急連絡体制の整備

　　　迅速・的確な初動対応を行うために施設管理者との緊急連絡体制を整備します。また、「テロ等への対処に関する事業者等連絡会議（仮称）」を設置し、施設管理の強化、テロ等の情報の共有化に努めます。

イ テロ対応マニュアルの整備、訓練の実施等

テロの類型に応じた対応マニュアルや各施設の危機管理マニュアルの整備を進めます。さらに具体的なテロを想定したシミュレーション訓練や実動訓練を実施します。

図9 全島避難の図

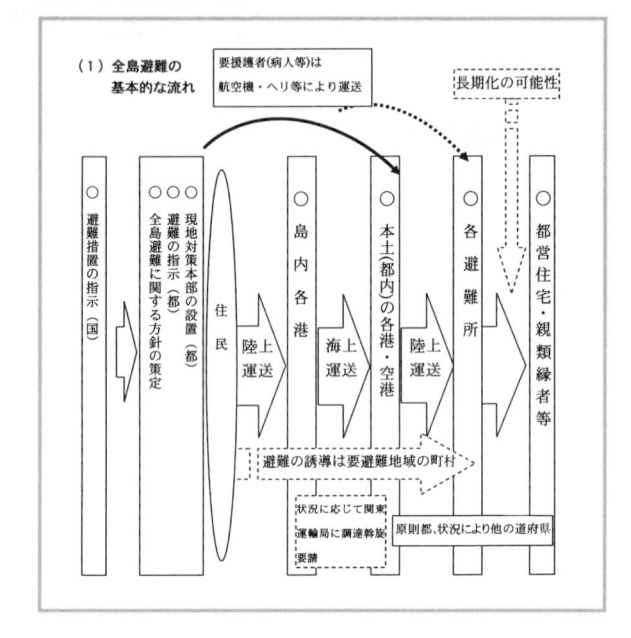

(1) 全島避難の基本的な流れ

避難措置の指示（国） → 現地対策本部の設置（都）避難の指示（都）全島避難に関する方針の策定 → 住民 → 島内各港 陸上運送 → 本土（都内の各港・空港）海上運送 → 各避難所 陸上運送 → 都営住宅・親類縁者等

要援護者（病人等）は航空機・ヘリ等により運送

長期化の可能性

避難の誘導は要避難地域の町村

状況に応じて関東運輸局に調達斡旋要請

原則都、状況により他の道府県

6　島しょ地域における全島避難

島しょ地域で武力攻撃事態等が発生した場合は、早急に全島民を本土に避難させることを基本とします。全島避難を行う場合は本土での生活の確保を含めた全島避難方針を策定し計画的に避難を実施します（図9）。

5 事態認定前の措置

テロ等が発生した場合、都は、国の事態の認定の有無にかかわらず、国、区市町村、警察、消防等関係機関と緊密な連携協力により都民の避難や救助等に取り組むこととします。事態認定前に発生した場合は、災害対策基本法等に基づき国民保護法に準じて対処します。

テロは当初から犯罪性を帯びたテロと明らかな場合もありますが、当初は

事故との認識しかされないことも想定されます。いずれにせよ知事の権限により、都民の生命・健康を守るため即座に対応を講じる必要があります。

しかしながら、事態認定前には国民保護法は適用されないことから権限が限定されざるをえません。そういう事情から、事態認定前の措置の知事権限について法整備を国へ要望していかなければならないと考えます。

６ 今後の取り組み

今後の取り組みは、協議会からの意見をいただき、また区市町村、都民・議会等の意見を反映し都案を調整のうえ国と協議していくことになります。そのうえで引き続き以下のような取り組みを進めていく必要があります。

> ○ 区市町村計画の作成を支援していくこと
> ○ 策定後は早急に各種マニュアル作成を行うこと
> ○ 都民、地域の団体、事業者等に対し国民保護に関する普及啓発、合意形成に努めること
> ○ 具体的事例を想定した実践的な訓練を実施すること

国民保護法の施行は平成16年度であり、都道府県の計画策定は17年度、市町村が18年度と国民保護への対応はスタートしたばかりです。

近年、世界の大都市で多発しているテロ、特にＮＢＣテロなどへの対応は、まだまだ課題が多く残されています。今後、引き続き、地道な検討や訓練を行うとともに、国をはじめとした行政・関係機関のみならず、都民、事業者など広範な連携・協力のもと、国民保護を実践していく必要があります。

（東京都総務局総合防災部情報統括担当部長　高橋尚之）

編著者一覧

●編集委員会

青山　佾	明治大学大学院教授・元東京都副知事
小峰　良介	日本自動車ターミナル（株）代表取締役社長・元東京都技監
河津　英彦	玉川大学教授・元東京都健康局食品医薬品安全部長
金子正一郎	東京都交通局総務部長・前総務局総合防災部長

●執筆者

第1章		青山　佾	明治大学大学院教授
第2章	1節～2節	中村　晶晴	東京都総務局総合防災部長
	3節	宮本　明	東京都総務局人権部副参事・前総合防災部副参事
		平野　祐康	東京都三宅村村長
	4節	我妻　弘	東京都日の出福祉園園長
第3章	1節	河津　英彦	玉川大学教授・元東京都健康局食品医薬品安全部長
		奥澤　康司	東京都福祉保健局健康安全センター広域監視部長
	2節～4節	梶山　純一	東京都福祉保健局技監
第4章	1節	高橋　幸成	東京都多摩児童相談所児童福祉係長
	2節	藤井　常文	東京都杉並児童相談所児童福祉係長
	3節	下川　明美	東京都福祉保健局高齢社会対策部在宅支援課認知症支援担当係長

第5章	1節	阿部	博	東京都建設局道路保全担当部長
	2節	野村	孝雄	東京都建設局河川部長
	3節	内海	正彰	東京都建設局公園緑地部長
		伊藤	精美	東京都建設局公園緑地部参事
	4節	石井	恒利	東京都都市整備局市街地整備部長
	5節	成田	隆一	東京都都市整備局都市基盤部長
		道家	孝行	東京都建設局道路建設部長
	6節	村尾	公一	首都高速道路株式会社計画・環境部担当部長
	7節	新田	洋平	東京都港湾局港湾経営部長
第6章	1節	滝沢	優憲	東京都水道局給水部長
		北澤	弘美	東京都水道局浄水部浄水課水質担当課長
	2節	小川	健一	東京都下水道局施設管理部長
	3節	大橋	裕寿	東京電力株式会社総務部防災グループマネージャー
	4節	藤森	高輝	東京ガス株式会社防災・供給部防災・供給グループ課長
	5節	東方	幸雄	東日本電信電話株式会社ネットワーク事業推進本部サービス運営部災害対策室長
第7章	1節	高野	之夫	豊島区長
	2節	田中	英夫	東京消防庁警防部特殊災害課長
第8章		高橋	尚之	東京都総務局総合防災部情報統括担当部長

実践から学ぶ危機管理

2006年2月15日第1刷発行	定価
編著者 ……	自治体危機管理研究会
発行人 ……	西岡久惠
発行所 ……	㈱都政新報社
	〒160-0023 東京都新宿区
	TEL 03 (5330) 8788
	FAX 03 (5330) 8808
	ホームページ http://www.
印刷・製本 ……	モリモト印刷株式会社

乱丁・落丁本はお取り替えします。　　Printed in J
©2006　TOSEISHINPOSHA
ISBN4-88614-139-0 C2031